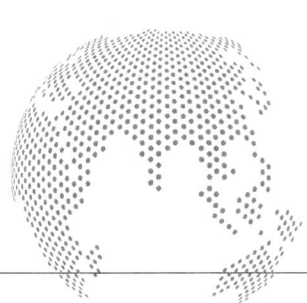

中国与世界经济发展报告 2019

主编 ◎ 马忠玉
副主编 ◎ 张宇贤　王远鸿　牛犁

ANNUAL REPORT ON
CHINA AND THE WORLD ECONOMIC
DEVELOPMENT 2019

中国市场出版社
China Market Press

北　京

图书在版编目（CIP）数据

中国与世界经济发展报告.2019/马忠玉主编 —北京：中国市场出版社，2018.12

ISBN 978－7－5092－1747－4

Ⅰ.①中… Ⅱ.①马… Ⅲ.①中国经济–经济发展–研究报告–2019②世界经济–经济发展–研究报告–2019 Ⅳ.①F124②F112

中国版本图书馆CIP数据核字（2018）第282864号

中国与世界经济发展报告（2019）

ZHONGGUO YU SHIJIE JINGJI FAZHAN BAOGAO（2019）

主　　编：	马忠玉
责任编辑：	宋　涛（zhixuanjingpin@163.com）
出版发行：	中国市场出版社
社　　址：	北京市西城区月坛北小街2号院3号楼（100837）
电　　话：	（010）68034118/68021338/68022950/68020336
经　　销：	新华书店
印　　刷：	河北鑫兆源印刷有限公司
开　　本：	185mm×260mm　　　1/16
印　　张：	26.5　　　　　　　字　　数：540千字
版　　次：	2018年12月第1版　　　印　　次：2018年12月第1次印刷
书　　号：	ISBN 978－7－5092－1747－4
定　　价：	88.00元

版权所有 侵权必究　　印装差错 负责调换

《中国与世界经济发展报告（2019）》

编委会

主　编　马忠玉
副主编　张宇贤　王远鸿　牛　犁
编审组　（按姓氏笔画排序）
　　　　马忠玉　王远鸿　牛　犁　闫　敏
　　　　李若愚　李继峰　张　峰　张　鹏
　　　　张　巍　张宇贤　胡少维　高辉清
　　　　魏琪嘉

主要编撰者简介

马忠玉 博士，二级研究员，国家信息中心副主任，享受国务院特殊津贴。主要从事自然资源管理、区域规划、环境经济学、CGE模型、能源政策、气候变化、宏观经济以及网络安全研究，先后主持国家重点研发计划项目、国家科技重大专项、国家自然科学基金、国家重点社科基金、国际合作研究项目60余项，获得各种省部级科技进步奖、部委优秀成果奖十余项，出版或合作出版著作20余部，在《Applied Energy》《Ecological Indicators》《Science of The Total Environment》《Agricultural Systems》《Journal of Sustainable Agriculture》《中国人口·资源与环境》等期刊发表学术论文60余篇。目前兼任中国人民大学环境学院教授、博士生导师，德国弗赖堡大学（Freiburg University）环境与资源学院客座教授，合作培养博士研究生。

张宇贤 国家信息中心经济预测部主任，二级研究员。在国家发改委系统长期从事重大战略、重大规划、重大政策研究，主持或参与重大研究课题50多项。曾获国家发改委优秀研究成果一等奖1次，二等奖2次。曾在《人民日报》《经济日报》《光明日报》《管理世界》《中国工业经济》《世界经济》《经济理论与经济管理》《中国宏观经济研究》等国家重要报刊发表论文60余篇。

王远鸿 经济学博士，国家信息中心经济预测部副主任、研究员。主要从事宏观经济、财政金融、数量经济模型和经济景气模型方面的研究工作。主持或参加国家科技攻关、国家发展改革委等有关政府部门、国家社科基金、国家自然科学基金及社会和国际合作课题多项，获国家科技攻关重大成果奖1次、国家发展改革委优秀研究成果二等奖2次、三等奖1次。出版了《中国经济内外均衡问题研究》《通货膨胀研究——分析与模型》等专著，在《经济研究》《金融研究》《中国工业经济》《经济日报》等报刊发表文章100余篇。

牛犁 副研究员，国家信息中心经济预测部副主任。主要从事国内外宏观经济、能源战略、国际油价等研究工作。曾主持或参加中财办、国家发展改革委、商务部、国家能源局、国家开发银行等单位有关"十三五"发展规划、"潜在增长能力"、"国家能源战略"以及国别规划咨询等研究课题100多项。在《中国金融》《经济日报》等报刊发表文章100多篇。曾获"中央国家机关优秀青年"称号，国家信息中心"突出贡献奖"，国家发展改革委优秀研究成果二等奖一项、国家信息中心优秀研究成果奖多项。被聘为商务部经贸政策咨询委员会专家、绿色低碳发展智库伙伴专家委员等。

序

《中国与世界经济发展报告(2019)》又与广大读者见面了,这部一年一度的报告集凝聚了国家信息中心经济预测部专家团队的智慧、心血和汗水,我们真诚地希望能够让大家开卷有益,同时也希望得到你们专业的批评指正。

2018年以来,国内外经济形势错综复杂,外部挑战与内部风险交织叠加,以习近平同志为核心的党中央统揽全局、运筹帷幄,坚持稳中求进工作总基调,坚持新发展理念,落实高质量发展要求,以供给侧结构性改革为主线,着力打好化解重大风险、精准脱贫、污染防治三大攻坚战,加快改革开放步伐,统筹推进稳增长、促改革、调结构、惠民生、防风险各项工作,特别是综合应对中美贸易摩擦,做好稳就业、稳金融、稳外贸、稳外资、稳投资、稳预期工作,我国经济运行总体平稳,主要指标保持在合理区间,经济结构不断优化,质量效益继续提升,民生福祉稳步改善。

展望2019年,从国际上看,世界经济和贸易总体上有望延续复苏态势,但我国外部环境更加复杂严峻。一是中美贸易摩擦仍将持续,美欧日联手重构国际经贸规则和体系,不仅对我国外贸、外资、金融市场产生直接冲击,也进一步加大我国产业转移的压力。二是全球经济贸易减速风险上升、主要经济体货币政策不同步、美元升值压力加大、新兴经济体经济金融风险上升,使得我国宏观政策内外协调和金融风险防范化解难度加大。三是地缘政治风险可能加剧,国际原油价格、金融市场和经济运行的波动将使我国经济安全和能源安全保障以及"一带一路"建设面临诸多挑战。

从国内来看,一些长期存在的结构性、政策性矛盾和问题依然突出,随着中美贸易摩擦不利影响逐步显现,发展不平衡不充分问题有可能进一步显性化。一是经济下行压力加大。投资、消费、出口三大需求走弱将继续向供给端传导,导致工业、服务业生产放缓,GDP增速有所回落。二是实体经济发展的内生动力仍需培植。核心技术和创新能力不强,有效供应不够,民间资本扩大投资的意愿和能力不足,居民增收难制约消费能力提升。三是金融风险问题仍然突出。

部分中小银行不良贷款率上升，一些非银行机构资金链存在问题，一些民营企业抗风险能力较弱，部分地区隐性债务负担重，房地产市场结构性矛盾依然突出，等等。四是企业融资、税费、社保、环保等成本较高，实体经济负担仍然较重。五是就业压力不小。随着中美贸易摩擦持续，东部沿海等重点区域、劳动密集型行业、农民工、大学生等重点群体就业压力较大。就业压力加大可能进一步加大居民收入增速回落的压力，并进一步传导至居民消费。

  面对国内外环境复杂多变和诸多挑战，要统筹推进好稳增长、促改革、调结构、惠民生、防风险的各项工作，保持经济运行在合理区间，推动我国经济高质量发展，必须进一步加强和改善宏观调控，不断激发市场主体活力。积极财政政策应该更加精准有效，在适当提高赤字率、适度扩大财政支出的同时，重点应放在进一步减税降费上。货币政策要落实"松紧适度"的要求，把握好稳增长与去杠杆的平衡，保持流动性平稳充裕和人民币汇率稳定在合理均衡水平，积极应对美联储进一步加息带来的流动性冲击和利率扰动。进一步加强财政、货币、产业、区域等经济政策的协调，深入推进供给侧结构性改革、创新发展战略以及重点领域和关键环节的改革，进一步推进服务业特别是金融业的对外开放，切实加强产权特别是知识产权保护，努力改善营商环境，深入实施乡村振兴和新型城镇化战略，进一步推动经济发展方式转变、经济结构优化、增长动力转换，进一步提高经济增长的质量和效益。

马忠玉

2018 年 11 月

目录

Annual Report on China and the World Economic Development(2019)

总报告——001

01　2019年中国经济展望和宏观调控政策建议
　　　　　　　　　　国家信息中心　/003

综合篇——015

02　2018年固定资产投资分析及2019年展望
　　　　　　　　　　胡祖铨　/017

03　2018年消费形势回顾及2019年展望
　　　　　　　　　　邹蕴涵　/027

04　2018年对外贸易形势分析及2019年展望
　　　　　　　　　　闫　敏　/036

05　2018年物价形势分析及2019年展望
　　　　　　　　　　张前荣　/044

06　2018年就业形势分析与2019年展望
　　　　　　　　　　陈　彬　/052

07 2018年财政收支形势分析与2019年展望

　　　　　　　　　　　　　　　　　　　王远鸿 /062

08 2018年金融运行分析与2019年展望

　　　　　　　　　　　　　　　　　　　李若愚 /074

09 严控盯市负债融资，保障股市平稳运行

　　　　　　　　　　　　　　　　　　　徐平生 /082

10 2018年国际收支形势分析及2019年展望

　　　　　　　　　　　　　　　　　　　范　洋 /089

11 2018年利用外资回顾和2019年展望

　　　　　　　　　　　　　　　　　　　邬　琼 /097

12 2018年对外投资回顾和2019年展望

　　　　　　　　　　　　　　　　　　　邬　琼 /103

13 2018年宏观经济景气分析及2019年展望

　　　　　　　　　　　　　　　　　　　范　洋 /109

14 混合所有制改革分析及未来发展趋势

　　　　　　　　　　　　　　　　　　　肖若石 /117

15 2018年我国创新创业形势分析与展望

　　　　　　　　　　　　　　　　　　　宋瑞礼 /123

16 我国新动能发展形势分析与展望

　　　　　　　　　　　　　　　　　　　高辉清 /130

17 "放管服"改革成效评估及展望

丁 邡 /139

产业篇——151

18 2018年工业形势分析及2019年展望

魏琪嘉 /153

19 2018年房地产形势分析及2019年展望

邹士年 /158

20 2018年服务业形势分析和2019年展望

刘玉红 /167

21 2018年银行业运行分析及2019年展望

刘 鹏 /174

22 2018年汽车行业形势分析及2019年展望

祁京梅 /183

23 2018年钢铁行业形势分析及2019年展望

董静媚 /193

24 2018年有色金属行业运行分析及2019年展望

徐 斯 /201

25 数字经济发展提升制造业核心竞争力

董静媚 徐 斯 /211

区域篇——221

26　2018—2019 年区域经济发展分析与判断

　　　　　　　　　　　胡少维　/223

27　2018 年长三角地区经济形势分析及 2019 年展望

　　　　　　　　　　刘伟良　韩　磊　/230

28　2018 年中部地区经济形势分析与 2019 年展望

　　　　　　　　　　阮华彪　常彬斌　/241

29　2018 年西部地区经济形势分析及 2019 年展望

　　　　　　　　　　　朱　敏　/249

30　2018 年京津冀区域发展形势及 2019 年展望

　　　　　　　　　　　邢志俊　/258

31　2018 年东北地区经济形势分析与 2019 年展望

　　　　　　　　　　　肖若石　/269

32　2018 年广东经济形势分析及 2019 年展望

　　　　　　　　龚联华　蒙卫华　马晓玲　/277

世界经济篇——285

33　2018 年世界经济形势分析与 2019 年展望

　　　　　　　　　　　程伟力　/287

34　2018年世界贸易形势分析及2019年展望

　　　　　　　　　　　　　王灏晨　/294

35　2018年国际金融市场分析及2019年展望

　　　　　　　　　　　　　张　鹏　/302

36　2018年国际油价走势回顾及2019年展望

　　　　　　　　　　　　　牛　犁　/314

37　2018年美国经济形势分析及2019年展望

　　　　　　　　　　　　　赵硕刚　/322

38　2018年欧洲经济形势分析及2019年展望

　　　　　　　　　　　　　王灏晨　/329

39　2018年日本经济形势分析与2019年展望

　　　　　　　　　　　　　张晓兰　/338

40　警惕新兴经济体风险发酵

　　　　　　　　　　　　　赵硕刚　/346

能源篇——353

41　2018年能源行业形势分析及2019年展望

　　　　　　　　　　　　　尹伟华　/355

42　2018年煤炭行业经济运行分析及2019年展望

　　　　　　　　　　　　　王　硕　/364

43　2018年电力形势分析及2019年展望
　　　　　　　　　　　　　　　　　　　肖宏伟　/373

44　2018年天然气行业运行分析及2019年展望
　　　　　　　　　　　　　　　　　　　温志超　/383

45　中国能源发展：改革开放40年回顾与未来30年展望
　　　　　　　　　　　　　　　　李继峰　刘　明　/394

46　能源发展"十三五"规划主要指标中期评估
　　　　　　　　　　　　　　　　　　　肖宏伟　/403

Annual Report on
China and the World Economic
Development(2019)

总 报 告

GENERAL REPORT

01　2019年中国经济展望和宏观调控政策建议

国家信息中心

摘要： 2018年以来，面对异常复杂严峻的外部环境和艰巨繁重的改革发展任务，在以习近平新时代中国特色社会主义思想指导下，我国坚持稳中求进工作总基调，按照高质量发展的要求，深入贯彻新发展理念，积极防范化解重大风险，取得了来之不易的成果，经济运行在合理区间，结构不断优化，质量效益进一步提升，预计全年GDP增长6.6%左右，可以较好实现预期调控目标。展望2019年，虽然外部环境将发生深刻变化，国际经济政治格局面临重大调整、贸易投资保护主义加剧、主要国家货币政策由回归正常转向趋紧，全球经济调整风险加大；国内经济运行稳中有变，贸易战影响逐步显现、部分企业经营困难较多、产业体系面临重构、金融动荡风险较大等问题导致国内经济下行压力有所加大。但总体判断，世界经济仍将保持温和增长，我国经济运行总体平稳，增长速度将略有下降，预计2019年GDP增长6.3%左右。为此，建议积极财政政策重在减税降费，稳健货币政策重在改善金融环境，积极应对贸易战冲击，有效防范化解金融风险，坚持"两个毫不动摇"，大力优化营商环境，加快培育优势产业集群，推动我国经济高质量发展。

关键词： 宏观经济　提质增效　发展展望

一、2018年我国经济增速温和回落

2018年以来，我国经济总体稳定运行，新旧动能加速转换，结构不断优化，质量效益有所提升，但在外部环境不确定性风险增加、国内股市汇市波动加大、实体经济经营困难等问题影响下，经济运行呈现温和回落态势。

（一）宏观经济有所回落，尚在合理范围之内

1. 经济增速逐季回落

2018年前三季度我国GDP分别增长6.8%、6.7%和6.5%，呈逐季走低态势，

尤其是三季度增速为2009年一季度以来的最低增速。从生产看，第二产业由一季度的6.3%放缓至二季度的6%，三季度进一步下行至5.3%。从需求看，前三季度固定资产投资增长5.4%，同比放缓2.1个百分点，各季度投资增速分别为7.5%、5.2%和4.6%，下滑态势明显；消费需求也呈减速态势，社会消费品零售总额分别实际增长9.8%、9.0%和9.1%；外需保持较快增长势头，前三季度出口分别增长13.7%、11.5%和11.7%。

2. 就业形势基本稳定

经济稳定运行、服务业比重提高为扩大就业提供了有利条件，贸易摩擦等对就业的影响尚未显现。前三季度，城镇新增就业超过1 100万人，提前一个季度完成全年目标任务；城镇调查失业率稳定在5%左右，为历史较低水平。与此同时，就业结构不断优化，高技术产业、双创领域提供更多就业岗位，重点群体就业基本平稳，就业质量进一步提升。前三季度居民人均可支配收入实际增长6.6%，与经济增长基本同步，城乡居民收入倍差缩小。

3. 物价水平温和上涨

前三季度CPI上涨2.1%，同比加快0.6个百分点，通胀水平适中，通胀预期平稳。食品价格涨幅由负转正，菜价受自然气候影响涨幅波动较大，食用油价格基本稳定；非食品价格是拉动CPI上涨的重要因素。PPI上涨4.0%，同比回落2.5个百分点，其中翘尾因素影响3.5个百分点，即同比涨幅的87.5%来自翘尾贡献，新涨价因素仅影响0.5个百分点；石油、钢铁、建材等行业是价格上涨的主要领域。

4. 国际收支更趋均衡

前三季度进出口总额（以美元计）增长15.7%，其中，出口增长12.2%，进口增长20.0%，贸易顺差大幅收窄23.8%。我国出口依存度由2006年35.4%的峰值回落至2017年的18.5%。2018上半年经常项目出现逆差。这表明我国经济对外依存度下降，国际收支更趋均衡。

（二）经济发展质量提升，新动能快速成长

1. 经济结构持续优化

我国产业结构、需求结构不断优化，内需对经济增长的拉动作用显著增强。前三季度，第三产业增加值占GDP的比重为53.1%，对经济增长的贡献达到60.8%，同比提高1.8个百分点。消费基础作用继续巩固，最终消费支出对经济增长的贡献率为78.0%，同比提高14个百分点。制造业投资企稳回升，民间投资增长8.7%，

投资结构继续优化；一般贸易进出口占比达到58.4%，比上年同期提高1.9个百分点。

2. 经济效益稳步提高

我国呈现出"政府有税收、企业有利润、居民有收入、环境有改善"的良好态势。前三季度，全国财政收入增长8.7%，规模以上工业企业利润增长14.7%，居民收入实际增长6.6%；能源资源消耗强度下降，环境质量继续改善，前三季度单位GDP能耗同比下降3.1%。

3. 新动能新产业蓬勃发展

目前，我国新旧动能接续转换，对稳定经济增长、调整经济结构、扩大社会就业发挥了重要作用。前三季度，高技术制造业和装备制造业、战略性新兴产业增加值同比分别增长11.8%、8.6%和8.8%，分别快于规模以上工业5.4、2.2和2.4个百分点，新产品快速成长，新能源汽车产量同比增长54.8%，集成电路增长11.7%；共享经济广泛渗透，跨境电商、在线医疗等新服务模式层出不穷，新业态蓬勃发展，网上零售额同比增长27.0%。

（三）改革开放深入推进，不断释放发展潜力

1. 供给侧结构性改革成效显著

前三季度，全国工业产能利用率达到76.6%，到2018年底，钢铁、煤炭等重点领域"十三五"去产能任务有望提前完成；企业经营成本和杠杆率降低，规模以上工业企业每百元主营业务收入中的成本同比减少0.29元；商品房库存继续减少，9月末全国商品房待售面积同比下降13.0%；重点领域补短板力度加大，生态保护和环境治理业、农业投资同比分别增长33.7%和12.4%，增速分别快于全部投资28.3和7.0个百分点。

2. 重点领域改革不断深化

我国不断推进行政审批、投资审批以及商事制度改革，国务院部门累计削减行政审批事项比例达45%左右，非行政许可审批彻底终结，中央政府层面核准的企业投资项目减少了90%，中央政府定价项目缩减80%，负面清单制度有序推广，市场准入壁垒逐步降低，市场在资源配置中的作用日益增强。税费减免力度加大，制造业、交通运输、建筑等行业的税率已分别下调1个百分点，增值税留抵税额退税范围逐步扩大，小微企业所得税优惠政策的使用范围扩展，2018年有望减税降费超过1.3万亿元。

3. 全方位对外开放格局加快形成

我国积极改善国内营商环境，加大知识产权保护力度，投资便利化水平有效提升，大幅放宽市场准入，金融等服务业推出超预期开放举措，汽车、船舶和飞机等制造业进一步开放；支持自由贸易与多边贸易体制，主动扩大进口，降低汽车等产品进口关税，加快加入世贸组织《政府采购协定》进程，加强国际经济政策的沟通与协调；"一带一路"倡议积极推动了国家间发展战略对接，实现了不同国家间相互支持与相互促进的联动发展。

（四）全年预期目标可以实现，发展基础进一步夯实

展望四季度，"六稳"政策逐步显效，新动能加速成长，房地产市场运行稳定，消费对经济增长的支撑作用增强，宏观经济有望延续平稳增长态势。但是，基础设施投资增速大幅滑落，股市汇市震荡，社会预期和市场信心有待改善，中美贸易摩擦影响逐步扩大，经济领域风险与挑战增多。初步预计，四季度GDP增长6.4%左右，全年增长6.6%左右，能够较好实现政府预期调控目标，为全面建成小康社会、推动高质量发展进一步夯实基础；就业形势基本平稳，全年新增就业有望达到1 300万人以上，城镇调查失业率稳定在5%左右；通胀水平略有回升，全年CPI预计上涨2.2%左右；贸易顺差缩小，国际收支保持平衡。

二、国内外发展环境稳中有变

当前，外部环境发生深刻变化，国内经济运行稳中有变，经济下行压力有所加大，部分企业经营困难较多，长期积累的风险隐患有所暴露。

（一）世界经济环境发生深刻变化

1. 贸易保护主义对全球经济增长的影响将逐步显现

由于合同锁定和企业自我消化，短期内美国加征关税对全球贸易的影响尚不明显，但新订单必将受到较大冲击。世界贸易组织（WTO）测算显示，美国对华加征关税将使得全球贸易锐减17%，由此拖累全球经济增速下滑。逆全球化行为对全球外商直接投资的影响立竿见影。根据联合国贸易和发展组织发布的《全球投资趋势监测报告》，全球外国直接投资（FDI）在2018年上半年大幅下降了41%，从2017年上半年的8 000亿美元下降至4 700亿美元。其中，美国FDI流入下降了73%，为460亿美元。预计2019年全球外商直接投资将继续下滑，并直接影响全球经

济增长。

2. 全球利率上升容易诱发金融动荡并阻碍经济增长

美联储加息进程导致部分国家资本流出、本币贬值、金融动荡、债务压力加大。2018年以阿根廷和土耳其为代表的新兴市场国家出现剧烈金融动荡，虽然根源在于国内，但美联储加息是直接诱因。预计2019年美联储加息不仅冲击其他金融市场，也会影响到美国金融和资本市场。与此同时，全球利率上行也进一步增加了债务负担。据IMF《财政监测报告》，2017年全球债务水平达到182万亿美元，创历史新纪录，过去10年间增长了50%，债务还本付息压力加大。总体来看，2019年主要国家货币政策由回归正常逐步转向紧缩的拐点出现，全球经济调整风险加大。

3. 国际政策协调难度加大，不确定因素增多

一是全球化趋势遭遇困难和冲击。由于各国经济发展情况不同，各个经济体的利益诉求存在很大差别，国际政策协调的难度将进一步加大，联合国、G20、APEC等国际组织的影响有所削弱。二是地缘政治冲突形势依然复杂，不排除地缘政治局势恶化等"黑天鹅"事件出现。三是国际政治和经济因素相互影响，能源和大宗商品价格大幅波动风险增加。

4. 劳动力供求关系趋紧制约经济增长

经济理论表明，在实现充分就业的状态下，如果不加大技术投入、提高全要素生产率，经济增速将达到极限。2018年9月，美国和日本失业率分别下降到3.7%和2.5%，已经基本实现了充分就业。受此影响，美日经济增速已经达到极限，未来将见顶回落。欧元区失业下降到8.1%，但主要为结构性失业，有效劳动力缺乏。另外，一些新兴经济国家也存在有效劳动力供给不足问题。

5. 国际金融市场抗风险能力依然较强

国际金融危机以来，全球金融市场经历了多轮动荡后，各国以及国际社会应对金融风险能力和经验有所增强。同时，投资者也逐步认识到，美国货币政策正常化是经济好转的标志。因此，2018年美联储加息诱发的土耳其和阿根廷等国家金融动荡，并没有形成全球系统性金融危机。预计2019年美联储加息仍会导致国际金融市场出现动荡，但诱发全球性金融危机可能性较小，国际金融市场总体稳定。

综上所述，预计2019年世界经济将越过本轮增长周期的顶点，增速小幅回落，由前两年的3.7%下降到3.6%左右，主要经济体增长进一步分化。发达经济体经济增速将出现普遍回落趋势。美国减税的边际效应将递减，挑起贸易摩擦的滞后效应将逐步显现，经济增速将由2018年的2.9%回落到2.5%；日本经济与美国高度相关，经济增速将回落至0.9%；欧元区经济增速见顶回落，预计2019年回落至1.9%。新兴和发展中经济体经济将继续保持较快增长，2019年仍可达到4.7%左右。印度经济仍将保持旺盛的增长态势，预计2019年可达7.4%，在主要经济体中遥遥领先。在国际油价上涨、大宗商品价格稳定的背景下，中东与非洲国家将继续保持复苏态势；俄罗斯和巴西经济延续复苏步伐，并对独联体经济体、拉美与加勒比海地区形成较强的辐射效应。

（二）我国经济平稳发展仍具良好基础

一是政策有空间。一方面，经过债务置换和财政整固之后，各级政府债务压力有所缓解，实施积极财政政策仍有一定空间，特别是将重点转向减税降费的空间较大。另一方面，我国防范化解金融风险措施逐步显效，整体杠杆率稳中趋降，金融风险有所释放，同时通货膨胀水平温和，因而具备加大金融对实体经济的支持、保持良好金融环境的条件。二是改革有动力。紧抓改革开放40年契机，各项改革举措正稳步推进，特别是完善体制机制，彻底扭转"上面千把锤，下面一根钉"的局面，进一步缓解地方政府压力、调动积极性、激发活力的潜力巨大。三是开放有红利。我国开放服务业特别是金融业、大力改善营商环境、加强知识产权保护、主动扩大进口等重大开放举措将逐步释放政策红利。四是市场有潜力。我国拥有全世界人数最多的中等收入群体、增长最快的消费市场。面对外部环境深刻变化，做好自己的事情，扩大内需潜力广阔。

（三）国内经济领域风险不容忽视

1. 警惕中美贸易摩擦不断升级风险

近来，全球贸易保护主义、单边主义明显抬头，给我国经济和市场预期带来诸多不利影响，尤其是中美贸易摩擦升级对国内经济影响将逐步显现。加征关税直接影响对美出口订单，影响企业供应链生态，特别是部分可替代性较强的产品受到的冲击更加突出。即便部分难以替代的商品，加征关税意味着售价上涨，也会抑制其需求。

2. 警惕资本市场动荡风险向金融系统蔓延

受中美贸易摩擦加剧、美联储加息负面溢出效应以及国内去杠杆、严监管等多重因素影响，2018年以来我国股市、债市、汇市出现较大幅度波动。部分上市公司股价已经处于历史低位，IPO发审工作受到影响，债券市场收益率走高，企业债违约事件增多，资本市场直接融资对实体经济支持作用将有所减弱。同时，人民币汇率波动风险加大，资本流出压力上升。由于资本市场动荡、债券违约、汇率波动等因素导致银行风险控制加强，流动性进一步收紧，风险溢价提高将导致企业融资成本攀升，冲击实体经济，进一步加大金融系统风险。

3. 警惕产业体系重构风险

长期以来，我国已形成门类齐全的产业体系，然而这种多年积累的产业体系正被内外部环境的改变所打破。一方面，中美贸易摩擦使部分企业开始谋求在中国以外的地区设厂生产，甚至有跨国企业调整未来全球发展战略，对国内产业链生态造成深远影响。另一方面，环保督查力度加大和生态治理使得部分高耗能、高污染企业生产受到影响，部分企业甚至被迫关门停产，将产业链转向海外。

4. 警惕实体企业市场预期不佳风险

一是社会上"民营经济离场论"、"新公私合营论"等否定、怀疑民营经济的不当言论，对民营企业家的信心造成较大打击。二是中美贸易摩擦前景不明导致企业家预期不稳，个别企业甚至暂停后续投资。三是环保治理政策不确定性增添企业家投资顾虑，"一刀切"式的环保治理做法使部分企业频繁实施限产停产，部分企业即使环保达标也无法正常生产。四是实体企业减税降费获得感不强，在"营改增"过程中，没有充分考虑规范征管给部分小微企业带来的税负增加影响。五是在完善社保缴费征收过程中，没有充分考虑征管机制变化过程中企业的适应程度和带来的预期紧缩效应。

三、2019 年宏观经济增长前景展望

展望 2019 年，我国经济运行将总体平稳，增长速度略有回落，主要宏观指标处于合理区间。

（一）国内生产总值增长 6.3% 左右

综合考虑国内外发展环境和我国潜在经济增长水平，初步预计 2019 年经济增长将保持在 6.3% 左右。一是经济运行稳中有变，外部环境不确定性增强，特别是中美贸易摩擦对 2019 年我国经济增长的影响将逐步加大。二是 2018 年国内需求走弱影响将继续向生产端传导，基础设施投资实际增速走低，投资增长总体疲弱，消费需求稳中趋降，网络消费等新模式受高基数制约增速回落，将导致 2019 年工业、服务业生产放缓，GDP 增速有所回落。三是改革开放进一步深化、财政货币政策持续加力将对经济增长实现支撑。如果 2019 年积极财政政策更加发力增效，货币政策稳

健略松,赤字率由2.6%上调至3%,专项债发行规模适当扩大,减税规模保持在1.3万亿以上,初步估算拉动GDP 1.3个百分点,将有效对冲中美贸易摩擦影响。初步预计第一产业、第二产业、第三产业分别增长3.7%、5.3%和7.5%,能够实现生产法核算GDP增长6.3%的目标。

(二) CPI增长3%左右,PPI增长3.3%左右

居民消费价格稳中略升至2.5%。一是初步测算,2019年CPI翘尾因素为1.0%,比2018年高0.1个百分点左右,1.5个百分点由新涨价因素影响。二是农业供给侧结构性改革不断深化,粮食供过于求问题将有所缓解,猪肉价格逐步走出猪周期底部,进入温和上升区间,但是中美贸易摩擦导致大豆等农产品供给下降,推高相关领域以及关联行业产品价格。2019年食品价格不具备大幅起落的条件,食品价格预计上涨1.6%。三是医疗、教育等消费需求逐步提高,服务价格继续较快增长,预计上涨3%;日用消费品进口关税下调,进口商品价格涨幅有望降低。

工业品出厂价格温和回落至3.3%。一是2019年PPI翘尾因素为2.0%,比2018年低0.8个百分点左右,在翘尾因素带动下,PPI涨幅呈现回落。二是金融领域防风险取得阶段性成果,杠杆率水平趋于下降,货币金融领域充裕度提高,降低存准率释放流动性,PPI上涨的货币环境逐步由趋紧转为适中。三是在地缘政治、石油禁运等因素影响下,国际大宗商品价格预计继续走高,输入型价格上涨动因增强。四是天然气等能源价格改革尚未完成,原料药、电阻、电容等新兴产业上游产品价格快速上涨,工业品出厂价格涨幅将呈现结构性分化。

(三) 城镇新增就业1 100万人以上

就业总体形势基本稳定,需重点关注贸易摩擦冲击、大学应届毕业生等部分行业、部分群体、部分地区就业问题。一是随着中美贸易摩擦升级,企业新订单量减少,后期部分企业可能出现工率不足、利润下滑甚至裁员等现象,给沿海外贸省份人员就业带来压力。此外,我国大学毕业生人数仍将保持在800万人以上水平,普通本专科毕业生的失业率依然较高,叠加农村外出务工劳动力的增长,就业的结构性压力依然较大。二是我国经济增长带动就业的能力在不断增强。2013—2017年,我国GDP每增长1个百分点带动的就业人数为186.2万人,GDP增长6.3%可完成1 172万人城镇新增就业年度目标。三是创业创新成为就业增长的重要源泉。政府简政放权的力度进一步加大,"放管服"举措深入落实,进一步激发了市场主体的活力。《2017年大众创业万众创新发展报告》指出,目前全国创业孵化载体内企业就业人数超过200万人,每家企业平均带动就业43人。因此预计2019年我国能够保

持就业局势总体稳定。

(四) 国际收支进一步趋向均衡水平

货物贸易顺差收窄，对外贸易出口增速回落至 6.5%，进口增速回落至 12%（美元计价）。2019 年国际经贸环境变数较大，我国对外贸易面临的挑战加大。一是中美贸易摩擦升级，美国加大对华商品的征税范围与税率，将对我国对美出口造成较大影响。二是以美国为主导的新一轮双边、多边贸易规则逐步建立，主要经济体宏观调控取向调整，财政货币政策由宽松转为趋紧，全球经济增速存在减速势能，海外市场需求减弱不利于我国外贸增长。三是美欧日对所谓第三国"产业补贴、国有企业、技术转让"等方面发表联合声明，同时美欧、欧日之间基本达成自由贸易协议，主要发达经济体联合抵制中国，将导致我国面临的外部环境更加错综复杂。四是我国以主动开放促深化改革，对外开放范围扩展层次提升，共建"一带一路"为企业提供了海外市场空间和国际产能合作机会，有利于货物贸易以及服务贸易发展；中国进口博览会召开，汽车、日用消费品等进口关税下调，进口规模有望提高；大幅放宽市场准入、创造更便利的投资环境、加强知识产权保护等举措出台，我国对国际资本的吸引力继续增强，服务贸易将快速发展，我国外贸进出口持续增长的有利条件仍然较多，国际收支有望更趋均衡。

(五) 单位国内生产总值能耗降低 3% 以上

一是近五年我国第二产业年均增长 6.6%，工业增加值增长 7.3%，单位 GDP 能耗年均降低 4.6%。2019 年初步预计我国第二产业增长 5.3%，工业增长 6% 左右，据此预计单位 GDP 能耗降幅可以达到 3% 以上（见表 1）。二是防范化解重大风险、精准脱贫、污染防治成为未来两年三大攻坚战核心内容，绿色发展要求进一步加大生态保护和环境治理力度，同时平衡好和"经济增长"之间的关系，预计能耗下降在基数和其他因素的影响下，降幅仍可保持在 3% 以上。

表 1　2018—2019 年中国主要宏观经济指标预测表

	2018 年 1—9 月 实际		2018 年 预测		2019 年 预测	
单位	亿元	%	亿元	%	亿元	%
GDP	650 899	6.7	907 091	6.6	990 728	6.3
一产	42 173	3.4	67 683	3.5	71 243	3.7
二产	262 953	5.8	367 971	5.7	401 035	5.3
三产	345 773	7.7	471 438	7.7	518 451	7.5

续 表

	2018年1—9月 实际		2018年 预测		2019年 预测	
规模以上工业增加值	-	6.4	-	6.3	-	6.0
固定资产投资（不含农户）	483 442	5.4	667 333	5.6	707 373	6.0
房地产投资	88 665	9.9	120 381	9.6	127 604	6.0
社会消费品零售总额	274 299	9.3	381 409	9.2	415 735	9.0
出口（亿美元）	18 266.5	12.2	25 048	10.7	26 676	6.5
进口（亿美元）	16 052.8	20.0	21 797	18.2	24 413	12.0
居民消费者价格指数	102.1	2.1	102.2	2.2	102.5	2.5
工业生产者出厂价格指数	104.0	4.0	103.8	3.8	103.3	3.3

四、政策建议

针对稳中有变的内外部环境，建议积极财政政策重在大力减税降费，稳健货币政策重在改善金融环境，积极应对贸易战冲击，有效防范化解金融风险，大力优化营商环境，加快培育优势产业集群，推动我国经济高质量发展。

（一）积极财政政策重在减税，切实降低税费负担

积极财政政策在适度扩大支出的同时，重点放在实质性降低税率上。一是加大减税力度。增值税方面，实行三档税率并两档改革，将制造业等行业增值税税率从16%降至12%，将交通运输、建筑等行业增值税税率从10%减并至6%，并扩大增值税可抵扣范围和比重，提高企业设计、经销费用的增值税抵扣幅度。所得税方面，将企业所得税率降至20%，其他适用优惠税率同等幅度下调；进一步提高小微企业纳税额上限，研发费用加计扣除比例由75%提高至100%。二是大幅降低收费负担。降低社保缴费名义费率，稳定缴费方式，确保企业社保缴费实际负担有实质性下降。切实清理和降低各类附加收费。三是适度扩大赤字规模。建议将2019年财政赤字规模扩大至3万亿元，比上年增加6 200亿元，赤字率3%以内；将2019年地方专项债券发行规模扩大至1.9万亿元，比上年增加5 500亿元，重点支持重大核心技术攻关、民生改善和基础设施补短板等领域。

（二）稳健货币政策重在改善金融环境，支持实体经济发展

货币政策要落实"松紧适度"的要求，继续向中性略偏宽松方向微调，重在创

造良好的金融环境。一是保持流动性平稳充裕。结合使用下调法定存款准备金率、公开市场操作和中期借贷便利（MLF）等数量手段，加强短期流动性管理，增加中长期流动性投放。二是利率政策提高自主性，积极应对美联储进一步加息带来的流动性冲击和利率扰动，引导货币市场利率和社会融资成本平稳运行。三是把握好稳增长和去杠杆的平衡，避免为了单纯追求"防风险"而收缩实体经济信贷规模，畏贷、怕贷、抽贷和断贷。四是改革和完善金融机构监管考核和内部激励机制，把银行业绩考核同支持民营经济发展挂钩。五是运用逆周期宏观审慎管理措施，保持人民币汇率稳定在合理均衡水平。

（三）积极应对贸易摩擦，推动进出口稳定发展

一是继续优化出口退税制度。进一步扩大出口退税覆盖范围，适度提升部分产品的出口退税率。二是加强对外贸企业的出口信用保险支持。扩大出口信用保险对外贸企业的覆盖范围，将受美国加征关税影响较大的重点商品和企业纳入人民币出口卖方信贷优惠利率政策支持范围。三是完善进口政策。降低替代国产品的关税和进入门槛，对因我国反制措施受冲击严重的进口领域，实施关税豁免审批程序，视来源可替代性、是否有损国家利益等具体情况，给予企业一定期限的"加征关税豁免"。四是支持企业开拓新市场。鼓励企业优化国际市场布局，加大对产品品牌的宣传力度，推进出口市场多元化。

（四）促进民间企业健康发展，激发民间投资活力

毫不动摇鼓励、支持、引导非公有制经济发展，稳定民营企业家信心。一是深化"放管服"改革。加快转变政府职能，全面深化市场化改革，减少政府对市场的干预，推行全国统一的市场准入负面清单制度，加大知识产权的保护力度，转变市场监管方式，促进企业自律与市场可持续发展。二是破除体制机制投资障碍。加快推进垄断行业改革，消除民间投资的进入门槛，通过财政贴息、利率优惠等政策，鼓励民间资本进入垄断性较强、投资回报率较低的投资领域。三是鼓励民间资本参与新兴产业发展。简化人工智能、互联网、大数据、智能制造、无人驾驶、生物医药等领域的项目审批程序，加快新经济发展，培育壮大新动能，切实发挥民营企业在新兴行业发展中的主力军作用。

（五）加快培育优势产业集群，优化产业生态体系结构

一是重视保护产业生态体系，针对部分地区经济和产业发展具体情况，鼓励上游技术、资金、人力资本具有优势，符合环境标准的企业投资建厂，为下游企业做

好生产配套。二是及时跟踪外资企业动态，对于产业链重要节点上意欲退出的外国资本，积极寻求国内外相关替代企业补充，保持产业链完整性。三是加快培育一批以优势产业链与先进制造业集群为核心的产业网络，促进产学研用的协调发展，形成目标明确、分工协作的产业生态圈，有效促进要素自由流动。四是充分利用国内和国际资源，推动集群企业向全球价值链中高端攀升，形成"设计-制造-服务"一体化的先进生产模式。

Annual Report On
China And The World Economic Development(2019)

综合篇
OVERALL REPORTS

02　2018年固定资产投资分析及2019年展望

胡祖铨*

摘要： 2018年前三季度，固定资产投资仅增长5.4%，创下历史新低，较上年同期的偏低增速平台再放缓2.1个百分点。制造业投资取代基建投资成为拉动整体投资增长的主导力量，贡献率高达49.5%。投资领域结构风险更加突出，基建投资大幅减速、房地产开发投资过度依赖土地购置费增长。当前需要密切关注地方政府隐性债务风险加大基建融资约束、房地产开发投资面临较大不确定性、制造业投资进一步改善的难度增大等问题。展望2019年，在政策红利、创新驱动与转型升级、新兴投资热点、补短板投资的支撑下，固定资产投资有望实现6%左右的增长。建议2019年投资工作围绕"聚焦补短板扩大有效投资"的基本思路，坚持严控地方政府隐性债务不松劲，精准适度发力有效基础设施。

关键词： 稳投资　"四规范"　地方政府隐性债务

一、2018年固定资产投资的基本特征

在2018年国民经济和社会发展计划中，投资的主基调定位为"聚焦重点领域优化投资结构"，并首次取消了全社会固定资产投资预期增长目标（见表1）。从政策制定层面传递出淡化投资增长要求，旨在引导全社会强化投资对优化供给结构的关键性作用，促进有效投资特别是民间投资合理增长。

---

* 胡祖铨，经济学博士，副研究员，主要研究方向为宏观经济、固定资产投资、财政税收等。

表1 全社会固定资产投资的预期目标与完成情况（单位:%）

年份	预期目标	主基调	完成增速	完成情况
2009年	20	保持投资较快增长	30.0	√
2010年	20	保持合理的投资规模	23.8	√
2011年	18	保持合理的投资规模	23.8	√
2012年	16	进一步优化投资结构	20.3	√
2013年	18	发挥好投资对经济增长的关键作用	19.3	√
2014年	17.5	促进投资稳定增长和结构优化	15.3	×
2015年	15	着力保持投资平稳增长	9.8	×
2016年	10.5左右	着力补短板、调结构，提高投资有效性	7.9	×
2017年	9.0左右	精准扩大有效投资	7.0	×
2018年	——	聚焦重点领域优化投资结构	——	

注：投资计划预期目标是政府对年度固定资产投资发展期望达到的目标。预期目标本质上是导向性的，在反映投资发展基本趋势的同时，主要是向社会传递宏观调控的意图，以引导市场主体行为，不等同于预测值。

2018年以来，固定资产投资累计增速呈现出"先降后稳"的态势，前8个月持续回落，9月份有所企稳（见图1）。1—9月份，固定资产投资仅增长5.4%，创下历史新低，较上年的偏低增速平台再下台阶，同比放缓2.1个百分点。受钢材、水泥等建筑物资价格较快上涨的带动，前三季度固定资产投资价格指数同比上涨5.6%，剔除价格因素后实际增速仅为-0.2%。当前我国宏观经济增长基本平稳，固定资产投资低位再降速主要是受财政严控隐性债务的政策因素扰动。在支出法GDP构成中，前三季度资本形成总额对GDP增长的贡献率为31.8%，较上年同期降低1个百分点，拉动GDP增长2.1个百分点，较上年同期减少0.2个百分点。详见表2。

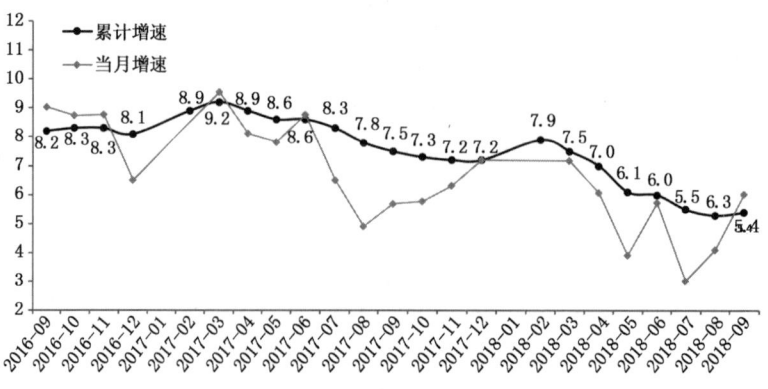

图1 近两年固定资产投资增长情况（单位:%）

表2　近两年各季度固定资产投资价格指数（单位:%）

	2018Q3	2018Q2	2018Q1	2017Q4	2017Q3	2017Q2	2017Q1
投资名义增速	4.5	5.2	7.4	6.4	5.8	8.3	9.2
投资实际增速	-1.1	-0.7	1.2	-1.0	-1.1	3.2	4.5
投资价格指数	105.4	105.2	106.2	107.4	106.5	104.7	104.5
设备工器具价格指数	100.9	101.2	101.3	101.4	100.7	100.3	100.0
建筑安装价格指数	107.2	106.9	108.4	110.1	109.0	106.5	106.4
其中：钢材	108.4	109.5	115.6	124.8	123.5	116.4	118.0
水泥	111.8	110.8	110.5	108.7	108.1	105.6	104.7
其他费用价格指数	101.3	101.2	101.0	101.1	101.1	101.0	100.9

（一）固定资产投资增速偏离正常水平，呈现出相对低速增长

前三季度，固定资产投资增长5.4%，较同期名义GDP增速（9.8%）低出4.4个百分点，自2016年以来已经连续10个季度低于GDP名义增速。尽管由于统计口径不同，固定资产投资与资本形成总额不完全一致、其增速也有些差异，固定资产投资与GDP名义值也不存在直接对应关系，但总体上看，固定资产投资名义增速应该与GDP名义增速存在着一定的合理关系，即固定资产投资名义增速围绕着GDP名义增速上下波动：在经济过热期，投资名义增速大于GDP名义增速；在经济下行期，投资名义增速低于GDP名义增速。近年来我国宏观经济运行总体平稳，固定资产投资长时期的相对低速增长既不利于释放合理有效内需，也不利于优化供给结构，创造新供给能力。

分省份看，前三季度，全国有9个省份的投资增速出现同比下降，除海南（-13.1%）外，其他全部位于北方地区，分别是华北的北京（-6.7%）、天津（-14.2%）、山西（-1.6%）、内蒙古（-32.7%）；东北的黑龙江（-3.7%）；西北的甘肃（-6.1%）、宁夏（-19.1%）、新疆（-42.9%）。

（二）基础设施投资大幅放缓，对整体投资减速贡献率达187%

前三季度，大口径基础设施（包括电热燃水的生产和供应业、交通运输仓储和邮政业、水利环境和公共设施管理业）投资同比仅增长0.3%，较上年同期大幅回落15.6个百分点，拉低整体投资增速3.9个百分点，对整体投资减速的贡献率高达187%。也就是说，如果剔除大口径基础设施投资，剩余行业投资增速同比是加快的。分行业看，交通运输、仓储和邮政业增长3.2%，较上年同期回落12个百分点；水利环境和公共设施管理业增长2.2%，回落20.6个百分点。受推动火电去产

能的影响，电力、热力的生产和供应业投资同比下降17.2%。

2017年下半年以来，财政部门强化地方政府隐性债务监管，先后发布了规范地方政府举债融资行为（财预〔2017〕50号）、规范政府购买服务（财预〔2017〕87号）、规范PPP项目（财办金〔2017〕92号）、规范金融企业对地方政府和国有企业投融资行为（财金〔2018〕23号）等"四规范"，促使部分违规融资的基建项目停建、缓建或停止施工。在缺少地方政府提供增信措施的情况下，地方基建项目的融资难度和融资成本均大幅上升。截至2018年三季度末，PPP综合信息平台已累计清退管理库项目2 554个，累计清减投资额3.06万亿元。此外，金融严风险监管持续深入，委托贷款、信托贷款、银行承兑汇票等非标融资渠道受到大幅压缩，2018年前三季度新增非标融资规模净减少2.3万亿元，较上年同期减少5.24万亿元。

（三）制造业投资、民间投资延续向好态势，双双跑赢整体投资

前三季度，制造业投资同比增长8.7%，较上年同期提升4.5个百分点，高出同期整体投资增速3.3个百分点，自2013年以来首次跑赢整体投资，对整体投资增长的贡献率达到49.5%。分类别看，装备制造业投资增长10%，高耗能制造业投资增长11.1%，消费品制造业投资增长4.9%。装备制造业和高耗能制造业投资均实现两位数增长，主要原因有：一是工业产成品价格持续上涨、减税降费措施带动上中游制造业利润有所好转，2017年装备制造业、高耗能制造业利润分别增长11.8%和44.9%，企业利润留存之后相应地增强了2018年的投资能力。二是各级政府积极发展实体经济，通过资金补贴、贴息、奖励、直接股权投资等方式支持制造业企业的技术改造、使用首台（套）重点技术装备等投资项目，促使企业投资积极性有所提高。三是制造业企业顺应环保要求，增加对环保设备、环保设施的投入力度。

前三季度，民间投资同比增长8.7%，较上年同期提升2.7个百分点，高出同期整体投资增速3.3个百分点，延续了2017年以来的向好态势，并自2016年以来首次跑赢整体投资。其中，采矿业、非金属矿物制品业、黑色金属冶炼及压延加工业、有色金属冶炼及压延加工业、专用设备制造业、铁路运输业、教育业、文体娱乐业的民间投资增速大幅加快。受财政严控隐性债务、推动国有企业降杠杆、限制国企非主业投资等政策影响，国有投资同比增长1.2%，较上年同期大幅回落9.8个百分点。

民间投资主要集中在制造业和房地产业，上述两个门类行业民间投资额分别占全部民间投资额的45%和25%（2016年数据），合计为70%。因此，民间投资和制造业投资增长的相关程度较高，呈现出同步改善的态势。国有投资主要集中在基础设施建设领域，2018年以来国有投资和基建投资增速也出现同

步大幅回落。详见图2。

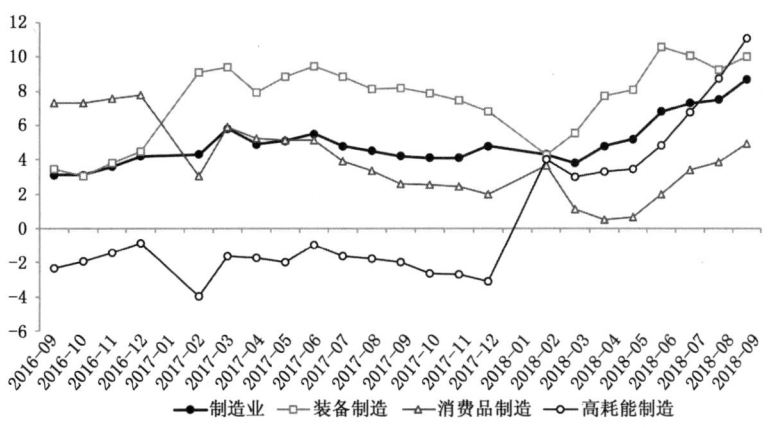

图2 制造业投资累计增速情况（单位:%）

（四）房地产开发投资主要由土地购置费拉动，新房价格上涨压力较大

前三季度，房地产开发投资同比增长9.9%，较上年同期提升1.8个百分点。棚改货币化安置政策等推动二三线城市加快去库存进度，商品房库存规模持续减少，新建商品房价格加快上涨，房企拿地开发意愿较为强烈，计入房地产开发投资完成额的土地购置费同比增长66%，较上年同期提升45.9个百分点，成为拉动房地产投资增长的主要力量，扣除土地购置费后，房地产开发投资同比下降4.1%。如图3所示。

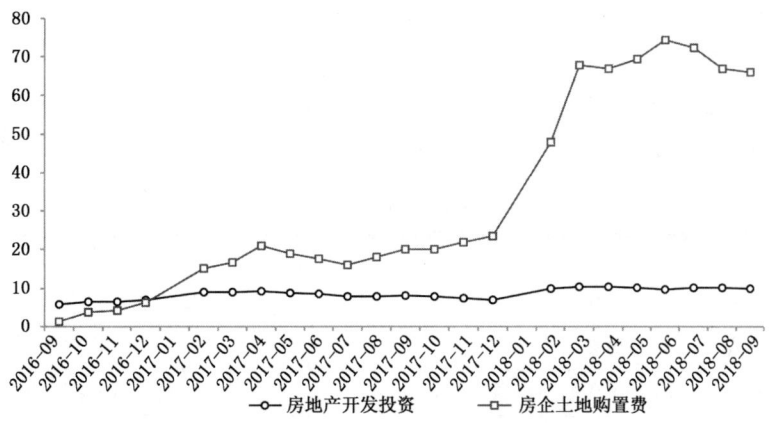

图3 房地产开发投资和房企土地购置费累计增长情况（单位:%）

商品房库存偏紧加大了商品房市场价格上涨压力。9月份，70个大中城市新建商品住宅价格环比上涨1%，同比上涨8.9%。以商品房销售面积和商品房销售额为基础计算的商品房销售均价同比上涨10.2%，较上年同期加快6.3个百分点。截至

9月末,广义商品房库存为12.1亿平方米,平均去化周期仅为9.2个月,已经显著低于业内广泛认可的库存去化周期下限(12个月)。

二、当前投资领域需要关注的问题

当前需要密切关注地方政府隐性债务风险加大基建融资约束、房地产开发投资面临较大不确定性、制造业投资进一步改善的难度增大等问题。

1. 地方政府隐性债务风险加大基建融资约束

2015年新《预算法》实施之前,由于地方政府规范的举债融资机制缺失,地方政府为地方融资平台提供了大量的融资担保和回购承诺。新《预算法》实施后,个别地区违法违规举债担保仍然时有发生,一些新型融资手段通过政府投资基金、专项建设基金、政府购买服务、PPP项目等"新马甲"的形式出现,导致大量的政府中长期支出事项债务。比如,2014年底地方政府负有担保责任的债务、可能承担一定救助责任的债务合计为8.6万亿元,2015—2016年发行专项建设基金合计2.4万亿元。相当部分地区的隐性债务规模超过了显性债务(即政府债务),根据公开查询的6个县区级政府和安徽省合肥市隐性债务情况来看,隐性债务占显性债务比重在70%~360%之间,县区级政府的隐性债务规模远高于显性债务。防范化解地方政府隐性债务风险是今后一段时期"防风险"的重要任务,过去依赖扩张地方政府隐性债务来驱动基建投资快速增长的传统模式已经难以为继,基建投资项目的融资约束将明显增强。基建项目大多回收期长、收益率偏低,主要是以政府财政资金作为资本金撬动银行债务资金来筹资的。以2016年基建行业投资规模15.2万亿元、最低资本金比例为20%来计算,需要的资本金高达3万亿元,而同期基建项目资金来源中国家预算内资金仅为2.2万亿元,资本金缺口高达8 000亿元。如表3所示。

表3 我国部分地方政府的隐性债务规模(单位:亿元,%)

时间	政府	隐性债务	显性债务	隐性/显性
2018年6月底	河南省濮阳市华龙区	26.43	8.72	303
2018年3月底	河南省濮阳市范县	24.76	13.68	181
2018年3月底	河南省濮阳市南乐县	19.3	10.7	180
2017年底	宁夏回族自治区固原市彭阳县	18.7	13.2	142
2017年底	山东省济南市长清区	49.52	15.69	316
2018年5月底	青海省黄南州	24.18	6.72*	360
2017年底	安徽省合肥市	475.38	656.22	72

资料来源:公开媒体,作者整理。*为2017年数据。

2. 房地产开发投资面临较大不确定性

自 2016 年 10 月份各大城市普遍收紧房地产市场调控政策以来，行政性调控措施执行已经超过 2 年。长期实施行政调控的负面效应开始显现，房地产市场苗头性、潜在性风险有所抬头。一是土地价格持续快涨，已经连续 5 年（2013—2017 年）明显高于房价涨幅，房企开发成本提升。二是部分区域出现一二手房价格倒挂现象扰乱了房地产市场的价格发现功能。新房价格低于二手房，直接强化了新房的投资属性，在"买到即赚到"的激励下，群众普遍提前释放购房需求以及参与投资性购房。三是高房价下购房需求萎缩开始显现。前三季度商品房销售面积同比仅增长 2.9%，较上年同期回落 7.4 个百分点，是 2015 年下半年以来的最低增速。在房地产市场中，"量缩价稳"往往是"量价齐跌"的前奏，2019 年房地产市场大概率进入周期性调整阶段，给房地产开发投资带来较大的不确定性。

3. 制造业投资进一步改善的难度增大

制造业领域仍然面临产能过剩的困扰，供需基本面决定了制造业投资增速大幅改善缺乏可持续性。前三季度，制造业产能利用率为 77.0%，较 2017 年回落 0.5 个百分点，也低于美国产能利用率合理区间的下限（79%）。同时，受原材料价格持续较快上涨、环保成本提高、融资难融资贵等影响，制造业企业经营困难增多。前三季度规上制造业利润总额增长 12.5%，较上年同期回落 7.1 个百分点。其中，装备制造业利润总额仅增长 3.0%，回落 10.2 个百分点；消费品制造业利润增长 6.9%，回落 4.1 个百分点。此外，2019 年中美贸易冲突的负面影响可能进一步扩大，将损害制造业企业尤其是外向型制造业企业的投资信心。

三、2019 年固定资产投资分析预测

基建投资疲弱已经成为影响投资正常增长的关键桎梏，不利于扩大合理有效内需和带动就业。7 月 31 日中央政治局会议指出，下半年经济工作重点是保持经济平稳健康发展，实现稳就业、稳金融、稳外贸、稳外资、稳投资、稳预期，把补短板作为当前深化供给侧结构性改革的重点任务，加大基础设施领域补短板的力度。9 月 18 日国务院常务会议提出聚焦补短板扩大有效投资，按照既不过度依赖投资也不能不要投资、防止大起大落的要求，稳住投资保持正常增长。10 月 31 日国务院办公厅印发《关于保持基础设施领域补短板力度的指导意见》，要求聚焦关键领域和薄弱环节，保持基础设施领域补短板力度。未来一段时期，"稳投资"政策带动基

础设施投资企稳回暖是一个大概率事件。待相关"稳投资"政策效应得到充分释放，预计固定资产投资将明显趋稳回升。

需要强调的是，基础设施投资不宜过度放开，"稳投资"政策工具要精准、力度要适度。一方面，地方政府隐性债务已经成为我国经济社会发展的重大风险隐患，防范化解地方政府隐性债务风险必须坚定不移地予以推进，不宜留破口，损害政策的严肃性和权威性。不具备还款能力的基建项目建设要一律叫停，违法违规举债行为要严肃问责。另一方面，基建投资在持续六年（2012—2017 年间）、年均增速高达 17.2% 的高速扩张后，面临着增速回落的自然调整压力。允许并推动基建投资增速从高位稳步回落，有助于优化投资结构、改善投资整体效率、提升投资可持续性。因此，这一轮的基建投资支持政策，要更加注重其精准性和适度性，从经济效益、社会效益、生态效益、债务可承受度、资金合规性等多维度，优选出有效基建项目予以重点支持。

展望 2019 年，固定资产投资有望实现 6% 左右的增长。一是政策支撑。国家持续推动减税降费工作，将减轻企业税费负担，增强企业投资信心；多次降准增加了资金供应，有利于保障投资资金来源；大力解决民营企业生产经营困难，将激发民营经济活力；多措并举稳投资，对投资项目的财政资金支持力度也将继续发力。二是创新驱动与转型升级支撑。高技术制造业投资、制造业技术改造投资仍将实现两位数以上增长，带动制造业整体投资。三是新兴投资热点支撑。旅游、文化、体育、健康、养老、教育培训等幸福产业快速发展，粤港澳大湾区、长三角经济圈等将成为热点投资区域。四是补短板投资支撑。农业、环保、民生等短板领域投资将较快增长。

四、政策建议

2019 年投资工作围绕"聚焦补短板扩大有效投资"的基本思路，坚持严控地方政府隐性债务不松劲，强化"稳投资"政策的精准度和适度，不搞新一轮的基建投资强刺激，也不搞全面的投资强刺激。"精准适度发力有效基础设施"体现在，政策工具要集中在促基建投资上而非整体投资、要根据多维指标优选基建项目而非大水漫灌式地支持所有基建项目、要适度引导各地基建投资增速而非放任其大起大落。

（一）精准适度发力有效基础设施

一是坚持严控地方政府隐性债务不松劲，维护财经政策的连续性和严肃性。

二是提高基建投资政策的精准性和适度性，从经济效益、社会效益、生态效益、债务可承受度、资金合规性等多维度，优选出有效基建项目予以支持。重点支持"三区三州"等深度贫困地区基础设施、交通骨干网络特别是中西部铁路公路、干线航道、枢纽和支线机场、重大水利等农业基础设施、生态环保重点工程等。三是适当降低基建投资项目的最低资本金要求，将各类基建项目最低资本金比例全面下调5个百分点。四是适当增加2019年地方政府专项债券资金的额度，并加快发行使用进度。五是尽快推动民间资本推介项目早日落地，研究设立基础设施投资基金、基础设施民间投资基金等，吸引更多社会资本进入基础设施建设领域。

（二）大力挖潜民间投资增长空间

一是对于生产能力充分、国企事业单位垄断力量强的行业，要以推动国企改革、事业单位改制为重心，把混合所有制改革、鼓励支持民间资本控股挺在第一线。比如，电力热力生产和供应业、道路运输业、农林牧渔服务业等。二是对于生产能力不足、供给不充分的行业，要把放宽市场准入、优化营商环境放在更加突出位置，吸引更多民间投资来增加有效供给。比如，教育业、公共设施管理业等。三是进一步优化营商环境。持续深化放管服改革，清理废除妨碍统一市场和公平竞争的规定和做法，加强社会信用体系建设，特别是政务诚信建设力度。出台更大规模的减税、更加明显的降费措施。畅通金融服务实体经济传导机制，采取建立贷款风险补偿机制等方式，缓解小微企业和民营企业融资难、融资贵问题。强化民营主体的产权保护，提升民间投资的"安全感"。

（三）加快构建房地产市场长效机制

一是稳步完善土地供应制度。着力调整中央地方财税分配格局，增强地方自有财政实力，减轻对土地出让金的依赖程度。同时，加快建设城乡统一的建设用地市场，推动农村集体经营性建设用地与城市建设用地同等入市、同权同价，稳步破除地方政府在土地供应上的绝对垄断地位。二是加快完善保障性住房制度。将保障性住房制度打造成为覆盖融资、建造、分配、流转等各环节的闭环，不与市场化住房体系发生直接联系。调整货币化安置、共有产权房等短期政策。强化保障性住房的分配管理。三是进一步完善租赁住房制度。将专业租赁机构对个人的住房租赁作为住房租赁市场的主流模式（B2C），支持规模化、专业化租赁机构有序发展壮大。尽快出台一批住房租赁相关优惠政策，支持金融机构创新针对住房租赁项目的金融产品和服务。四是择机完善房地产财税制度。按照"立法先行、充分授权、分步推进"的原则，推进房地产税立法和实施。对工商业房地产和个人住房按照评估值征收房地产税，适当降低建设、交易环节税费负担。进一步调整优化房地产领域建设、交易、保有等各环节以及各参与主体的税负结构。

03 2018年消费形势回顾及2019年展望

邹蕴涵*

摘要： 2018年以来，在外部环境转差的情况下，国内消费保持了平稳增长态势，充分发挥了对经济增长的拉动作用。消费市场呈现出短期波动性增强、城乡消费走势分化、升级类消费增势略减等特征，也暴露出居民负债增长较快、租房价格过快上涨、收入结构变化和分配差距拉大、服务消费发展不规范等问题。展望2019年，居民就业和收入将总体保持稳定、个税改革落到实处、消费业态和方式不断创新、消费短板正在补齐等都将有力促进消费潜力释放。综合判断，消费需求具备了保持温和增长的条件，初步预计2019年社会消费品零售总额增长9%左右。

关键词： 居民消费 波动性 耐用品消费 城乡差异

一、2018年消费市场运行的主要特征

2018年，我国宏观经济下行压力不大，经济保持平稳增长。在外部环境压力增大的情况下，国内消费保持了平稳增长，充分发挥了经济稳定器作用。前三季度，最终消费支出对经济增长的贡献率达到78%，高于资本形成总额46.2个百分点，高于去年同期13.5个百分点。最终消费支出对经济的拉动作用也再创新高，达到5.2个百分点，比去年同期的拉动作用提高了0.7个百分点。

1. 居民消费温和增长，短期波动性增强

今年前三季度，全国社会消费品零售总额实际增长7.4%，增幅较上年同期回落1.9个百分点。全国住户调查数据显示，1—9月，全国居民人均消费支出实际增长6.3%，增幅同比提高了0.4个百分点。从整体走势看，我国居民消费保持温和增长态势。与去年相比，2017年消费的月度增速下滑趋势更为明显。1—9月，社会

---

* 邹蕴涵，北京大学经济学博士，国家信息中心经济预测部宏观经济研究室副研究员，研究方向为宏观经济。

消费品零售总额当月实际增速分别为 8.3%（1—2 月合计）、7.9%、7.8%、7.0%、7.4%、6.8%、6.7%、6.8%。如图 1 所示。

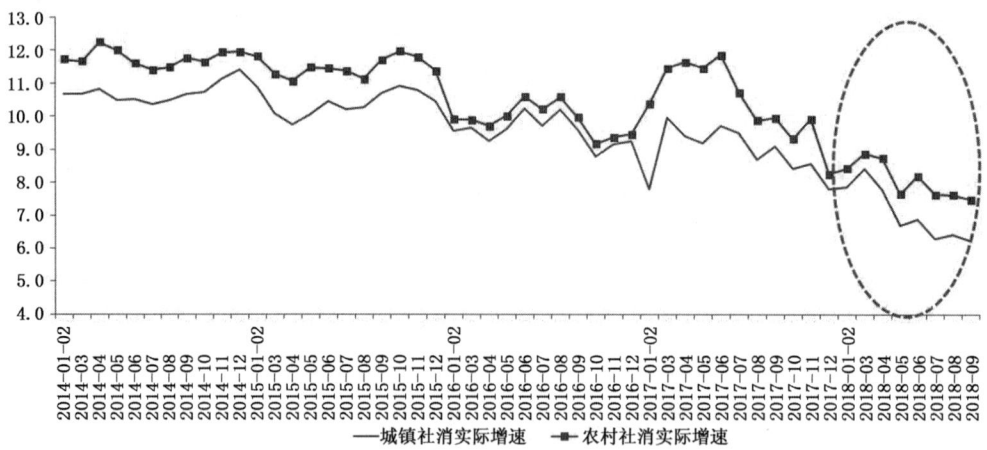

图 1　我国城乡社会消费品零售总额当月实际增速走势

2. 城乡消费走势分化，发力点有同有异

按照城乡住户调查数据，城镇居民人均消费支出季度增速不断下滑，前三季度仅实际增长 4.3%，增速同比回落 0.23 个百分点；农村居民人均消费支出实际增长 9.8%，增速同比提高 2.4 个百分点，城乡居民消费增速差进一步拉大，农村消费向好、城镇消费走差的态势更为明显（见表 1）。随着农村消费快速增长，城乡消费差距趋于缩小，城乡消费的不平衡减弱。截至 2018 年 9 月底，城镇人均消费支出与农村人均消费支出的比例从 2017 年的 2.3∶1 下降至 2.2∶1。

表 1　我国居民人均消费支出及实际增速（单位：元,%）

时间	全国居民人均消费支出	全国居民人均消费支出增速	城镇居民人均消费支出	城镇居民人均消费支出增速	农村居民人均消费支出	农村居民人均消费支出增速
2015 年前三季度	11 286	7.0	15 636	5.4	6 373	9.3
2016 年前三季度	12 247	6.4	16 797	5.3	7 017	8.2
2017 年前三季度	13 162	5.9	17 846	4.5	7 623	7.4
2018 年前三季度	14 281	6.3	19 014	4.3	8 538	9.8

数据来源：国家统计局《全国城乡一体化住户收支与生活状况调查》。

同时，城乡居民消费发力点存在明显差异。一方面，农村居民的食品烟酒类支出增速仍高达 8.8%，比城镇居民同期同类消费高出 5 个百分点，显示出城镇居民此类消费相对饱和，农民也可能在经历新一轮"升级"。另一方面，交通通信支出在拉动农村居民消费上作用明显，增速达到 11.7%，高于城镇居民支出增速 6.4 个百分点。随着收入水平不断提高，农村居民正在经历城镇居民已经经历的汽车、通信工具等"大件"消费快速增长阶段，基本生活类消费也在"转型升级"，而城镇居民则开始率先进入服务消费为主的新时期。

3. 基本生活消费持续平稳，升级类消费增势略减

基本生活消费持续平稳。吃、穿、用等传统基本生活类消费增速仍然保持相对稳定的增长态势。前三季度，全国居民食品烟酒实际增长3.9%，增幅回落1.7个百分点；衣着支出实际增长2.9%，增幅提高了1.7个百分点，其中，农村居民衣着消费支出成为拉动全国衣着消费好转的主要动力。社会消费品零售总额数据显示，1—9月，粮油食品为代表的"吃类必需品"、针纺织品为代表的"穿类必需品"、日用品为代表的"用类必需品"也处于正常增长区间内，没有明显的大起大落。如表2所示。

表2 我国居民基本生活类消费支出实际增速（单位:%）

时间	全国居民			城镇居民			农村居民		
	食品烟酒支出	衣着消费支出	生活用品及服务支出	食品烟酒支出	衣着消费支出	生活用品及服务支出	食品烟酒支出	衣着消费支出	生活用品及服务支出
2016年前三季度	3.5	0.8	8.0	2.5	0.2	7.7	5	0.8	7.5
2017年前三季度	5.6	1.3	6.9	4.5	-0.6	7.2	6.6	4.8	3.9
2018年前三季度	3.9	2.9	7.7	2.2	1.2	5	7.0	6.2	13.5

数据来源：国家统计局《全国城乡一体化住户收支与生活状况调查》。

升级类消费增势略减。全国住户调查数据显示，交通通信、教育文化娱乐增速都较去年同期明显趋缓，前三季度累计实际增速分别为5.8%、3.5%，增幅同比分别回落了0.6个和2.7个百分点。其中，城乡居民的教育文化娱乐支出实际增速降至3%以下，而农村居民交通通信支出增速仍在6%以上，显示出城乡居民消费结构升级速度有差异。医疗保健支出前三季度实际增长11.8%，增幅同比提高了4.8个百分点，不过累计增速在缓慢下滑，其中农村居民此项支出增长非常迅速。如表3所示。

表3 我国居民升级类消费支出实际增速（单位:%）

时间	全国居民			城镇居民			农村居民		
	交通通信支出	教育文化娱乐支出	医疗保健支出	交通通信支出	教育文化娱乐支出	医疗保健支出	交通通信支出	教育文化娱乐支出	医疗保健支出
2016年前三季度	11.5	11.4	7.8	9.6	11.1	8.2	15.3	10.7	6.4
2017年前三季度	6.3	6.2	7.0	4.0	5.8	5.2	10.6	5.1	9.5
2018年前三季度	5.8	3.5	11.8	3.6	1.4	9.9	9.8	8.0	14.6

数据来源：国家统计局《全国城乡一体化住户收支与生活状况调查》。

4. 新兴消费蓬勃发展，服务消费占据半壁江山

新兴消费蓬勃发展。前三季度，全国网上零售额增长27%，其中，实物网上零售额的吃类、穿类、用类增速分别为43.8%、23.3%和27.7%。在线上零售火热的同时，线下销售在经历了三年多的调整后，整体发展趋势已经趋好。不过，在经历了一季度的较快增长后，9月时累计增速已经下滑至6.9%，较去年同期回落1.6个百分点。在经历了接近四年的调整后，信息消费增势有所回暖。1—9月份，限额以上通信器材消费增长10.7%，增幅同比提高了1.4个百分点，其中，9月当月增速达到16.9%，彻底扭转了过去增速节节下滑的态势。

服务消费占据半壁江山。2018年以来，我国服务消费一直保持较快增长，旅游、文化、体育、养老、家政等服务消费十分活跃。据文化和旅游部数据中心测算，2018年五一假期实现国内旅游收入同比增长10.2%，国庆假期旅游收入同比增长9.04%。据国家电影局提供的数据显示，2018暑期档是近年来最好的一个暑期档，6—8月全国电影票房达173.99亿元，较去年同比增长6%，场均人次达到三年来峰值。

据统计局数据，服务消费的比重每年大概提高1个百分点，2018年三季度，服务消费比重是52.6%，比上年同期又提高了0.2个百分点，已经占据总消费的"半壁江山"。比如截至10月4日，2018年全国总票房已突破500亿元，比上年提前47天。特别是6—8月暑期档电影总票房174亿元，再创新高。

5. 汽车消费低位徘徊，住房相关消费趋冷

2018年以来，在行业调控政策调整后，汽车和住房两大耐用品消费明显降温，

增长势头均大幅放缓。

汽车消费低位徘徊。根据中汽协统计，1—9月，汽车销售增长1.5%，低于上年同期3个百分点。其中，乘用车销售增长0.6%，增幅同比回落1.8个百分点。除SUV销售保持增长外，轿车、MPV、交叉型乘用车产销继续下降，特别是1.6升及以下乘用车明显降温。商用车销售增长6.3%，较去年同期回落11.6个百分点。新能源汽车市场在相关政策调整后开始进入新增长期，1—9月销售增长81.1%，增幅大幅提高43.4个百分点。其中，纯电动汽车销售增长66.2%，插电式汽车增长146.8%。

住房相关消费趋冷。随着房地产市场调控政策持续趋严，全国商品房销售面积和销售额增速分别大幅回落。房地产市场整体趋冷给居民消费带来了两方面影响，一方面，租房价格快速上涨，涵盖了居民房租、水、电、燃料以及物业管理等支出的全国居民人均居住消费支出累计增速达9.5%，较去年同期提高3.2个百分点，城镇居民此类支出快增较为显著。另一方面，与购房相关的居民支出增势偏弱，其中，规模以上单位的家具零售额以及建筑装潢材料类零售额分别增长10.1%和7.8%，增速较去年同期分别回落3.2和4.8个百分点，整体增势已经随着房地产销售趋冷明显转弱。

二、2018年消费市场运行的主要问题

当前，居民负债增加较快在一定程度上抑制了消费需求，同时2018年以来部分热点城市房租价格过快上涨也对居民消费需求释放产生了负面影响。并且，收入分配格局略有转差将不利于全社会总消费平稳增长。这些制约消费潜力释放的主要问题需引起高度重视。

1. 居民负债增长较快影响消费潜力

从统计局的入户调查数据和社消统计数据看，2017年开始，我国居民的人均可支配收入和人均消费支出之间出现了一个"剪刀差"（尤其是城镇居民），收入与消费的增长趋势出现不同步，即收入增加并没有带来消费的同步增加。从历史数据看，当商品房销售面积快速增长时，城镇居民的消费支出将在之后的半年到一年呈现明显下行；当商品房销售进入低谷期时，消费支出明显有一个跳升。同时，商品房销售面积与社会消费品零售总额的增速之间也存在着可见的负向关系，即商品房销售面积快速增长与社会消费品零售总额增速下行同时出现，反之，社会消费品零售总额呈现上升态势。因此，2016—2017年房地产市场火爆带来居民大量增加负债购买住房，短期内明显抑制了消费潜力，成为影响2018年居民消费能力的重要因素。

2. 租房价格过快上涨侵蚀消费能力

2018年以来，北京、上海、广州、深圳、天津、武汉、重庆、南京、杭州和成都等主要城市的住房租赁价格指数出现快速上涨，例如7月北京房租环比上涨2.63%，同比上涨21.89%，处于过去五年来的较高水平。一方面，租房市场的供需矛盾短期内加剧。以控制购买需求为主的调控政策给二级租房市场带来需求增量，再加上拆违建等管理政策带来供给短缺，形成了房租上涨的供需基础。另一方面，短期政策与中长期政策间形成制度真空，缺乏对中介的有效监管，短期内加剧了市场供需矛盾激化。在房屋租赁这个快速兴起的市场上，目前的监管仍然相对缺位，市场秩序短期出现混乱。

以北京为例，2017年北京两居室租房价格平均为6006元/套，当年北京居民人均可支配收入57 230元。按照一家三口两人工作计算，家庭年可支配收入大约是11.4万元，租两居室一年花费约7.2万元，占家庭可支配收入的63.2%。其他市场数据显示，2017年全年北京区域的住房租赁交易平均月租金为4 401元/套，三口之家的租房支出达5.28万元，占家庭可支配收入的46.3%。总体来看，北京市家庭租房支出占收入的比重在50%左右，这样重的租房压力将明显影响居民当期消费支出。

3. 收入结构变化和分配差距拉大影响整体消费增长

从统计局入户调查数据看，前三季度城镇居民收入实际增速仅5.7%，较去年同期下滑0.9个百分点，低于全国平均水平0.9个百分点。居民消费更多的要依靠工资性收入等"持久性收入"支撑，所以转移性收入这类"暂时性收入"为城镇居民消费持续升级的动能相对更弱。如果城镇居民的"持久性收入"不能保持持续较快增长，那么消费升级之路可能出现短期波动。

除此以外，全国居民人均可支配收入中位数占平均数的比重为86.7%，较去年同期下滑0.1个百分点，显示出收入分配差距拉大的趋势仍在延续。其中，城镇居民人均可支配收入中位数占平均数的比重为92%，较去年同期下降0.4个百分点；农村人均可支配收入中位数占平均数的比重为86.9%，同比提高了0.3个百分点。城镇收入中位数占平均数的比重下降反映了群体内中等收入群体收入情况恶化，在一定程度上映射出消费主力群体的消费能力恶化，这对于促进消费来说不是好事。

4. 服务消费发展不规范制约增长前景

随着居民收入、生活水平不断提高，居民服务消费成为消费领域新的增长点。在北京、上海等发达地区，服务消费占总消费的比重已经接近社会总消费的一半。但由于相关制度和市场建设滞后，服务消费市场出现了一系列问题。2018年以来，有关服务消费的消费者投诉成为中消协面临的主要问题。一方面，服务标准混乱，在许多与居民生活密切相关的行业，缺乏明确的、具有可信度的服务标准；另一方面，服务行业的从业人员缺乏规范培训，草率上岗、资质不全引发很多安全问题，同时，从业观念落后也导致服务消费市场供给水平较低，不能满足居民日益增长的高品质需求。更为重要的是，部分行业定价机制不规范导致服务消费价格持续上涨，影响了居民服务消费意愿。

三、2019年消费形势展望

展望2019年，我国宏观经济将保持平稳增长态势，居民就业和收入总体保持稳定。个税改革落地实施，增强群众获得感。消费新业态、新模式层出不穷，为不断挖掘消费潜力提供有力抓手，这些都将有力促进消费潜力释放。综合判断，消费需求具备了保持平稳增长的条件，初步预计2019年社会消费品零售总额增长9%左右。

1. 就业和收入平稳增长，筑牢消费基础

虽然在持续推进钢铁、煤炭、煤电等产能过剩行业的供给侧结构性和环保督查的影响下，部分小企业倒闭会影响局部就业，但整体就业仍将保持稳定。虽然中美贸易摩擦不断升级给部分外向型企业带来经营压力，但在多种利好政策的扶持下，我国企业整体保持平稳发展态势。因此，我国居民的就业和收入有保障。对于农村居民来说，农村相关制度改革进一步扩围延时给农民创造了更多改革红利，农民增收具有良好基础。因此，居民就业和收入形势都将有利支撑消费平稳增长。

2. 个税改革落地实施，增强群众获得感

2018年，我国个人所得税制度进行了自1980年个税立法以来的第七次修改。本次修改主要由分类税制向综合税制转变，10月1日起，个税起征点由原来的3 500元上调至5 000元，调整了累进税率表，拓宽了3%、10%和20%三档低税率适用的所得级距，并且增加了子女教育、继续教育、大病医疗、住房租金、赡养老人等个税专项附加扣除细则（将于2019年1月1日起实施）。此次税改对于中低收入人群影响更为明显，特别是扣除细则将部分减轻购房、教育等对城镇居民消费的影响。

3. 消费业态方式不断创新，挖掘消费潜力

随着经济发展和收入提高，我国居民的消费模式在历经了温饱型消费模式、基本小康型消费模式，现已经进入了全面小康型消费模式的发展阶段，消费热点正在发生根本变化，追求更加个性化、多元化逐渐成为主流。互联网技术正在通过与生

产、流通等环节的深度融合，实现对居民消费业态、方式的改造，例如新型零售开始以两侧发力的形式推动消费增长。对于消费品和服务提供商来说，线上电商分散在全国的需求集中起来，再采取线上下单、线下提货，或者线上线下同时发售的方式带动线下门店发展。线下门店，特别是大型门店通过店面位置、内部装饰、商品齐备性等优势获取客流，实现消费场景的生动化和具体化，为消费者提供线上购买所缺乏的消费体验。

4. 消费短板正在补齐，减少消费障碍

在商务部等相关部门的大力推动下，我国农村流通体系建设取得明显进步，交通、通信等消费基础设施建设水平明显提高，在农村商业网点规划、乡镇商贸中心建设、乡镇商品市场升级改造等方面取得了实质性进步。同时，城乡消费双向流通渠道不断畅通，不仅畅通了工业品下乡渠道，提高了流通企业向农村延伸的水平，而且农产品进城入市的渠道也不断扩展，通过建设农资配送中心、开展农资配送直供服务等方式，极大提高了城乡居民共同消费的便利程度。可以说，之前长期制约我国居民消费潜力释放的消费短板正在补齐。

四、政策建议

针对当前消费领域存在的主要问题，应从规范住房租赁市场、加快建设房地产长效调控机制、加大对重点人群的托底保障力度以及规范生活性服务业发展等方面入手，有针对性地加强政策影响。

1. 加大力度规范房屋租赁市场

针对当前部分城市房屋租赁市场暴露出的问题，一是加快房屋租赁市场立法，建立商品房"承租者保护，承租者市民待遇"的制度，实行长期合同制度，规范住房租赁的操作。对于租期、租价和租赁期间租户的诸多权益，明确硬约束力的法律规定，有效保证租户收入、尊严、基本权益。二是坚决查处违法违规行为。坚决打击部分公寓违规使用多种金融产品变相融资行为，采取有效手段防止利用租客信用申请贷款用于公寓的规模扩张，增大租客居住权益风险。

2. 加快住房制度改革和长效机制建设

一是转变之前主要房地产市场靠单一的商品房供应加上少量政府保障房模式，通过多渠道供给，形成商品房、保障房、合作建房、集体土地租赁住房等多种形式并存的住房市场。二是加强存量土地集约化利用，提高土地利用效率，继续落实"因城施策"住房金融宏观审慎管理政策。三是加快推进不动产统一登记、户籍制度改革、土地制度改革、财税制度改革、住房金融改革以及新型城镇化等房地产长效调控机制五个载体的建设。

3. 加大对重点人群的托底保障力度

针对国内外环境新变化，重点加大对部分人群的生活托底保障。加快建立跨部门、多层次、信息共享的救助申请家庭经济状况核对机制，完善家庭经济状况核对平台，健全完善工作机构，有效整合扶危脱困工作中的碎片化信息，提高对低收入人群的帮扶效率；加强就业培训，适当增设公益性岗位托底，重点做好受冲击较大的外贸企业、去产能工作中分流的大龄职工、中西部农民工等重点群体的就业辅助工作。

4. 规范生活性服务业发展

一方面，规范服务质量分级管理，加强质量诚信制度建设，完善服务质量社会监督平台；完善生活性服务业重点领域认证认可制度，完善涉及人身健康与财产安全的商品检验制度和产品质量监管制度；实施服务标杆引领计划，发挥中国质量奖对服务企业的引导作用。另一方面，鼓励高等学校、中等职业学校增设家庭、养老、健康等生活性服务业相关专业，依托各类职业院校、职业技能培训机构加强实训基地建设，实施家政服务员、养老护理员、病患服务员等家庭服务从业人员专项培训；鼓励从业人员参加依法设立的职业技能鉴定或专项职业能力考核，鼓励和规范家政服务企业以员工制方式提供管理和服务，实行统一标准、统一培训、统一管理。

04 2018年对外贸易形势分析及2019年展望

闫 敏*

摘要： 2018年以来，世界经济持续复苏，主要经济体平稳增长，海外市场需求改善，国内经济总体平稳，市场多元化战略积极落实，稳外贸政策显效，我国进出口实现较快增长，贸易结构持续优化，发展实力逐步增强。尽管中美贸易摩擦升级，全球经济预期走弱，但我国进出口发展的有利条件仍然较多，全年外贸发展有望实现稳中向好。展望2019年，中美贸易摩擦效应逐步显现，世界经济增长温和回落，国际经贸格局加速变革，我国对外贸易发展的外部环境不确定性加大，但是在国内提前调整国际贸易布局、外贸企业竞争力加强、商品结构持续优化升级等因素的影响下，预计对外贸易仍将保持平稳运行，增速较上半年略有放缓，质量效益提升成为发展的主要特征。

关键词： 较快增长 结构优化 提质增效

一、2018年对外贸易增速加快，结构改善

（一）对外贸易实现较好增长

2018年前三季度，我国货物贸易进出口总值22.28万亿元人民币，比去年同期增长9.9%。其中，出口增长6.5%，进口增长14.1%；贸易顺差1.44万亿元，收窄28.3%。分季度看，中美贸易摩擦对进出口领域的冲击存在时滞效应，外贸呈现增速逐季提升，分别增长9.4%、6.4%和13.8%。若以美元计价，2018年以来我国进出口一直维持在高位运行，增长15.7%，其中出口增长12.2%，增速均处于六年以来历史高点，略好于全球70个主要经济体平均水平。在国内经济运行稳中有进、产业结构转型升级、国内市场加速扩容、对外开放政策升级的推动下，我国以美元

---

* 闫敏，经济学博士后，国家信息中心经济预测部副研究员、处长，主要研究领域为宏观经济、对外贸易、环境经济等。

计价的进口增速达到 20%，处于近六年同期高点。由于进口增长快于出口，贸易顺差显著收窄，国际收支更趋平衡，前三季度，我国对外经常项目贸易顺差占 GDP 的比例仅为 2.2%，处于收支平衡合理区间，如图 1 所示。

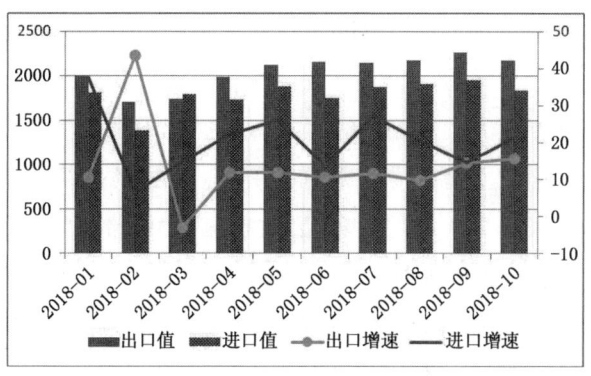

图 1　2018 年以来我国进口和出口增长情况（美元计价）

（二）进出口产品结构持续升级

出口商品中，伴随我国产业升级步伐加快，技术水平不断提升，产业实力持续增强，附加值、技术含量相对较高的机电产品、高技术产品增速好于整体，前三季度机电产品出口增长 7.8%，高于整体水平 1.3 个百分点，占我国出口总值的 58.3%，高新技术产品出口增长 15.5%，高于整体水平 9 个百分点，其中集成电路出口增长 8.9%，汽车出口增长 16.3%，手机出口增长 15.2%。但是，受全球贸易保护加剧、关税水平提升等因素影响，我国劳动密集型产品出口增速下滑，比重进一步降低。此外，我国"两高一资"产品出口减少 7.6%，有利于降低国内单位 GDP 能耗，实现绿色发展。进口商品中，随着我国降低消费品进口关税政策效应显现，有利于促进国内消费升级的医药、化妆品等产品进口规模扩大，其中化妆品进口增速达到 75.1%。此外，我国充分利用国际市场，增加能源资源产品输入，保障能源供给，前三季度原油、天然气、成品油等商品进口量增长较快。

（三）贸易方式进一步优化

前三季度，一般贸易进出口增速达到 13.5% 左右，高于整体水平 3.6 个百分点，占进出口总值的 59%，比去年同期提升 2.3 个百分点。由于一般贸易具有国内产业链条长、产品附加值高、带动国内就业人数多等特点，其占比提升意味着我国贸易结构改善，外贸自主发展的动能不断增强。与此同时，我国加工贸易不断升级，实现提质增效，部分地区形成加工贸易产业集群，呈现经济集聚效应，部分加工贸易领域实现产业链延伸拓展,内外资企业融合发展。

(四) 国际布局更趋多元化

我国积极开拓国际市场,逐步形成多元化格局。2018年以来,我国推动更高水平的对外开放,坚持开放融通、合作共赢,对外贸易合作国家和地区范围不断扩大,合作的深度和广度不断提升。多元化的国际布局提升了我国对外贸易抵御局部国际市场贸易摩擦升级、需求下滑的冲击,前三季度,我国对传统贸易伙伴欧盟、美国和东盟进出口分别增长7.3%、6.5%和12.6%;对"一带一路"沿线国家进出口继续保持较快增速,其中对俄罗斯、波兰和哈萨克斯坦进出口分别增长19.4%、11.9%和11.8%,高于总体增幅;对非洲、拉丁美洲进出口贸易增速分别高于整体增速3.9个和3.8个百分点。我国货物贸易出口还带动了相关金融、保险、物流、劳务等对外服务出口,并为周边国家带来了商机与贸易投资机会。

(五) 民营企业贸易比重提高

民营经济是推进供给侧结构性改革、推动高质量发展、建设现代化经济体系的重要主体。民营企业既是我国投资增长的主要力量、消费繁荣的重要源泉,更是对外贸易发展的主力军。前三季度,民营企业进出口增长11.2%,占我国进出口总值的39.1%,比重同比提升1.2个百分点。历经改革开放和入世竞争,我国外贸领域民营企业竞争力显著提升,在经营生产效率与企业治理监督等方面优势增强,已经成为我国对外贸易市场配置效率提升的重要力量。

(六) 服务贸易发展持续向好

前三季度,我国服务贸易发展稳中有进,进出口总额增长10.5%,其中出口增长14%,进口增长8.9%。若以美元计,服务进出口、出口和进口增速分别为15.2%、18.8%和13.6%。服务贸易发展内生动力进一步增强,新兴服务快速发展带动服务贸易结构持续优化,前三季度新兴服务出口增长25%,占服务出口比重为52.2%,比去年同期提升4.6个百分点;知识密集型服务出口快速增长促进我国出口竞争力持续增强,保险服务、电信计算机和信息服务等知识密集型服务出口均实现20%以上的快速增长,"中国服务"国家品牌影响力和国际竞争新优势的进一步增强;有利于国内产业技术升级的知识产权使用费等高端生产性服务进口分别增长24%。

（七）外贸提质增效步伐加快

对外贸易领域供给侧结构性改革加速推进，货物贸易发展的质量效益不断提升。一是2018年以来，为切实降低外贸企业负担、提高产品竞争力，我国陆续出台了一系列减税降费、促进跨境贸易便利化等措施，如降低进口增值税税率、降低药品、汽车及其零部件、日用消费品等进口关税等，政策措施既有效促进了进口增长，也为国内消费升级提供了更多选择。二是我国进出口发展模式更趋向"优进优出"，着力培养出口竞争的新优势，突出技术、品牌、服务等新的核心竞争力，重视资源和环境保护。前三季度，具有中国自主品牌的商品出口比重提升。三是我国对外贸易领域改革不断推进，完善政府服务、加强"单一窗口"建设、推动更高层次自由贸易试验区建设，等等。一系列外贸稳增长、调结构政策落实到位，有效减轻了企业负担，改善了营商环境，不断释放外贸增长潜力。世界银行报告认为，中国位列2018年营商环境改善全球排名前十，总体排名从第78位跃升至第46位。

二、2019年我国外贸运行前景展望

我国外贸发展正在由高速增长阶段转向高质量发展阶段，2019年外贸运行面临的国内外环境总体有利，但部分领域风险进一步聚集。

（一）国际环境错综复杂

1. 世界经济增长动力趋弱

全球经济保持温和复苏，但增长动能逐渐减弱。在贸易投资保护主义升温、贸易摩擦加剧、国际融资环境趋紧、金融风险外溢性增强、全球债务水平居高不下、竞争性减税行为增多等因素影响下，世界经济下行压力加大。国际货币基金组织10月《世界经济展望》分别下调了2018年及2019年全球经济增长预期至3.7%，这是自2016年以来IMF首次下调经济增长预期（见表1）。国际机构认为美国发动的针对全球的贸易摩擦有可能导致世界经济增长放缓。特朗普对全球贸易伙伴发动贸易攻击和持续威胁，将导致全球经济增长率到2020年降低0.5个百分点，意味着全球经济将损失4 300亿美元；同时贸易壁垒会阻碍投资，抬高国际商品价格，扰乱国际供应链，减缓新技术的传播，降低全球生产率。

表 1　国际货币基金组织世界经济增长预测（单位:%）

国家或地区	2017 年	2018 年预测	2019 年预测
世　界	3.7	3.7	3.7
美　国	2.2	2.9	2.5
欧元区	2.4	2.0	1.9
日　本	1.7	1.1	0.9
中　国	6.9	6.6	6.2
印　度	6.7	7.3	7.4

2. 宏观经济政策转向"趋紧"

发达经济体宏观经济政策将继续调整，货币政策回归正常化后存在偏向"趋紧"可能性。美国通货膨胀水平已经达到目标水平，2018 年三次加息，上调联邦基金利率至2%~2.25%，创 2008 年以来新高。预计年内仍将加息一次，2019 年或将加息三次。目前联邦基金目标利率将处在中性利率附近，货币政策即将结束连续十余年的偏宽松状态，呈现正常化特征。但是 2019 年继续加息，美联邦利率可能超过中性利率水平，由中性转向紧缩。届时美"偏紧"的货币政策将对经济增长、资本市场形成抑制，同时影响全球主要经济体货币政策安排。欧元区经济复苏相对缓慢，货币政策回归正常化措施相对谨慎，欧央行宣布在 2018 年底结束资产购买，并将当前的政策利率至少维持到 2019 年夏季。全球宏观经济政策调整将压缩我国财政货币政策操作空间，给国内宏观调控带来一定干扰。

3. 国际贸易摩擦存在升级风险

2019 年，美国对我国加征关税已确定规模扩大至 2 500 亿美元，互征关税规模扩大至3 600亿美元。未来贸易摩擦影响将逐步显现，关税水平提高将使进出口增速下滑。同时，部分国家和地区跟风美国对华贸易政策，拟对我国实施贸易保护措施，意图在国际贸易和投资中打压中国获取利益。欧盟年内表示考虑与美国联手解决双方都认为不公平的中国贸易做法，包括欧盟承诺与美国在世贸组织中联手对中国采取法律行动，以及欧洲主要国家政府承诺将对中国加大施压，要求中国为国际公司创造公平竞争环境等。韩国、日本等国一度表示对中国出口的部分产品加征关税，并考虑联合美国对华进行知识产权相关调查。由于美国在全球范围内对主要贸易伙伴实施贸易保护和限制措施，目前主要发达经济体贸易关系脆弱多变，尚未形成实质性联盟。但是贸易摩擦国别范围扩大化的倾向和苗头需引起高度重视。

（二）国内经济平稳运行

1. 我国经济发展的稳定性增强

我国经济发展进入新时代，经济已由高速增长阶段转向高质量发展阶段，经济平稳发展仍具良好基础。一方面，经过债务置换和财政整固之后，各级政府债务压力有所缓解，实施积极财政政策仍有一定空间，特别是将重点转向减税降费的空间较大。我国防范化解金融风险措施逐步显效，整体杠杆率稳中趋降，金融风险有所释放，同时通货膨胀水平温和，因而具备加大金融对实体经济的支持、保持良好金融环境的条件。同时，我国各项改革举措正稳步推进，宏观政策体制机制进一步完善，有利于调动社会积极性、激发企业活力。2019年经济发展的阶段性变化更加显著，体现为增长速度换挡、发展方式转变、经济结构优化、增长动力转换。世界经济进入变革和调整阶段，单边主义、贸易保护主义盛行，全球经济增长预期减弱，我国面临的外部发展环境不确定性加大。综合判断，预计全年GDP增长6.3%左右。

2. 对外贸易发展政策环境优化

博鳌论坛进一步明确加快扩大开放步伐，提出大幅度放宽市场准入、创造更有吸引力的投资环境、加强知识产权保护、主动扩大进口等重要举措，并支持海南全岛建设自贸试验区和自由贸易港，我国全方位对外开放格局加速构建。中国以"一带一路"建设为重点，坚持"引进来"和"走出去"并重，培育贸易新业态新模式，创新对外投资方式，人民币国际化进程加快，逐步形成由点及面全方位的对外开放新格局。我国加速推进国际市场布局、国内区域布局、商品结构、经营主体和贸易方式"五个优化"，深入推进外贸转型升级基地、贸易促进平台、国际营销网络"三项建设"，推动外贸领域供给侧结构性改革，完善外贸稳增长调结构政策措施，国内营商环境持续改善。

3. 汇率波动震荡幅度加大

伴随世界经济发展不确定性提高，人民币汇率走势波动幅度加大，2018年人民币对美元汇率经历了升值、稳定和贬值三个阶段，人民币汇率的日间、隔夜波幅均有所增大，双向波动特征明显。尽管央行已上调外汇风险准备金，但是由于国际经济贸易形势不确定性较大，预计汇率市场震荡幅度仍较为剧烈，这将对我国外贸企业生产经营与贸易活动造成影响。

（三）2019年我国对外进出口持续增长

综上所述，世界经济运行不确定性加大，多边贸易体系被蚕食，以美国为主导的新一轮双边、多边贸易规则逐步建立，主要经济体宏观调控取向调整，财政货币政策由宽松转为趋紧，全球经济增速存在减速势能。我国以主动开放促深化改革，对外开放范围扩展层次提升，共建"一带一路"为企业提供了海外市场空间和国际产能合作机会，支持海南省全域建设自由贸易区、自由贸易港等举措落实有利于货物贸易以及服务贸易发展初步预计，2019年国际经贸环境变数较大，我国对外贸易面临的挑战加大，预计出口增长6.5%左右，进口增长12%左右。

三、政策建议

（一）提高自主创新能力

一是加快产业升级步伐。通过产业升级逐步摆脱美国等高科技国家制约。大力发展智能制造，推动创新发展，加强工业化与信息化融合发展，落实"互联网+制造业"战略，培育以科技创新和人力资本为基础的竞争新优势；提高产业发展精细化程度，提升制造业优良产品比例；提倡绿色制造，围绕提高资源利用效率和提升清洁生产水平，构建高效、清洁、低碳、循环的绿色制造体系，大幅降低能耗、物耗水平。二是提高核心技术水平。通过财政扶持、金融支持等渠道，重点攻关国民经济发展关键领域的核心技术和重要零部件，提升电子、新材料、机械设备等行业国际竞争力，降低关键技术和核心零部件的对外依赖。三是打造若干产业技术联盟。围绕世界科学前沿和中国战略需求，建设一批具有国际先进水平、重大创新能力、拥有核心关键技术、带动辐射区域发展的产业技术联盟，切实提升国家创新能力。

（二）加大政策支持力度

一是加强对外贸易扶持政策。完善外贸政策协调机制，优化通关、质检、退税、外汇等管理方式，支持新型贸易方式发展；提高出口退税比例，扩大出口保险范围，降低企业贸易成本；推动多边合作、双边合作谈判，拓宽国际市场，帮助外贸企业寻求新商机。二是加强就业扶持政策。建立对美贸易重点地区和重点企业清单，紧密监测对外贸易以及相关领域的就业运行情况，防范由于贸易摩擦带来的失业风险。三是加强财政扶持政策。建议研究启动发行特别国债预案，支持重点领域技术攻关、重点行业贸易失衡等问题。

（三）大力推动出口多元化

一是落实扩大开放、大幅放宽市场准入的重大举措，推动共建"一带一路"向纵深发展，鼓励引导企业在开拓出口市场多元化的同时，推进国际产能合作，提升产业全球运筹和经营能力，加快培育新的出口增长点，抵消中美贸易争端对我商品出口的影响。二是积极优化进口结构。落实党中央、国务院部署，在稳定出口的同时进一步扩大进口，增加有助于转型发展的技术装备、关键零部件、重大技术进口，巩固首届中国国际进口博览会成果，推动经济高质量发展。

05 2018年物价形势分析及2019年展望

张前荣[*]

摘要： 2018年以来，居民消费价格温和上涨，涨幅稳中略升；工业生产者价格总体平稳，涨幅高位回落。1—9月，CPI上涨2.1%，PPI上涨4.0%，根据当前物价运行走势，预计2018年CPI上涨2.2%，PPI上涨3.8%。展望2019年，中美贸易摩擦加剧、环保和去产能政策冲击供给、通胀预期增强等因素支撑价格上涨；国内需求总体偏弱、粮食产量和库存双高、大宗商品价格下行等因素抑制物价上涨。综合考虑各种因素和翘尾因素的影响，预计2019年CPI上涨2.5%，PPI上涨3.0%。建议稳健中性的货币政策要保持松紧适度，保障农产品稳定供给，妥善应对中美贸易摩擦，推进重点领域价格改革。

关键词： 物价运行　因素分析　预测　政策建议

一、2018年物价运行总体保持平稳上涨态势

1. 居民消费价格涨幅略有提高，核心价格涨幅保持平稳

2018年以来，居民消费价格保持平稳上涨态势，涨幅略有提高。1—9月，CPI同比上涨2.1%，同比提高0.6个百分点，比2017年涨幅提高0.5个百分点，比调控目标低0.9个百分点。城市和农村CPI分别上涨2.1%和2.0%。翘尾因素和新涨价因素分别拉动CPI上涨1.2和0.9个百分点。分月看，受春节"错月"和天气影响，2月份同比涨幅达2.9%，春节后有所回落，4—6月低于2%，进入夏季，受台风、暴雨等极端天气影响，7—9月同比涨幅逐月小幅扩大，连续三月高于2%。扣除食品和能源价格的核心CPI上涨2.0%，同比回落0.1个百分点，说明极端天气和猪瘟疫情短期内会影响部分农副产品价格，但从长期看，我国食品、工业消费品

---

[*] 张前荣，经济学博士，国家信息中心经济预测部副研究员，主要研究领域为宏观经济模型与价格监测分析。

和服务市场自给率高,供给保障能力较强。前三季度,GDP 平减指数同比上涨 3.0%,同比回落 1.1 个百分点。从国际上看,我国物价涨幅低于美国等发达经济体和金砖国家,略高于日本和欧盟,在全球范围内处于较低水平。1—9 月,美国 CPI 上涨 2.5%,俄罗斯、南非、巴西、印度 CPI 分别上涨 2.5%、3.9%、2.6% 和 4.1%。日本和欧盟 CPI 分别上涨 1.0% 和 1.9%,分别低于我国 CPI 涨幅 1.1 和 0.2 个百分点。根据当前物价走势,初步预测 2018 年 CPI 上涨 2.2%。如表 1 所示。

表1 2018 年以来 CPI 涨幅走势(单位:%)

时间	1月	2月	3月	4月	5月	6月	7月	8月	9月
CPI 当月同比	1.5	2.9	2.1	1.8	1.8	1.9	2.1	2.3	2.5
CPI 当月环比	0.6	1.2	-1.1	-0.2	-0.2	-0.1	0.3	0.7	0.7
CPI 累计同比	1.5	2.2	2.1	2.1	2.0	2.0	2.0	2.0	2.1

2. 食品价格由降转升,非食品价格涨幅基本稳定

2018 年 CPI 涨幅体现为两大突出特征,一是食品价格涨幅由负转正,是 CPI 涨幅扩大的主要原因;二是非食品价格涨幅总体保持稳定,是 CPI 保持温和运行的基础。1—9 月,食品价格同比上涨 1.4%,约拉动 CPI 上涨 0.29 个百分点,而去年同期食品价格下降 1.7%,约影响 CPI 下降 0.36 个百分点,食品价格由负转正对 CPI 的贡献比去年同期提高 0.65 个百分点。在食品中,鲜菜和鸡蛋价格分别上涨 7.7% 和 16.6%,分别影响 CPI 上涨约 0.19 和 0.07 个百分点,而去年同期价格分别下降 8.8% 和 7.7%,分别影响 CPI 下降约 0.24 和 0.04 个百分点。1—9 月,非食品价格上涨 2.2%,同比回落 0.1 个百分点,影响 CPI 上涨约 1.79 个百分点。其中,工业消费品价格涨幅比去年同期略有扩大,服务价格涨幅有所回落。

3. 工业生产者价格涨幅高位回落,上下游价格涨幅差收窄

2018 年以来,工业生产者价格依旧维持高位运行态势,但涨幅明显回落。1—9 月,PPI 同比上涨 4.0%,同比回落 2.5 个百分点,比 2017 年全年回落 2.3 个百分点。其中,生产资料价格上涨 5.2%,约拉动 PPI 上涨 3.9 个百分点;生活资料价格上涨 0.4%,约拉动 PPI 上涨 0.1 个百分点。翘尾因素和新涨价因素分别为 3.4% 和 0.6%。分行业看,四个行业同比涨幅超过 10%。2018 年以来国际原油价格大幅度上涨,国内石油及相关行业产品价格持续上行,石油和天然气开采业价格同比上涨 24.6%,涨幅居所有行业之首,石油、煤炭及其他燃料加工业价格上涨 16.1%,黑色金属冶炼和压延加工业价格上涨 11.6%,非金属矿物制品业价格 10.8%。分月看,各月 PPI 同比涨幅介于 3.1%~4.7% 之间,总体在波动中呈平稳运行态势,三季度以来受翘尾回落的影响，PPI同比涨幅有所收窄。1—9月PPI与CPI涨幅差为1.9个百分点，比上年同期收窄3.1个百分点，各月涨幅差在波动中呈收窄态势，上下价格游走势更加协调，对后期CPI的传导压力有所减轻。综合来看，初步预测2018年PPI上涨3.8%左右。如表2所示。

表2 2018年以来工业生产者价格涨幅走势（单位:%）

时间	1月	2月	3月	4月	5月	6月	7月	8月	9月
PPI当月同比	4.3	3.7	3.1	3.4	4.1	4.7	4.6	4.1	3.6
PPI当月环比	0.3	-0.1	-0.2	-0.2	0.4	0.3	0.1	0.4	0.6
PPI累计同比	4.3	4.0	3.7	3.6	3.7	3.9	4.0	4.0	4.0
PPIRM当月同比	5.2	4.4	3.7	3.7	4.3	5.1	5.2	4.8	4.2
PPIRM当月环比	0.5	0.1	-0.3	-0.3	0.3	0.4	0.1	0.5	0.6
PPIRM累计同比	5.2	4.8	4.4	4.2	4.2	4.4	4.5	4.5	4.5

4. 国际大宗商品价格平稳上涨，主要进口大宗商品价格以涨为主

2018年以来，美国经济稳步复苏，欧洲经济延续增长态势，中国经济稳中向好，IMF预测2018年全球经济将增长3.7%，比2017年提升0.1个百分点。加之地缘政治风险的影响，国际大宗商品价格在波动中维持上涨态势。1—9月，大宗商品价格维持震荡上行的运行态势，RJ/CRB期货价格指数为198，同比上涨7.1%（见图1）。从具体品种看，WTI原油期货价格为66.8美元/桶，同比上涨35.4%，布伦特原油期货价格为72.7美元/桶，同比上涨38.5%；LME铜铝期货价格分别为6 673.5和2 160.4美元/吨，同比分别上涨11.5%和11.7%。1—9月，我国进口价格总体上涨4.2%，主要进口大宗商品价格涨幅较大。原油进口均价为511.6美元/吨，同比上涨36.5%；成品油进口均价为594.4美元/吨，同比上涨25.9%；未锻造铜及铜材进口均价为7 225.3美元/吨，同比上涨12.2%；未锻造铝及铝材进口均价为69 896美元/吨，同比

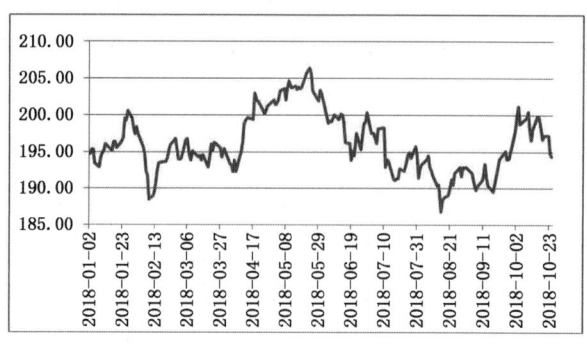

图1 RJ/CRB商品价格指数走势

上涨37.9%；液化天然气进口均价为473美元/吨，同比上涨25.8%。

二、2019年物价涨幅将略有扩大

1. 支撑物价上涨的因素分析

（1）中美贸易摩擦加剧，部分产品价格面临上涨压力。

2018年以来，美国先后对自中国进口500亿美元的商品加征25%和2 000亿美元的商品加征10%的关税，2019年起2 500亿美元商品全部加征25%的关税。作为反制措施，中国先后对自美国进口的500亿美元商品加征25%和600亿美元商品加征5%~25%不等的四档关税。对自美国进口大豆加征25%关税是引起CPI上涨的主要动因。中国从美国和巴西进口大豆分别占其出口总量的58.7%和69.8%，美国和巴西分别是全球第一和第二大生产国，如果不从美国进口大豆，巴西几乎不能再增加对中国的大豆出口，中国很难从国际市场上找到相应的大豆进口替代国。需求方面，2017年中国消费大豆1.1亿吨，占全球消费总量的32.4%，为全球最大消费国。因此，在供需不平衡的条件下，对美国大豆加征25%的关税，中国很难找到与大豆相应的替代品，将导致国际大豆价格的上涨，中国将成为价格上涨的被动接受者，直接推升中国的物价水平。经测算，加征25%的关税，相关商品价格上涨将拉动我国CPI上涨0.19个百分点。

（2）环保和去产能持续推进，部分产品供给受限。

近年来，相关环保政策陆续出台，中央也已经连续组织开展数次环保大督查，特别是针对京津冀周边城市大气污染问题，2018年环保部印发《关于京津冀大气污染传输通道城市执行大气污染物特别排放限值的公告》，将北京市、天津市、河北省8市、山西省4市、山东省7市、河南省7市列为重点限产城市，涉及火电、钢铁、石化、水泥、有色、化工等六大行业。6个受限产影响省市的相关工业品产量占全国比重较大。其中，钢铁占43.7%、电解铝占38.7%、煤炭占33.4%、玻璃占28.2%左右。环保限产在推动过剩产能行业出清同时，对钢铁、煤炭等工业品产量有一定影响，冲击供给，影响工业品价格。1—9月，焦炭产量同比下降2.3%，增速比去年同期回落2.5个百分点；生铁产量增长1.2%，增速回落2.0个百分点；平板玻璃产量增长0.4%，增速回落4.6个百分点；10种有色金属增长4.2%，增速与去年同期基本持平。此外，受环保因素影响，一些地区禁养、限养，9月底全国生猪存栏4.29亿头，比上年同期减少1 018万头，下降2.3%，生猪存栏数量的减少将影响后期猪肉供应，2019年猪肉价格走势存在不确定性。

(3) 近期物价水平走高,通胀预期增强。

2018年我国CPI将上涨2.2%左右,为五年来最高涨幅。尤其是今年夏天以来,受台风、暴雨等极端天气影响,7—9月,CPI环比连续3个月上涨,且8月份和9月份环比涨幅均达到0.7%,同比涨幅分别达到2.1%、2.3%和2.5%,连续三个月高于2%,呈逐月扩大态势。居民对将来的通胀预期一般跟前期物价水平相关,因此,当前CPI同比和环比涨幅的提高增强了居民的通胀预期。央行调查数据显示,2018年三季度居民未来预期物价指数为63.7%,环比提高2.7个百分点,同比提高2.5个百分点。其中,预测未来物价上升的比例达到31.8%,创2017年以来新高,环比提高4.1个百分点,同比提高3.8个百分点。通胀预期将通过居民的投资、消费等决策途径影响物价水平,通胀预期增强将推升物价涨幅。

2. 抑制物价上涨的因素分析

(1) 经济增长稳中趋缓,物价上涨的需求压力较轻。

2018年以来,受中美贸易摩擦、规范和化解地方政府隐性债务、中小企业经营困难等因素的影响,我国经济增长稳中趋缓,1—3季度GDP同比分别增长6.8%、6.7%和6.5%,呈逐季回落态势,三季度经济增速更创2009年以来历史新低。前三季度GDP增长6.7%,同比回落0.2个百分点。从固定资产投资、消费品零售总额和进出口的增速也可佐证需求偏弱的观点。1—9月,全国固定资产投资同比名义增长5.4%,同比下降2.1个百分点,实际增速为下降0.2%,同比下降2.4个百分点。社会消费品零售总额同比名义增长9.3%,同比下降1.1个百分点,实际增长7.4%,同比降低1.9个百分点。以人民币计价的进出口总额增长9.9%,同比回落6.5个百分点。其中,出口增长6.5%,同比回落5.5个百分点,进口增长14.1%,同比回落8.2个百分点。从投资、消费和外贸的增速看,宏观需求总体偏弱,稳物价具备需求基础。

(2) 粮食产量和库存双高,供求格局宽松。

从粮食产量看,受农业种植面积调整因素的影响,2018年夏粮和早稻产量稳中略降,全国夏粮和早稻总产量分别为2 774亿和572亿斤,分别减少61亿和26亿斤;2018年秋粮生产期间,全国基本没有遭受大范围、长时间的不利天气影响,光温水较为匹配,整体天气状况适宜农作物生长,2018年秋粮生产将保持基本稳定。预计全年粮食产量将达到1.2万亿斤以上,依然是一个丰收年。从库存看,全国各类粮食企业库存高于1.1万亿斤,接近年度粮食总产量,面临一定的去库存压力。从粮食收购价格看,2018年生产的三等小麦最低收购价为每50公斤115元,比2017年下调3元;2018年生产的早籼稻、中晚籼稻和粳稻最低收购价格每50公斤分别为120元、126元和130元,比2017年分别下调10元、10元和20元。粮食丰收、库存高企和最低收购价格下调,将使粮食市场价格保持基本稳定,不具备大幅上涨的基础，为稳物价奠定了物质基础。

（3）世界经济增长放缓，大宗商品价格面临下行压力。

由于贸易紧张局势升级和新兴市场压力，IMF自2016年以来首次下调全球经济增长预期，将2018年、2019年全球经济增速预期下调至3.7%，均比4月的预测低0.2个百分点。其中，IMF预计美国经济2018年增长2.9%，2019年增长2.5%，欧元区2018年增长2.0%，2019年增长1.9%，日本2018年增长1.1%，2019年增长0.9%，中国2018年增长6.6%，2019年增长6.2%，主要经济体2019年经济增速均低于2018年，经济增速的下降将导致对大宗商品的需求减少。此外，美国处于加息周期，市场预计2018年四季度至2019年底，美联储将加息四次，届时联邦基金利率将达到3%左右，美元可能进一步走强，抑制大宗商品价格。世界经济增速放缓将减少对大宗商品的需求，美联储货币政策由超宽松回归常态将使大宗商品价格上涨的货币环境趋紧，2019年大宗商品价格难以明显上涨。

3. 对2019年物价走势的预测

经初步测算，2019年CPI翘尾因素为1.0%，比2018年高0.1个百分点左右，2019年PPI翘尾因素为2.0%，比2018年低0.8个百分点左右。中美贸易摩擦加剧、环保和去产能政策冲击供给、通胀预期增强等因素支撑价格上涨；国内需求总体偏弱、粮食产量和库存双高、大宗商品价格下行等因素抑制物价上涨。综合考虑各种因素和翘尾因素的影响，预计2019年CPI上涨2.5%，PPI上涨3.0%。参见表3。

表3 历年价格翘尾因素、新涨价因素和调控目标（单位:%）

时间	调控目标 CPI	CPI	CPI 翘尾	CPI 新涨价	PPI	PPI 翘尾	PPI 新涨价
2008	4.8	5.9	3.4	2.5	6.9	3.2	3.7
2009	4.0	−0.7	−1.2	0.5	−5.4	−4.5	−0.9
2010	3.0	3.3	1.2	2.1	5.5	3.0	2.5
2011	3.3	5.4	2.4	3.0	6.0	3.3	2.7
2012	4.0	2.6	1.2	1.4	−1.7	−0.9	−0.8
2013	3.5	2.6	1.0	1.6	−1.9	−1.1	−0.8
2014	3.5	2.0	0.9	1.1	−1.7	−0.5	−1.2
2015	3.0	1.4	0.4	1.0	−5.2	−1.9	−3.3
2016	3.0	2.0	0.6	1.4	−1.7	−2.6	0.9
2017	3.0	1.6	0.6	1.0	6.3	4.2	2.1
2018	3.0	2.2	0.9	1.3	3.8	2.8	1.0
五年平均	3.1	1.8	0.7	1.2	0.3	0.4	−0.1
十年平均	3.3	2.2	0.8	1.4	0.4	0.2	0.2

三、保持物价平稳运行的政策建议

1. 稳健的货币政策要松紧适度,保持流动性稳定充裕

综合利用逆回购、中期借贷便利、常备借贷便利等多种政策工具增加流动性供应,维持流动性充裕合理,保持货币信贷和社会融资规模合理增长,建议2019年社会融资规模余额增长与名义GDP增速相当,M2增长9.0%左右;密切监测形势变化,开展定向降准,运用再贷款再贴现和补充抵押贷款等工具加大对三大攻坚战、小微企业、重点领域薄弱环节的金融支持力度;发挥价格型调控工具的作用,根据国内经济形势、物价变化和美国利率调整情况,及时调整公开市场操作利率,确保中美利差处于合理水平,防范资本外流,保持人民币汇率基本稳定,减轻贬值压力;疏通政策传导机制,积极应对中美贸易摩擦等外部冲击,在服务实体经济的基础上加强风险防范,及时发布各项金融货币政策解读,稳定社会预期。

2. 推进农业领域供给侧结构性改革,保障主要农产品供给稳定

支持生猪养殖由水网密集地区向环境容量大的地区转移,加大对生猪养殖主产区的环保投入,由政府出资建立相应的环保设施,支持专业化、规模化和工厂化生猪养殖,确保猪肉供给和价格稳定;出台粮食主产区和农产品保护区指导意见,划定粮食生产功能区和主要农产品生产保护区,创建国家现代农业产业园,做好南菜北运和北方城市冬季蔬菜生产基地建设;加快农业数据分析信息系统建设,建立猪肉大豆等重要农产品监测预测预警和应急保障机制,引导农民生产预期,保障农产品稳定供给;加大高标准农田和农业水利等基础设施建设力度,增加东北黑土地保护和重金属污染耕地治理、田间管理和农业防灾抗灾方面的投入,引导社会资本参与农业生产和相关项目,扩大社会资本农业投资领域。

3. 妥善应对中美贸易摩擦,缓解外部冲击对价格的影响

提高通关时效,降低通过成本,适当提高受贸易摩擦影响较大行业企业的出口退税率,及时足额退税,在中间环节消化吸收部分价格上涨压力;利用美国对我国加征关税的倒逼机制,有针对性地发展新兴产业,提高劳动生产率,放宽外商准入,提高服务领域的竞争性,降低服务领域相关价格;适当下调水稻和非优势产区的玉米种植面积,大力支持东北地区扩大大豆种植面积,建立大豆收储制度,依据国内外市场形势变化制定大豆生产补贴政策,保障大豆种植户的合理收益,借鉴玉米加工企业补贴政策,建立国内大豆加工企业加工补贴、税收优惠等政策机制;加强与俄罗斯在大豆生产领域的合作，鼓励企业在俄罗斯开展大规模的大豆种植，增加从巴西、阿根廷等南美国家的大豆进口力度，尽快形成多元化的大豆供给格局，减少对美国大豆的依赖。

4. 推进重点领域价格改革，提高价格市场化程度

预计2019年翘尾因素比2018年提高0.1个百分点，但考虑到中美贸易摩擦导致的价格上涨压力，预计新涨价因素略有提高，初步预测2019年CPI上涨2.5%左右，建议2019年价格调控目标定为3%，为宏观调控和价格改革预留一定的空间；对落后过剩、"三高"企业实行阶梯价格政策，提高其用电用气用水等能源资源成本，控制过剩行业的信贷规模并提高其融资成本，发挥价格杠杆在淘汰落后产能中的市场化作用；放开竞争性领域和环节价格，建立政府定价管理的收费目录清单制度，研究制定高速公路分时分区差异化收费政策和高铁等运输领域价格改革政策，提高各地污染排放和污水处理价格收费标准，推进碳排放、排污权等生态产品交易市场建设，出台环境服务价格改革方案；在全国范围内实施居民阶梯电价、气价和水价政策，加快推进非居民用气价格市场化，完善居民用气价格机制，引导社会资本进入天然气勘探开发和销售领域，逐步形成市场主体多元化的竞争格局。

06 2018年就业形势分析与2019年展望

陈彬[*]

摘要： 2018年以来，我国就业形势总体保持稳定向好态势，服务业吸纳就业能力不断增强，创业创新成为就业增长的重要源泉。然而，高技能人才短缺的结构性矛盾依然突出，就业梯度转移带来了新"招工难"问题，淘汰落后产能地区和沿海省份失业风险上升，居民增收乏力可能引发新失业问题。展望2019年，世界经济延续复苏但动能减弱，国内经济稳定运行基础尚不稳固，产业转型与"去产能"工作仍将继续推进，生育政策调整对劳动力供给影响有限，科技革命带来新增就业机会，就业创业政策红利将继续释放。需从深化就业相关体制机制改革、更大力度激发创业创新活力、引导产业转型与就业提升协同发展、着力加强职业技能培训与就业公共服务、精准施策促进重点群体就业几方面着手，推动实现更高质量和更充分的就业。

关键词： 就业　趋势预测　创业创新　产业转型　技能培训

一、2018年我国就业形势的基本特征

就业是民生之本，特别是在当前我国经济减速换挡、结构优化调整、动力加快转换的关键时期，就业的"稳定器"作用显得更加重要。7月31日召开的中央政治局会议，也明确将"稳就业"放在了下半年要重点做好的"六稳"工作之首。在党中央、国务院坚持实施就业优先战略和积极就业政策的有力支撑下，我国整体就业形势延续稳定向好势头。但是，也应注意到就业领域存在的一些区域性、结构性和体制性问题仍比较突出，对实现高质量就业将产生不利影响。

1. 就业整体形势延续稳定向好态势

2018年以来，尽管面临来自中美贸易摩擦不断升级的外部竞争压力和国内经济

---

[*] 陈彬，管理学博士，国家信息中心经济预测部助理研究员，主要研究领域为就业与收入分配、农业经济理论与政策、能源与资源环境经济等。

结构调整、环保要求趋严和金融市场波动加大等内部环境压力，但我国就业形势整体仍呈现稳定向好的态势。从就业人数看，前三季度，我国城镇新增就业 1 107 万人，同比增加 10 万人，提前一个季度完成了全年的目标任务；城镇失业人员再就业 430 万人，就业困难人员就业 136 万人，同比均增加 3 万人。从失业情况看，1—9 月，全国城镇调查失业率和 31 个城市城镇调查失业率始终保持在 5.1% 以下的较低水平，低于 5.5% 的年度调控目标；6—9 月，全国主要就业群体 25～59 岁人口调查失业率维持在 4.3%～4.4% 的区间小幅波动；三季度末，全国登记失业率为 3.82%，同比下降 0.13 个百分点，降至多年来低位。如图 1 所示。

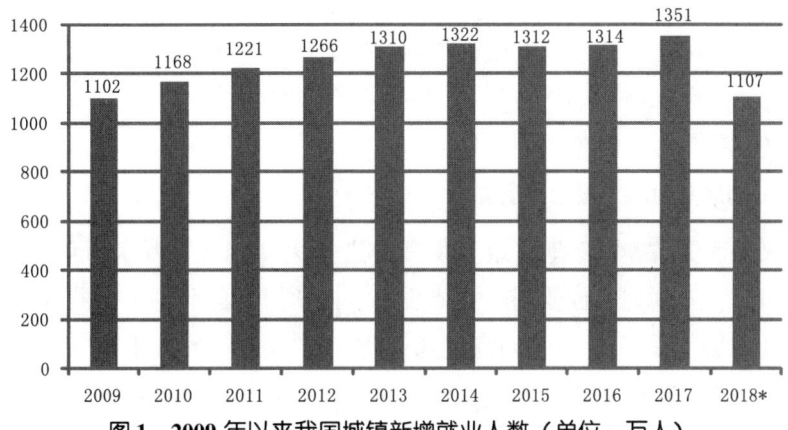

图 1　2009 年以来我国城镇新增就业人数（单位：万人）

＊：2018 年为 1—9 月数据。

数据来源：国家统计局、Wind 数据库。

2. 服务业吸纳就业的能力不断增强

2018 年前三季度，全国服务业增加值同比增长 7.7%，增速保持在较高水平；占 GDP 的比重达到 53.1%，同比提高 0.3 个百分点；对经济增长的贡献率达到 60.8%，同比提高 1.8 个百分点。服务业的平稳较快发展对于保持就业稳定发挥了重要贡献。测算表明，服务业每增长 1 个百分点带动的就业人数大约比第二产业多 20% 左右。2017 年，我国服务业就业人员比重达到 44.9%，高于第二产业 16.8 个百分点。从服务业内部看，信息传输、软件和信息技术服务业，水利、环境和公共设施管理业，教育，卫生和社会工作，文化、体育和娱乐业等新兴服务业就业人员数量同比增速居前。随着网店、微商、网购快递等网络创业就业新业态的不断涌现，服务业对就业的吸纳能力进一步增强。如图 2 所示。

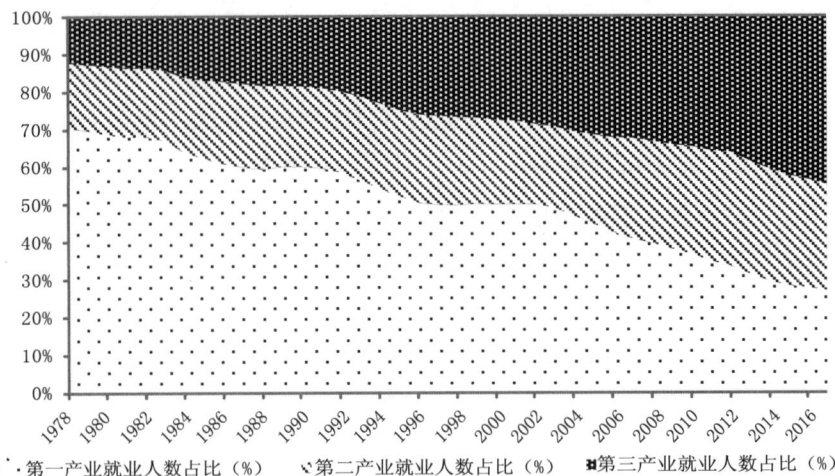

图 2　1978 年以来我国三次产业就业人数占比

数据来源：国家统计局、Wind 数据库。

3. 创业创新成为就业增长重要源泉

近年来，国务院和各级地方政府积极推进"大众创业、万众创新"，努力搭建创业创新平台，不断完善创业创新支持政策，持续做好创业创新公共服务，催生出一大批新的市场主体，日益成为我国创新发展和扩大就业的重要支撑。2018 年前三季度，我国新登记注册的企业超过 500 万户，日均新登记企业超过 1.8 万户。数据显示，平均每个企业或者项目的从业人员为 8.44 人，创业对于就业的拉动作用明显，已经成为稳定就业的"蓄水池"。同时，创业创新带来的新业态和新动能的成长发展，也对促进就业起到了积极作用。《2017 年大众创业万众创新发展报告》指出，目前新动能对新增就业的贡献率达到 70% 左右。全国创业孵化载体内企业就业人数超过 200 万人，每家毕业企业平均带动就业 43 人。

4. 高技能人才短缺的结构性矛盾突出

当前，我国就业市场劳动力总体呈现供不应求的状态，2018 年三季度求人倍率为 1.25（见图 3）。这一方面得益于我国产业结构向服务业转型，新经济业态的不断出现增加了就业机会和岗位；另一方面是由于近几年适龄劳动人口持续减少，缓解了就业市场上的供应过剩矛盾。然而，我国技能人才特别是高技能人才短缺的问题仍十分突出。近年来，我国技术工人的求人倍率一直保持在 1.5 以上，高级技工的求人倍率甚至达到 2 以上的水平。截至 2017 年底，高技能人才只有 4 791 万人，仅占全部就业人员的 6% 左右。随着技术革命和产业变革对劳动力素质提出更高要求，未来高技能人才不足的结构性矛盾将进一步凸显。据教育部等测算，到 2025 年，我国新一代信息技术等十大制造业重点领域人才缺口将超过 2 900 万人。

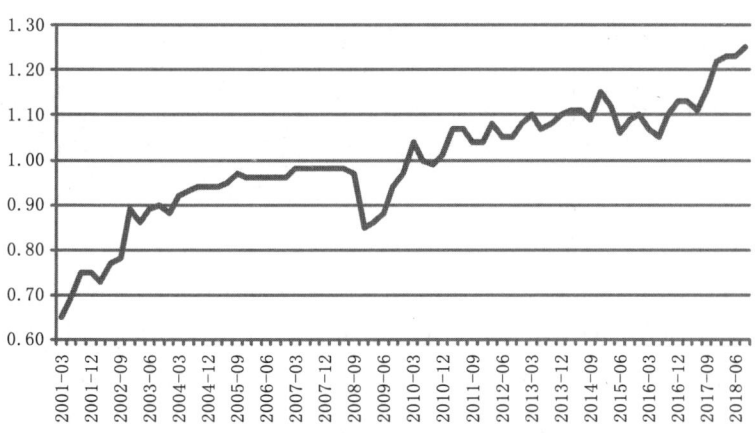

图3　2001年以来各季度我国城市公共就业服务市场求人倍率

数据来源：人力资源和社会保障部、Wind数据库。

5. 就业梯度转移带来新"招工难"问题

近几年，随着经济社会发展水平提高和产业梯度转移，中西部地区的本地企业用工需求上升，并且纷纷提高工资待遇和福利水平，吸引了许多以前外出到东部省份的农民工回流到当地就业，中西部地区逐渐成为拉动新增就业的主力。数据显示，2018年三季度末，我国农村外出务工劳动力18 135万人，同比仅增长0.9%，增速维持在较低水平（见图4）。然而，就业的梯度转移也带来了东部一些省份一线普通工人的新"招工难"问题，部分地区出现了企业用工成本上升快、人员流动性大的现象。据在东部某省的调查显示，当地企业给一线工人的小时工资已由2017年的17元左右上涨至2018年的25元左右，涨幅高达50%，并且还面临着往往在新员工刚培训合格上岗之后没多久又要重新招工培训的窘境。

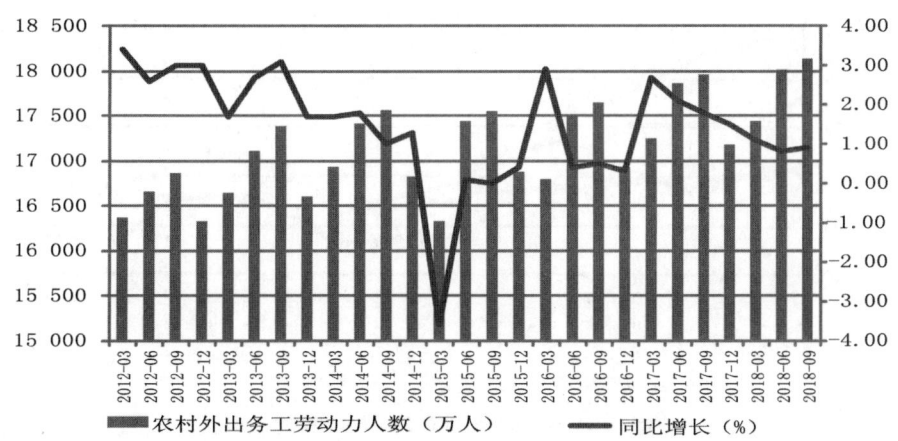

图4　2012年以来各季度我国农村外出务工劳动力人数及同比变化

数据来源：国家统计局、Wind数据库。

6. 淘汰落后产能地区和沿海外贸省份失业风险较大

2016年以来，随着钢铁、煤炭等行业"去产能"工作实质性启动，这些行业的隐性失业逐渐显性化，就业压力显著增加。虽然近两年这些行业淘汰落后产能的职工大多由企业内部消化，但企业内部挖掘安置的潜力越来越小。并且，关停的中小型煤矿和钢铁企业等所在区域往往产业结构单一，社会吸纳剩余劳动力能力较弱，因此安置的难度也在不断加大。对于沿海外贸省份而言，2018年对企业发展影响最大的就是中美贸易摩擦的不断升级。虽然由于2018年出口订单提前锁定和前期出口"抢跑"的原因，截至目前贸易摩擦对企业的影响还不大。但随着贸易摩擦的深入，企业新订单量的减少，随之而来的企业开工率不足、利润下滑甚至裁员等现象将接踵而至，将给这些地区的人员就业带来较大压力。

7. 居民收入增长乏力可能引发新失业问题

消费是收入的函数，扩大消费的关键是要稳定就业、增加收入。只有就业稳定，居民收入来源才有保障，消费预期才能稳定，才能为经济增长提供稳定支撑。尽管从总体上看，2018年前三季度全国居民人均可支配收入实际增长6.6%，与经济增长基本同步。但是，城镇居民人均可支配收入实际仅增长5.7%，低于同期GDP增速1个百分点。并且，全国居民人均可支配收入中位数名义增长率继续低于平均数增长率0.1个百分点，表明居民内部收入差距水平仍在扩大，不利于消费潜力的释放。居民收入增长的乏力已直接反映在消费支出增长率的下降上，前三季度城镇居民消费支出实际仅增长4.3%，增速明显放缓。目前我国最终消费支出对经济增长的贡献率已经达到78%，消费增长的乏力势必拖累未来经济增长，进而引发新失业问题。如图5所示。

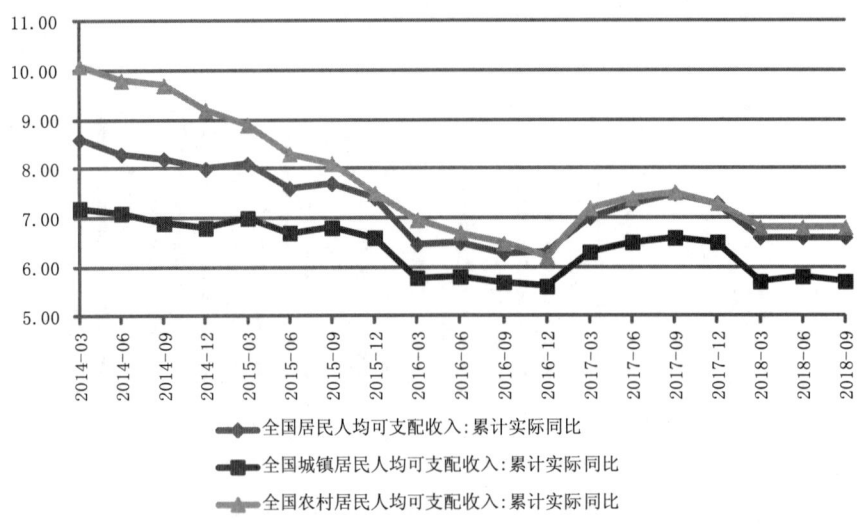

图5　2014年以来各季度我国居民人均可支配收入增长（单位:%）

数据来源：国家统计局、Wind数据库。

二、影响我国就业的主要因素分析及就业趋势展望

预计 2019 年，世界经济延续复苏但动能有所减弱，国内经济稳定运行的基础尚不稳固，产业转型与淘汰落后产能继续深入推进，生育政策调整对劳动力供给影响有限，科技革命将创造更多新增就业机会，就业创业政策红利将不断得到释放，以上这些因素都将深刻影响未来我国的就业形势。

1. 世界经济延续复苏但动能有所减弱

2017 年以来，在全球贸易增长的带动下世界经济整体运行逐步改善，结构调整步伐加快，新一轮产业革命蓄势待发，制造业发展迈向更高水平。然而，发达经济体普遍存在的人口老龄化和生产率增速低迷问题仍将制约经济增长；美联储加息步伐加快，欧日等国量化宽松政策也将转向，全球宏观政策取向趋于正常化，"刺激政策"带来的增长动力减弱；新兴经济体劳动生产率和投资增长放缓，结构性改革难以短期见效，叠加美联储加息、缩表可能引发的资本外逃和金融市场动荡影响，经济复苏势头将削弱。同时，全球技术转移滞后、国际投资低迷、贸易摩擦增多、全球化停滞甚至倒退、竞争性减税行为增多、金融风险外溢性增强、地缘政治局势复杂化和恐怖主义问题等因素也将拖累全球经济复苏进程。IMF 在最新发布的《世界经济展望》中将 2019 年全球经济增长预期从 3.9% 下调至 3.7%，因此未来外贸支撑我国经济和就业增长的不确定性在加大。

2. 国内经济稳定运行的基础尚不稳固

当前，我国经济运行总体平稳，产业结构持续优化，新动能加快成长。然而，我国经济运行中面临的一些深层次问题也不容忽视。一是中美贸易摩擦升级成为影响国内经济稳定运行的最大不确定性因素，美对我贸易保护行为呈高频化趋势，相关行业的稳岗就业压力有所上升。二是受美联储加息、主要国家货币政策溢出效应以及国内去杠杆、严监管等多重因素的影响，我国股市、债市、汇市出现了较大幅度的波动，金融市场动荡风险加剧。三是受防范和化解地方政府隐性债务、严格控制和规范地方政府举债、清理规范 PPP 项目等因素影响，基建投资增速大幅放缓，投资"稳增长"的作用弱化。四是在中美贸易摩擦升温、国内要素成本上涨、税费和社保负担较重、环保约束日趋严格等内外部因素叠加作用下，企业家信心和预期转差，企业实际经营面临较大困难。预计 2019 年我国经济增长速度将温和回落。由于经济增长与就业密切相关，经济增速的放缓势必将对就业造成不小的压力。

3. 产业转型与淘汰落后产能继续深入推进

在未来较长一段时期内，我国都要面临产业转型升级与淘汰落后产能问题。伴

随我国产业结构转型，传统的制造业、工业部门将逐渐衰落，取而代之的是新兴的生产性和生活性服务业。虽然服务业的发展能创造更多的就业机会，但服务业劳动生产率的提高慢于制造业，由此带来的经济增长率下降将反过来制约就业的增长。与此同时，在产业转型升级中，落后产能的淘汰不可能一蹴而就，而替代产业的发展也不能在短期内创造足够的工作岗位吸纳过剩的劳动力，如果不能妥善解决好这些人员的就业安置问题，将可能引发社会问题。如果考虑到围绕这些产业链服务的就业人员，实际需要转岗就业的人数将会更多。自2016年"去产能"工作实施以来，我国两年累计共安置职工110.3万人，取得了初步成效。然而，一些企业资金紧张的问题仍较突出，补还工程欠账、保证工资发放、足额缴纳社保的压力依然很大，部分下岗人员的生活困难问题仍然存在。

4. 生育政策调整对劳动力供给影响有限

近几年，我国劳动年龄人口数量和比例持续下降。2017年，15~59岁适龄劳动人口同比减少607万人，所占人口比例进一步降至65.9%，分别连续第六年和第七年出现下降。适龄劳动年龄人口的下降已经造成我国就业总人口增速的放缓，而作为要素投入的劳动力数量的减少将导致我国未来潜在经济增长水平的下降，反过来制约就业的增长。虽然自2016年初我国已经开始实施"全面两孩"政策，但受妇女劳动参与率提高、生育观念转变和抚养孩子成本上升等影响，政策效果并没有持续太久。从实际情况看，按国家统计局1‰抽样调查，2017年我国出生人口1 723万人，同比下降3.5%，这与2014年实施"单独二孩"政策之后人口出生变动结果相似。因此，未来生育政策的调整不会明显增加我国的适龄劳动人口。如图6所示。

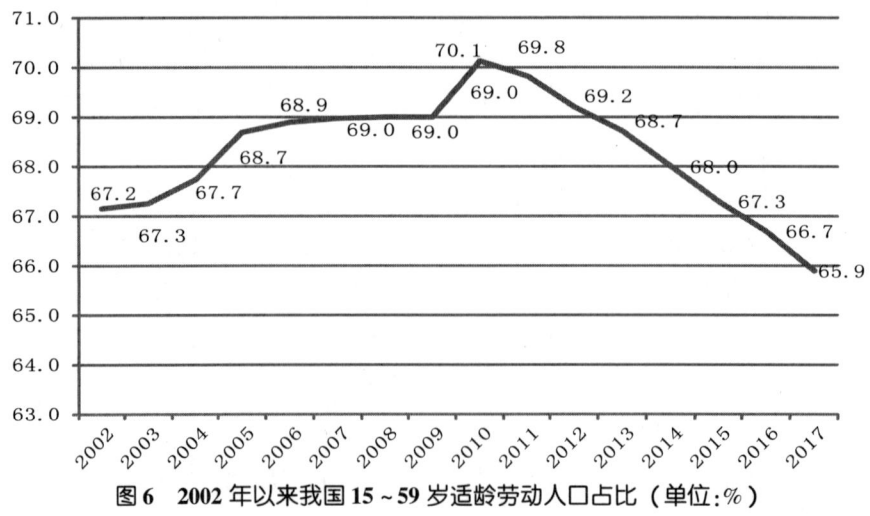

图6 2002年以来我国15~59岁适龄劳动人口占比（单位:%）

数据来源：国家统计局、Wind数据库。

5. 科技革命将创造更多新增就业机会

目前，以互联网为核心的新一轮科技和产业革命蓄势待发，人工智能、虚拟现实等新技术日新月异，正在深刻影响我国产业和就业结构的变化。尽管科技革命会使传统行业的工作岗位面临巨大冲击，但是新技术的应用又会创造和带动大量新的就业领域和就业形态。经合组织基于其成员国 200 年的数据研究表明，尽管短期内科技进步会对就业产生一定的负面影响，但这种影响相对于其巨大的创造效应可以忽略不计。在我国，随着移动互联网的普及和创新，"互联网+传统行业"的发展模式在各领域持续发酵，以网上购物、共享单车、同城跑腿平台等为代表的新兴业态如"雨后春笋"般兴起。网络创业开拓了就业的新领域，极大地发挥了创业带动就业的效应，为我国在经济转型过程中解决了许多新增劳动力的就业需求。可以预见，未来随着科学技术的进一步发展和新就业形态的不断涌现，"就业难"问题将得到逐步缓解。

6. 就业创业政策红利将不断得到释放

为了更好地促进就业创业，各大部委和各级地方政府密切协作，出台了一系列积极举措。在推进就业与经济社会发展良性互动方面，国家发展改革委等 17 个部门联合发布《关于大力发展实体经济积极稳定和促进就业的指导意见》，将加快建设实体经济与人力资源协同发展的产业体系，大力发展实体经济，着力稳定和促进就业。在挖掘就业新动能潜力方面，国务院近日印发《关于推动创新创业高质量发展打造"双创"升级版的意见》，提出通过打造"双创"升级版，提升创业带动就业能力，为加快培育发展新动能、实现更充分就业和经济高质量发展提供坚实保障。在加大力度鼓励创业方面，杭州市对未来产业领域的小微企业，给予创业担保贷款贴息，贴息贷款的本金最高不超过 500 万元。随着以上政策的逐步推行落实，将有力地激发劳动者就业创业的积极性。

7. 2019 年我国就业趋势与指标预测

综合分析上述因素，预计 2019 年，受宏观经济增速温和回落、就业结构持续优化等因素影响，我国城镇新增就业人数将保持基本稳定，全年新增就业人数在 1 360 万人左右；受国家就业创业政策的不断出台落实、新就业形态不断涌现等因素影响，失业率将继续维持在较低水平，登记失业率保持在 4% 左右，调查失业率维持在 5% 上下；受人口自然增长率持续降低、生育政策调整影响有限等因素影响，适龄劳动人口比例继续下降至 64.5% 左右，劳动力市场继续保持宽松状态，求人倍率保持在 1.2 左右的较高水平。而受累于产能过剩化解、环保压力增强、贸易摩擦升温、体制机制障碍等因素影响，部分地区和人群仍将面临较为突出的失业问题。

三、政策建议

为了进一步巩固就业形势稳中向好的局面，夯实稳定和扩大就业基础，实现更高质量和更充分的就业，必须深化就业相关体制机制改革，以更大力度激发大众创业创新活力，积极引导产业转型升级与就业提升协同发展，不断加强职业技能培训和就业公共服务，精准施策助力重点群体就业。

1. 深化就业相关体制机制改革

加快推进户籍制度、就业培训制度、社会保障制度等劳动制度改革，促进劳动力跨行业、跨地区流动，提高劳动力在全社会范围内的重配效率，构建公开公平、有序竞争的劳动力市场。要尊重劳动者和企业的市场供求主体地位，消除城乡、行业、身份、性别等影响平等就业的制度障碍，形成有利于劳动力要素自由流动、平等交换的市场体系，提高人力资源配置效率和公平性。要建立经济发展和扩大就业的联动机制，健全政府促进就业责任制度。加强就业政策与产业、贸易、财税、金融政策的协调，加强就业政策与教育培训、社会保障及其他社会政策的有机结合，更好地发挥政策促进就业的效力。

2. 更大力度激发创业创新活力

继续深化"放管服"改革，进一步降低市场准入门槛和制度性交易成本，健全差异化的创业扶持政策。提高创业扶持政策精准性，更多地面向高质量就业吸纳能力强的高技术中小微企业和现代服务初创企业，增强就业带动能力和高质量就业岗位创造能力。统筹各部门形成支持创新创业的政策合力，着力构建与创新驱动相适应的金融支持体系，用好国家新兴产业创业投资引导基金，鼓励互联网金融创新，推进创业孵化示范基地建设。加强对典型创新创业活动的宣传引导，培育创新文化。为有创业意愿的劳动者提供创业培训，以经验介绍、案例分析、讨论交流、现场演练等形式帮助其创业。

3. 引导产业转型与就业提升协同发展

坚持就业优先战略，进一步加快产业转型升级的进程。要找到产业转型升级与保障就业的均衡点，合理调整产业布局和经济结构。着力发展结构优化、技术先进、清洁安全、附加值高、吸纳就业能力强的现代产业体系，将推动服务业大发展作为充分就业的战略重点。在传统产业转型升级过程中，通过延伸产业链条、优化生产方式和管理模式，创造更多技术管理和服务就业机会。加快推动产业从中低端向中高端迈进，在做大做强新动能中，为各类人才创造更多高质量就业岗位。对符合产业升级方向、产品技术较为先进,但受国际国内不确定不稳定因素影响遇到暂时性困难的企业,继续实施援企稳岗护航行动,鼓励企业尽力稳定现有就业岗位。

4. 着力加强职业技能培训与就业公共服务

要顺应产业结构迈向中高端水平的要求,加快完善劳动者终身职业技能培训制度。建立技能培训与产业需求变化联动预警机制、培训课程动态调整机制、资金投入与培训效果评估挂钩机制,加快培养适应市场用工变化的技能型劳动者队伍。整合职业院校和企业实训资源,加大实操比重,推广"职业培训包""互联网+"等新模式,培养更多符合产业发展需求的实用人才。深入实施高技能人才振兴计划,充分发挥大国工匠等高技能人才传帮带作用,加强复合型人才培养。建立全国统一的公共就业创业服务平台,实施人力资源服务业发展计划,创新和加强人力资源市场监管,着力完善覆盖城乡的公共就业服务体系。

5. 精准施策促进重点群体就业

要把高校毕业生就业摆在就业工作首位,千方百计稳定高校毕业生就业水平。落实好创业担保贷款,加快一次性创业补贴落地,推动设立高校毕业生就业创业基金。扩大"三支一扶"等基层就业项目,组织就业见习,引导毕业生到基层就业。全面启动实施新型农业经营主体和新型职业农民培育工程,扩大职业农民就业规模。加快实施乡村促进就业创业行动,鼓励各类人才返乡下乡就业创业。加强劳务输出地和输入地的管理服务协调配合,做好农民工就业服务衔接,以劳务经济带动农民工就业。继续稳妥推进"去产能"职工安置工作,对就业困难人员实行托底帮扶,健全就业援助长效机制,确保"零就业"家庭动态清零。

07　2018年财政收支形势分析与2019年展望

王远鸿*

内容摘要：2018年，外部挑战增多与内部风险暴露交织叠加超过预期，我国经济运行总体平稳，经济增长、就业、物价、国际收支等主要指标保持在合理区间，全国一般公共预算收支保持较快增长。2019年，国内外经济环境更加严峻复杂，为了统筹推进稳增长、促改革、调结构、惠民生、防风险的各项工作，妥善应对中美经贸摩擦，切实推进以补短板为重点任务的供给侧结构性改革，实现结构调整与扩大内需的更好结合，保持经济运行在合理区间。积极财政政策应该更加精准有效，在适当提高赤字率、适度扩大财政支出的同时，重点应放在进一步减税降费上。财政政策应进一步加强与货币等其他政策的协调，充分发挥其对改革创新发展的推动作用。

关键词：财政收入　财政支出　财政政策

一、2018年全国财政收支形势分析及预测

（一）前三季度财政收入同比增速有所放缓

前三季度，我国经济运行总体平稳，经济结构继续优化，质量效益有所提升，经济增长、就业、物价、国际收支等主要指标在预期目标范围内，全国一般公共预算收入145 831.32亿元，完成预算的79.6%，同比增长8.7%，比上年同期放缓1.0个百分点。其中，中央一般公共预算收入69 581.97亿元，完成预算的81.5%，同比增长9.8%，比上年同期加快0.4个百分点；地方一般公共预算本级收入76 249.35亿元，完成预算的77.9%，同比增长7.8%，比上年同期放缓2.2个百分点。全国一般公共预算收入中的税收收入127 486.04亿元，完成预算的83.0%，同

---

* 王远鸿，经济学博士，国家信息中心经济预测部副主任，研究员，主要研究领域为宏观经济、财政金融运行和政策分析、经济监测预警等。

比增长 12.7%，比上年同期加快 0.7 个百分点。

前三季度财政收入增长有如下特点：

1. 财政收入和主体税种实现较快增长

前三季度，我国 GDP 增长 6.7%，总体平稳，全国一般公共预算收入同比增长 8.7%，高于去年全年增幅 1.0 个百分点，高于年初预算安排增幅 2.6 个百分点。全国税收收入占一般公共预算收入比重为 87.4%，高于去年全年 3.7 个百分点。其中，受工业增加值增速基本平稳、PPI 涨幅相对较高影响，工商业增值税、改增增值税同比分别增长 9.5% 和 15.8%，合计拉高全国财政收入增幅 3.79 个百分点；受企业利润保持较高增长带动，企业所得税同比增长 12.5%，拉高全国财政收入 2.55 个百分点；受居民收入特别是财产转让所得收入增长较快影响，个人所得税同比增长 21.1%，拉高全国财政收入增幅 1.47 个百分点；受一般贸易进口额累计增长 16.5% 的影响，进口货物增值税、消费税累计增长 12.0%，拉高全国财政收入增幅 1.05 个百分点；受烟酒类消费品增速较快影响，国内消费税累计增长 16.3%，拉高全国财政收入增幅 1.03 个百分点。以上税种合计拉高全国财政收入增幅 9.89 个百分点。

2. 财政收入增速逐季回落

前三季度我国 GDP 分别增长 6.8%、6.7% 和 6.5%，呈逐季走低态势，三季度增速为 2009 年一季度以来的最低增速。从 5 月 1 日起，国家将制造业等行业增值税税率从 17% 降至 16%，将交通运输、建筑、基础电信服务等行业以及农产品等货物的增值税税率从 11% 降为 10%，统一增值税小规模纳税人标准，退还部分企业期末留抵税额等增值税改革措施。增值税改革带动国内增值税增速持续走低，前三季度，国内增值税同比增长 12.0%，季度增幅分别为 5.4%、2.1% 和 -1.7%。受降低部分产品进口关税税率影响，前三季度关税累计同比下降 0.9%，季度增幅分别为 6.3%、-6.4% 和 -2.1%。受进一步清理规范行政事业性收费和政府性基金的影响，前三季度全国非税收入同比下降 12.8%，季度增幅分别为 -7.5%、-13.8% 和 -16.9%。同时，国家还提高享受减半征收企业所得税优惠政策的小型微利企业年应纳税所得额上限、实施境外所得综合抵免、提高个人所得税基本减除费用标准。受经济增速逐季回落及减税降费统一政策逐步实施的影响，全国一般公共预算收入同比增长 8.7%，季度增幅分别为 13.6%、8% 和 4.2%，呈逐季回落态势。

3. 东中部地区财政收入增长较快

前三季度，地方一般公共预算收入同比增长 7.8%，季度增幅分别为 9.1%、7.0%、7.2%。分区域看，东部、中部、西部、东北地区财政收入分别增长 7.9%、

9.4%、6.2%、6.0%，东中部地区财政收入增速相对较高。前三季度，31个省市区中，西藏、山西、海南、浙江等11个省市财政收入实现两位数增长，其中辽宁增长10.0%；福建、江苏、甘肃、贵州等16个省市区实现个位数增长；天津、内蒙古、吉林、新疆4个地区负增长。

4. 中美贸易摩擦导致相关地区和行业税收收入减少

2018年以来，中美贸易摩擦不断升级，特朗普政府先后公布对我国500亿美元商品加征25%关税，对我国2 000亿美元商品加征10%的关税。目前，美国对我国加征关税已经导致江苏、山东、广东、上海等部分外向度较高的经济大省工业增加值增速回落明显，并导致相关税收减少。同时，这两轮征税商品主要涉及高端制造等行业，在我国经济中产业链较长、影响较为广泛，加征关税不仅直接导致这些行业税收收入减少，还会间接导致其上游行业市场萎缩，进而在更大范围内导致税收收入下降。前三季度，通用设备、专用设备、通信设备、电器器材、汽车、铁路船舶航空运输设备等行业税收收入增幅明显低于制造业税收收入增速，表面中美贸易摩擦对相关行业税收的影响已经显现。

5. 房地产相关税收增速明显放缓

前三季度，有关部门和地方坚持分类调控、因城因地施策，在继续严控房地产需求和房企融资、实施限价销售的背景下，房地产销售量价齐落，房地产相关税收增速呈现总体回调及区域分化态势，京沪广深等一线城市房地产相关税收降幅较大，二三线城市房地产相关税收增幅较高。前三季度，契税4 516.62亿元，完成预算的86.0%，同比增长19.3%，比去年同期回落0.5个百分点；土地增值税4 583.3亿元，完成预算的85.4%，同比增长14.7%，比去年同期回落7.1个百分点；房产税1 966.83亿元，同比增长6.8%，比去年同期回落11.1个百分点。城镇土地使用税1 760.13亿元，完成预算68.1%，同比下降1.6%，比去年同期回落12.0个百分点。

6. 银行和证券行业税收增速明显放慢

前三季度，在加强金融监管、防范和化解金融风险、规范地方政府债务的背景下，商业银行风险偏好下降、"惜贷"情绪加强，加之部分企业有效抵押物不足、优质项目相对短缺，表外融资收缩带来的融资缺口难以及时弥补，部分民营、小微企业融资难有所加剧，货币供应和社会融资规模增速有所回落。以银行业为主的货币金融服务业税收收入出现下降。由于经济增速下行压力加大，中美贸易摩擦不断升级，市场预期受到较大冲击，股市大跌、债市违约、汇市压力加大，资本市场服务业税收增速较低。前三季度，证券交易印花税881.17亿元，完成预算77.3%，同比下降6.5%，其中，9月当月下降64.7%。如图1所示。

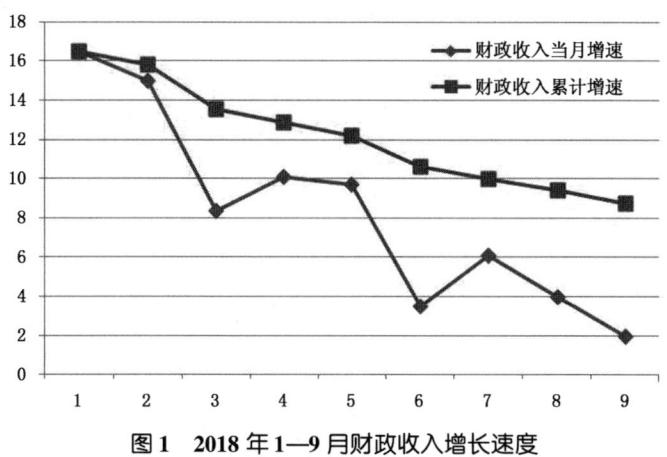

图 1　2018 年 1—9 月财政收入增长速度

（二）前三季度财政支出同比增速小幅回落

前三季度，按照党中央、国务院决策部署，在继续大力实施减税降费的同时，统筹财政收入、赤字、专项债务和预算稳定调节资金，保持了较高的财政投入力度和支出强度，全国一般公共预算支出163 289.49亿元，完成预算的77.8%，同比增长7.5%，比上年同期回落3.9个百分点。其中，中央一般公共预算本级支出22 958.67亿元，完成预算的70.7%，同比增长8.8%，比上年同期加快0.5个百分点；地方一般公共预算支出140 330.82亿元，完成预算的79.3%，同比增长7.3%，比上年同期放缓4.6个百分点。收支相抵，累计赤字17 458.17亿元，同比减少285.99亿元。

前三季度，不断加大重点领域和关键环节支出力度，积极打好三大攻坚战，妥善应对中美贸易摩擦，落实创新驱动发展战略，实施乡村振兴战略，提高保障和改善民生水平，全国一般公共预算主要支出情况：

1. 教育支出增速明显放缓

前三季度，教育支出23 760.28亿元，完成预算的75.6%，同比增长6.5%，比上年同期回落6.8个百分点。重点在于巩固落实城乡统一、重在农村的义务教育经费保障机制，改善贫困地区义务教育薄弱学校基本办学条件。支持加快世界一流大学和一流学科建设。支持和规范社会力量兴办教育。

2. 科学技术支出增速基本持平

前三季度，教育支出5 438.78亿元，完成预算的71.6%，同比增长16.7%，比上年放慢0.3个百分点。重点支持推动提升科技创新能力。大力支持公共科技活动，加大对基础研究的投入力度。加快实施国家科技重大专项、科技创新2030-重大项目。支持组建国家实验室和建设一流科研院所。充分发挥激励机制作用，加速科技成果向现实生产力转化。

3. 文化体育与传媒支出增速明显放慢

前三季度，文化体育与传媒支出2 185.76亿元，完成预算的64.7%，同比增长5.0%，比上年放缓5.7个百分点。重点推动文化繁荣兴盛。完善公共文化服务体系，深入实施文化惠民工程。支持发展社会主义文艺。促进文化产业发展。

4. 社会保障和就业支出增速明显放慢

前三季度，社会保障和就业支出21 791.9亿元，完成预算的83.8%，同比增长9.3%，比上年同期回落10.8个百分点。重点落实积极的就业政策。提高企业和机关事业单位退休人员基本养老金及城乡居民基础养老金水平。进一步推进机关事业单位养老保险制度改革。在部分地区开展个人税收递延型商业养老保险试点。稳慎推进工资收入分配制度改革。

5. 医疗卫生与计划生育支出增速明显放慢

前三季度，医疗卫生与计划生育支出12 765.59亿元，完成预算的83.5%，同比增长7.9%，比上年回落7.7个百分点。重点推进健康中国建设。全面推进城乡居民医保制度整合，将城乡居民基本医疗保险财政补助标准提高40元，达到每人每年490元。将基本公共卫生服务项目年人均财政补助标准再提高5元，达到每人每年55元。

6. 节能环保支出增速大幅回落

前三季度，节能环保支出4 147.42亿元，完成预算70.4%，同比增长8.8%，比上年回落24.8个百分点。重点支持打好污染防治攻坚战，大幅增加大气、水、土壤三项污染防治基金。着力解决突出环境问题，促进生态环境质量总体改善。完善天然林保护政策，推动扩大新一轮退耕还林还草规模。加大地下水超采区综合治理力度，加快推进水土流失治理。

7. 农林水支出增速小幅加快

前三季度，农林水支出13 325.57亿元，完成预算的69.1%，同比增长6.1%，比上年同期加快1.4个百分点。重点完善农业支持保护制度。深入推进农业供给侧结构性改革。深化粮食价格形成机制改革。扩大耕地轮作休耕制度试点。加大优质粮食工程实施力度。建立长江流域重点水域禁捕补偿制度。加快发展现代农业。推进美丽乡村建设提档升级。建立健全实施乡村振兴战略财政投入保障制度。

8. 住房保障支出增速略有回落

前三季度，住房保障支出4 609.0亿元，完成预算的70.8%，同比下降0.2%，比上年同期回落 0.5 个百分点。重点是支持加快建立多主体供给、多渠道保障、租购并举的住房制度。支持新开工各类棚户区改造 580 万套。继续支持各地优先开展 4 类重点对象危房改造。

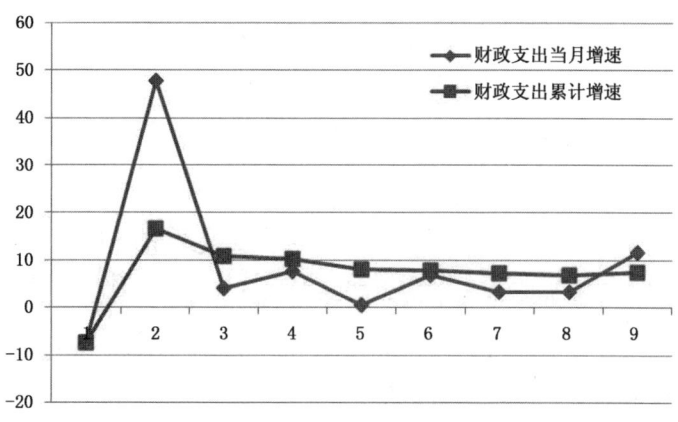

图 2　2018 年 1—9 月财政支出增长速度

（三）四季度及全年财政收支分析预测

1. 四季度财政收入增速将有所回落

四季度，全球经济复苏态势将延续，贸易增长不会明显放缓，主要经济体经济和政策分化可能加剧。随着中美经贸摩擦升级影响的进一步显现，我国出口增速将延续回落态势。受基础设施补短板等政策措施逐步见效的影响，基础设施投资和固定资产投资增速有望低位企稳。受可支配收入增长放缓、高房价挤压消费支出等因素影响，消费增速将继续小幅回落。综合判断，四季度经济增速将低于前三季度，初步判断在 6.3% 左右。由于经济增速继续回落，工业品价格水平稳中有落，企业效益增速进一步回落，减税降费政策措施进一步落实，一般公共预算收入增幅将进一步回落。初步预测，四季度财政收入增速大约为 0，全年在 6.8% 左右。

2. 四季度中央和地方财政支出压力较大

四季度，要继续应对中美贸易摩擦等外部冲击，在扩大内需和结构调整上发挥更大作用，做好稳就业、稳金融、稳外贸、稳外资、稳投资、稳预期工作，确保实现全年经济社会发展目标任务。因此，积极财政政策要更加积极，多措并举应对中美贸易摩擦升级，增强内需对经济增长的关键支撑作用，促进经济运行在合理区间。坚决打好三大攻坚战，持续推动经济高质量发展。支持实施国家重大战略，培育壮大新动能和改造提升传统动能。确保保障和改善民生的各项工作，不断提升人民群众的获得感。初步预测，四季度财政支出增速上升到 8.0% 左右，全年增速在 7.5% 左右。

二、2019 年全国财政收支分析与展望

(一) 2019 年国内外经济环境分析

1. 世界经济复苏动能有所减弱，出口增速可能大幅回落

2019 年，世界经济和贸易总体上有望延续复苏态势，但全球贸易摩擦升级和贸易体系重构、发达国家特别是美国货币政策过快收紧、部分新兴经济体风险上升、地缘政治冲突多发可能加剧全球经济和贸易的风险和挑战，将导致我国外贸外资和经济发展面临的外部环境更加复杂严峻。一是中美贸易摩擦有可能继续升级，欧美日联手重构国际经贸规则和体系，不仅会对我国外贸净出口、资本流入、金融市场产生直接冲击，也会加大外资和内资产业转移的压力。二是全球经济贸易减速风险上升。美国减税的边际效应将递减，挑起贸易摩擦的滞后效应将逐步显现，美国房地产市场出现调整迹象，经济先行指标有所回落，增长动力可能转弱，由于通胀压力上升，美联储在已经累计加息 8 次的基础上，2019 年可能还要加息 3 次。欧元区经济保持增长，将于 2018 年底结束购债，在通胀压力上升的情况下，2019 年也可能被迫加息。日本内外需求低迷，通胀水平较低，2019 年仍将实施宽松货币政策。主要经济体货币政策不同步，美元升值压力加大，新兴经济体货币贬值、股债下跌、资本外流、增长下滑风险上升，外债多、外汇储备规模小的国家可能出现经济金融危机。这些风险一方面使得我国宏观政策特别是货币政策内外协调面临困境，另一方面也加大了我国防范化解金融风险的难度。三是地缘政治风险可能加剧。美国将我国列为战略竞争对手，不断在南海、台海制造事端，加大对我国战略围堵的力度。美国对伊制裁、英国脱欧、意大利民粹主义、朝鲜核问题、叙利亚问题可能再度加剧国际原油价格、金融市场和经济运行的波动，我国经济安全和能源安全保障以及"一带一路"建设面临诸多挑战。初步预计，2018 年美元计价我国出口将增长 6.5% 左右，比 2018 年预计回落 4.2 个百分点。

2. 国内发展不平衡不充分矛盾依然突出，经济增速明显回落

2019 年，党和政府将进一步推动经济发展方式转变，进一步优化经济结构，加快增长动力转化，提高经济增长的质量和效益。稳中求进的工作总基调将继续坚持，宏观经济政策将保持连续性稳定性，以减税降费为重点的积极财政政策更加精准有效，稳健中性的货币政策将加大对实体经济的支持，宏观调控将更加前瞻、协调、精准、有效，供给侧结构性改革、创新发展战略以及重点领域和关键环节的改革将

深入推进，服务业特别是金融业将进一步对外开放，产权特别是知识产权保护加强，营商环境将得以改善，乡村振兴和新型城镇化深入实施，新动能得到进一步培育壮大，传统动能得到改造提升，内需对经济增长的支撑作用将进一步增强。

但与此同时，国内一些长期存在的结构性、政策性矛盾和问题依然突出，随着中美贸易摩擦对经济、就业、国际收支等方面的不利影响逐步显现，发展不平衡不充分问题有可能进一步显性化，国内经济环境依然错综复杂。一是经济下行压力加大。投资、消费、出口三大需求同时走弱将继续向生产端传导，将导致工业、服务业生产放缓，GDP 增速有所回落。二是实体经济发展的内生动力仍需培植。核心技术和创新能力不足，过剩产能退出和市场出清难度很大，融资、税费、社保、环保等成本不断上升，有效供应依然不足，内需增长机制体制仍待完善，市场信心有待提升，民间资本扩大投资的意愿和能力不足，居民增收难制约消费能力提升。三是金融风险问题仍然突出。一些中小银行不良贷款率上升，一些非银行机构资金链存在断裂的可能，流动性风险压力加大。一些民营企业过度融资、过度投资、过度多元化，期限错配突出，抗风险能力比较弱。一些地方财政收入增长持续性和稳定性较差，而支出刚性较强，收支缺口有持续扩大趋势，部分地区隐性债务负担沉重，财政风险金融化依然存在。房地产市场结构性矛盾依然突出，房地产调控的逐步见效使得相关投资、消费和税收出现回落，可能加剧一些中小房地产企业资金隐患。四是企业实际税费负担仍然较重。由于营改增之后增值税抵扣链条逐步完整，显著扩大了增值税税基，税收征管系统的完善和征管技术显著改进，企业纳税行为逐步规范，实际税负明显加重。五是就业和收入问题可能进一步恶化。随着中美贸易摩擦升级，企业新订单量减少，后期部分企业可能出现开工率不足、利润下滑甚至裁员等现象，给沿海外贸省份人员就业带来压力。此外，我国大学毕业生人数仍将保持在 800 万人以上水平，普通本专科毕业生的失业率依然较高，叠加农村外出务工劳动力的增长，就业的结构性压力依然较大。就业压力加大可能进一步加大居民收入增速回落的压力，并进一步传导至居民消费。

初步判断，2019 年，经济增速继续回落到 6.3% 左右。居民消费价格小幅回升，CPI 将上涨 2.5% 左右。工业品出厂价格涨幅回落，PPI 上涨 3.3% 左右。服务业主导作用进一步增强，增速将稳定在 7.5% 左右。工业生产将稳中趋缓，增速在 6.0% 左右。投资增速低位企稳，增长 6.0% 左右。消费增速基本平稳，社会消费品零售总额将增长 9.0% 左右。

（二）2019 年财政收入增速将低于 2018 年

2019 年，经济增速明显回落，工业品价格水平明显回落，企业效益难有改观，减税力度可能加大，一般公共预算收入增幅将出现回落。

1. 国内增值税增速将出现回落

2019年，工业增加值增速将从2018年6.3%左右回落到6.0%左右，PPI涨幅从2018年3.8%左右回落到3.3%左右，工业增加值名义增速将回落1.0个百分点左右，工业增值税增速将有所回落；社会消费品零售额增速将从2018年9.2%左右回落到9.0%左右，商业增值税增速将小幅回落。

2. 所得税增速将有所回落

2019年，工业增加值名义增速和PPI涨幅小幅回落，工业企业效益难有改善，工业企业所得税增速将稳中有落；受经济增速继续回落和潜在风险上升的影响，银行经营状况不会明显好转，银行等金融行业利润增速将持续回落，相关企业所得税增幅也将继续回落；随着房地产调控政策进一步落实，房地产市场逐步降温，房地产销售面积、销售额将继续放缓，并带动房地产开发面积升幅收窄，房地产企业所得税、契税、土地增值税、耕地占用税等相关税收增速将出现回落。国家有望推进综合和分类相结合的个人所得税改革，个人所得税起征点提高、个人所得税税率调整和收入抵扣项的增加，都将影响个人所得税的增速。

3. 减税力度进一步加大

2019年，国家将继续实施较大规模的减税降费支持实体经发展，由于减税力度仍然较大，减税对税收增速的下拉作用仍将明显。同时，受中美贸易摩擦升级的影响，2019年进口增速将明显低于2018年，进口环节税收增速将明显低于2018年。

4. 行业间、地区间收入分化有可能加剧

2019年，受中美贸易升级影响较大的行业税收增长受到冲击，传统制造业税收将维持低迷状态，煤炭、钢铁等受益于淘汰落后产能和清理僵尸企业的行业收入回升势头难以维系，现代服务业和高端服务业税收有望保持较高增速。

受中美贸易摩擦冲击较大的东部和沿海地区，由于产业转型早、高端制造业与现代服务业比较集中，税收和一般公共预算收入的稳定性较高。经济基础薄弱、产业结构单一中西部地区财政收入面临较大的下行压力，特别是县级财政增收困难进一步加大。

综合以上因素，初步预测，2019年财政收入增速为5.0%左右。

（三）中央和地方财政增支压力大

2019年，为了统筹推进好稳增长、促改革、调结构、惠民生、防风险的各项工作，妥善应对中美经贸摩擦，切实推进以补短板为重点任务的供给侧结构改革，实现结构调整与扩大内需的更好结合,保持经济运行在合理区间,打好防范化解重大风险、精准脱贫、污染防治三大攻坚战,新动能作用加强,人民群众获得感增强,积极财政政策要更加精准有效,中央和地方财政增支压力仍然较大。

1. 促进经济运行保持在合理区间

2019年,要进一步落实更加精准有效的积极财政政策,保持经济运行在合理区间。一要充分发挥财政资金的引领作用,适当增加预算内投资,加大对有关"一带一路"建设、京津冀协同发展、长江经济带、粤港澳大湾区发展以及海南全面深化改革开放等方面的重大项目投入。适当增加预算内投资和专项债规模,鼓励地方政府盘活存量财政资金,加大天然气储气设施、地下综合管廊、中西部铁路、沿边公路、重大水利、城镇及农农村污水垃圾处理等基础设施领域补短板力度,增强内需对经济增长的关键支撑作用。

2. 培育壮大新动能和改造提升传统动能

2019年,为了培育壮大新动能和改造提升传统动能,要加快推进工业互联网发展,扎实推进大数据应用发展。加大财政资金投入,启动重大短板攻关工程,扎实推进关键核心技术攻关,推进重点领域国产化替代。全面启动科技创新2030-重大项目和国家实验室建设,组织实施生物产业倍增、人工智能创新发展、集成电路"910"升级版等重大工程。聚焦国际产业竞争制高点,加大财政投入和政策引导,在新一代信息技术、高端装备、新材料等领域做大做强一批战略性新兴产业集群。适当扩大中央财政技改专项资金规模,重点支持智能化改造、节能环保改造和危险化学品企业搬迁改造。

3. 确保保障和改善民生的各项工作

2019年,把稳就业放在更加突出的位置,密切关注中美经贸摩擦事态变化,加强就业形势监测预警,防范重点地区、重点行业和企业出现下岗潮,努力做好高校毕业生、退役军人和下岗职工等重点群体就业,加大财政扶持力度,促进创业带动就业。要持续推进深度贫困地区脱贫攻坚,统筹城乡公共服务设施布局,补齐公共服务短板。加快建立多主体供给、多渠道保障、租购并举的住房制度。

初步预测,2019年财政支出在6.5%左右。

三、关于2019年财政政策的建议

(一)继续实施积极的财政政策

积极财政政策在适度扩大支出的同时,重点应放在实质性降低税率上。一是适度扩大赤字规模。建议将2019年财政赤字规模扩大至3万亿元，比上年增加6 200亿元，赤字率在3%左右，确保财政支出保持一定的力度；将2019年地方专项债券发行规模扩大至1.9万亿元，比上年增加5 500亿元，进一步开大"正门"保障地方正常融资需求，重点支持重大核心技术攻关、民生改善和基础设施补短板等领域。二是适当加大减税力度。增值税方面，实行三档税率并两档改革，将制造业等行业增值税税率从16%降至12%，将交通运输、建筑等行业增值税税率从10%减并至6%，同时扩大增值税可抵扣范围和比重，提高企业设计、经销费用的增值税抵扣幅度。所得税方面，将企业所得税率降至20%，其他适用优惠税率同等幅度下调；进一步提高小微企业纳税额上限，研发费用加计扣除比例由75%提高至100%。全面实施新修订的个人所得税法，为居民减负释放消费潜力。三是较大幅度降低社保缴费名义费率，做实实际缴费率，稳定缴费方式，明确现有缴费水平过渡期，确保企业社保缴费实际负担有实质性下降。切实清理和降低各类附加收费。

（二）进一步加强财政政策与货币等其他政策的协调

一是进一步明确财政政策和货币政策分工协调关系。财政政策要着眼于降成本和稳预期，在结构调整和扩大内需上发挥更大作用，要显著减税降费，切实降低企业负担，同时，适当扩大赤字规模，确保支出进度，优化支出结构，切实扩大需求并改善供给。货币政策重点在于保持流动性合理充裕，为实体经济营造较为稳定的融资环境。既要防止"大水漫灌"导致的过度加杠杆和放大资产泡沫，又要防止"细水慢流"导致过度收缩和风险过度暴露。二是健全财政、货币、产业、环保、区域等经济政策的协调机制，加强统筹协调，创新支持保障实体经济的方式，避免政策自扫门前雪，合理确定政策操作力度、节奏及松紧搭配程度，合理确定新政策实施的过渡期，妥善处理政策执行中的一刀切问题。三是综合考虑各类政策集中实施形成的叠加效应，努力避免防控地方政府债务与金融强监管、环保一刀切叠加所产生的超调和合成谬误。四是建立快速反应的政策纠错机制，及时化解处置风险的风险，更好地创造稳定的宏观政策环境，形成宏观政策合力。

（三）充分发挥财税政策对改革创新发展的推动作用

一是加快推进财政事权与支出责任划分，结合税制改革进展及减税降费政策实施情况，推进理顺中央和地方收入划分改革。推进交通运输、林业草原、国家安全、农业生产、水利等分领域财政事权与支出责任划分改革。二是适当提高相关行业企业的出口退税率，保证及时足额退税。落实好降低汽车、日用消费品进口关税相关政策，尽快推出关税豁免政策及细则，指导我国进口企业申请相关豁免。扩大就业补助资金、外经贸发展资金规模,发挥财政政策在抵御中美经贸摩擦冲击的作用。三是适当降低交易环节税费,鼓励居民通过"卖旧买新"等方式持续改善住房条件。四是研究设立补短板专项债券及专项基金,以贷款贴息、保险补贴等方式支持科技重大项目和重点工程,建立战略性新兴产业和企业技术改造风险补偿机制。五是坚决遏制隐性债务增量,督促整改政府投资基金、PPP、政府购买行为中的不规范行为,严禁各种违法违规担保和变相举债,妥善化解隐性债务存量,加快融资平台公司化转型。

08　2018年金融运行分析与2019年展望

李若愚*

摘要： 2018年，M2余额同比增速止跌回稳，社会融资规模增速持续放缓，实体经济融资成本整体有所上行，人民币汇率出现一轮快速贬值，跨境资金"偏流出"压力显现。中美贸易摩擦是2019年我国经济金融平稳运行的最大外部不确定因素，经济下行压力与金融整顿带来"紧信用"难题，人民币贬值与跨境资金流出风险将持续抬头，货币政策放松空间及宽松效用难以有效释放。金融调控要积极防范外部冲击与内部压力共振可能引发的经济明显减速与风险过快释放，处理好稳增长和防风险的平衡，处理好稳增长与去杠杆、强监管的关系，聚焦进一步深化供给侧结构性改革，在防范和处置金融风险隐患的同时，支持宏观经济在合理区间平稳运行。

关键词： 货币政策　货币　信贷　利率　汇率

一、2018年我国金融运行总体特点

1. M2余额同比增速止跌企稳，货币流动性下降

受金融去杠杆政策影响，2017年二季度以来，M2增速跌破10%，并逐步下降。央行于2018年1月起，用非存款机构部门持有的货币市场基金取代货币市场基金存款（含存单）。此次统计口径调整对M2增速有一定影响，但影响较小，统计口径调整前后M2增速2017年平均值仅相差0.4个百分点。2018年以来，随着央行连续4次降准，去杠杆政策压力减轻，M2增速呈止跌企稳之势。9月末，M2余额同比增长8.3%，增速比上年末高0.2个百分点，但仍比上年同期低0.7个百分点。从货币派生角度看，M2增速企稳主要得益于央行多次降准及银行贷款快速扩张带来的货

---

* 李若愚，金融学硕士，国家信息中心经济预测部财金研究室主任，副研究员，主要研究货币政策、金融运行与金融市场等。

币乘数上升。9月末，基础货币余额同比增长3.9%，比上年末低0.3个百分点，比上年同期低1.4个百分点；M2货币乘数为5.67，比上年末高0.46，比上年同期高0.26。2018年2月以来，M1增速跌至M2增速以下，且两者速差不断扩大。9月末，M1余额仅同比增长4%，比上年末和上年同期低7.8和10个百分点，M1与M2两者"剪刀差"为-4.3%，货币流动性比例（M1/M2）为29.9%，比上年末和上年同期下降2.3和1.2个百分点，显示货币活跃程度下降。

2. 表外融资显著减少，表内贷款同比增多

在监管压力及"资管新规"的要求下，银行表外业务持续回归表内，造成表外融资大幅下降，表内贷款增加较多。受表外融资拖累，社会融资规模增长持续放缓。2018年央行连续两次调整社会融资规模统计口径，将"存款类金融机构资产支持证券"、"贷款核销"和"地方政府专项债券"纳入统计范围。统计口径的调整使社会融资规模放缓程度有所缓和。9月末，社会融资规模存量同比增长10.6%，增幅比上年末和上年同期低2.8和3.8个百分点。前三季度社会融资规模增量累计15.37万亿元，比上年同期少2.32万亿元。其中，对实体经济发放的人民币贷款增加12.8万亿元，同比多增1.34万亿元；表外融资（委托贷款、信托贷款和未贴现的银行承兑汇票）减少2.3万亿元，同比多减5.23万亿元；企业债券净融资1.59万亿元，同比多1.41万亿元；地方政府专项债券净融资1.7万亿元，同比多1 438亿元；存款类金融机构资产支持证券与贷款核销合计增加9 547亿元，同比多4 580亿元。

3. 人民币贷款增势良好，贷款结构存在隐忧

9月末，人民币贷款余额同比增长13.2%，比上年末和上年同期高0.5和0.1个百分点。前三季度人民币贷款增加13.14万亿元，同比多增1.98万亿元。尽管贷款增势较好，但企业贷款结构存在隐忧。一是新增贷款规模高于上年同期主要受票据融资的推动。前三季度票据融资增加1.21万亿元，比上年同期多增2.94万亿元。经验来看，银行会利用票据融资来"冲规模"。二是企业短期贷款少增较多。前三季度，用于满足企业生产流动性资金需求的非金融企业短期贷款增加7 046亿元，比上年同期少1.02万亿元。三是与企业投资有关的中长期贷款增势欠佳。前三季度，非金融企业中长期贷款增加4.93万亿元，比上年同期少0.58万亿元。四是居民部门贷款增长平稳，个人购房贷款增长仍偏快。与居民部门持续加杠杆相应，前三季度住户部门贷款增加5.69万亿元，与上年同期基本持平。9月末，个人住房贷款余额同比增长17.9%。

4. 金融市场利率出现分化，实体经济融资成本总体上行

除4次降准外，2018年央行还通过中期借贷便利（MLF）、逆回购操作等流动

性调节工具,加强流动性管理,确保银行体系流动性合理充裕。此外,为应对跨季流动性需求波动,央行年初新创设了临时准备金动用安排(CRA),为缓解部分金融机构高等级债券不足的问题,扩大了 MLF 担保品范围。为维护金融市场利率稳定,央行政策利率调整与美联储加息出现"脱钩"。在 2018 年以来的美联储三次加息中,3 月份的加息,央行随后跟进上调逆回购操作利率等政策性利率。但 6 月和 9 月的加息中,央行未跟随美联储进行调整。在央行的调控和引导下,货币市场利率稳中有落。9 月末,隔夜 SHIBOR 为 2.65%,7 天质押式回购加权利率为 3.01%,分别比上年同期下降 0.29 和 0.2 个百分点。

2018 年以来,信用债再现违约潮,债券市场风险偏好明显降低,市场资金集中流向利率债和高等级信用债。利率债、AAA 等高等级信用债到期收益率、发行利率多数有所下行。例如,9 月份,1 年期国债到期收益率为 2.97%,比上年同期下降 0.5 个百分点,10 年期 AAA 企业债到期收益率为 5.45%,比上年同期低 0.87 个百分点;国债招投标利率为 3.31%,比上年同期下降 0.3 个百分点;政策银行债发行利率为 3.79%,比上年同期下降 0.38 个百分点。信用风险的暴露推升低等级信用债利率。例如,9 月 21 日 AA 级 7 年期固定利率企业债发行利率为 7.49%,比上年同期高 1.64 个百分点。

受社会融资增长放缓影响,社会融资成本整体有所上行。从正规银行体系看,今年二季度,金融机构人民币贷款加权平均利率为 5.97%,比上年同期高 0.3 个百分点。从影子银行利率看,9 月份,一年期贷款类信托产品预期年收益率为 7.3%,比上年同期高 0.2 个百分点;温州民间借贷综合利率为 15.92%,比上年同期高 0.15 个百分点。

5. 人民币汇率快速贬值,跨境资金"偏流出"压力显现

在美国经济向好和美联储持续加息的支撑下,美元指数从 4 月起持续走高,10 月末较上年末升值 5.2%。与美元走强相应,人民币对美元也面临一定贬值压力。按中间价计算,10 月末,人民币对美元较上年末贬值 6.18%。其中,一季度升值幅度较大,较上年末升值 3.91%,4 月下旬以来出现较快贬值,5—8 月四个月累计贬值幅度达 7.86%。为此,央行动用逆周期调节手段,8 月份将远期售汇业务的外汇风险准备金率从 0 调整为 20%,人民币对美元汇率中间价报价行重启"逆周期因子。人民币对美元贬值势头有所缓解,按中间价计算,9—10 月两个月人民币对美元贬值 2.01%。

受人民币对美元快速贬值影响,三季度我国跨境资金流动也面临一定"偏流出"压力。二季度非储备性质的金融账户顺差 300 亿美元,三季度转为逆差 188 亿美元。二季度银行结售汇月均顺差 107 亿美元,三季度月均逆差 139 亿美元;银行代客涉外外汇收付款二季度月均顺差 15 亿美元，三季度月均逆差 126 亿美元。反映在外汇储备上，我国外汇储备规模 7—10 月连续三个月下降，10 月末为 3.05 万亿美元，同比下降 1.8%，前 10 个月累计减少 869 亿元。

二、2019 年我国金融运行与调控面临的突出问题

1. 中美贸易摩擦是我国经济金融平稳运行的最大外部不确定因素

2018 年以来，中美贸易摩擦不断升级，美国迄今已对总额 2 500 亿美元的中国输美产品加征关税，其中 500 亿美元的产品关税税率为 25%，另外 2 000 亿美元的产品关税税率 2019 年 1 月 1 日起将由 10% 提高至 25%。美国总统特朗普威胁称，还可能将对另外 2 670 亿美元的中国输美商品加征关税，如此一来，美国加征关税的中国输美产品金额将达 5 170 亿美元，而 2017 年美方统计口径下自中国进口总金额为 5 055 亿美元。对中国输美所有产品加征关税对我国出口将产生较大冲击。

由于 2018 年美国加征关税范围和力度相对有限，而且存在企业在美国加征关税措施落地前的"前跑"行为，人民币贬值对出口也有积极作用，下半年出口增速不降反升。但 2019 年美国加征关税范围和力度进一步扩大，甚至可能"全覆盖"，我国出口将面临较大冲击，加剧经济下行压力。除贸易本身的影响外，中美贸易摩擦还对我国企业信心、金融市场预期和情绪产生直接冲击，信心和预期的影响更为迅捷。企业信心方面，民营企业出口在我国出口份额中占据首位，2018 年前三季度占比为 47.9%。在环保限产、融资难、国内用工和原材料成本上升、社保缴费等重重压力下，民营企业经营本来就日益困难。中美贸易摩擦使民营企业内外交困，企业家信心更趋低迷。市场预期方面，2018 年 6 月中旬以来，股市出现一轮快速下跌后持续在 2 500～2 700 区间内低位盘整，人民币汇率也持续快速贬值。股市与汇市齐跌受到贸易战阴影下，投资者负面情绪和预期的驱动。

2. 经济下行压力与金融整顿带来"紧信用"难题

2018 年稳健的货币政策持续向边际宽松方向调整，银行间市场流动性较为充裕，M2 增速止跌企稳。但社会融资仍在收缩，其根源并非货币政策偏紧，而是央行将流动性注入银行体系后，受资金供求双方意愿和能力等多重约束，无法有效传导形成实体经济的信用扩张，从而呈现"宽货币、紧信用"的局面。

一是内外部不确定性上升，经济下行压力加大，金融风险隐患仍为突出，银行与债市场风险偏好普遍下降。银行不良贷款上升压力较大，信用债违约风险与股票质押流动性风险危机四伏，P2P 平台频繁暴雷、跑路，各类金融风险仍可能加速暴

露。2018年上半年，商业银行不良贷款余额和不良率持续"双升"，6月末不良率为1.86%，比上年末和上年同期均提高0.12个百分点。金融机构风险偏好下降与市场紧张情绪上升，不利于表内贷款和企业债券融资扩张。银行会出现惜贷、抽贷、短贷的现象，信用债的发行量减少，发行成本上升，企业资金链更为紧张。

二是加强影子银行的制度约束导致表外融资持续低迷。在"资管新规"等制度约束下，表外融资中的信托贷款、委托贷款将继续收缩。银行通过通道业务投向非标资产，近似于发放类贷款。严监管压力不变和"资管新规"落地使得银行通过信托、券商资管、银行理财、基金及其子公司专户等进行的资管计划通道业务将收缩。此外，资管新规中要求资管产品投资非标准债权必须严格符合限额管理、风险准备金要求、流动性管理等监管标准，同时禁止期限错配，禁止两层以上嵌套等，也使得非标准化债权融资通道基本被封堵。

三是有效贷款需求趋于疲软。2018年前三季度票据融资同比多增较多、非金融企业短期贷款和中长期贷款增势低迷，这表明企业贷款需求趋弱。央行银行家问卷调查结果显示，2018年三季度贷款总体需求指数为65.2%，比上季降低1.5个百分点，已连续两个季度回落。

3. 人民币贬值与跨境资金流出风险持续抬头

"美强欧弱"的经济基本面表现仍将持续，美联储加息的先发优势依然存在，美元指数2019年仍可能保持相对强势。2018年以来，欧元区复苏势头逐步趋缓。作为欧元区第三大经济体，意大利经济增长陷入停滞且与欧盟"预算之争"愈演愈烈，英国硬脱欧风险不能排除，欧元区经济增长面临的不稳定因素在增多。欧盟委员会已下调了对欧元区2019年经济增长的预测，并预测到2020年经济增长将持续放缓，其中，2019年经济增速预测值由2%下调至1.9%。民主党在美国中期选举夺回了众议院控制权，特朗普继续加码财政刺激的政策将受到掣肘，美国经济增长和通胀回升的动能可能趋弱，给美联储加息前景带来一定变数。虽然美国经济复苏势头也可能趋缓，但与欧元区相比，仍将有相对较好表现。2018年9月议息会议上，美联储上调了2018—2019年两年美国经济增速预期值，将2019由2.4%提高至2.5%。美国在货币正常化方面也遥遥领先于欧元区。自2015年12月美联储开启本轮加息周期以来，截至2018年10月已加息8次，并于2017年10月正式启动"缩表"进程，2019年可能再加息2~3次。与之相比欧元区2018年年底才刚结束购债计划，首次加息时间最早也要到2019年夏天结束之后。

展望2019年，我国外汇运行面临的风险因素有增无减。一是美元相对强势与美联储进一步加息将继续冲击金融脆弱性高的新兴市场国家，2019年新兴市场仍可能出现新一轮金融动荡，并出现溢出和传染效应。二是中美经济周期、金融周期不同步带来的两国经济表现差异和货币政策走向分化将持续。截至 2018 年 10 月 31 日，中美之间长期利差（10 年期国债收益率）已收窄至 0.36 个百分点，比上年末下降 1.12 个百分点，未来仍可能进一步收窄。基本面、政策面和利差因素均使人民币存在贬值压力。三是中美贸易摩擦升级冲击我国国际收支稳定。中美贸易摩擦主要通过信心和预期渠道、贸易渠道和资本渠道对我国国际收支产生影响。这三个渠道之间还会相互影响和彼此强化。2018 年前三季度，我国经常账户逆差 128 亿美元。这是 1998 年有季度统计数据以来的首次逆差。在中美贸易摩擦压力下，加之我国政府积极推动扩大进口促进对外贸易平衡发展，未来经常账户仍可能出现小幅逆差。经常账户持续转为逆差将对市场信心和预期产生较大冲击，加剧跨境资金流出压力。

4. 货币政策放松空间及宽松效用难以有效释放

我国货币政策工具在宽松方面看似还有较大空间。例如，截至 2018 年 10 月，大型和中小型存款类金融机构存款准备金率分别为 14.5% 和 12.5%，而历史最低水平为 6%。9 月份同业拆借加权平均利率为 2.59%，质押式回购加权平均利率为 2.6%，2001 年以来月度最低值均为 0.84%，货币市场利率也有较大余地被引导走低。但美联储收紧货币政策、中美利差收窄、人民币汇率贬值和跨境资金流出压力、"稳杠杆"的要求以及房地产市场泡沫等因素使货币政策宽松空间受到挤压。一方面，受制于汇率稳定、资本自由流动和独立的货币政策中只能三者选其二的"不可能三角"，2019 年人民币贬值和跨境资金持续承压，我国货币政策独立性将受到影响。在美联储进一步加息和缩表的情况下，为防止中美利差过度收缩甚至出现倒挂加剧人民币贬值压力，央行不宜引导市场利率显著走低。另一方面，金融调控既面临去杠杆的供给侧结构性改革长期要求，也面临防范和化解重大风险这一"三大攻坚战"中期任务，还面临防止经济过快下行的"稳增长"短期需要。2019 年货币政策需在三重目标和矛盾中寻求平衡，宽松空间相应受到制约。

货币政策效用的有效发挥依赖于传导机制。在经济增长下行、金融风险上行阶段，因金融机构风险偏好下降、企业预期趋差，宽松的政策难以有效传导是实践中普遍存在的问题。尤其是我国经济金融目前均处于转型发展阶段，经济结构调整和金融规制、有序发展使房地产市场难以再充当信用扩张的发力点，也使表外融资和地方隐性举债等旧的信用扩张模式难以为继，货币政策传导更为困难。

三、2019 年金融调控政策建议

面对错综复杂的内外部环境，金融调控要切实落实中共中央政治局会议提出的"稳就业、稳金融、稳外贸、稳外资、稳投资、稳预期"方针，积极防范外部冲击与内部压力共振可能引发的经济明显减速与风险过快释放。处理好稳增长和防风险的平衡，处理好稳增长与去杠杆、强监管的关系，聚焦进一步深化供给侧结构性改革，在防范和处置金融风险隐患的同时，支持宏观经济在合理区间平稳运行。

1. 在"稳增长和防风险"间取得平衡，根据形势变化积极预调微调

货币政策坚持稳健中性的基调，适时适度向宽松方向微调。数量调控要做到"松紧适度"，把好货币供给总闸门，保持银行间流动性平稳充裕。根据外汇占款增长情况和银行流动性需求变化，结合使用进一步下调法定存款准备金率、公开市场操作和中期借贷便利（MLF）等数量手段，加强短期流动性管理，增加中长期流动性投放。利率调控要增强政策独立性，央行政策利率调整可与美联储加息短期"脱钩"。为避免社会资金成本持续上升威胁到"稳增长"和"控风险"，尽量避免跟随美联储加息而上调逆回购操作等政策利率，保持货币市场利率稳定在较低水平。

2. 合理把握金融去杠杆、严监管的力度和节奏

作为三大攻坚战之首，防范化解重大风险的任务依然紧迫，去杠杆是个长期过程，不可松懈。但也要看到，我国高杠杆风险的形成具有长期性，去杠杆与金融风险的处置不能过于急切，要从全局统筹考虑、协调推进、久久为功，谨防在处置风险过程中发生新风险。金融去杠杆正逐渐步入"深水区"，未来仍要保持一定的强监管政策定力，但具体执行中要更为谨慎，充分考虑机构和市场的承受能力，更为注重各项政策之间的协调和配合，以经常的"小震"释放压力，避免出现严重的"大震"。

3. 重点疏通货币政策传导机制，实现调控效果有效翻译

短期来看，应通过货币政策与宏观审慎政策、金融监管政策、财政政策、产业政策、区域政策等之间的协调和配合，通过"几家抬"形成合力，实现政策效用的有效传导。针对民营企业和小微企业融资中的堵点、梗阻等问题，切实采取有针对性的措施，切实解决政策传导"上热下冷"的问题。充分发挥国家融资担保基金和地方政府性融资担保、民营企业债券融资支持工具的引导和撬动作用，通过提高考核权重和健全尽职免责和容错纠错机制，鼓励和引导银行加大对民营企业和中小微企业的贷款支持。长期来看，要通过深化金融、财税、国企改革，加快建立房地产调控长效机制，从体制机制上疏通货币政策传导。

4. 金融调控要定向发力，强调差异化对待

在实体经济盈利状况欠佳、缺少投资机会的情况下，货币政策宽松更容易推升房地产等资产价格并激励金融体系重新加杠杆。为此，要坚持不搞"大水漫灌"式强刺激,货币政策与宏观审慎政策、监管政策相结合,顺应结构性去杠杆的要求,采取"定向滴灌"的差异化操作。将下调人民币法定存款准备金率与引导金融机构将降准资金用于支持中小微企业、民营企业、市场化债转股等相结合,实行定向降准。对暂时遇到经营困难,但产品有市场、项目有发展前景、技术有市场竞争力的企业,不盲目停贷、压贷、抽贷、断贷,加强对有效益、有市场、有竞争力但发展暂时面临困难企业的融资支持力度。同时,严格控制"两高一剩"行业的贷款,有序退出"僵尸企业",做好差异化购房贷款限贷政策的落地实施。

5. 重视发达国家货币政策正常化外溢效应,保持外汇形势稳定

以美国为首的发达国家货币政策正常化外溢效应使新兴市场国家经济金融脆弱性进一步暴露,国际金融风险隐患增多,增加了外部风险向内部风险转移和传导的可能性。为此,要做好应对人民币汇率贬值和跨境资金流出的政策预案。在金融市场扩大对外开放的情况下,适度增强人民币汇率浮动弹性,为维护货币政策独立性创造条件。同时,密切关注国际形势变化对资本流动的影响,充分运用逆周期宏观审慎管理措施,保持人民币汇率稳定在合理均衡水平,坚持"扩流入、控流出、稳预期、防风险"的工作思路,积极维护外汇形势稳定。

09　严控盯市负债融资，保障股市平稳运行

徐平生*

摘要：场外配资、伞形信托和券商融资融券等杠杆资金造成2015年我国股市大起大落。股票质押融资大规模爆仓平仓风险导致2018年10月份我国股市在低位非理性下跌。这两次股市下跌的关键在于，基于上市公司股票、采取逐日盯市风险控制机制的负债融资大规模增长后，可能形成"股市下跌-股票被动平仓-股市下跌幅度扩大-股票被动平仓压力提高"的负反馈放大效应。为了防范基于上市公司股票负债融资可能诱发的系统性金融风险，必须控制杠杆资金融资规模或者取消逐日盯市的风险控制机制。

关键词：逐日盯市　股票质押　杠杆资金　平仓　监管

2018年国庆节后，我国股市低位出现破位大幅下跌，固然有外围股市大幅震荡的不利影响，但券商融资融券和上市公司股权质押面临大规模平仓带来的循环加速效应是本次股市下跌的最根本因素。短短三四年间，基于上市公司股权的负债融资已造成我国A股市场两次大幅波动，在同一个地方接连摔了两跤，必须进行深刻反思。

一、两次基于上市公司股权大规模负债融资的负面影响

1. 2015年杠杆资金导致A股市场大起大落

2014年7月至2015年6月我国A股市场出现大幅上涨。受2014年6月货币政策超预期宽松的激发，2014年7月22日A股市场行情启动，随后在货币政策持续宽松、改革预期、融资杠杆资金等因素的推动下，沪深两市A股市场出现持续快速上涨行情，在不到一年时间内，A股主要股指最大上涨幅度都超过1.5倍。其中，

---

* 徐平生，硕士研究生，高级经济师，主要研究领域为资本市场、宏观经济。

与2014年7月21日收盘点位相比，上证综指2015年6月12日创出此轮行情高点5 178.19点，最大涨幅达152.04%；深圳成指于2015年6月15日创出此轮行情高点18 211.76点，最大涨幅达150.35%；深圳中小板指数最大涨幅达158.01%，创业板指数最大涨幅达208.96%。当时，我国A股市场已是全球第二大市场，如此规模的市场在如此短的时间内出现如此幅度的上涨是十分罕见的。

急剧膨胀的杠杆资金是当时推动市场行情快速上涨的最大推手。随着行情的启动，在赚钱效应的刺激下，银行资金通过券商融资业务、伞形信托、场外配资、股权质押、分级基金等途径以杠杆形式进入股市。2015年上半年我国A股市场杠杆率已达极致水平。从具有明确统计数据的券商融资融券业务中融资规模变化看，2015年6月18日沪深两市券商融资融券业务中融资余额创下最高规模，高达22 666.35亿元，比上年底增加达12 492.62亿元，当日融资规模占沪深两市A股总市值的比例达3.4%，但是考虑到我国A股市场实际流通市值占总市值的比例仅在40%左右，那么券商融资规模最高时占流通市值的比率高达8.5%！从全球市场来看，根据麦格理银行按流通市值的统计，台湾股市的杠杆率一般在1.4%左右、美国在2.5%左右，日本在0.8%左右。即使在过去30年的时间范围内，最高也只有台湾创下过6%的杠杆率最高水平，随后就是台湾股市的大崩盘。不仅如此，我国还存在规模庞大的场外配资、伞形信托和股权质押等融资方式，杠杆资金规模还要超过券商融资融券中融资规模。其中，据证券业协会调研了解，当时的场外配资活动主要通过恒生公司HOMS系统、上海铭创和同花顺系统接入证券公司进行，2015年6月底三个系统接入的客户资产规模合计近5 000亿元，其中HOMS系统约4 400亿元，上海铭创约360亿元，同花顺约60亿元。这还是场外配资已经经过相当幅度平仓，接入账户减少过半后的数据。根据不同券商的调研和估算，高峰时，我国场外配资规模应该超过1万亿元。股权质押方面，根据有关统计，银行股权质押和券商股权质押规模分别都在7 000亿元左右，这些资金也有相当部分进入股票市场。伞形信托规模方面，根据有关数据分析，总资金规模在7 000亿元左右。分级基金方面，2015年上半年我国A股市场分级基金规模快速膨胀，高峰时总份额超过4 000亿份，总资金高达6 000亿元。从以上几项数据可知，2015年上半年我国A股市场杠杆资金最大规模超过4万亿元，那么从有效流通市值角度看，我国股市实际杠杆率最高水平远远超过10%，已达近20%的恐怖水平。

行情逆转后杠杆资金盯市平仓的负反馈放大效应导致市场行情急剧下跌。为了保证杠杆资金中债权的安全，杠杆资金一般都设置了警戒线、平仓线等控制指标，一旦实际指标低于强制平仓线，强制平仓机制就会启动。具体来看，场外配资方面，对1∶4或者1∶5配资账户，其预警线多设在110%~113%，止损线设在104%~

108%的水平;伞形信托方面,对不同的融资比例设有不同的预警线和止损线,如有的产品1:2融资比例,预警线为90%左右,止损线为85%左右;券商融资融券业务中融资的警戒线一般在170%左右,平仓线一般在130%左右;分级基金的初始杠杆比例一般为2倍,分级B的净值低于0.25时即启动不定期下折折算机制,分级A折算成母基金后一般都会有大规模赎回。在杠杆资金采取盯市的强制平仓机制背景下,一旦市场行情逆转,资金争相离场的踩踏效应恐将难以避免。管理层显然也在一定程度上意识到了杠杆资金蕴含的风险,并开始采取一定措施企图抑制杠杆资金的膨胀。2015年1月,随着大盘指数的走高,市场传言部分地方证监局叫停伞形信托,部分银行降低伞形信托杠杆比率;2015年2月初,证监会发文,强调严格坚持两融开户50万元资产门槛,以及不得向开户不足半年的客户融资融券;2015年2月6日以来,市场传言证监会证券基金机构监管部下发文件,禁止证券公司通过代销伞形信托、P2P平台、自主开发相关融资服务系统等形式,为客户与他人、客户与客户之间的融资融券活动提供任何便利和服务;2015年4月17日,证监会主席助理张育军对券商两融业务提出七点要求,明确券商不得以任何形式参与场外股票配资、伞形信托等活动,不得为场外股票配资、伞形信托提供数据端口等服务或便利;2015年6月13日,证监会下发《关于加强证券公司信息系统外部接入管理的通知》《证券公司外部接入信息系统评估认证规范》,要求各证券公司不得通过网上证券交易接口为任何机构和个人开展场外配资活动、非法证券业务提供便利,要求证券公司对外部接入进行自查,各地证监局对自查情况进行核实,要求中国证券业协会制定证券公司信息系统外部接入的规范标准等。可以看出,此轮牛市中期以来,监管就开始采用各种方法围剿伞形信托、场外配资等杠杆资金,但在巨大的赚钱效应下,市场各主体非理性集体狂奔,政策所取得的效果甚微。面对飙升的股票指数和杠杆资金规模,为了抑制风险,监管不得不一次次升级监管措施直至最后痛下杀手。市场行情一旦逆转,杠杆资金次第平仓的负反馈放大效应就像雪崩一样无力回天。市场下跌-高杠杆配资资金爆仓-强制平仓-跌幅扩大-伞形信托强制平仓……,杠杆资金按照杠杆高低从场外配资、伞形信托到券商融资风险依次暴露。据调研分析,超万亿的场外配资被强制平仓规模超过90%,伞形信托被强制平仓规模超过30%。与此同时,上证综指从6月15日开始下跌,短短17个交易日即下跌至低点3 373.54,在强力的救市政策下才止跌回升,最大跌幅达34.9%。

2. 2018年10月股票质押面临大规模平仓导致A股低位大幅下跌

股票质押规模持续扩大。股票质押是指出质人(公司股东)以其所持有的股票作为质押物向质权人(券商、银行等)融入资金,按约定条件支付本息,若股票价格变动不符合约定条件或出质人到期不能履行债务时,质权人可依照约定将质押的股票进行处置，并就其所得优先受偿的融资行为。从个例看，股票质押对出质人具有程序便捷、资金到位快、不影响控股地位、期限灵活、融资规模可调整、资金运用灵活等多项优点，对质权人具有通过履行标的证券逐日盯市动态跟踪、履约保障比例设置等措施风险可控等优点，近几年我国股票质押规模持续快速扩大。2013年前，股票质押主要以场外为主，银行与信托是主要的资金融出机构。2013年，证监会正式推出股票质押式回购业务后，以券商为主导地位的场内股票质押因标准化、审批效率高、违约易处置、风险相对低等优势，规模迅速扩大，逐渐成为股票质押的主要模式。据统计，2014—2017年，历年年末我国A股上市公司股东股票质押市值分别为2.58万亿、4.93万亿、5.44万亿和6.15万亿元人民币。2018年，在A股行情大幅下跌的背景下，股票质押市值节节下降，2018年11月7日，股票质押市值大幅下降至4.6万亿。但是，由于面临平仓导致补充质押等因素，A股上市公司股权质押比例仍在持续提高，2018年11月2日A股上市公司被股票质押股票数量达6 456.89亿股，占A股总股本的比例达10.05%。

A股市场股票质押风险加速浮出水面。A股市场股票质押风险主要体现在两个方面。一是存量股票质押到期解押还本付息压力较大。据统计，从到期规模来看，股票质押约定到期期限主要集中在2018年及2019年，其中2018年四季度和2019年上半年，上市公司分别将面临0.58万亿元和0.85万亿元的解质押压力，其后到期规模逐渐下降。目前来看，到期解押压力可通过展期、循环解押质押等方式化解，总体风险仍可控。二是股票价格大幅下跌带来的补充抵押或强制平仓风险。当前大规模股票抵押的平仓风险已成为我国A股市场最大的风险。2018年以来，叠加去杠杆、宏观经济面临减速压力、中美贸易战不断激化等不利影响，A股市场行情持续下跌，量变引起质变，股票质押平仓风险逐步显现，而2018年10月份在外围市场剧烈调整的诱发下，市场产生了股票质押平仓风险将急剧扩大的预期，在预期自我实现机制作用下，A股市场大幅下跌，股票质押爆仓平仓风险充分显露出来。

二、两次基于上市公司股权大规模负债融资的深刻教训

1. 盯市负债融资具有巨大风险

考察这两次基于上市公司股权的大规模负债融资，可以发现，其负债的显著特点是，股票是融资的最根本保障，债权人基本不关注债务人的其他履约还款能力，通过设置警戒线、平仓线等控制指标，进行逐日盯市，一旦股票等质押物市值低于相应指标即启动相应机制，直至直接在二级市场进行强制平仓卖出股票偿还债务。其中，逐日盯市是最为显著的特征。但是，这种表面上低风险的融资方式蕴含着巨

大风险。

首先，对债务人而言，简单便利的融资条件在便利其融资的同时，也将其置于危险的境地：由于股市行情变化的快速性，其债务面临随时需要偿还的压力，即使其债务在长期具有经济可行性，短期内的现金流短缺将会令其面临丧失质押股权的巨大风险。这种风险在上市公司股东进行股权质押时体现得尤为显著。上市公司股东利用上市公司股权进行股票质押融资，所融资金进行实业项目投资，实业项目的现金流是有其自身特点的，而盯市风险控制则使上市公司股东面临随时需要偿债的可能，其结果就是期限错配，最终不得不通过平仓偿债，丧失了公司的股权，严重时还可能导致上市公司控制权易手。

其次，对债权人而言，当整体平仓规模较大或市场预见面临股票平仓偿债压力时，上市公司股价很可能会快速下跌，且市场流动性可能缺失，质押的股票价值将大幅缩水并可能面临变现困境，从而遭受巨额损失，并可能使机构自身的安全性受到威胁。

最后，对股票市场运行而言，如果盯市负债融资规模巨大，当市场下跌时，可能产生股价下跌→平仓被动卖出股票→股价进一步下跌→平仓被动卖出压力扩大的链式反应机制，在这种负反馈放大效应的推动下，股票市场将会出现脱离基本面的非理性急剧下跌，甚至可能会诱发系统性金融风险。

2. 合成谬误应得到足够重视

合成谬误是著名经济学家萨缪尔森提出的经济学概念，即微观个体上是对的东西，在宏观集体上并不总是对的，有时甚至是完全相反的。如"公地悲剧""囚徒困境""集体行动的逻辑"等都集中揭示了个体选择的理性决策反映到集合决策的结果却是非理性的。基于上市公司股票盯市负债融资的场外配资、伞形信托和券商融资融券等股市杠杆资金和上市公司股票质押分别导致了A股市场非理性大幅下跌正是合成谬误的完美展现。银行、信托、券商等金融机构在设计、运营股市杠杆资金和股票质押产品时，通过质押率、警戒线、平仓线等风险控制指标的设计，在股市流动性充沛和逐日盯市机制的风险控制机制监控下，与实业业务相比，这些业务具有简单便捷、成本低廉、风险可控等突出优点，导致金融机构争相介入抢夺并大力发展。正常情况下个别操作确实运作流畅、风险可控，但业务规模膨胀后集体运作就呈现出与正常情况完全相反的状况：各个机构同时卖出平仓，就很可能会出现拥挤交易，股票价格大幅下跌，甚至持续跌停，卖出平仓实现风险控制目标就根本无法实现。2015年7月股灾时持续千股跌停、2018年不时出现的A股上市公司股价"闪崩"和2018年10月A股市场低位大幅非理性下跌正是合成谬误的完美展现。

3. 金融监管不协调，监管能力需要加强

这两次基于上市公司股权盯市负债融资导致 A 股市场大幅波动，反映到金融监管上，金融监管不协调、监管能力不足的缺陷暴露无遗。首先，金融混业经营日益深化和分业监管的冲突日益激化。其次，监管能力也存在不足。不可否认，无论是 2015 年的场外配资、伞形信托和券商融资融券业务等股市杠杆资金，还是当前的股票质押融资，监管层都意识到一定的风险，也及时出台了一些措施，但对逐日盯市的风险控制机制这一最关键核心一直并没有足够重视。逐日盯市的风控机制问题不解决，一旦规模上去以后，合成谬误的结果一定会出现，基于上市公司股票实行逐日盯市风险控制的杠杆资金和股票质押等融资行为导致股票市场大幅波动甚至诱发系统性金融风险的危机将始终存在。

三、严控盯市负债融资，保障股票市场平稳运行

1. 严控盯市负债融资

对于基于上市公司股票的负债融资行为，要降低其风险，要么控制其规模，要么取消逐日盯市的风险控制机制。针对不同的融资目的，可以区别施策：对于伞形信托券商融资融券中的融资业务等直接投资于股票市场的杠杆资金，必须直接控制其规模，允许其采取逐日盯市的风险控制机制。股票市场的价值基石在于上市公司，长期整体来看，杠杆资金只会加大市场波动，并不能提高股票市场的价值，必须限制其规模膨胀。

对于上市公司主要股东利用上市公司股票进行质押融资，获取资金运用于实体经济，必须取消逐日盯市的风险控制机制。这样，对出质人而言，其所融资金具有明确的付息还本期限，可以和实业项目的现金流进行期限匹配；对质权人而言，迫使其必须关注出质人的第一还款来源，质押的股票只是融资合同的补充，为债权提供的一定保障，而不能仅仅只根据上市公司股票和质押率等几个简单的因素就简单粗放地融出巨额资金；对股票市场而言，即使部分股票质押出现问题，需要通过股票平仓来偿还融资，由于没有逐日盯市风控机制激发的被动平仓形成的负反馈放大效应，负债形成坏账的有限性和借款期限明确形成的股票平仓时间均衡性等将使某个时间点股票平仓规模极为有限，很难对股票市场行情形成较大冲击，更难以形成系统性金融风险。

2. 重构金融监管体系，提高金融监管能力

变机构监管为行为监管和金融品种的属性监管。随着金融混业化经营的不断加

深,建立全国统一的证券大市场,按照市场性质、产品属性和机构行为来决定监管范围和相关法规的适用范围是基本趋势,只有这样才能确保监管不留死角和夹缝。

在监管合作方式上,必须从过去各部门的分立监管变为联立监管。人行、银保、证监等监管机构必须统一协调,明确监管机构之间的定位、分工和协作,重点监管跨领域跨市场跨行业的金融产品和金融行为,实现宏观审慎监管、微观审慎监管等目的。

充分重视合成谬误,大力提高金融监管能力。当前我国金融监管的法律法规规章制度基本侧重于规范金融机构等主体的个体行为,对个体行为集合的整体行为极少考虑,因而对系统性风险的认识和预见极为缺乏。因此,在未来的金融监管中,必须充分重视、考虑合成谬误因素,在政策制定上进行模拟仿真测试,努力提高对宏观风险的认识和预见,防患于未然。

3. 建立健全股票市场运行稳定机制

第一,完善市场做空机制,使多空机制相匹配。充分利用国有上市公司大股东、ETF基金等持有的长期可流通无交易需求的股票,通过股票转融通机制,大力扩大转融通可融规模,在市场非理性上涨时自动扩大融券规模,从而抑制市场行情非理性发展。第二,根据市场估值水平等指标变化情况,建立完善券商融资融券等保证金交易的保证金比例、账户持仓集中度等指标的自动调节制度。第三,建立股市平准基金。通过划拨国有股、安排人民银行借贷便利等措施设立相当规模的股市平准基金。一方面,一旦市场非理性上涨,平准基金可以减持国有股,既可以直接从市场抽离资金,又可以向市场传递导向性信号,从而在一定程度上抑制市场行情的非理性上涨,并且所得资金将可以在此后的非理性下跌中入市购股以稳定市场,从而抑制市场波动;另一方面,当市场非理性下跌、严重低于公司正常估值水平时,平准基金直接入市购买股票,推动市场平稳运行。

10　2018年国际收支形势分析及2019年展望

范　洋[*]

摘要：2018年前三季度国际收支维持基本平衡，经常账户累计逆差，非储备性质金融账户由顺转逆，储备资产累计小幅增长但三季度小幅减少。短期跨境资金流动受汇率贬值影响波动较大，但企业外汇配置行为仍然比较理性，基础国际收支交易资金流动放缓且结构有所改变。预计2019年国际收支平衡面临风险。全球经济增长下行风险加大，主要经济体走势分化，人民币汇率承压，经常账户顺差空间缩小且有可能出现逆差，资本账户跨境资金流动仍现波动，储备资产可能继续减少。建议大力促进服务贸易发展，缩小服务贸易逆差，引导企业适应双向汇率波动，完善跨境资本流动管理体系。

关键词：国际收支　顺差　资本流动

一、2018年前三季度国际收支基本平衡

前三季度，国际收支经常账户与非储备性质金融账户顺逆交替，基本平衡。截至第三季度，经常账户累计逆差128亿美元，非储备性质金融账户累计顺差1 100亿美元；国际收支口径的储备资产累计增加471亿美元。

（一）经常账户由逆转顺[1]

一季度，经常账户自1998年有季度记录以来首次出现逆差341亿美元，二、三

---

[*] 范洋，管理学博士，国家信息中心经济预测部助理研究员，研究方向为开放宏观经济学、应用时间序列分析、数据挖掘。

[1] 本小节贸易数据为国际收支统计口径。该口径与海关口径的主要差异在于：一是国际收支中的货物只记录所有权发生了转移的货物（如一般贸易、进料加工贸易等贸易方式的货物），所有权未发生转移的货物（如来料加工或出料加工贸易）不纳入货物统计，而纳入服务贸易统计；二是计价方面，国际收支统计从海关进口货值中调出国际运费支出，并纳入服务贸易统计；三是补充部分进出口退运等数据；四是补充了海关未统计的转手买卖下的货物净出口数据。

季度转为顺差并逐季回升,但顺差规模很小,分别为53亿美元和160亿美元。

货物贸易保持顺差,但顺差规模缩小。一至三季度,国际收支口径的货物贸易顺差分别比去年同期下降37%、21%和16%。

服务贸易延续逆差,逆差规模继续扩大。一至三季度,服务贸易逆差规模逐季扩大,分别为736亿、737亿及822亿美元,分别比去年同期上升16.1%、1.4%和19.1%。

初次收入[1]逆差扩大。前三季度,初次收入项下逆差292亿美元,同比增长64%。

二次收入仍呈现逆差。前三季度,二次收入项下逆差102亿美元,同比增长9.7%(见图1)。

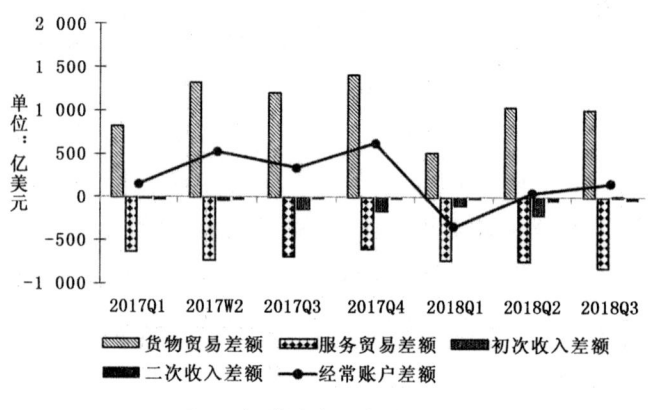

图1 经常账户收支情况[2]

(二)非储备性质金融账户由顺转逆

前三季度,非储备性质金融账户顺差367亿美元,虽然仍然总体呈现顺差,但比去年同期顺差1 121亿美元减少了2/3。其中,一季度顺差989亿美元,二季度顺差300亿美元,三季度逆差188亿美元,顺差规模逐季减少,至三季度转为逆差。

上半年,直接投资、证券投资、其他投资等对外资产(非储备性质的金融账户资产端)累计净增加1 652亿美元,同比增加23%,境内主体加大了境外资产配置规模;境外主体来华各类投资(非储备性质的金融账户负债端)累计净流入2 940亿美元,同比增加45.5%,外资流入规模仍然较大。

1. 直接投资[3]恢复较大规模顺差

上半年直接投资顺差(国际收支统计口径)798亿美元,比去年同期增长3.7

---

[1] 国际货币基金组织《国际收支和国际投资头寸手册》(BPM6)将经常项下的"收益"名称改为"初次收入",将"经常转移"名称改为"二次收入"。

[2] 2018年三季度为初步数。

[3] 本小节直接投资数据为国际收支口径。该口径与商务部公布数据的主要差异在于,国际收支统计中还包括了外商投资企业的未分配利润、已分配未汇出利润、盈余公积、股东贷款、金融机构吸收外资、非居民购买不动产等内容。

倍。其中，直接投资资产净增加（我国对外直接投资）458亿美元，同比增长11.4%；直接投资负债净增加（外国来华直接投资）1 256亿美元，比去年同期增长1.3倍。

2. 证券投资顺差扩大

上半年，证券投资顺差713亿美元，而去年同期为逆差195亿美元。其中一季度顺差103亿美元，二季度则大幅增长至610亿美元。一季度，证券投资资产净增加（我国对外证券投资净流出）335亿美元，证券投资负债净增加（境外对我国证券投资净流入）438亿美元，流入流出规模相似；二季度，证券投资资产净增加（我国对外证券投资净流出）大幅下降至38亿美元，而证券投资负债净增加（境外对我国证券投资净流入）增加值652亿美元。

3. 其他投资由顺差转为逆差

上半年，其他投资逆差203亿美元，而上年同期则为顺差732亿美元。其中，其他投资资产净增加（我国对外其他投资净流出）803亿美元，同比增长49.8%；其他投资负债净增加（境外对我国其他投资净流入）600亿美元，同比减少52.6%。如图2所示。

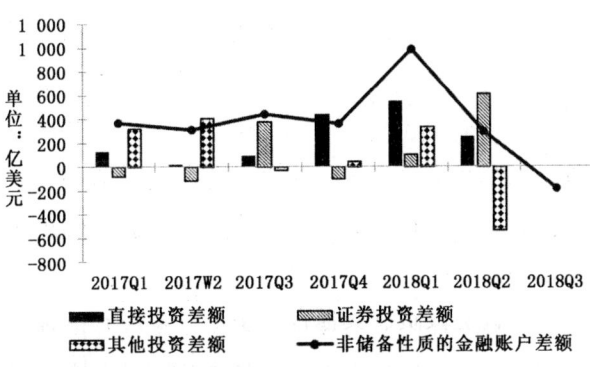

图2　非储备性质的资本和金融账户收支情况[1]

（三）储备资产[2]累计小幅增长

前三季度，我国交易形成的储备资产增加471亿美元，其中，一、二季度分别增加262亿、239亿美元，三季度则减少30亿美元。

---

［1］　2018年三季度为初步数。
［2］　本小节储备资产数据为国际收支平衡表中的外汇储备资产变动。它与外汇储备余额变动的差异在于，外汇储备余额变动，除国际收支口径的外汇储备资产变动外，还包括价格、汇率等非交易因素引起的储备价值变动。这里不考察非交易因素引起的储备价值变动。

二、2018 年国际收支运行评价

1. 经常账户顺差显著缩小

一季度货物贸易虽保持顺差,但顺差规模有所下降;服务贸易逆差继续扩大,导致一季度经常账户首次出现逆差。二、三季度,货物贸易顺差规模减小,服务贸易逆差规模继续扩大,加上国外来华投资收益大量汇回导致初次收入逆差扩大,经常账户顺差规模显著缩小。服务贸易逆差中,运输、旅游逆差仍然占据大部分份额,上半年运输项下逆差共计 321 亿美元,比上年同期增长 22.5%;旅游项下逆差共计 1 202 亿美元,比上年同期增长 2.8%。

2. 短期资金流动波动较大

非储备性质的金融账户中,直接投资和证券投资贡献了较大顺差,而其他投资则转为逆差,短期资金流动总体波动较大。始自二季度的人民币贬值使得市场上流动性较大的短期资金流出规模扩大,二季度其他投资资产端流出规模是一季度的 1.6 倍。从其他投资资产端来看,贷款、货币存款项下资产分别增加 506 亿美元和 608 亿美元,表示我国向境外贷款和支付存款的对外资金净流出共计 1 114 亿美元;信贷余额项下资产余额(即贸易应收和预付余额)下降 127 亿美元,表示贸易信贷下回流资金 127 亿美元;其他形式回流资金 193 亿美元。从负债端来看,贷款、货币存款项下负债分别增加 287 亿美元和 230 亿美元,表示境外资本通过贷款和存款的形式对我国的资本流入共计 518 亿美元;贸易信贷负债净增加 15 亿美元,表示企业偿还贸易应收和预付余额导致的资本流入 15 亿美元。二季度,其他投资资产端逆差环比显著增大,负债端顺差环比显著减小,表明二季度我国资本流出加速,流入则放缓。二季度货币和存款账户的资产端和负债端均现逆差,共计 588 亿美元,我国向境外支付存款导致的对外资金流出规模较大。

3. 企业配置外汇行为仍然比较理性

二季度以来的汇率波动没有改变企业持有外汇资产的意愿。前三季度,结汇率[1]为 66%,比上年同期上升 3 个百分点,其中一、二、三季度分别为 62% 和 70% 和 68%;企业结汇意愿仍然较高。前三季度售汇率[2]为 65%,较上年同期下降 1 个百分点,其中一、二、三季度分别为 64%、63% 和 68%,企业购汇行为比较理性。

---

[1] 客户向银行卖出外汇与客户涉外外汇收入之比,衡量企业及个人结汇意愿。
[2] 客户向银行买入外汇与客户涉外外汇支出之比,衡量企业及个人购汇动机。

4. 基础国际收支交易资金流动放缓且结构有所改变

经常项目和直接投资可视为稳定性较高、与实体经济关系较大的跨境资金流动（即基础国际收支交易），往往有实体经济需求背景，被视为稳定性较高的跨境资金交易。前三季度，经常账户累计为逆差128亿美元。上半年，直接投资项目顺差较去年同期扩大，仍然没有达到几年前同期的规模。基础国际收支交易资金流动承担着稳定国际收支状况的重要职能，是储备资产变动的主要贡献。近两年来，基础国际收支交易资金流动显著放缓，2018年以来，由于经常账户顺差大幅缩减甚至出现逆差，基础国际收支交易对储备资产变动的贡献率大幅减少，如表1所示。另外，2018年以来，经常账户对储备资产变动的贡献严重削弱，不及直接投资对储备资产的贡献。

表1 基础国际收支交易对储备资产变动的贡献（单位：亿美元,%）

	稳定性较高的资本流动						储备资产变动
	经常账户	对储备资产贡献	直接投资	对储备资产贡献	合计	对储备资产贡献	
2001	174	37	374	79	548	116	473
2002	354	47	468	62	822	109	755
2003	431	41	494	47	925	87	1 061
2004	689	36	601	32	1 291	68	1 901
2005	1 324	53	904	36	2 228	89	2 506
2006	2 318	81	1 001	35	2 320	117	2 848
2007	3 532	77	1 391	30	4 923	107	4 607
2008	4 206	88	1 148	24	5 354	112	4 717
2009	2 433	61	872	22	3 304	83	4 003
2010	2 378	50	1 857	39	4 236	90	4 717
2011	1 361	35	2 317	60	3 677	95	3 878
2012	2 154	223	1 763	183	3 916	406	966
2013	1 482	34	2 180	51	3 662	85	4 314
2014	2 360	200	1 450	123	3 810	323	1 178
2015	3 042	-89	681	-20	3 723	-109	-3 429
2016	2 022	-46	-417	9	1 605	-36	-4 437
2017	1 649	180	663	72	2 312	253	915
2018Q1	-341	-130	550	210	209	80	262
2018Q2	53	22	248	104	301	126	239

注：三季度国际收支直接投资数据尚未公布。

三、2019年国际收支平衡风险加大

1. 全球经济增长下行风险加大，主要经济体走势分化

根据国际货币基金组织（IMF）10月发布的《世界经济展望》，2019年全球经济增速预计为3.7%，比此前调低0.2个百分点。美国经济基本面仍较强，但拐点已现。强劲的劳动力市场状况、扩张性财政政策和企业及家庭资产负债表的修复为美国经济提供了内生动力，但高额关税和未来政策不确定性可能拖累经济增长。民主党重夺众议院，对特朗普后续政策形成掣肘，大规模减税和基建计划可能遭遇挫折，关税政策也可能因此有所缓和。根据美国国会办公室（CBO）预计，2019年美国GDP增速为2.4%。日本财政货币政策协调难度大，政策空间较小，预计2019年经济增速维持在1%左右。欧元区方面，美国经济政策、意大利高负债支出计划及英国退欧三大因素威胁欧元区经济增长。

2. 美国货币政策正常化继续，人民币汇率继续承压，但贬值压力可控

11月8日美联储议息会议对劳动力市场的看法较为乐观，对投资的看法转为谨慎，对通胀看法保持不变，并明确指出失业率有所下降。美联储认为，联邦基金利率目标区间的进一步上升与经济活动的持续扩张相一致，其表态暂未将经济恶化预期纳入考虑，并重申渐进加息的路径。预计2019年联储货币政策仍将维持偏紧，美元指数震荡上行。中国货币政策转向边际宽松，中美货币政策分化持续，协调难度增大，中美利差可能进一步收缩，人民币客观上存在贬值压力。但是市场对人民币双向波动信心增强，央行对汇率贬值采取了有效的预期引导和干预措施，人民币兑美元报价逆周期调节因子重启，远期售汇业务外汇准备金率上调，人民人民币贬值压力可控。

3. 贸易战对出口的负面影响将逐渐显现，经常账户可能出现逆差

美国逆全球化行为压低世界经济增速，贸易壁垒对国际投资形成阻碍，国际货物贸易流通放缓，尤其是对我国的惩罚性关税将对我国对美出口产生直接的负面影响。不仅如此，贸易战对全球贸易的负面影响拖累世界其他地区经济增长，我国面临的出口环境有可能全面恶化，货物贸易顺差空间进一步缩小。服务贸易逆差将继续扩大，我国出境游玩消费人数稳定增长，在外学生留学与消费支出也将继续增长。运输项逆差可能因为全球贸易承压而现逆差收窄。知识产权使用费项目逆差逐季递增，随着进出口贸易知识产权法规逐步完善，此项持续增加，且不排除受贸易摩擦

影响而扩大的可能。另外，不排除汇率贬值期间部分资金借道服务贸易伪造虚假单据违规流出，扩大服务贸易逆差。人民币汇率持续面临贬值压力也将使得国外来华投资收益流出增大，初次收入逆差增大。综合来看，预计经常账户顺差将继续压缩，甚至有可能出现逆差。

4. 短期跨境资金流动受汇率影响较大，外汇储备继续减少

预计直接投资项下，国外来华直接投资稳定增长，吸引及利用外资力度继续增大；我国对外直接投资继续健康发展，对外投资便利化水平提升。证券投资项下，对外证券投资继续增加，由于国际投资环境改善，境内主体跨境配置资产证券的需求客观存在，"沪港通"和"基金互认"继续便利居民投资境外证券资产；境外对我国证券投资净流入继续大幅上升，"沪股通""深股通"资金流入将持续大幅增长。其他投资项下，货币和存款、贷款两大项目受汇率影响较大，预计在汇率贬值压力较大期间短期资金流出压力较大。经常账户顺差减小甚至出现逆差，非储备性质金融账户中短期资金流出压力较大，两部分因素使得外汇储备有可能继续减少。

四、对策建议

1. 大力促进服务贸易发展，缩小服务贸易逆差

近年来，服务贸易逆差的高速增长势头是我国国际收支结构改变的重要特征之一，这一问题反映出我国服务业内需的快速扩大和满足人民需求的国内服务业供给相对不足的矛盾。我国服务业对外开放程度较高，但服务业竞争力与开放程度并不匹配。服务业产业结构较为初级，知识、技术性服务相对落后，且对旅游、运输等传统服务贸易领域的发展缺乏足够的重视。目前，我国货物贸易顺差已经缺乏增长空间，而服务贸易逆差却在逐年扩大。要维持一定程度的经常账户顺差，必须重视服务贸易的发展，逐步提升服务贸易服务质量，缩小服务贸易逆差。

2. 健全外汇市场，引导企业适应汇率双向波动

建立健全开放的、有竞争力的外汇市场，进一步引导市场适应汇率双向波动，帮助企业树立正确的汇率避险观念。下半年，中美贸易谈判进程反复，内外部不确定因素较多，人民币汇率将呈现常态化双向波动。汇率波动不仅会影响企业外币和营收成本，而且会通过企业持有的外币资产和负债，使企业产生汇兑损益，影响企业的财务费用支出，给企业带来额外的负担。目前，我国企业的汇率避险措施仍然相对不足，应着力培育一批拥有良好避险意识、理性避险理念和成熟对冲经验的市场主体。随着汇率双向波动的常态化，应大力发展外汇避险市场，丰富避险产品，

提升市场广度和深度，引导市场适应汇率双向波动，为更加市场化的人民币汇率形成机制奠定基础。

3. 完善跨境资本流动的"宏观审慎管理和微观市场监管"两位一体管理体系

完善跨境资本流动的"宏观审慎管理和微观市场监管"两位一体的管理体系，更多采取基于市场的、价格型调节手段来管理资本流动。坚持汇率形成机制向市场化方向改革，扩大汇率双向波动范围，对汇率的贬值和升值要有一定的容忍度，发挥汇率对国际收支平衡的调节作用。以市场化方式落实相关监管要求，遵守已经承诺的国际义务，维护我国对外开放的形象，对合理的资本流动要遵循经常项目可兑换原则，符合规定的资本应允许其自由流动。

11 2018年利用外资回顾和2019年展望

邬 琼*

摘要：2018年，在全球经济复苏分化、中美贸易摩擦升级、新兴市场动荡加剧以及全球外商直接投资增速大幅下滑等情况下，我国利用外资仍保持较快增长，制造业利用外资表现突出，是推动我国外资增长的主要动力。利用外资的区域结构日渐改善，西部地区利用外资规模明显提升，而外资企业在我国外贸中的作用进一步减弱，私营企业已是出口主力军。展望2019年，在面临全球经济复苏动能减弱、贸易投资保护主义形势尚未好转以及国际资本竞争日趋激烈的环境下，我国对外开放水平持续深化，对外开放领域不断拓宽，市场准入门槛逐步降低，国内营商环境日益改善，外商来华投资的便利化程度明显提高，我国对外资的吸引力依旧强劲，利用外资规模将稳步增长。建议继续扩大我国对外开放，补齐国内营商环境的短板，提高利用外资的质量和效益。

关键词：外商直接投资　对外开放　营商环境

一、2018年我国利用外资基本特征

1. 我国外商直接投资稳步增长，利用外资规模位居世界前列

在世界经济同步复苏以及国际贸易回暖的情况下，全球外商直接投资却表现异常低迷，联合国贸易和发展组织最新公布的《2018年世界投资报告》显示，受跨境并购大幅放缓的影响，2017年全球外商直接投资同比下降23%，至1.43万亿美元。其中，与2016年保持稳步增长不同的是，流向发达经济体的资金显著减少，同比下降37%，占全球外商直接投资的比重由2016年的59%降至2017年的49.8%，减少近10个百分点，而流向发展中经济体的资金总体保持稳定，同比增长0.1%。面对

---

* 邬琼，经济学博士，国家信息中心经济预测部助理研究员，主要研究领域为外商直接投资与对外投资、计量经济理论与应用等。

较为严峻的利用外资形势，我国及时出台了多项吸引外资的政策，确保利用外资的稳定增长，2017年我国利用外资规模达1 363.2亿美元，同比增长1.9%，利用外资规模位列全球第二位，排名仅次于美国。进入2018年，随着利用外资政策红利的不断释放以及国内营商环境的改善，我国利用外资增速呈稳步增长态势，截至9月，实际使用外资达979.6亿美元，同比增长6.4%，外商来华开办企业热情高涨，新设立外商投资企业45 922家，与去年同期相比增长近一倍。特别是在全球经济复苏逐步分化、贸易投资保护主义升温、国际金融环境趋紧以及新兴市场动荡加剧的情况下，上半年全球外商直接投资规模仅为4 700亿美元，为2005年以来最低水平，增速更是大幅下降41%，而我国利用外资仍能保持较快增速，从而表明外商对我国投资信心增加，对外商的吸引力依然不减。

2. 利用外资的产业结构分化明显，制造业吸引外资快速增长

从资金流入的产业结构来看，利用外资出现明显的分化现象，这种分化不仅存在于各产业之间，即便在产业内部，不同行业利用外资也存在较大的差异性。其中，第三产业依然是外资流入的主要领域，截至9月，第三产业实际使用外资616.9亿美元，同比增长5%，占利用外资总规模的63%。然而推动第三产业稳步增长的动能发生了明显的转变，除租赁和商务服务业外，去年同期以信息传输、计算机服务和软件业、科学研究、技术服务和地质勘查业等带动外资增长的行业，在2018年普遍增长动能不足，分别增长-6.7%和-10.8%。与之相对的是，在进一步扩大金融业开放后，我国金融业利用外资保持高速增长态势，利用外资规模已达66.4亿美元，同比增长9.6%。此外，外商2018年加快了对我国房地产市场的布局，房地产业利用外资也由此扭转了过去三年增长的颓势，利用外资规模达157.1亿美元，同比增长32.9%，占利用外资总规模的比重已升至16%，较去年同期上升3.2个百分点。金融业和房地产业已成为推动第三产业利用外资增长的新动力。第二产业利用外资呈较快增长态势，利用外资规模达357.3亿美元，同比增长11%。而随着我国制造业对外开放的日益深化，制造业吸引外资快速增长，利用外资规模达304.5亿美元，同比增长13.2%，占利用外资总规模的31.1%，与去年同期相比上升1.9个百分点，是支撑第二产业利用外资增长的主要动力。制造业利用外资的结构呈逐步优化态势，特别是外商在制造业领域的布局已由最初的开拓产品市场向搭建创新平台、提升自动化水平等高端制造业转变，高技术制造业利用外资规模达99.6亿美元，同比增长26.3%，高技术制造业占制造业的比重进一步升至32.7%，其中，电子及通信设备制造业、计算机及办公设备制造业、医疗仪器设备及仪器仪表制造业均表现出强劲增长态势。与第二产业和第三产业形成鲜明对比的是，尽管我国取消或放宽了农业领域的准入限制，但现阶段政策红利并没有在第一产业完全释放，第一产业利用外资增速大幅放缓，利用外资规模仅为 5.2 亿美元，同比下降 30%。

3. 利用外资的区域结构不断改善，西部地区利用外资规模明显提升

从资金流入的区域结构来看，近年来我国加大了支持外商投资中西部地区的力度，特别是 2017 年发布的国发 5 号文、39 号文以及 2018 年国发 19 号中均明确指出，要进一步完善财政和金融支持政策，促进外商对中西部地区的投资，同时新版的《中西部地区外商投资优势产业目录》也对原有的产业目录进行扩充，从而扩大了外商投资中西部地区的产业范围，使中西部地区更好的承接产业转移。而中西部地区相继制订了重点产业招商引资行动计划，并着力改善内部营商环境。受此影响，西部地区利用外资呈较快增长态势，利用外资规模已达 67.1 亿美元，同比增长 21.7%，占利用外资的比重已升至 6.8%，较去年同期上升近 1 个百分点。随着西部地区利用外资的快速增长，我国利用外资区域不平衡的现象有所改善。

4. 外商投资企业对外贸的作用进一步减弱，私营企业已是出口主力军

从外商投资企业在我国进出口贸易中的作用来看，部分外企加大了对国内市场的开拓力度，特别是为了对冲中美贸易摩擦带来的负面影响，部分外企已开始深化国内市场的开发，提供更符合我国国情的产品。与此同时，部分处于完全竞争市场的外企，考虑到我国生产要素成本上升等问题，也开始重新调整全球战略布局，将生产线转移至周边更具比较优势的国家。而在经过多年的资本、技术、人力等要素积累后，我国在原本不具有比较优势的产品中展现出了竞争优势，由此挤占了外资企业的出口份额。截至 9 月，虽然外企仍主导着我国进出口贸易，但对我国进出口增长的带动作用逐渐减弱，外商投资企业进出口总值达 14 618 亿美元，同比增长 10.3%，增幅低于我国平均水平，占我国进出口总值的比重为 42.6%，较去年同期下降 2.1 个百分点。其中，外商投资企业出口额 7 587 亿美元，占我国出口总额的 41.5%，较去年同期下降 1.4 个百分点。而私营企业对外贸的促进作用不断增强，其中私营企业已占到我国进出口总值的 37.6%，较去年同期上升近 1 个百分点，私营企业占我国出口份额更是高达 45.7%，已超过外企，成为推动我国出口增长的主要力量。

二、2019 年利用外资趋势展望

在全球经济复苏动能不足、中美贸易摩擦升级以及国际资本竞争日趋激烈的情况下，我国对外开放水平持续深化，对外开放领域不断拓宽，市场准入门槛逐步降低，国内营商环境日益改善，外商来华投资的便利化程度明显提高，制度性交易成本逐渐降低,随着促进利用外资政策的落地,利用外资的政策红利将持续释放,我国对外资的吸引力依旧强劲。综合判断,2019 年我国利用外资将平稳增长,全年预计增长 3% 左右。

1. 促进利用外资增长的因素

(1) 我国对外开放水平持续提升。

为推动形成我国全面开放新格局,自 2017 年发布国发 5 号文和 39 号文后,我国于 2018 年又发布了国发 19 号文,明确强调要大幅放宽市场准入限制,扩大服务业特别是金融业的对外开放,从而稳步提升外商投资的自由化水平。而 2018 年推出的新版负面清单则进一步明确了我国在农业、制造业以及金融等 22 个领域的开放措施,新版负面清单管理条目已由 2017 年的 63 条减少至 48 条,外商投资的审批范围不断缩小。目前,我国制造业已基本放开,服务业将成为未来我国对外开放的重点领域,服务业对外开放水平将不断深化。此外,作为我国"试验田"、制度创新"高地"的自贸试验区持续探索对外开放的新途径、新方法,形成了多项成功经验并在全国范围内复制和推广,而在海南建设自贸试验区和自由贸易港将我国对外开放水平推向新高度。随着我国对外开放水平的持续深化,外商来华投资的领域逐步扩大,市场准入门槛日益降低,从而强化了我国对外商的吸引力。

(2) 我国营商环境不断改善。

近年来,随着"放管服"改革的深入推进,我国在营商环境方面取得了明显的成效。我国加大了简政放权的力度,行政审批事项大幅减少,其中近五年来国务院部门取消和下放的行政审批比例超过 40%,非行政许可审批彻底终结。同时,我国还进一步优化了审批服务事项,全国正积极推动"马上办、网上办、就近办、一次办"等审批服务改革,外商来华投资的便利化水平不断提高,"审批慢、环节多"等问题得到有效改善,外商在我国的制度性交易成本逐步降低。世界银行发布的《2019 营商环境报告》显示,在全球 190 个经济体的评估中,我国营商环境位于第 46 位,较上年大幅上升 32 位,其中开办企业及获得电力所需时间显著缩短。此外,我国还进一步完善了知识产权保护的相关法律法规,加大了对违法侵权行为的惩罚力度,从而为外商在华创新提供了坚强的保障。

2. 抑制利用外资增长的因素

(1) 全球经济复苏动能不足。

在经历了全球经济同步增长后,2018 年全球经济再度出现分化态势,其中美国由于实行了大规模的减税政策,经济保持强劲增长,而欧元区和日本经济增长相对疲弱,新兴经济体市场动荡加剧,部分新兴市场甚至出现了大幅的汇率波动,并由此推升了债务风险，流入新兴经济体的资本进一步减弱，目前全球经济增长已进入平台期。而在全球贸易保护主义持续升温、不同经济体在财政和金融政策上的分化、地缘政治风险上升等因素的影响下，全球经济增长的不确定性增加，经济下行压力增大。IMF在最新的《世界经济展望》中已下调今明两年全球经济增长预期0.2个百分点至3.7%，这也是IMF自2016年来首次下调全球经济增长预期。全球经济增长动能不足也将带来全球贸易及投资的减弱，联合国贸易和发展组织在《2018年世界投资报告》中预测，2018年全球外商直接投资虽有增长，但增长势头脆弱，增量将低于过去10年的平均水平。全球经济改善步伐放缓将对我国利用外资产生一定的抑制作用。

（2）中美贸易摩擦持续升级。

自2018年3月美国贸易代表办公室发布301调查结果后，美国政府便开始对我国发起贸易战。首先于6月对我国出口美国的500亿美元商品征收25%关税，随后在9月又宣布对另外2 000亿美元产品加征10%的关税，并在2019年1月1日将此部分商品的关税提高至25%，同时还威胁称如果我国采取报复措施，则将对剩余的2 670亿美元产品加征关税。随着我国与美国贸易摩擦的不断升温，对外资企业的影响也开始显现，对于出口非美国家的外资企业影响相对较小，而对于主要出口美国但具有一定定价权的外资企业，其出口产品的替代性较低，将会通过成本转嫁的方式来维持自身的利润，对这些外资企业的短期影响相对有限，但对于那些主要出口美国且没有定价权的企业影响较大，这些外资企业出口的产品由于替代性较高，关税的提高将严重侵蚀企业利润，因此这部分外资企业已开始重新调整在全球的战略布局，有的外资企业甚至已开始将国内的生产线转移至周边国家。中美贸易摩擦的升级加大了我国利用外资的不确定性，不仅将原本来华办厂并服务于美国市场的投资计划受阻，而且也将减少部分在华外资企业的追加投资。

（3）国际引资竞争日趋激烈。

为加强对外资的吸引力，发达经济体通过减税、为外资企业提供资金补贴等措施改善国内营商环境并不断吸引资金流入，其中美国实施了大规模的财政刺激计划，包括降低企业税率等多项措施鼓励海外企业利润回流，进一步加强了国内知识产权的保护；而法国在《2018年财政法案》中也宣布到2022年将企业税率由33.3%降至25%，同时还简化了外资企业的落户程序。新兴经济体，特别是位于我国周边的新兴经济体，在我国与美国摩擦持续升级的情况下，通过放宽外资进入领域、取消外资持股限制、推进投资体制改革、简化外商投资审批流程等措施加大了招商引资力度，部分外商已加快对新兴经济体的布局。

三、政策建议

1. 继续提高我国对外开放水平

适时修订外商投资准入负面清单，在保证国家安全的情况下，进一步缩减负面清单管理条目，降低外商准入门槛，稳妥有序放宽服务业、农业、采矿业等领域的准入限制。稳步推进服务贸易对外开放，提升服务贸易的自由化和便利化水平。积极主动扩大进口，优化我国进口结构，鼓励先进技术设备及关键零部件的进口，适度降低部分商品的进口关税。加大自贸试验区的自主改革权，拓宽改革的领域和范围，更大限度地激发自贸试验区对外开放的创新引领作用，及时将成功经验和模式分领域、分层次在全国范围内复制和推广。

2. 持续改善我国营商环境

继续深化"放管服"改革，精简企业开办流程，压缩建筑许可的环节及时间，加强各部门间流程的协同性，提升外商投资便利化水平，降低外商投资的制度性交易成本。完善知识产权法律保护体系，加大违法侵权行为的惩罚力度，切实保障外商在华的合法权益。确保各类市场主体依法平等进入非限制行业及领域，保障外资企业在政府采购、标准制定等方面的公平待遇，为外商营造良好的公平竞争环境。加快推进财税体制改革，进一步简并增值税税率，扩大所得税优惠范围，适度降低社保费率，减轻企业税费负担。

3. 提高外资使用的质量和效益

优化外商投资的产业结构，加大外资投向高新技术产业、先进制造业、现代农业以及生产性服务业的政策支持力度，合理引导外资进入高附加值领域，扩大外资流入的技术外溢效应。优化外商投资的区域布局，推动外资流向中西部地区，加强中西部地区的国际合作平台建设，充分发挥自贸试验区在中西部地区的引领和辐射作用。进一步支持外商来华设立研发中心，加大高端海外人才的引进力度，提高人才引进的便利化程度，鼓励外资研发成果的本地转化，扩大外资研发的知识溢出效应。

12　2018年对外投资回顾和2019年展望

邬　琼[*]

摘要：2018年，在国际贸易投资保护主义升温、全球外商直接投资大幅下降的情况下，我国对外投资稳步增长，成为众多国家利用外资的主要来源地，而且对外投资已回归理性，布局全球价值链的能力进一步提升，对"一带一路"沿线国家的投资保持快速增长。展望2019年，虽然发达经济体对外商投资监管趋严，我国对中高端领域投资难度加大，融资环境趋紧推升对外投资成本，但随着企业盈利能力的改善、对外投资管理制度的完善以及对外投资合作的深化，我国对外投资将继续保持稳定增长。建议进一步提升对外投资便利化程度，完善对外投资监管体系，加强企业与"一带一路"对接的服务功能。

关键词：对外直接投资　投资合作　"走出去"

一、2018年对外投资的基本特征

1. 对外投资稳步增长，已成为全球对外直接投资大国

在全球经济实现同步增长、国际贸易日趋活跃的情况下，全球外商直接投资并没有随之增长，反而呈现不断下降的趋势，联合国贸发会议公布的《2018世界投资报告》显示，2017年全球外商直接投资流出量下降至1.43万亿美元，同比下降3%，这也是自2016年以来连续两年增长失速。而我国在2016年底加强了对外投资的真实性、合规性监管，对外投资增速大幅下滑，《2017年度中国对外直接投资统计公报》的数据显示，2017年我国对外直接投资1 582.9亿美元，同比下降19.3%。对外直接投资增速虽有放缓，但流量规模依然较高，位居全球第三位，仅低于美国和日本，而存量规模已升至全球第二位，较2016年更是上升了4个位次，存量规模

---

[*] 邬琼，经济学博士，国家信息中心经济预测部助理研究员，主要研究领域为外商直接投资与对外投资、计量经济理论与应用等。

仅低于美国，我国已成为全球对外直接投资的大国。进入2018年，全球经济的持续复苏依然没有带来对外直接投资的改善，特别是美国施行税改后，海外分支机构的留存收益已开始大量回流美国，是造成全球外商直接投资下降的主要因素，联合国贸发会议发布的《全球投资趋势监测报告》显示，2018年上半年，全球外商直接投资额仅为4 700亿美元，较去年同期大幅下降41%，其中美国的收益再投资更是由2017年的1 470亿美元下降至负的2 170亿美元。由于2017年上半年基数较低，我国对外直接投资快速增长，前5月增速一度高达38.5%，但自6月份以来连续出现当月负增长的情况，特别是在外汇储备缩减、人民币贬值以及下半年基数较高等因素的影响下，我国对外直接投资增速逐步趋缓，截至9月，我国非金融类对外直接投资额为820.2亿美元，增速已放缓至5.1%。虽然增长动力有所减弱，但是相较于疲弱的全球外商直接投资，我国已成为支撑全球对外直接投资增长的主要动力。

2. 对外投资回归理性，布局全球价值链的能力进一步提升

我国基建投资的快速增长刺激了钢铁、水泥、煤炭等行业的扩张，而由于经济增速的放缓，部分行业的产能过剩问题越发凸显并于2013年开始逐渐暴露，我国于2015年底开启了供给侧结构性改革，将去产能列为重点工作任务。去产能的推进以及国际大宗商品价格的下跌令我国资源行业对外投资动能趋缓，采矿业对外直接投资的规模大幅下降，已由2013年的248亿美元降至2016年的19.3亿美元，而由于境外企业归还投资主体贷款的增多，2017年流向采矿业的投资出现负值，达-37亿美元，采矿业占对外直接投资存量的比重已由2013年的20%降至2017年的9%。然而随着国际大宗商品价格，特别是国际原油价格的回升，以及国内对天然气等资源的需求量增加，我国资源行业对外直接投资再次回暖，截至9月，采矿业对外直接投资额达79.6亿美元，已超过2016年和2017年全年的投资总额，占对外直接投资流量的比重回升至9.7%，是支撑第二产业对外投资增长的主要动力。

受劳动力成本及环境成本上升、企业税费负担较重等因素的影响，国内制造业，特别是低端制造业加快向海外转移的步伐，同时为进一步开拓海外市场、获得高端技术及先进管理经验，国内企业优化了对国外中高端制造业的布局，制造业对外投资持续增长，2017年对外投资规模达295.1亿美元，同比增长1.6%，其中制造业并购数量高达163起，涉及的并购金额高达607.2亿美元，占总并购规模的50.8%。而随着2018年中美贸易摩擦的不断升级、环保督察趋严、社保缴费压力加大，部分制造业向周边国家转移的意愿进一步加强，受此影响，我国制造业对外投资保持稳步扩张态势，截至9月，制造业对外投资达136.9亿美元，较上年同期增长1.5%。

第三产业依然是我国对外投资的主要领域，占我国对外直接投资的比重高达70%左右，其中租赁和商务服务业保持快速增长，截至9月，租赁和商务服务业对外投资达 269 亿美元，同比增长 7.7%，是推动第三产业对外投资增长的主要因素，占对外投资总额的比重进一步升至 32.8%，较上年同期增加 0.8 个百分点。而在经历了 2017 年高速增长后，批发和零售业投资增速明显放缓，对外投资达 75.5 亿美元，同比下降 8%，占对外投资总额的比重降至 9.2%，较上年同期下降 3 个百分点。尽管房地产及娱乐等行业对国内资本吸引力较大，但是自我国加强对外投资的真实性、合规性审查后，房地产及娱乐等行业的对外投资增速大幅下降，2017 年发布的《关于进一步引导和规范境外投资方向的指导意见》中明确将房地产、体育和娱乐等行业归为限制类行业，从而导致房地产、体育及娱乐等行业的对外投资没有新增项目。在强监管及合理引导境外投资方向后，我国对外投资行为已回归理性。

3. 对外投资的区域分化现象明显，亚洲依然是我国对外投资的主要目的地

我国对外投资区域不平衡的现象尚未改善，投资目的地主要集中于亚洲地区，2017 年对亚洲的直接投资额达 1 100.4 亿美元，虽然增速较 2016 年下降 15.5%，但是由于对拉丁美洲、北美洲等地区的直接投资下降幅度更大，从而导致对亚洲地区投资的比重上升，占总投资额的 69.5%，较 2016 年上升 3.1 个百分点。其中，自"一带一路"倡议提出以来，我国积极推进与"一带一路"沿线国家的投资合作，2017 年对沿线的 57 个国家实施新增投资，投资额达 201.7 亿美元，同比增长 31.5%，占对外投资的比重升至 12.7%，较上年增加近 5 个百分点。进入 2018 年，我国对"一带一路"沿线国家的投资依然保持快速增长态势，截至 9 月，对沿线国家的新增投资达 107.8 亿美元，同比增长 12.3%，占对外投资的比重进一步升至 13.1%。对"一带一路"沿线国家的投资不仅成为我国对外投资的重要区域，同时也成为推动我国对外投资增长的主要动力。而自美国加强了外国投资审查后，我国对北美地区的直接投资大幅放缓，2017 年仅投资 65 亿美元，同比下降 68.1%，北美地区占我国对外投资的比重已降至 4.1%，较上年更是下降 6.3 个百分点。与此同时，我国加强了对欧洲地区的直接投资，对欧洲的投资达 184.6 亿美元，同比增长 72.7%，占对外直接投资的比重升至 11.7%，较上年增加 6.3 个百分点。进入 2018 年，尽管欧洲部分国家加大了外资审查的力度，但欧洲仍是我国对外投资青睐之地，其中前三季度我国对欧洲并购投资额高达 608.1 亿美元，同比增长 58.2%，占我国并购规模的近六成，而对北美地区的投资增速进一步放缓，其中对北美地区的并购投资下降三成以上，我国对发达经济体的投资已由北美地区转向欧洲地区。

二、2019 年对外投资趋势展望

在全球投资保护主义升温、发达经济体对外商投资监管趋严的情况下，我国对发达经济体中高端领域的投资难度加大。同时，由于融资环境的趋紧，我国对外投资成本有所上升。但随着国内企业盈利能力的改善有利于海外投资信心的增加，境外投资管理制度的逐渐完善不仅降低了对外投资政策的不确定性，而且进一步提升了对外投资的便利化程度，对外投资合作的深化以及"一带一路"建设的稳步推进拓展了我国对外投资空间。综合判断，2019 年我国对外投资将稳定增长，预计增长 3% 左右。

1. 抑制对外投资增长的因素

（1）发达经济体对外商投资的监管趋严。

在全球贸易保护主义不断升温的情况下，投资保护主义日渐抬头，发达经济体进一步加强了对外商投资的监管。其中，美国于 8 月中旬颁布了《外国投资风险评估现代化法案》，该法案赋予了美国外商投资委员会（CFIUS）更大的权力，CFIUS 的审查范围也随之拓宽，凡是涉及投资到美国关键基础设施、关键技术或个人敏感信息的公司，不论股权比例是否少于 10% 均要受到 CFIUS 的国家安全评估，同时将审查期限由 30 天进一步延长至 45 天。此外，还要求美国商务部每两年向国会和 CFIUS 提供一份中国对美投资的分析报告。我国对美国企业的投资，特别是对科技领域的并购已越发艰难。而随着我国对欧洲地区投资的快速增长，部分欧洲国家也开始对外商投资制度进行修订，以便加强国家安全审查力度。其中，德国已于 2017 年通过了《对外贸易条例》的修正案，针对非欧盟国家投向国防、关键基础设施建设以及与国家安全有关的科技行业制定了更为严格的审查制度，而在最新的法规草案中计划进一步降低监管门槛，将非欧盟投资者的股权收购申报门槛由 25% 降至 15%。英国也发布了《国家安全和投资》白皮书，明确了要加强政府对外商投资的监管权限。欧洲原本相对宽松的投资环境已开始收紧，未来我国对欧洲部分国家的投资将受到抑制。

（2）对外投资的融资环境趋紧。

随着经济的逐步复苏以及国内物价水平的上升，全球主要经济体央行已纷纷调整货币政策，全球利率水平逐渐向正常化靠拢，其中美国已于 2015 年开启加息周期，将联邦基金利率调升至 2.25% 的水平，预计 2019 年将继续加息三次，届时利率将达到 3% 左右的水平，同时计划到 2022 年将资产负债表规模降至 3 万亿美元左右。而欧洲央行也在缩减购债规模，并计划在 2018 年底终止购债计划。日本央行虽保持着量化宽松的货币政策，但其购债规模远未达到年度目标，购债增速逐渐放缓，从而标志着长期宽松的货币政策出现松动。国外市场流动性偏紧导致我国对外投资的外部融资成本上升。而在国内结构性去杠杆以及对金融领域监管趋严的背景下，国内信用环境也逐渐收紧，企业的融资渠道明显收窄，截至 9 月，我国社会融资规模较上年同期减少2.3万亿元，新增外币贷款、委托贷款、信托贷款均有不同程度的下跌，以加杠杆形式的对外投资受到削弱。此外，自2018年4月份以来，人民币呈不断贬值态势，美元兑人民币由4月份的6.29升至10月份的6.92，人民币贬值幅度达10%，随着美元的不断升值，未来人民币贬值压力将进一步加大，企业对外投资的短期成本也随之上升。

2. 促进对外投资增长的因素

（1）国内企业盈利能力有所改善。

在去产能和环保督察趋严等因素的影响下，我国工业品价格持续上升，由此带来了工业企业盈利能力的回升，虽然利润增速有所放缓，但依然保持较快增长态势，截至9月，规模以上工业企业利润同比增长14.7%，其中，制造业同比增长12.5%，采矿业更是增长50%。由于价格的回暖主要集中在上游行业，而上游行业主要以国企为主，因此国有企业利润的改善更为明显，国有及国有控股工业企业的利润增速高达23.3%。同时，受服务业需求持续扩张以及价格上涨等因素的影响，服务业经营利润同样保持快速增长，截至8月，规模以上服务业企业营业利润同比增长15.5%。在国内结构性去杠杆以及融资环境收紧的情况下，企业利润的增长有助于自有资金的增加，从而对企业的海外投资形成有力支撑。

（2）境外投资管理制度不断完善。

为抑制企业非理性的对外投资行为，我国加强了对外投资的真实性、合规性监管，并于2017年发布了《关于进一步引导和规范境外投资方向的指导意见》，明确了我国鼓励、限制和禁止的三类境外投资活动，为国内企业"走出去"提供了方向性指引，同时也消除了企业对"一刀切"式管理的担忧。《民营企业境外投资经营行为规范》的发布则进一步明确了我国支持有条件的民营企业"走出去"，同时需要民营企业加强境外经营管理体系建设，做好风险防范工作。而于2018年3月份实行的《企业境外投资管理办法》不仅消了"小路条"制度，简化了境外投资项目的事前管理环节，而且取消了转报制度，缩短了交易的审批时间，核准备案时间的放宽则进一步提高了企业交易的确定性。我国境外投资管理制度的不断完善在降低政策不确定性的同时，也提高了投资便利化水平，为我国对外投资健康可持续发展提供了有利的制度环境。

（3）对外投资合作持续深化。

在全球贸易和投资保护主义升温的环境下，我国加强了与其他经济体的交流与合作，已与25个国家和地区达成了17个自贸协定，虽然尚未达成与欧洲的双边投资协定，但已与欧洲众多国家单独签署了相关的双边投资协定，而且我国与欧洲已经进行了18轮双边投资协定谈判，谈判取得了积极进展并进入新的阶段，随着中欧经贸合作的不断深入，双边投资协定谈判进程也将加快推进。我国与众多国家和地区达成自贸协定将进一步降低我国对外投资的市场准入门槛，提升我国对外投资的效率，扩大对签约国的投资范围，从而为我国对外投资提供有力支撑。此外，我国正稳步推进"一带一路"的国际合作，并在十九大报告中明确指出了"一带一路"是未来我国对外投资的重点，目前已在基础设施建设、经贸往来以及资金融通等方面取得了丰硕的成果，而"一带一路"的快速发展也为国内企业提供了新的投资机遇，对"一带一路"沿线国家的投资将进一步加大。

三、政策建议

1. 进一步提升对外投资便利化程度

继续深化放管服改革，创新对外投资的管理方式，积极探索与国际投资标准相适应的管理体系。加强各部门的协调合作，精简对外投资的审批环节，缩短对外投资审批时间，提高对外投资的审批效率。深化外汇管理制度改革，创新对外投资的融资方式，拓宽企业的融资渠道，适时放宽跨境资本流动限制，有序推进人民币国际化，完善人民币跨境支付系统，支持人民币在跨境投资中的使用。加强对外投资的引导，确保对外投资与国内产业结构优化调整相适应。加快推进与主要经济体自贸协定及双边投资协定的谈判进程，降低对外投资的进入阻力。

2. 完善对外投资监管体系

加强境外风险监测，建立健全对外投资风险预警体系，及时披露国别及产业投资风险。进一步完善国有企业境外投资管理制度，加强企业在经营过程中的管控，建立国有企业对外投资评估体系，防止国有资产流失。强化境外投资的信用体系建设，对具有扰乱国外经济秩序、危害国家声誉等行为的企业纳入到失信名单。加强企业海外融资行为的监管，确保外债规模处于合理水平，防止海外风险暴露向国内传导。

3. 加强企业与"一带一路"对接的服务功能

健全"一带一路"对外投资信息平台建设，加强对"一带一路"沿线国家的政治、经济、法律、文化等方面的研究，降低企业对外投资信息的不对称性。合理引导企业对"一带一路"的投资方向，推动优势产能向沿线国家的转移，完善企业在"一带一路"的重点行业及重点区域的战略布局，提高对"一带一路"投资的质量，降低企业对外投资的盲目性。加大财政金融对"一带一路"的支持力度，对相关投资企业给予一定的税收优惠政策，对于投资基建等回报率较低的企业，充分发挥政策性银行的作用，为企业提供长期稳定且成本较低的信贷资金支持。

13　2018年宏观经济景气分析及2019年展望

范　洋*

摘要： SIC宏观经济景气分析系统显示，目前我国综合警情指数处于偏冷区间，宏观经济下行压力较大。构成宏观经济监测信号系统的主要指标走势分化，工业增加值增速、工业企业主营业务收入增速、发电量增速和居民消费价格指数处于正常区间，社会消费品零售总额增速、M1月末数同比增速、金融机构各项贷款余额期末增速、国家财政收入增速处于趋冷状态，固定资产投资过冷，以美元计价的进出口总额偏热。当前，一致合成指数持续下行，先行合成指数持续小幅下行，预示2019年宏观经济继续面临下行压力。

关键词： 宏观经济　景气　合成指数

一、监测预警信号系统显示当前我国经济下行压力大

（一）综合警情指数显示上半年我国经济运行总体平稳

宏观经济监测预警信号系统用类似交通红绿灯的标志对重要的宏观经济指标进行监测和预警，同时将各项指标合成为综合警情指数，以综合反映宏观经济运行的总体状况。宏观经济监测预警信号系统的预警指标构成见表1。

表1　SIC经济监测预警信号系统指标构成

序号	指标名称
1	社会消费品零售总额当月同比增速
2	工业增加值当月同比增速
3	工业企业主营业务收入累计同比增速
4	发电量当月同比增速

---

* 范洋，管理学博士，国家信息中心经济预测部助理研究员，研究方向为开放宏观经济学、应用时间序列分析、数据挖掘。

续表

序号	指标名称
5	M1 当月同比增速
6	金融机构各项贷款余额同比增速
7	公共财政收入当月同比增速
8	固定资产投资完成额累计同比增速
9	进出口总额当月同比增速
10	居民消费价格指数当月同比增速

从综合警情指数的走势来看，在 2015 年初落入"趋冷"区间后，当年年底开始反弹，2017 年又出现小幅波动，此后恢复上行态势。2018 年以来，月度综合警情指数开始一路下探，至 2018 年 7 月落入"趋冷"区间，目前仍在下探，显示当前我国宏观经济总体偏冷，下行压力较大。如图 1 所示。

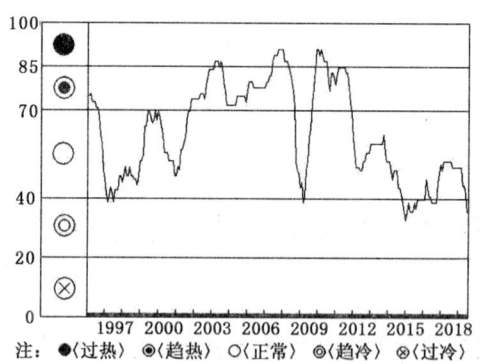

注：●（过热）　◉（趋热）　○（正常）　◎（趋冷）　⊗（过冷）

图1　月度综合警情指数走势图

（二）景气信号灯显示经济指标运行分化

构成综合警情指数的 10 个指标及其预警界限值如表 2 所示。界限值的确定采用落点概率法，将样本区间内的指标数值以概率分位点划分为不同区间。指标数值低于样本区间 20% 分位数即处于过冷区间，在 20% 分位数到 40% 分位数之间处于趋冷区间，40% 分位数到 70% 分位数处于正常区间，70% 分位数到 85% 分位数处于趋热区间，85% 分位数以上处于过热区间。

表2　综合警情指数各指标及其预警界限值

指标名称	红灯 过热		黄灯 趋热	绿灯 正常	浅蓝灯 趋冷	蓝灯 过冷
1. 社会消费品零售总额增速	<-	18.000	12.000	9.000	5.000	->
2. 工业企业增加值增速	<-	17.000	11.000	5.500	3.000	->
3. 工业企业主营业务收入增速	<-	18.000	10.000	2.000	0.000	->
4. 发电量增速	<-	11.000	9.000	2.000	-1.000	->
5. M1月末数同比增速	<-	20.000	9.000	6.000	4.000	->
6. 金融机构贷款期末金额增速	<-	24.000	18.500	14.000	11.000	->
7. 国家财政收入增速	<-	28.000	14.000	6.000	4.000	->
8. 固定资产投资完成额增速	<-	30.000	22.000	10.000	8.000	->
9. 进出口总额增速	<-	34.000	11.000	0.000	-1.000	->
*10. 居民消费价格指数	<-	105.000	104.000	101.000	99.000	->

注：指标前缀有"*"的界限值是比值或指数，其他为百分率。

从构成综合警情指数的10个指标的景气信号情况来看，5个处于"正常"区间，分别是：工业增加值增速、工业企业主营业务收入增速、M1月末数同比增速、发电量增速和居民消费价格指数。3个处于"趋冷"区间，分别是：社会消费品零售总额增速、金融机构各项贷款余额期末增速、国家财政收入增速。1个指标处于"过冷"区间，且"过冷"状态已持续12个月，即固定资产投资完成额。进出口总额增速连续12个月处于"趋热"区间。如表3所示。

表3　月度经济指标景气信号灯

指标名称	2017				2018							
	8	10	11	12	1	2	3	4	5	6	7	8
1. 社会消费品零售总额增速	○	○	○	○	○	○	○	○	○	◎	◎	◎
2. 工业企业增加值增速	○	○	○	○	○	○	○	○	○	○	○	○
3. 工业企业主营业务收入增速	●	●	●	●	●	●	●	○	○	○	○	○
4. 发电量增速	○	○	○	○	○	○	●	○	○	○	○	○
5. M1月末数同比增速	●	●	●	●	●	○	●	○	○	○	○	○
6. 金融机构贷款期末余额增速	◎	◎	◎	◎	◎	◎	◎	◎	◎	◎	◎	◎
7. 国家财政收入增速	○	○	○	○	○	○	○	○	○	○	◎	◎

续　表

指标名称	2017				2018							
	8	10	11	12	1	2	3	4	5	6	7	8
8. 固定资产投资完成额增速	⊗	⊗	⊗	⊗	⊗	⊗	⊗	⊗	⊗	⊗	⊗	⊗
9. 进出口总额增速	●	●	●	●	●	●	●	●	●	●	●	●
10. 居民消费价格指数	○	○	○	○	○	○	○	○	○	○	○	○
综合判断	○	○	○	○	○	○	○	◎	◎	◎	◎	◎
	51	51	51	51	51	51	51	45	45	42	36	36

注：● 〈过热〉　● 〈趋热〉　○ 〈正常〉　◎ 〈趋冷〉　⊗ 〈过冷〉

自 2017 年 9 月至 2018 年 8 月，全国规模以上工业增加值月度同比增速（经季节调整之后）稳定在"正常"区间，截至 9 月累计同比增长 6.4%，增速较去年全年降低 0.2 个百分点。规模以上工业企业主营业务收入累计增速在经历了 2017 年 9 月至 2018 年 3 月的持续"趋热"后，4 月以来落入"正常"区间。发电量增速在 2018 年 3 月处于"趋热"区间，主要原因在于居民用电、第三产业及非高耗能制造业用电增速大幅增长，4 月份即回落至"正常"区间。

从需求侧来看，社会消费品零售总额自 2017 年 9 月至 2018 年 5 月运行于"正常"区间。固定资产投资完成额自 2017 年 9 月至 2018 年 8 月一整年样本期内均处于"过冷"区间，受防范和化解地方政府隐形债务、金融机构支持力度明显收缩等因素影响，基础设施投资增速大幅放缓。与投资相反，进出口总额增速处于"趋热"区间。中美贸易摩擦的负面效应尚未显现，反而促进外贸企业提前大量抢先出口，成为总需求的重要支撑。扩大进口政策效应持续显现，原油、天然气等进口量快速增加。

金融方面，狭义货币供应量 M1 余额同比增速自 3 月以来回落到正常区间，7 月开始继续下探至"趋冷"区间；金融机构各项贷款余额同比增速在 2017 年 9 月至 2018 年 8 月的一年期样本期内一直处于"趋冷"区间。财政方面，全国一般公共预算收入增速自 7 月以来进入"趋冷"区间运行。

二、景气指数系统预示经济运行存在下行压力

（一）宏观经济景气合成指数走势研判

SIC 宏观经济景气指数系统基于经济周期理论，以工业增加值为基准指标，利

用时间序列方法识别不同经济指标与基准指标的时差关系,并将指标分成先行、一致和滞后三类,从而合成景气指数,构建景气系统。我们综合使用时差相关分析、K-L 信息量、基于 DTW 的聚类分析等新方法对景气指数系统的相关指标库进行了改进,目前指标构成情况见表 4。

表 4　宏观经济景气系统指标库

	序号	指标名称
一致合成指数	1	工业增加值当月同比增速
	2	发电量当月同比增速
	3	M1 当月同比增速
	4	公共财政收入当月同比增速
	5	固定资产投资完成额累计同比增速
	6	出口金额当月同比增速
先行合成指数	1	汽车产量当月同比增速
	2	粗钢产量当月同比增速
	3	工业企业产成品存货累计同比增速（逆转）
	4	金融机构各项贷款余额同比增速
	5	商品房销售额累计同比
	6	全国主要港口货物吞吐量累计同比

SIC 宏观经济景气系统合成的先行、一致指数走势如图 2 所示。先行指数最近一次的峰值出现在 2017 年 7 月,随后连续下行了 9 个月于 2018 年 4 月探底,2018 年 5 月、6 月出现小幅反弹,7 月后继续下探,至 9 月达 99.489 7 点。一致指数从 2017 年 9 月开始连续上行 5 个月后,至 2018 年 2 月出现峰值,随后连续下行,至 9 月达 85.284 9 点,距 2 月的局部高点下降 3.435 9 点。自 2015 年以来,本系统先行合成指数平均领先一致合成指数半年时间,因此,先行指数的持续下探预示着未来一致合成指数的继续下探。尽管 5—6 月份先行合成指数暂时有所反弹,但小幅反弹不构成周期底部,先行合成指数随后继续下行,预示着一致合成指数暂无好转可能,预计 2019 年上半年宏观经济仍然有较大的下行压力。

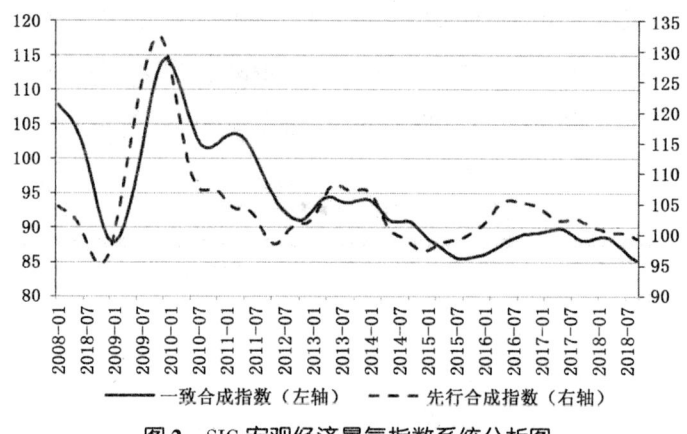

图 2　SIC 宏观经济景气指数系统分析图

(二) 2018 年先行合成指数指标分析

构成先行合成指数的 6 个先行指标在经过季节调整、取趋势项后，呈如下变动情况：金融机构各项贷款余额同比增速、粗钢产量增速 2 项指标保持平稳；商品房销售额（累计同比）、产成品库存累计增速（逆转）、全国港口货物吞吐量 3 项指标近 5 个月呈缓和的上行趋势；汽车产量增速（当月同比）近 5 个月显著下行。

产成品库存是滞后指标，本系统将工业企业产成品库存进行逆转从而构建了一个先行指标，反映库存去化对经济增长的先导作用。4 月以来，工业企业主营业务收入增速持续放缓，而产成品库存增速则不断上升，反映出目前宏观经济仍然处于"被动加库存"阶段。分行业来看，各行业库存增速普遍增加，中上游原材料行业库存增速显著。

从产量指标来看，工业原材料生产平稳，汽车产量增速快速下降。2018 年以来粗钢产量增速保持小幅平稳的增长态势，据中钢协预计，全年粗钢产量预计超 9 亿吨。汽车消费明显走低，主要原因在于购置税优惠政策提前释放了汽车的消费需求，刺激政策减弱后，2018 年汽车需求下滑。需求的下滑导致产量增速迅速走低，成为先行指数下降的主要因素之一。

金融机构各项贷款余额保持平稳较低增速。2018 年以来，经济结构深度调整、金融去杠杆持续推进、监管加强，影子银行等非信贷融资渠道收紧，企业表内信贷融资需求增强，金融机构各项贷款余额保持平稳增长，增速较往年水平较低。

港口吞吐量、商品房销售萎缩严重。1—8 月，全国主要港口货物吞吐量（其中 70% 以上是沿海主要港口货物吞吐量）累计同比增速平均值不到去年同期水平的 1/3。原因之一是上半年进出口形势一般，以人民币计价的进出口同比增长 7.9%，不及去年同期水平。二是去年吞吐量基数较高。三是近几年我国不断拓宽石油天然气进出口管道运输渠道，对海上运输形成分流。1—8 月商品房销售额累计同比增速为14.5%，比去年同期下降2.7个百分点，房地产市场趋冷。限售限购、贷款政策收紧、严格落实"房主不炒"，房地产市场交易低迷。

构成一致合成指数的6个指标在经过季节调整、取趋势项后，全部呈现下行趋势。

(三) 2019年一致合成指数指标预测

预计2019年一致合成指数继续走低。

工业增加值小幅走低，预计2019年全年工业增加值增速约在6.0%～6.3%。预计工业生产小幅走低，对发电量需求有负面影响，但考虑到电能替代步伐加快，居民用电量保持高位，发电量增速将保持平稳。

固定资产投资回暖程度不乐观。10月31日，中共中央政治局召开会议分析研究当前经济形势，面对经济下行风险提出"六个稳"，其中"稳投资"的排序偏后，预计短期内大规模基建刺激新举措推出的可能性较低，2019年固定资产投资延续较低增速。

外贸出口回落。受中美贸易战影响，美国方面统计的对华进口情况已经出现明显的趋势性下行，外部需求确实出现收缩。PMI新出口订单的持续下滑也反映了进出口商在贸易战下情况下对前景并不乐观。2019年1月1日美国将对中国出口的2 000亿美元商品关税税率上调15%～25%，将对出口构成负面影响。预计2019年欧美日外需分化，特朗普贸易保护政策对全球经济的负面影响使得我国面临的外需环境偏紧。

从金融和财政状况来看，预计M1增速保持平稳。央行二、三季度货币政策执行报告表明"稳增长"成为政策重心，纾困民企成为政策目标之一，未来货币政策取向偏向宽松。积极财政政策，减税降费发挥更大作用，预计公共财政收入增速继续放缓。进一步落实各项降费措施使得非税收入将继续下降，地方政府土地使用权转让收入占财政收入的占比上升。

三、政策建议

(一) 扩内需调结构，财政政策发挥更大作用

财政金融政策协同发力，适度扩大总需求，服务好实体经济。加大基础设施领域补短板的力度，进一步规范地方政府融资和债务管理，加快地方政府专项债券发行和使用进度，对接增量项目的融资需求。继续推进增值税改革，出台小微企业税

收优惠政策，鼓励科技创新，加大对企业研发投入的税收支持力度，实施创业担保贷款贴息，降低社保费率。

（二）保持流动性合理充裕，防范系统性金融风险

健全货币政策和宏观审慎政策双支柱调控框架，保持适度的社会融资规模和合理充裕的流动性。着力化解企业融资难问题，确保定向宽松落实到位。疏通信贷传导机制，优化信贷结构。拓宽融资渠道，放宽民间资本的市场准入，扩大民间资本投资渠道，设计符合中小企业融资需求的信贷产品。打破刚性兑付，打击监管套利、过度举债、期限错配等滋生金融风险的盈利行为，坚决出清"僵尸企业"，继续打击非法融资和庞氏骗局，守住不发生系统性金融风险底线。

（三）妥善应对贸易摩擦，健全外部风险应对机制

借鉴成熟的贸易救助机制方案，健全应对贸易摩擦的快速反应机制，妥善应对贸易摩擦。积极推进高水平对外开放，加强国际合作，通过多边沟通协调争取部分发达国家和地区放松对中国出口产品的限制，共同应对贸易保护主义，巩固双边和多边合作基础。有序扩大金融对外开放，渐进推进资本项目可兑换，稳步推动人民币国际化，完善人民币汇率形成机制。深化全口径跨境融资宏观审慎管理，确保外汇收支平衡。

14 混合所有制改革分析及未来发展趋势

肖若石[*]

摘要： 2018年是混合所有制改革的深化年。国家发展改革委出台了《关于深化混合所有制改革试点若干政策的意见》，针对国有资产定价机制、财税支持政策、工资总额管理制度等混改关键重点问题进行了改革突破。随着混改"1+N"文件政策体系框架不断丰富，混改在国有企业大范围铺开，中央企业及各级子企业中，混合所有制户数占比已经超过70%，省级国有企业混合所有制户数占比超过三分之二。此外，今年双向混改力度也不断加强，国有企业入股甚至控股民营企业的案例不断增加，形成了通过混改实现国企和民企相互依存、相互合作的良好局面。未来，混改的重点任务将不仅仅是国企改革的突破口，也将成为完善我国基本经济制度、推动多种所有制共同发展的重要实现形式和手段。

摘要： 混合所有制 双向混改 民营企业

2017年年底，国家发展改革委出台了《关于深化混合所有制改革试点若干政策的意见》，针对国有资产定价机制、职工劳动关系、土地处置和变更登记、员工持股、集团公司层面开展混合所有制改革、试点联动、财税支持政策、工资总额管理制度等混改关键重点问题进行了改革突破。随着混改"1+N"文件政策体系框架不断丰富，2018年成为混改的深化之年。

一、混合所有制改革的基本情况

（一）混改全面铺开

国资委监管的中央企业及各级子企业中，混合所有制户数占比已经超过70%，省级国有企业混合所有制户数占比超过2/3。到2018年，国有企业吸引社会资本形

---

[*] 肖若石：经济学博士，现就职于国家信息中心经济预测部，主要研究方向为经济体制改革、区域经济、收入分配、发展规划等。

成少数股东权益超过 10 万亿元，占比接近 1/3。在国家层面，总计共开展三批共 50 家混改试点，第一批、第二批中的中国联通、东航物流、内蒙一机等试点企业改革取得重要成效，在完善治理、强化激励、突出主业、提高效率等方面取得重要经验，示范效应逐步显现。第三批混改试点企业共 31 家，包括 10 家央企集团下属子企业和 21 家地方国企的混改方案于 2018 年下半年获批。

（二）重点难点领域得到突破

在《关于深化混合所有制改革试点若干政策的意见》出台之前，企业普遍反映仍然存在着许多"旧制度管新制度"和相关配套改革不足的问题，如国有资产定价机制尚需创新，薪酬激励机制不足，员工持股制度过于僵化，配套的土地、税收等政策支持力度不够等问题严重制约了各方参与混改的积极性，增加了改革的制度成本。针对这些问题，国家发展改革委出台了《关于深化混合所有制改革试点若干政策的意见》，提出要积极探索中央企业集团公司层面开展混合所有制改革，鼓励探索解决集团层面混合所有制改革后国有股由谁持有等现实问题的可行路径。对国有资产定价机制、职工劳动关系、土地处置和变更登记、员工持股、集团公司层面开展混合所有制改革、试点联动、财税支持政策、工资总额管理制度等改革难点开展了大胆的突破。如 2018 年全国共选取首批改革试点企业 174 户。中央企业层面，选取了国机集团所属中国电器科学研究院、中国建材所属江西电瓷等 10 户子企业作为首批试点，同时，也积极探索了其他各类中长期激励手段，中央企业控股的 69 户上市公司规范实施了股权激励，29 户科技型企业实施了股权分红权激励。从这些改革措施可以看出，持股改革的试点层面逐步扩大，技术入股、品牌入股等多元化的持股方式开始探索，因企施策的持股办法成为改革共识。

（三）改革成效逐步呈现

具有重要的改革标杆意义的联通混改，探索了多个重大的改革突破，首次探索在央企集团公司层面进行混合所有制改革，首次探索了垄断领域以混改的方式向民营资本开放，首次探索了"战略投资+定向增发+股权转让+员工持股"全体系，多元化的混改模式等。经过近两年时间，中国联通的经营效益得到大幅改善，2018 年三季报显示，公司前三季度实现营业收入 2 197.12 亿元，同比增长 6.77%；实现归属于上市公司股东的净利润 34.70 亿元，同比增长 164.50%。联通通过与 BAT 巨头的混改，大力度推动互联网化运营转型，产业互联网业务收入达到 172.49 亿元，同比上升 35.7%，带动其移动主营业务增长，收入达到 1 254.24 亿元，比上年同期上升 7.2%。中国电子则探索出了"事业合伙人"模式。2012 年，中国电子引入以网络安全领域知名创业企业家贺卫东为核心的职业化经营团队。其中，职业经理人贺卫东通过实际出资占股12.6%，其他管理人员和技术骨干成立的有限合伙持股企业出资占股12.6%。在一些比较早开展混合所有制改革的国有企业，生产经营质量和效率均得到较大提升。如2015年中国电子引进"事业合伙人"，其混改企业长城网际营业收入每年以65.9%的平均增长率快速成长；江苏高投的混改企业毅达资本，在改革之后管理规模增加了10倍等。

（四）双向混改力度不断加大

2015年出台的《关于国有企业发展混合所有制经济的意见》提出鼓励国有资本以多种方式入股非国有企业，但这种双向混改的重视不足。但2018年以来，一些前期通过高负债扩张较快的民企，由于偏离主业，在流动性上遇到困难，愈发需要国有企业通过重组并购的方式帮助民营企业渡过难关。相关部门还鼓励具备条件的、比较好的民营企业在产业重组中发挥积极作用，对同行业的一些有竞争潜力但目前面临困难的中小企业进行兼并重组。因此，2018年混改的一个重大变化是，国有企业入股甚至控股民营企业的案例不断增加，形成了通过混改实现国企和民企相互依存、相互合作的良好局面。据不完全统计，2018年以来超过30家民营A股公司宣布引入国资股东作为战投，其中超过10家转让控股权。

二、混改仍然有待解决的问题

（一）加快推动国有资产评估改革

当前，国有资产评估改革严重滞后与混改的改革要求，在评估国有资产价值时仍然采用传统的《企业国有资产评估管理办法》《企业国有产权转让管理办法》。传统的依托评估机构对国有资产进行评估的方法已经不适应用当前以市场化为导向的改革需要。以企业选择评估机构，在评估过程中评估机构容易受到企业的影响，其公正性、客观性、中立性并不能完全保证。此外，对于监管部门而言，资产评估是一个较为复杂的审核过程，政府相关部门在决策的过程中专业知识不足，导致缺乏有效审核的现象时有发生。因此，要改变传统的评估-审批（备案）体制，改为公开竞价的机制，要考虑企业未来发展，以现金流折现为主的方式对方式对非上市国有企业进行定价。最终，实现国有资产的保值、增值，有效防止国有资产的流失。

（二）公司治理结构改革不到位

首先在"管资产与管人管事相结合"的国资管理体制下，混改企业的公司董事会和经理层的权力无法落实,特别是在民营资本进入国有其中时,其权责不对等,抑制民营企业股东的积极性。其次,一些国有企业长期在政府的支持下,扭曲了市场竞争,其经营行为带有很强的行政色彩,政企不分的现象仍有发生。特别是在一些基础设施建设领域,一些地方政府的平台公司,经营效率低下、负债率高等问题严重。在鼓励民营资本参与基础设施建设的大背景下,鲜有民营企业与这类国资公司进行混合所有制改革。最后,有一些民营企业家反映,混改之后,"领导干部个人事项申报""党员干部出国(境)管理"等制度延伸到搞混合所有制的民营企业家头上,而民营企业家不适应这种党员干部的管理体制,对其生产经营的积极性有所打击。

(三)民营企业非市场化选择的混改

当前有部分民营企业参与混改,其动因并非市场选择,而是在市场竞争中民营经济与国有经济缺乏公平竞争的地位,导致民营企业不得不选择与国有企业进行混合所有制改革。国企在一些上游产业、基础服务业形成寡头垄断,获得超额利润;而下游的民营企业利润越来越低,因此只有通过被国有企业收购,加入到其产业链条中来,方能"活下来"。即便在竞争行业,也有市场准入和行政审批两道门槛。一些重要产业的准入条件往往为大型企业"量身定制",而行政审批则与政府的亲疏程度相关,很多民营企业因此被挡在门外。除此之外,民营企业在信贷获取、信贷成本、税收补贴(减税、返还、抵扣,不予积极追缴欠税)、股权融资、土地获取、劳动力市场、监管环境等方面与国有企业受到的待遇仍然有较大差异。因此,为了使企业在市场竞争中与国有企业获得同样的竞争地位,一些经营得很好民营企业以非市场化的动机与国有企业进行混改,这种现象还在不断增多。

三、进一步深化混改的相关政策建议

(一)要规范混改企业的公司治理结构

混改企业要坚持现代公司的法人治理结构。遵循企业发展的客观规律,遵守《公司法》约定的各类权利和义务,给予民营资本股东权责对等、风险收益对称、激励与约束相结合的生产经营地位。鼓励混合所有制企业自主发展、自我约束、自主创新,成为社会创造财富的主体。各级监管部门要遵守《公司法》,不再越权干预企业。如果政府干预过多,甚至按照行政组织进行管理,容易导致内在机制失衡,企业失去自主发展的动力与活力,最终失去市场竞争力。

（二）加快推动国有资产评估改革

国有资产评估改革的滞后，已经制约了混改的进一步深化。2018年混改在薪酬体制、员工持股方面均取得了较大突破，2019年混改的重点领域之一就是加快推动国有资产评估改革。一是加快修改《国有资产评估管理办法》，建立新型的国有资产定价机制。可参考外国的成功经验，采取"先协商、后竞价"的模式，在合作对象可控下依靠市场决定价格。在定价时既需要考虑其资产当前价值，也需要考虑企业未来的发展情况，采取资产现值与现金流折现并重的评估方式。二是改变传统的评估–审批（备案）体制，赋予企业更多的自主权限，减少第三方对企业经营的干预。三是要改变传统的监管体制，明确好出资人和企业之间的权力责任，划清监管边界。

（三）保护民营资本在混改中的合法权益

民营企业在双向混改的过程中是处于弱势的一方，保护民营资本的合法权益的相关改革仍然不足。首先要淡化一般竞争领域国企的"国有"色彩，恢复国企作为"企业"的根本属性，将其作为普通企业进行要求，接受竞争政策规制。实现竞争中性的根本手段在于使国有企业与私营企业受到相同的规则约束。其次要提高混合所有制企业经营的灵活度，不搞经营制度一刀切。要提高混合所有制企业的整体分红率水平，具体分红方式应由董事会根据企业发展来决策。减少对民营企业家不必要的监管，避免如"领导干部个人事项申报""党员干部出国（境）管理"等制度的过度延伸。强化董事会与委托代理制度建设，赋予董事会更多的决策经营权力。

四、未来混改的发展趋势

中国经济正处于转型升级的重要关口，要通过不断破除体制机制障碍，激发各类市场主体活力，促进国有企业和民营企业合作共生，对推动我国高质量发展，建设现代化经济体系有着重要的作用。因此，混合所有制改革不仅是国企改革的突破口，更是完善我国基本经济制度，推动多种所有制共同发展的重要实现形式，对我国进一步深化改革有着深远的意义。

当前，我国民营企业数量超过2 700万家，个体工商户超过6 500万户，注册资本超过165万亿元。民营经济具有"五六七八九"的特征，即贡献了50%以上的税收，60%以上的国内生产总值，70%以上的技术创新成果，80%以上的城镇劳动就业，90%以上的企业数量。我国民营经济已经成为推动我国发展不可或缺的力量。

为推动民营企业与国有企业合作共赢发展,党的十八届五中全会强调要"鼓励民营企业依法进入更多领域,引入非国有资本参与国有企业改革,更好激发非公有制经济活力和创造力"。当前民营企业发展遇到不少苦难和挑战,需要通过双向混改的方式帮助民营企业渡过难关。2018年以来,越来越多的民企上市公司主动吸引国有资本参股、控股,这是市场选择的混合所有制改革。未来双向混改将成为混合所有制改革的主体,国有企业积极帮扶民营企业,推动其转型升级将成为国企改革外混改另一个重点任务。

我国国有企业和民营企业已经形成了完整的产业链。国有企业多处于产业链上游,在基础产业和重型制造业等领域发挥作用,民营企业越来越多地提供制造业产品特别是最终消费品,两者是高度互补、互相合作、互相支持的关系,未来中国经济将沿着这个方向不断发展,走向高质量发展。必须从传统固化的观念,转向用全新的现代化产业链理念来认识国有和民营经济。以产业链条延伸的理念,推动双向混改的发展,让其成为我国不同所有制间相互促进、互利共生的重要手段。此外,通过混合所有制改革,使得国企和民企平等使用生产要素,公平参与市场竞争。在行业准入、银行贷款、上市融资、政府监管等方面给予民企公平待遇。保护各种所有制经济产权和合法利益,消除各种隐性壁垒,激发非公有制经济活力和创造力。

15 2018年我国创新创业形势分析与展望

宋瑞礼*

摘要： 2018年以来，党中央、国务院适应我国经济由高增长阶段转向高质量发展阶段的新形势，把推动创新创业工作的重心切实转移到高质量发展上来。目前，我国创新创业形势总体良好，营商环境、新兴产业和创新创业平台建设等方面取得了显著成绩。但不容忽视的是，推进高质量的创新创业工作仍面临着一些挑战。下一步，应以创新创业过程中出现的痛点、堵点、难点为主攻方向，着力补齐"五大"政策短板，为推动创新创业转入高质量发展阶段提供有力政策保障。

关键词： 创新创业 高质量 补短板

一、2018年我国创新创业形势的基本特征

2018年以来，我国创新创业运行态势总体良好，营商环境不断改善，创新能力持续增强，载体平台建设成效显著，创业生态持续向优，创业投资投向结构继续优化，创业带动就业能力明显提升，示范基地引领作用继续增强，双创舆论氛围更加浓厚，为推动创新创业进入高质量发展轨道提供了较好的保障支撑。

（一）营商环境不断优化，新增市场主体大幅增加

2018年以来，我国延续了"放管服"改革以来持续改善的势头，准入环境进一步优化，竞争环境稳步改善。据世界银行发布的《2019年营商环境报告》显示，我国位列全球第46位，与上年相比得分提升了8.64分、排名上升了32位，是营商环境改善最大的经济体之一。营商环境的改善催生了大量市场主体。前三季度，我国新设市场主体1 561.6万户，平均每天新设5.72万户；新设企业501.2万户，平均每天新设1.84万户；私营企业数量保持增长，新设私营企业469.4万户。截至9月

---

* 宋瑞礼，博士研究生，高级经济师，主要研究方向为宏观与产业经济、创新创业理论与实践等。

底，全国实有市场主体1.06亿户，其中企业3 362.8万户。商事制度改革以来，新创立市场主体已占总数的73%，新创立企业已经占总数的72.2%。

（二）创新能力持续增强，新兴产业加快成长

我国持续聚焦激发内在创新能力，加大定向政策扶持力度，推动总体创新能力不断迈上新台阶。世界经济论坛发布的《2018年全球竞争力报告》显示，2018年我国竞争力分数较上年上涨了0.9分，排名位居第28位，在主要新兴经济体和金砖国家中表现最优。据最新出版的英国《自然》增刊《2018自然指数-科研城市》，我国有10座城市进入全球科研城市50强，其中北京位居全球第一。创新能力的改善促进了高技术产业和工业战略性新兴产业较快增长。前三季度，我国高技术产业增加值同比增长11.8%，增速高于规模以上工业5.6个百分点；战略性新兴产业同比增长8.8%，增速高于规模以上工业2.4个百分点。

（三）载体平台建设成效显著，创业生态持续向优

创新创业平台是开展双创工作的重要载体。2018年以来，我国双创平台数量继续保持了快速扩张的好势头。当前，众创空间数量已经达到5 500多家，科技企业孵化器超过了4 000家，中央企业搭建的创新创业平台达到970多个。同时，注重加强了众创空间的质量建设。2018年10月，科技部火炬中心发布《关于公布国家备案众创空间名单的通知》，1 952家众创空间符合国家备案资格，24家因连续2次未上报统计数据并不再开展创业孵化服务被摘牌。为提升技术创新平台，国家发展改革委印发了《国家产业创新中心建设工作指引（试行）》，旨在促进现有创新资源的联合，打造系统解决方案的产业创新大平台、大团队，支撑世界级新兴产业集群的发展。

（四）创业投资扩张步伐有所放缓，行业投向结构继续优化

受宏观金融环境及趋严监管政策影响，股权投资基金募集难和退出难问题有所凸显。前三季度，我国股权投资市场已募集完成基金规模共计5 839亿元人民币，同比下滑57.1%；股权投资基金退出案例数量达到1 363笔，同比下降48.9%。尽管当前我国创投资本规模有所下降，但创投资本的结构更加优化。以第三季度为例，IT、互联网、生物技术/医疗健康三个行业投资案例数继续排名前三，分别为234起、161起、128起。从投资金额方面分析，互联网总投资金额为93.35亿元人民币，继续位列第一；IT行业的投资金额为77.09亿元人民币，排名第二；另外生物技术/医疗健康行业以64.46亿元的总投资金额排名第三。

（五）创业扶持力度有所加大，创业带动就业能力明显提升

随着商事制度、"放管服"等改革的推进，全国各地普遍加大了创业带动就业的政策力度，形成了创业带动就业的倍增效应持续发挥。云南省印发了《关于做好当前和今后一段时期就业创业工作的实施意见》，提出将通过加大减税降费力度、完善创业担保贷款扶持政策、加大创业补贴资金支持力度等举措，促进以创业带动就业。杭州市发布《关于做好新形势下就业创业工作的实施意见》，优化营商环境，加大创业资金扶持力度，拓宽创业融资渠道。登记注册的企业数持续增长，创业带动就业倍增效应持续显现，为稳就业增添了后劲。2018年前三季度，我国累计城镇新增就业达到1 107万人，比上年同期增加了10万人，提前一个季度完成了全年目标任务。

（六）示范基地建设先行先试，引领作用继续增强

近三年来，双创示范基地在"双创"领域的探索与实践，总结出一些推动"高质量"发展的典型经验，为全社会提供一批可复制、可推广的经验做法。乌鲁木齐高新区多维度打造"双创"载体，全力探索"双创"升级版；武汉市东湖新技术开发区着力搭建国际化平台载体，制定瞪羚企业、独角兽企业引育计划，助力创新型企业上市融资，推动高成长科技型企业快速发展；中国科学院西安光机所双创示范基地，以人才体制机制创新为突破口，精心设计人才发展"绿色通道"，实行职级与岗位并行即"评聘分离"制度，大大释放了科技人员创业活力，实现了新的职业发展；中国航天科工集团有限公司双创示范基地，着力推动"在岗创新、在职创业"的新机制，完成了首个以创客控股、单位和基金配资支持的双创项目，开启了国有企业科技成果以独占许可给创客方式并作价入股"双创"公司的首例。

（七）双创宣传持续升级，舆论氛围更加浓厚

2018年全国双创活动周于10月9日至15日举行，主题是"高水平双创，高质量发展"。在成都主会场，举办启动仪式、主题展示、改革开放40年创业代表座谈会、创新创业平台建设推进会，以及创业乐天府、创新星空间、黑科技每日秀等重点活动；在北京会场，举办高质量发展论坛、创新创业系列大赛、区域协同创新发展研讨会、重大项目发布及签约等重点活动；在各地分会场，举办展览展示、项目路演、投融资对接、专家论坛、政策宣讲等各类创新创业活动。此外，创新创业赛事持续增多。由清华大学和中国高校创新创业教育联盟主办的首届"京津冀-粤港澳"（国际）青年创新创业大赛北方赛区决赛在中新天津生态城举办。第五届"创

青春"中国青年创新创业大赛(互联网组)总决赛在江西共青城举行。总体来看,我国创新创业氛围呈现出更加浓厚的态势。

二、当前推进我国高质量创新创业仍存在诸多制约

2018年9月,国务院印发了《关于推动创新创业高质量发展打造"双创"升级版的意见》(国发〔2018〕32号)。这标志着创新创业工作的重心将切换到高质量发展轨道上。但与高质量的发展要求相比,创新创业仍面临一些挑战。

(一)商事制度改革有待进一步深化

我国商事制度改革总体上取得了实质进展,但在政策的落实过程中显现出的问题需要引起关注。虽然国家对"一址多照"注册数量没有明确限制,但市场监管部门一般按照20或50平方米给1个注册地址的标准控制注册企业的数量,1 000平方米的众创空间、孵化器理论上最多可注册50个创新创业企业,这无法满足众创空间、孵化器为创新创业团队批量注册企业的需求。2015年出台的《国务院关于促进快递业发展的若干意见》(国发〔2015〕61号)提出,探索对快递企业实行同一工商登记机关管辖范围内"一照多址"模式,但"一照多址"工商登记政策在零售业等行业推广面临难题。此外,企业注销程序烦琐仍未得到显著改观。

(二)新兴业态政策有待进一步完善

当前,我国新兴业态逐步进入了增长快速期,但相应政策配套滞后对双创产生了一些不利影响。物联网行业抗风险能力差和设备制造商安全意识淡薄问题逐步凸显,但对应的管理监测机制尚不健全,监管政策也不清晰。为促进新能源行业健康快速发展,国家出台了一系列新能源政策,但在共享技术服务平台方面没有专门的支持政策,导致新能源企业在突破关键技术上能力薄弱。2018年生态环境部印发《禁止环保"一刀切"工作意见》,提到对部分易出现环保"一刀切"的传统行业或领域,要认真研究、统筹推进、分类施策,但新材料等战略性新兴产业的新产品并不在研究范畴内,导致这类产品很难通过环境影响评价。

(三)科技管理体制有待进一步改革

科技管理体系的效率直接决定着双创源头创新的效率。我们围绕科技管理体系已经进行了大量改革,但尚存在一些不足和短板领域。以技术专利为代表的无形资产评估,相关法律、规范和方法欠缺实施细则。虽然《国务院关于印发国家技术转

移体系建设方案的通知》(国发〔2017〕44号)等文件提出了"建设一批聚焦细分领域的科技成果中试、熟化基地",但由于科技成果中试、熟化阶段投入耗资巨大,使用频率又不高,且政府缺乏政策引导,导致企业不愿意牵头建设科技成果中试、熟化基地。科技服务人员是科技成果转化生态链重要组成部分。目前对科研人员的激励机制逐渐完善,但促进科技成果转化、技术转移的科技服务人员尚未纳入国家职业大典,且缺少能力培养、职业培训等措施,导致该群体缺乏职业认同,很难有高素质人才主动从事技术转移工作,人才队伍很不稳定,人员流动性较大,严重制约了科技成果转化的成功率。

(四) 双创平台功能有待进一步发挥

随着双创在更大范围和更深程度上推进,部分众创空间、孵化器和加速器、创业园区等众创平台软环境建设滞后,研发设计、检验检测、供应链、专业人才、市场渠道等专业服务能力不强,整体逐步显现了同质化、盈利模式单一等问题。同时,针对科技企业孵化器(含众创空间)的税收减免条件限定条件过高,导致多数的科技企业(含众创空间)难以享受税收政策优惠。大企业是推进创新创业的重要平台和载体,国家也出台了相关文件促进大型企业开放供应链资源和市场渠道,带动大中小微企业融通发展,但由于中小企业费用支付和股权投资等方面仍存在一些障碍,限制了大企业对创新创业的潜在有效支撑。

(五) 创新创业激励有待进一步增强

目前,国家重点研发计划等科研项目不允许正式在编人员在项目中列支人员费,用于绩效激励的间接经费比例还是较低,导致智力投入在现行科研经费管理模式下很难得到充分补偿,对于调动科研人员的积极性很不利,甚至引起科研经费报销造假等现象。近年来,中央各部门和地方陆续出台不少人才支持政策,希望通过人才引进的方式促进当地各方面发展,但在实际操作中由于缺乏科学的评才、引才和用才的标准,唯"帽子"、唯学历、唯资历等倾向十分明显,一大批创新创业型人才得不到应有激励。同时,部分地方实施招才引智,但落地环节流程烦琐,兑现承诺的周期较长。全国各地密集出台了"人才新政",但是在后续人才落地环节落实方面并不好,出现流程烦琐、兑现承诺周期较长,甚至干脆无法兑现的情况。

三、2019年创新创业形势展望与政策建议

总体上来看,2019年将呈现出稳中有进、稳中向好的良好态势。所谓稳,即新

增市场主体、创投资本规模和创新创业平台数量等由过去高速增长的指标将逐步进入调整阶段。所谓进和好，即创新创业的政策、营商环境、载体平台等方面将会持续升级，创新创业的质量将会进一步提升。下一阶段工作的重心应以创新创业过程中出现的痛点、堵点、难点为主攻方向，着力补齐创新创业"五大"政策短板，为推动创新创业转入高质量发展阶段提供有力政策保障。

（一）补齐商事制度改革的短板

针对"一址多照"注册数量受限，无法满足众创空间、孵化器为创新创业团队批量注册企业需求的问题，建议取消对众创空间、孵化器等众创平台注册地址数量的限制，同时通过工商、税务等信息整合强化事中事后监管。针对"一照多址"工商登记政策在零售业等行业推广难的问题，建议在零售业中安全性高、市场稳定、产品周期长的企业推广快递企业实行同一工商登记机关管辖范围内"一照多址"模式的典型经验。针对企业注销困难的问题，建议进一步降低简易注销标准、放宽简易注销范围；推进工商、税务等部门协同改革，大幅简化注销环节实质审查。

（二）补齐新兴产业监管的短板

针对物联网等新兴行业管理监测机制不健全、监管政策不清晰的问题，建议针对物联网等新兴行业建立管理监测机制，并对物联网设备制造商出台更清晰的监管政策。针对新能源产业缺乏共享技术服务平台、新能源企业突破关键技术的能力薄弱的问题，建议加大对新能源产业关键技术研发的支持，引导企业建立集成研发、试验、验证能力的新能源产业共享技术服务平台。针对新材料等战略新兴产业的新产品没有及时纳入《环评分类管理目录》问题，建议将新材料等战略新兴产业的新产品及时纳入《环评分类管理目录》，并由主管部门牵头组织预评价，对新型产品进行预审。

（三）补齐科技管理体系的短板

针对以技术专利为代表的无形资产评估相关法律、规范和方法欠缺实施细则的问题，建议健全无形资产评估的法律法规体系，制定专用于无形资产评估的法律规范及其实施细则。针对缺乏对企业建设科技成果中试、熟化基地的政策引导的问题，建议鼓励设立科技成果中试、熟化阶段专项基金；鼓励地方政府支持有利于科技成果转化的小试中间试验、工业性试验和工程化开发平台等硬技术型双创平台建设，鼓励发展各类技术市场和符合市场化、专业化特点的新型研发机构。针对科技成果转化和技术转移的科技服务人员缺乏职业发展规划和帮扶激励措施等难题，建议研究将科技服务人员纳入国家职业大典；允许技术转移人员在职持有成果转化企业给予的股份或提成；科技服务人员在科技成果转化过程中取得的成绩作为其职称评审、岗位竞聘、绩效考核、续签合同等的重要依据。

（四）补齐双创平台功能的短板

针对众创平台面向细分领域、差异化行业服务能力普遍不强问题，建议加强对众创空间、孵化器的监督管理，严查各类绑定服务；落实针对众创空间、孵化器的优惠政策，尤其是免税政策；加快建设专业化众创空间，为创新创业者提供更精准的服务。针对科技企业孵化器（含众创空间）的税收减免条件限定条件过高问题，建议落实科技企业孵化器（含众创空间）备案政策。针对大企业开放资源和市场渠道给中小企业的意愿不高的难题，建议对开放资源和渠道的大企业"以奖代补"；鼓励社会开展"实施企业创新创业协同行动，促进大中小微企业融通发展"的政策宣传。

（五）补齐创新创业激励的短板

针对国家重点研发计划等科研项目不允许正式在编人员在项目中列支人员费、用于绩效激励的间接经费比例还是较低的问题，建议根据实际需要严格规定经费支出范围和支出标准，允许在项目中列支正式在编人员费用；继续扩大科研经费使用自主权试点范围，提高可用于绩效激励的间接经费比例。针对大部分地方普遍存在"重帽子"的评才引才用才现象、创新创业型人才无法入围的问题，建议研究制定各类科技人才的分类评价标准，推广实施分类评价制度，强化第三方机构在人才评价的作用。针对部分地方实施招才引智，但落地环节流程烦琐、兑现承诺的周期较长的问题，建议完善简化人才落地办理机制，加强人才实用性考核评价，积极兑现引进人才后的政策保障；探索改革人才落地的烦琐流程；开展以创新创业企业需求为导向的针对性人才引进计划。

16　我国新动能发展形势分析与展望

高辉清[*]

摘要：党的十九大提出要坚定实施创新驱动发展战略，加快建设创新型国家，培育新增长点，形成新动能。各级政府根据党中央部署，坚定不移地推进供给侧结构性改革，优化了社会营商环境，激发了市场新活力，新旧动能转换加快，新动能对经济增长的贡献率超过三分之一。展望2019年，国内外环境机遇大于挑战，在创新创业升级版战略深入实施、乡村振兴战略规划全面落地、新一轮民营企业扶持政策集中涌现、设立科创板并试点注册制等一系列因素的有力推动下，我国新动能发展将迈上新台阶。

关键词：新动能　新经济　营商环境　放管服　改革创新

一、2018年我国新动能发展呈现三大特点

1. 新动能发展环境不断优化

（1）放管服改革持续深入。

在行政审批改革方面，取消了一批行政许可，将11个自贸试验区试点的负面清单管理、"证照分离"、"一照一码"等典型经验在全国范围内复制推广，外商投资准入负面清单内投资总额10亿美元以下的外商投资企业设立及变更由省级人民政府负责审批和管理，在全国推行负面清单以外领域外商投资企业商务备案与工商登记"一口办理"；在改进政府服务方面，充分调动地方的积极性，鼓励各地方结合实际，着力解决企业和群众"办事难、办事慢""多头跑、来回跑"等问题，探索出了"零见面""最多跑一次""一门、一次、一网式"政务服务等一系列经验，大幅削减企业投资核准项目，彻底终结非行政许可审批，全面改革商事制度。世界银

---

[*] 高辉清，博士，国家信息中心经济预测部研究员，研究方向为宏观经济、战略规划。

行发布的《2019年营商环境报告》显示，2018年，我国是全球营商环境改善幅度最大的经济体之一，排名相比上年升幅高达32位，首次进入世界排名前50的经济体之列，位列第46位。

（2）全国政务信息共享的"网络通、数据通"大动脉已经基本打通。

目前71个部门、31个省级政府和新疆生产建设兵团都已经全面接入了电子政务的外网和国家数据共享的交换平台，构建了包含53万条目录的政务数据资源库。国务院有关部门发布了第一批数据共享责任清单，共享了694个数据项，其中涵盖了社会上常用的企业身份校验、失信惩戒、纳税证明、企业基础信息、企业信用等信息，为优化商事服务提供了有力的支撑。

（3）科研创新体制机制更加完善。

党中央、国务院连续出台了优化科研管理提高科研绩效、加强科研诚信建设、加强知识产权审判领域改革、推进人才评价机制改革等改革文件，进一步破除了制约科研创新的制度障碍。

2. 新动能发展活力不断增强

（1）企业生产经营成本持续下降。

为了促进市场活力，减轻各类市场主体负担，政府大幅减税降费，由点到面推开营改增，出台中小微企业税收优惠政策，取消、停征、减免中央和省级政府行政事业性收费，有效降低了制度性交易成本和用能、物流、电信等生产经营成本。

（2）市场主体持续增加。

2018年前9个月，全国新设市场主体1 561.6万户，同比增长10.4%，平均每天新设5.72万户。其中，新设企业501.2万户，增长11.1%，平均每天新设1.84万户，创历史新高。截至9月底，全国实有市场主体1.06亿户，其中企业3 362.8万户，均达历史最高水平。与此同时，新设市场主体的"质量"也在同步提高。2018年前9个月，服务业新登记企业402.2万户，占全部新登记企业总数的80.2%。其中，新兴服务业贡献突出，教育、卫生和社会工作、文化体育和娱乐业分别同比增长56.4%、45.4%、21.8%。

（3）创新排名持续提升。

根据联合国世界知识产权组织（WIPO）和美国康奈尔大学机构等联合发布的2018年全球创新指数排行榜，我国较上年上升5位，位列17，自该排名2007年开始发布以来首次挤进前20。该排名调查显示，在研究领域的投资和人才、专利申请数量、科学技术相关出版物数量等方面，我国与美国并居世界前列，意味着我国已经成为创新先进地区，宣告了创新多极时代的到来。

3. 新动能发展成效不断显现

(1) 新业态新模式不断涌现。

在生产端,制造业与互联网结合更加广泛,数字化、网络化、智能化水平持续提升。截至 2018 年 9 月,制造业重点行业骨干企业"双创"平台普及率已超过 73%,较上年同期明显提高。在消费端,网购用户规模不断扩大,网上零售等新兴市场供给方式继续快速增长。2018 年前三季度,实物商品网上零售额增长 27.7%,增速比社会消费品零售总额高 18.4 个百分点,占社会消费品零售总额比重为 17.5%,比上年同期提高 3.5 个百分点,对社会消费品零售总额增长的贡献率超过 40%。

(2) 产业结构不断升级。

2018 年前 9 个月,高技术产业和工业战略性新兴产业增长较快,占比有所提高。高技术产业增加值同比增长 11.8%,增速高于规模以上工业 5.6 个百分点;战略性新兴产业同比增长 8.8%,增速高于规模以上工业 2.4 个百分点;电子、专用设备、医药和电力等行业保持两位数增速,同比分别增长 13.2%、10.8%、10.3% 和 10.0%;环境污染防治专用设备、新能源汽车、服务器、移动通信基站设备、工程机械、光纤、电子元件和智能电视等产品同比分别增长 59.1%、54.8%、45.1%、32.4%、28.2%、28.0%、20.9% 和 18.6%;以互联网和相关服务为代表的现代新兴服务业对服务业生产增长的贡献率达到 55.9%,高于上年同期 18.0 个百分点。

(3) 需求结构不断优化。

从投资看,创新驱动与转型升级型投资成为拉动投资增速回暖的最大动力。前三季度,高技术制造业投资增长 14.9%,生态保护和环境治理业投资增长 33.7%,文化、体育和娱乐业投资增长 19.3%,大大快于全部投资的增长。制造业中,技术改造投资增长 15.2%,增速比全部制造业投资高 6.5 个百分点。从消费看,前三季度,居民发展和享受型消费支出增速明显快于基本生活消费支出,恩格尔系数为 28.5%,比上年同期下降 0.7 个百分点。医疗保健支出增长 17.4%,家政服务支出增长 38.7%,交通费支出增长 24.1%,旅馆住宿支出增长 38.6%,化妆品支出增长 12.0%,运动型多用途乘用车(SUV)销售量占全部乘用车销量的比例同比提高了 1.3 个百分点。从外贸看,1—8 月,新兴服务进出口总额同比增长 20.9%,高于服务进出口总体增速 10.4 个百分点,拉动新兴服务占比提升近 3 个百分点。

二、2019年新动能发展环境总体有利

1. 国际环境利弊各半

（1）不利条件。

从市场环境看，世界经济反弹即将见顶回落，市场需求对新动能发展的拉动作用将相应减弱。本轮全球经济回升始于2016年下半年，是在量化宽松政策驱动下的技术性反弹，迄今为止历时两年之久。随着各国货币政策为了对冲美联储加息纷纷转向，世界经济这一轮反弹即将结束，2019年见顶回落的概率较大。伴随全球经济景气下滑，以新业态、新技术和新产品为载体的新动能发展的市场环境也将有所趋紧。

从资金投入看，新动能发展的资金来源主要是政府财政扶持资金和社会资金，然而这两方面的资金都将更加趋紧。次贷危机以来，各国为了刺激经济增长，不断加强财政支出力度，全球政府负债率已经达到了前所未有的高度，财政政策空间已经非常有限。与此同时，各国央行加息次数明显增加，全球性流动性逐步萎缩。根据美银美林研究，全球央行2016年购买1.6万亿美元资产，2017年2.3万亿美元，2018年仅剩0.3万亿美元，到了2019年将转为净卖出0.2万亿美元。在这一过程中，新兴市场资金流出速度会加快，资金紧缺程度也会更加严重。

从国际关系看，特朗普发起的贸易战将给中国高新技术的发展设置更多的障碍。为了遏制中国崛起，特朗普以贸易战为名，不断加强对向我国出口高新技术的限制，持续加大对中资收购美国高新技术企业审查力度，多方遏制我国创新能力和高技术产业发展。在美国政府的示范和推动下，其他发达国家政府对中国高新技术发展的防范力度必将相应增强，中国从外部获得高新技术的难度将有所加大。

（2）有利条件。

中国巨大市场规模助推国际双边、多边、区域性合作。特朗普推动的"美国优先"战略正在不断地打破全球经济一体化格局。各国为了共渡难关，纷纷抱团取暖，积极推动双边、多边、区域性的各种经贸合作谈判。在这种背景下，中国市场规模超越美国成为世界第一，势必增强与其他国家开展经贸合作的筹码，更有利于我们达成各类国际合作协定，将在一定程度上缓解由于中美贸易战和世界经济增长放慢带来的不利影响。

全球贸易保护主义助推国外高技术企业对华投资。在高新技术产业化的进程中，市场需求发挥着至关重要的作用。全球经济一体化的格局下，高新技术企业的设立往往集中于创新资源的汇集区。反之，全球贸易保护主义兴起的形势下，高新技术

企业的设立就需要更加贴近市场。当今世界,中国是创新技术产业化最佳的市场之一。许多跨国公司为了推动其新技术的产业化和新产品的市场化,势必需要优先考虑对中国的投资,从而对中国新动能发展带来外溢效应。

国际环境变化助推中国加快对外开放步伐。为了减弱贸易战带来的不利影响,我国选择了更加有力地开放市场,更加积极地营造和完善公平竞争和法制化、国际化、便利化的营商环境,更加主动地完善了市场准入的负面清单制度,更加明显地放开了金融、交通运输、商贸流通、制造、能源等各领域的投资限制。清单的特别管理措施大幅降低,由最高峰时的 400 多条减少为 2018 年版的 48 条。2019 年 3 月底前,全面清理取消外商投资准入负面清单外对外资设置的准入限制,实现内外资准入标准一致。这些开放政策的实施必将极大地吸引具有高新技术和高端服务能力的外资企业进入中国,为国内新经济发展注入新动力。

2. 国内环境利多于弊

(1) 不利条件。

全社会容错机制依然未能有效建立。创新是新动能发展的基础,容错机制是创新发展的前提。如果没有一个容错的机制,大家都存在"求稳怕错"心理,能够不做就不做,创新将无从谈起。毋庸讳言,在现有强化国有资产流失资产管控模式和严格责任追究的背景下,面对审计、纪检监察、巡视等多重监督力量,许多科研机构、高等院校、国有企业和事业单位的创新活力被严重制约了。

科技成果产业化渠道依然不畅。我国绝大多数研究型高校虽然成立了技术转移转化部门,但技术转移转化的工作却没有落到实处。这些转化部门人员通常由普通行政人员承担,缺少懂技术、懂市场、懂运营管理的专业人才,部门职能主要限于合同审核、文件上报、材料公示等程序化工作,基本不提供专利申请、价值评估、商务接洽等高附加值服务。同时,第三方市场中介发展缓慢,高校大量科技成果只能深藏闺中,无法与企业需求实现良好对接。

传统市场空间有所变小。我国传统制造业企业正在陷入市场空间不断收狭窄的困境,新旧动能转换的环境趋紧。这些企业面临来自印度、越南、菲律宾等低成本国家的竞争,传统市场份额不断萎缩。在高端产品开发方面,它们往往无法与发达国家的同行竞争,难以开拓新市场。在这种情况下,我国许多传统制造业企业宁愿选择外迁到低成本国家,而不愿意进行技术开发和产品升级。

中小企业创新能力不足。中小企业是创新的主力军,也是发展新动能的重要主体。但是,我国中小企业发展普遍面临融资困境,大多数正常生存都非常困难,更毋论创新发展了。中小企业规模小,市场占有率低,财务状况不透明,销售收入及现金流缺乏稳定性,还款资金来源难以保证,并存在着较高的倒闭率和违约率,使得银行难以遵守安全性和收益性原则给它们放贷。另外，中小企业工作、生活环境相对较差，员工薪酬、福利待遇较低，发展前景通常不明朗，对于创新型人才缺乏吸引力。

(2) 有利条件。

政府制度改革红利将进一步释放。面对外部环境变化对我国发展带来的诸多挑战，按照党中央、国务院要求，2019年将进一步推动政府改革，优化营商环境。进一步减少社会资本市场准入限制，全面实施新版市场准入负面清单，推动"非禁即入"普遍落实；进一步简化企业投资审批，在全国开展全流程、全覆盖工程建设项目审批制度改革，全部实现各类投资审批在线并联办理；进一步减轻企业税费负担，多管齐下，继续降低企业税负和社保费率；进一步提高政务服务效能，精简行政处罚事项，制定规范自由裁量权的办法；进一步推动民营企业发展，坚持"两个毫不动摇"，出台更多有利于民营企业稳定健康发展的政策。

"双创"升级版将为新经济发展进一步赋能。2018年9月国务院发布的《关于推进创新创业高质量发展打造"双创"升级版的意见》，围绕着创新创业服务生态全面升级、创业带动就业能力明显提升、科技成果转化应用能力显著增强、高质量创新创业集聚区不断涌现、大中小企业创新创业价值链有机融合、国际国内创新创业资源深度融汇等六个发展目标，把握优化创新创业环境、降低创新创业成本、提升创业带动就业水平、增强科技创新引领作用、提升支撑平台服务能力等五个维度，推动"双创"生态全面升级，形成创新创业发展新格局，必将为新动能的发展壮大提供更好的创新环境。

新经济发展基础进一步夯实。新经济发展的技术基础是新一代信息技术，资源基础是大数据，路径基础是产业融合。我国以云计算、移动互联网、物联网、传感网为代表的新一代信息技术的飞速发展，正在快速构建能够实现人与人、人与机器、人与物以及物与物之间能够直接沟通的"泛在网络社会"，为个人和社会提供无时不在、无所不在的信息服务和应用。我国全产业的经济结构、庞大的消费人群和市场催生了全球最大的大数据产业，新一代信息技术和大数据资源的整合驱动智能化技术快速发展，使得智能城市、智能社区等不断从概念成为现实，产业融合也变得更加普遍。

新消费增长的制度环境进一步优化。在新常态下，我国传统"温饱型"消费正快速向"品质型"新消费过渡。为了顺应居民消费提质转型升级新趋势，推进现代化经济体系建设和经济高质量发展，中央和地方正在不断改革创新，破除体制机制障碍，全面营造良好消费新环境，从供需两端发力，积极培育重点领域消费细分市场，不断满足人民日益增长的美好生活需要。

乡村振兴战略深入实施将使农村农业发展新动能进一步显现。2018年9月26日中共中央、国务院印发了《乡村振兴战略规划（2018—2022年）》，许多地方政府则将在2019年年底之前出台地方版的"乡村振兴战略规划"或"乡村振兴战略实施方案"，部署重大工程、重大计划、重大行动，确保乡村振兴战略落实落地，注重从农村改革、农业科技创新、培育现代农业经营主体和做大做强现代特色农业等方面着手，培育农业农村发展新动能。

三、2019年新动能发展将呈现五大趋势

1. 创新创业全面升级

创新创业是新动能发展的重要抓手。随着《关于推进创新创业高质量发展打造"双创"升级版的意见》实施，"双创"生态将快速完善，并逐步形成创新创业主体、平台载体、服务支持机构和外部发展环境良性互动、互促互进的有机整体；随着政府改革相关体制机制，出台针对性政策举措，"双创"政策将更加精准化，创新创业存在的难点和堵点问题将逐步排除；随着上海证券交易所设立科创板并试点注册制，创新企业的创新成本和创新门槛将明显降低，市场融资渠道将明显拓宽，天使投资、风险投资和私募股权投资等由此将引发新的发展高潮。

2. 产学研联动机制更加完善

产学研联动机制是新动能的重要基础。随着科研、人才制度改革推进，阻碍创新资源要素的开放、共享和流动的制度将快速打破，将推动高校、科研院所与企业共同协作平台的建立，促进科技成果信息共享机制的完善，打通科技成果研发端和需求端的对接渠道，以需求引领和转化渠道的畅通来推动科技成果转化效率和质量、水平的不断提升，从而为新经济发展注入更大动能。

3. 民营企业创新活力快速释放

民营企业是新动能发展的重要主体。在党中央和国务院高度重视下，我国民营企业将迎来全新的发展机遇。除了企业税费负担继续减轻之外，民营企业融资难融资贵问题将通过改革和完善金融机构监管考核和内部激励机制、扩大金融市场准入、拓宽民营企业融资等途径加以解决，符合经济结构优化升级方向、有前景的民营企业将获得必要财务救助；各种各样的"卷帘门""玻璃门""旋转门"将逐步打破，政府将在市场准入、审批许可、经营运行、招投标、军民融合等方面，为民营企业打造公平竞争环境。在新的环境下，民营企业此前被抑制的创造活力和创新能力必将得以快速释放。

4. 新消费保持较快增长

新消费是新动能发展的重要推手。我国政府顺应居民消费升级趋势，陆续出台了一系列促进新消费的政策举措。随着时间推移，这些政策效应将逐步显现。服务消费将持续提质扩容，体育与旅游、健康、养老等融合发展将形成体育消费新业态。在全面放开养老服务市场的情况下，健康养老家政消费将出现多样化、专业化、规模化、网络化、规范化发展趋势。消费者体验、个性化设计、柔性制造等相关产业在加快发展，定制消费、体验消费、时尚消费将成持续热点。高端信息消费将纷纷试水，可穿戴设备、超高清视频终端、智慧家庭产品等新型信息产品，以及虚拟现实、增强现实、智能汽车、服务机器人等前沿信息消费产品，将走进越来越多的家庭。

5. 农业现代化进程显著提速

农业现代化是新动能发展的重要体现。乡村振兴战略规划的全面实施，必将加速推进农业供给侧结构性改革，加快现代农业产业体系、生产体系、经营体系建设，实现农村一二三产业深度融合发展；必将加速推进农村地区水电路气、信息、无障碍以及北方地区供暖等设施建设和改造力度，健全农村现代流通网络体系，有效降低农村流通成本；必将加速推进电子商务向广大农村地区延伸覆盖，畅通城乡双向联动销售渠道，促进线下产业发展平台和线上电商交易平台结合，鼓励和支持消费新业态新模式向农村市场拓展；必将加速推进农业从增产导向转向提质导向，增强我国农业创新力和竞争力，为建设现代化经济体系奠定坚实基础。

四、相关政策建议

1. 加速推进国家创新体系建设

要瞄准世界科技前沿，强化基础研究，实现前瞻性基础研究、引领性原创成果、独创理论的重大突破。加强应用基础研究，深度实施国家重大科技项目，实现关键共性技术、前沿引领技术、现代工程技术、颠覆性技术的创新，为建设科技强国、质量强国、航天强国、智造强国、数字强国、信息强国提供有力支撑。深化科技体制改革，建立以企业为主体、市场为导向、政府为辅助、金融为支撑的产学研政金深度融合的创新体系。倡导创新文化，宽容失败，强化知识产权保护，创新知识产权运用，激发科研人员创新积极性，培养造就一大批具有国际水平的战略科技人才、科技领军人才、高水平的研究团队和创新团队。加强对中小企业创新的支持，不断完善政策支持体系。

2. 推进现代化产业体系升级工程

坚定不移做强以智能制造为代表的高端制造业，加快发展智能装备与产品，着力推动制造过程智能化，以"互联网+"促进生产模式创新。引导支持企业将互联网技术、理念与传统制造业融合创新，依托互联网开展网络协同设计、精准营销、媒体品牌推广等，建立适应消费者驱动的新型生产组织方式，提升柔性化、个性化、快速响应市场的制造能力。大力提升生产性服务业支撑能力，鼓励制造业企业向服务业链条延伸，推进工业云服务技术创新应用。加速发展新兴产业，大力推动移动互联网、大数据、云计算、物联网等与各行各业相结合，全面优化重构产业链、创新链、价值链，促进新兴产业发展。集聚发展形成新格局，建立具有国际竞争力的创新型产业集群，加大生命健康、航空航天、机器人、可穿戴设备和智能装备等未来产业培育发展力度，围绕生命信息、高端医疗、航空电子、无人机、机器人、智能制造成套装备等重点领域，组织实施一批发展前景好、技术水平高、价值含量高的重大项目，形成新的经济增长点。

3. 建立大中小企业协同发展长效机制

政府搭建产业互联网、大数据平台和公共服务平台，为各类企业尤其是中小企业提供公共服务，促进企业内部与外部、线上与线下等创新资源、生产能力、市场需求精准对接。成立专门引导基金，大力推动产业链上大企业与中小企业的"纵向联盟"。通过推动大企业与中小企业的合作，强化上下游企业的产业联系，保障企业原料和销售的稳定，实现大企业与中小企业的协同发展，推动中小企业借助大企业平台快速嵌入全球生产与贸易体系。通过引导基金条款，要求纵向联盟中的大企业必须采购一定比例的国内中小企业配套产品，从而在促使大企业推动中小企业提高技术标准的同时，缓解国内中小企业的市场困境。

17 "放管服"改革成效评估及展望

丁邡*

摘要： 随着人口红利式微，制度红利逐渐成为我国经济高质量发展的新动能。2018年以来，我国"放管服"改革取得了阶段性成果，在精简行政审批、优化营商环境、商事制度改革、激发创新创业和改善公共服务等方面成效显著，提升了企业和群众的获得感，强化了政府的保障力、执行力、公信力和创新力。同时也看到，"重审批、轻监管、弱服务"是突出顽疾，严重制约"放权"综合效应的释放；"监管""服务"和"保障"供给亟须加量提质增效；"互联网+政务服务"区域分化明显，难以形成全国上下联动、左右协同的改革合力。基于此，提出三点建议：一是思想上坚定改革担当，凝聚改革共识，汇聚改革合力。二是借力"互联网+政务服务"，下好"放权"先手棋、找准"监管"发力点、发掘"服务"潜力板，形成闭合链条。三是完善评估机制，加强督查问责。可以预见，未来"放管服"改革在助力经济高质量发展中将持续发挥重要作用。

关键词： 放权 监管 服务 改革成效

一、"放管服"改革取得阶段性成果

习近平总书记在党的十九大报告中指出，要"转变政府职能，深化简政放权，创新监管方式，增强政府公信力和执行力，建设人民满意的服务型政府"。贯彻落实党的十九大精神，继续深化"放管服"改革，加快推进政府职能深刻转变，夯实经济高质量发展的制度基础。五年实践证明，"放管服"改革释放了制度红利，在为企业松绑、为群众解绊、为市场腾位、为政府强身的过程中迸发了强大的能量，极大激发了市场活力和创造力，显著提升了人民群众的获得感。

"放管服"改革是循序渐进逐步推进的。2013年，本届政府成立后的首次常务

---

* 丁邡，管理学博士，国家信息中心经济预测部研究员，研究方向为信息化战略规划、战略高技术创新、大数据和数字经济。

会将转变政府职能提上日程,并把"简政放权、放管结合"作为改革的"当头炮"和"先手棋"。2014 年提出深化改革的着力点是"强化放管结合";2015 年将"优化服务"纳入"放管结合"范畴,形成"放管服"三管齐下、全面推进的新格局;2016 年全面启动"互联网+政务服务",对服务型政府建设进行一次全局性调整,同时也是政府职能转变的一次重要突破;2017 年提出五个"为",即为促进就业创业降门槛、为各类市场主体减负担、为激发有效投资拓空间、为公平营商创条件、为群众办事生活增便利,标志着改革进入攻坚期和深水区;2018 年又提出"六个一",即企业开办时间再减一半,项目审批时间再砍一半,政务服务一网通办,企业和群众办事力争只进一扇门、最多跑一次,凡是没有法律法规依据的证明一律取消,体现了我国政府坚持不懈向纵深推进"放管服"改革的决心。

(一)"放管服"改革实现阶段性目标

1. 行政审批精简取得突破性进展

5 年来,国务院部门行政审批事项削减 44%,非行政许可审批彻底终结,中央政府层面核准的企业投资项目减少 90%,行政审批中介服务事项压减 74%,职业资格许可和认定大幅减少。中央政府定价项目缩减 80%,地方政府定价项目缩减 50% 以上。并联审批、联合评审、"双随机、一公开"等新模式在全国得到广泛推广。各级政府协调推进行政审批标准化、便民化,持续开展减证便民行动,创新和加强事中事后监管,全力打造全国一体化政务服务平台,推行"互联网+政务服务"。"最多跑一次"改革切口小、受益面大,倒逼部门放下"小算盘"、连成"一张网",推动群众从"找部门"向"找政府"转变,从"跑得快"到"跑得有质量"。

2. 营商环境优化成效显著

"放管服"改革致力于营造权利公平、机会公平、规则公平的营商环境,促进了贸易和投资便利化,提升了开放型经济水平。2018 年,统一的市场准入负面清单制度和清理废除妨碍统一市场和公平竞争的各种规定在全国范围内推进实行。推行大幅减税降费降成本,出台了中小微企业税收优惠政策,累计减轻市场主体负担超过 3 万亿元,取消、停征、减免 1 100 多项中央和省级政府行政事业性收费。公用服务领域改革正在加快推进,公共服务质量效率不断提升。出台了一系列加强知识产权保护的政策,建立健全知识产权保护体系。2018 年前三季度,全国新设立外资企业 45 922 家,同比增长 95.1%;实际使用外资 6 367 亿元,同比增长 2.9%;进口的边境合规成本从 745 美元降低到 326 美元。世界银行发布的《2019 年营商环境报告》显示,中国排名从上年的第 78 位跃升至 2018 年的第 46 位,上升 32 位。"开办企业"、"获得电力"和"跨境贸易"三个指标位次上升最为明显。

3. 创新创业潜能逐步释放

"放管服"改革与大众创业、万众创新紧密结合，协调推进科研经费管理方式创新，赋予科研院、高校和科技人员更大自主权，提高创新成果转化效率，激发了人民群众的创业创新潜能，促进了新技术、新产业、新业态、新模式蓬勃发展。借力"双创活动周"等活动协调推动各类主体融通创新，破解初创企业融资难题。出台相关政策支持新就业形态的发展，对新兴产业实行包容审慎监管，为其成长留下足量空间。更低的门槛、更快的速度、更好的秩序、更优的服务，激发市场主体呈现出爆发式增长态势，有力带动了高质量就业创业。截至2018年9月底，全国市场主体已迈入"亿户时代"，实有市场主体1.06亿户，位居全球首位，其中企业3 362.8万户，占31.6%，较2013年年底提高了6.4个百分点。2018年以来我国日均新增商标申请量达1.95万件，截至9月中旬有效注册商标总量达1 655.62万件，平均6.4个市场主体拥有1件注册商标。

4. 商事制度增量提质不加时

工商登记、注册资本等商事制度供给数量不断增加，质量不断优化，时效大幅缩短。企业开办时间缩短三分之一以上，多个省份实现企业投资项目开工前审批全流程"最多跑一次"，与经合组织高收入国家持平，位列世界第28位。在全国推行"证照分离"改革，深化"多证合一"改革，推进工业产品生产许可证制度改革，推行简易注销改革。部分省市正在探索"双随机、一公开"监管、辅以重点监管和信用监管为基础的新型监管机制，推进跨部门联合监管和"互联网+监管"。如上海市从试点"证照分离"到推进"三个一批"改革，以"互联网+"技术实施智能化监管和全流程监控，立志当好"店小二"。如浙江省全面推行"一窗受理、一网通办、一证通办、一次办结"，2018年上半年省市县三级共1 458项办事事项实现标准化，80%以上的事项实现网上办理，48.4%的民生事项实现"一证通办"；厦门市首席代表协商制是在"多规合一"背景下催生的提速利器；广州市审批营业执照最快仅需"几秒"，并利用"人工智能+机器人"全程电子化推行商事服务"跨境通"。

5. 公共服务成为"潜力板"

"放管服"改革在推进教育、卫生健康、养老、社保以及社会管理等领域的发展，为人民群众提供便捷高效、公平可及的公共服务方面发挥了重要作用。一些地方创新服务理念，增加服务供给。公共服务正由"短板"变成"潜力板"，带动整个服务产业的发展和促进消费升级。如部分地方政府正在推行企业和个人两个"全生命周期"服务。一方面为企业开办和成长提供全生命周期"一条龙"服务,推动企业持续高质量发展;另一方面为个人提供全生命周期"全方位"服务,创造优质供给、释放服务需求、培育新动能,增强人民群众的幸福感,使公共服务成为构建消费社会的推进器。同时,公共服务质量和政务服务监管不断强化优化,民生事项办理流程不断简化优化,全国大部分省份民生事项实现异地联网办理。

(二)"放管服"改革强化了政府自身效能

1. 政府保障力显著加强

保障能力是"放管服"改革取得显著成效的基石。2018年7月,国务院推进政府职能转变和"放管服"改革协调小组成立。协调小组深入贯彻落实党中央、国务院决策部署,围绕推动高质量发展,统筹研究推进政府职能转变和"放管服"改革重要领域、关键环节的重大政策措施。各级政府积极探索,健全组织保障机制,并制定一套切实可行的治理制度和一系列操作性强的政策文件,在人才保障、资金保障和安全保障方面也进行了相应的安排部署,形成上下联动、左右协同的保障机制,确保改革顺利进行。同时,努力提高政务大厅工作人员的标准化服务水平,将一线人员从"单项运动员"培养为"全能运动员"。

2. 政府执行力极大增强

执行力是改革顺利推进的决定性因素。各级政府稳步推进向基层放权、向市场放权,努力把政务服务向基层和向群众关注的民生领域延伸,重点解决改革的"最后一公里"问题,在政策制定和落地实施等方面的执行能力得到显著提升。如"一窗式"办理,彻底清除了行政审批中的不合理成分,窗口数量减少这一"物理现象"折射了转变政府职能的复杂"化学反应",体现了政府上下协调和左右协同的执行力。

3. 政府公信力稳步提高

"放管服"改革促进政府管理理念、管理方式、管理手段不断创新,推动政府工作人员角色定位发生变化,从审批发证的"当家人"变为公共服务的"生产者",在破解政府职能缺位、错位、越位问题上探索出了一条新路,加快推动政府职能发生深刻变革。同时,"放管服"改革从源头上减少了权力寻租问题,促进了依法行政、廉洁从政,极大提高了政府公信力。

4. 政府创新力快速提升

创新力是政府在审批方式、审批机制、审批流程以及政务数据资源整合共享等方面的创新性探索和应用能力。比如,"证照分离"、"不见面审批"、"一枚公章管审批"、"最多跑一次"、"一门式一网式"、负面清单管理、"一照一码"、"双随机、一公开"监管等政务服务创新成果层出不穷,不胜枚举。2018年推行的"我为大督查提建议"小程序,成为具有中国特色的"全天候探照灯"式监督新模式。此外,注入互联网、人工智能、大数据等新技术基因的"数字政府"雏形初现,倒逼全社会数字化升级转型。一些省份积极探索,推动"一网通办"总门户上线运行,激励企业和群众积极参与这场自上而下的数字革命,标志着我国"数字政府"建设迈出关键性一步。

(三) "放管服"改革提升了人民群众获得感

"放管服"改革关注民所关注、急民之所急、解民之所惑、助民之所盼,让群众少跑腿、少烦心、多顺心,解决群众"办事难、办事繁、办事慢"、"多头跑、来回跑"、"奇葩证明"等问题,显著提高了企业和群众办事的知晓率、获得感和满意度。各级政府积极推动政务服务向"两微一端"等延伸拓展,聚焦与群众生活最密切的重点领域和办理量大的高频事项,如身份和教育证明、户籍、社保、就业创业、商事服务等,为群众提供了多样性、多渠道、便利化服务。2018年,网约车等新经济形式的审慎监管举措,群众获得感高达96.12%。长春市"放管服"改革群众整体满意度显著提高,达到93.43%;浙江"最多跑一次"越跑越顺,"一次办成"实现率达到88.8%,群众满意度高达94.7%。

二、存在问题及成因

我国"放管服"改革已经走上快车道,但成效还是初步的、阶段性的,与高质量发展要求和人民群众的期盼相比,依然存在很大差距。改革推进中既存在基层落实的"最后一公里"问题,也有中间层次的"中梗阻"问题,还存在国务院部门"最先一公里"问题。

(一) 各部门尚未形成改革合力

各部门在改革筹划、推进、落实过程中,敢闯敢试的意识还不强,创新性改革举措还不多,抓落实的力度还不大。"官本位"的思想仍然根深蒂固,重审批、轻监管、弱服务的问题还比较突出。有的部门缺少大局意识,放权就像"挤牙膏",一点一点向外挤,能不放就不放,能少放就少放。在改革突破的关键环节上,缺乏坚定改革的信心和决心,敢于负责、勇于担当的精神不足。个别部门、个别干部缺乏"敢领风气之先"的创新意识，缺乏"敢啃硬骨头"的使命担当，缺乏"一抓到底"的改革韧劲。一些部门仍然管了很多不该管的事，制约了市场活力的释放。企业公平竞争、优胜劣汰的市场营商环境尚未完全形成。业务审批和办理还不够优化，职能设置分配不够顺畅，审批权限有待进一步放开；业务办理交叉错位，离"一网、一门、一次"还存在一定差距，"最后一公里"问题在许多地区普遍存在。

（二）监管和保障机制建设尚未健全

加强事中事后监管在实际执行过程中存在放管脱节、监管方式创新不明显、监管思路未转变的问题。一些监管执法人员继续沿袭老路，让市场主体对监管方式创新的感受不明显。监管不作为慢作为乱作为并存问题比较突出。媒体曝光的"救火式监管"和"应景式监管"等就是典型的监管乱象。还有地方错误地认为凡是通过监管环节的事项可以"终身免检"。另外，由于前期改革工作推进较快，保障机制尚未健全，配套改革滞后，加上待遇低引起一线人员离职率偏高，引发存量改革和增量改革并重阶段的特殊矛盾。

（三）公共服务供需矛盾尚未有效缓解

在改革推进过程中，公共服务仍存在不少薄弱环节。尤其在教育、医疗、养老和健康等公共服务领域，供需矛盾比较突出。假冒伪劣、坑蒙拐骗、侵犯知识产权等问题急待解决。一些部门办事手续多、手续乱、随意性大，群众和企业不满意。企业和群众创新创业仍然深受显性或隐性准入壁垒之苦、行政许可和变相审批之累。"办理施工许可"等营商环境指标全球排名比较靠后。如企业在中国建造一座仓库，办理许可证和授权需要经过20项程序，而东亚太平洋地区平均为15项。

（四）"互联网+政务服务"效能尚未显现

"放管服"改革的一个突出特点是涉及部门多、领域广、纵深长，上下左右统筹协调的工作量大。全国"互联网+政务服务"平台建设管理分散、系统繁杂、数据标准不一、数据共享不畅、业务协同不足等问题较为普遍，区域分化明显，整体运行机制不够顺畅，未能发挥整体效能。一方面，国家和部门建设的专网数量较多，对上协调难度大；另一方面，一些部门缺乏系统谋划和整体指导，致使改革推进过程中出现上下脱节的现象。此外，一些地方宣传力度不够、网络办理渠道使用率不高的问题较为突出。大部分地区整体规划缺少统筹考虑，部门横向协同、纵向联通不够顺畅，数据共享程度低，大数据辅助决策能力弱。

三、2019 年发展环境分析

改革开放 40 年来，中国经济发生了巨大变化，从在世界经济总量占 1.8% 到现在对世界经济增长贡献率超过 30%。但也应清醒地认识到，我国仍处于并将长期处于社会主义初级阶段，发展不平衡不充分的一些突出问题尚未解决。

（一）世界经济总体复苏向好，不稳定不确定因素增多

2008 年国际金融危机爆发以来，世界经济陷入较长时间的低迷，主要经济体都出现了经济增长动能不足的问题。2019 年世界经济总体复苏向好，但不确定不稳定因素将增多。全球经济增速较低并处于持续放缓阶段，全球市场需求不足。在全球经济格局剧烈演变的背景下，主要经济体基于战略性焦虑，将进行宏观政策调整。我国经济已深度融入世界经济，全球经济出现结构性困境和治理缺陷，政治上的保守主义抬头，地缘政治风险上升，逆全球化和贸易保护主义加剧，都将对我国发展带来多方面的冲击。2019 年持续深入推进"放管服"改革，为我国经济社会发展清淤除障，将有效提高我国抵御外部冲击的能力。

（二）全球贸易格局不断变化，中国竞争优势相对弱化

全球经济贸易格局发生深刻变化，贸易全球化受挫，各国更加注重保护本国利益，中国等新兴大国与美国等守成大国在国际经贸规则制定上不断博弈。重构新的经贸规则阻碍中国经济影响力持续扩大，是主要经济体的重要战略考量。全球产业链分工将面临调整，国际竞争将日趋激烈，中国竞争优势相对弱化。中国要在国际竞争中赢得绝对优势，必须对标国际先进水平，紧抓"放管服"改革，持续优化营商环境，提高贸易便利性，提高对外资的吸引力。

（三）国内经济稳中向好，深层次结构性矛盾不断显现

我国经济正由高速增长阶段转向高质量发展阶段，经济发展的目标、结构、动力和机制都将出现系统性转变。供需关系不平衡、结构不匹配，导致资源错配和结构扭曲的问题凸显，制约经济发展提质增效。经济下行压力大，国内深层次结构性矛盾不断显现，创新能力不强，创业动力不足，风险隐患随时可能发生。只有通过加强监管促进公平竞争、优胜劣汰，使资源得到公平高效配置和利用，才能解决经济发展的结构性矛盾。"三大攻坚战"中的两大任务——防范化解重大风险和防治污染唯有强化"监管"才能完成。持续深化"放管服"改革，破除各种束缚创新活

力的桎梏，最大限度激发市场活力和群众创造力，才能使我国经济依靠科技创新提质增效，推动产业链从低端迈向中高端，顶住经济下行压力，促进高质量就业创业。

（四）国内政策环境不断优化，改革红利释放缓慢

考虑到全面深化改革还未达到预期目标，预计2019年中央政府将不断加强改革的顶层设计，各部门将不断增加高质量政策供给，并加快完善相应的法律法规。但政府职能转变还不到位，对微观经济运行管得过多却管不到位，营商环境、创新环境、公共服务等"软环境"未达标，严重制约了改革红利的释放。在医疗健康、食品药品安全、住房、教育、就业、养老、环保等民生领域，群众满意度不高，获得感不强。唯有继续深化"放管服"改革，显著改善"软环境"，才能激活改革红利的充分释放。

四、2019年展望

"放管服"改革将持续全面深化，成为破解高质量发展难题、打好三大攻坚战和应对外部风险的利器。展望2019年，"放管服"改革将呈现如下特征：

（一）"简政放权"5年量化目标倒逼改革向纵深推进

未来5年"简政放权"量化目标如下：企业开办时间从平均20个工作日压缩到5个工作日以内；商标注册审查时间从8个月压缩到4个月以内，发明专利审查周期压减1/3，其中高价值专利审查周期压减一半；工程建设项目从立项到竣工验收全流程审批时间压减一半；进出口通关时间再压减一半；不动产登记时间和电力用户办电时间均压缩2/3以上。可见，改革核心点从重视政府自身变革，转变为关注政府为市场和群众服务；从重视"最多跑一次"等"量"的控制，转变为重视营商环境等"质"的提升。简政放权确定量化指标不仅是目标，更是倒逼机制。首先倒逼中央政府自我加压，其次倒逼地方政府按照量化指标，确定时间表、任务图，倒排工期，确保按质按期完成改革任务。

（二）"放管结合"将成为激活民间投资和吸引外资的重要抓手

放管结合，既要"有为的政府"，也要"有效的市场"。从2018年1—6月份的经济数据看，尽管我国经济总体平稳、稳中向好，但投资增长率特别是民间资本投资增长率是历年来最低的。2019年"放管服"改革将着力于加强薄弱环节监管制度建设，做好重点领域风险防范和处置，同时打破一些领域对民营企业和外资企业准

入的垄断，真正落实"非禁即入"政策，让民间资本和外资更广泛地参与公平竞争，为民营企业的发展营造公平竞争、稳定透明、可预期的市场环境。

（三）"互联网+政务服务"将成为驱动政府、企业和社会实现数字化升级的引擎

以"互联网+政务服务"为牵引的"数字政府"和"智慧政府"将逐步建成，变"群众跑腿"为"数据跑路"，以政府数字化倒逼企业和全社会数字化升级，逐步消灭数字贫困，为获取数字红利储势蓄能。"一站式"功能和线上线下服务模式将在全国范围内逐步优化和融合，实现从"多头找部门""多次办理"转变为"一个窗口""一次办成"，逐步实现全城通办、就近能办、异地可办。

（四）"互联网+监管"效用逐步凸现

习近平总书记曾经说过"要织密群众监督之网，开启全天候探照灯，各级党组织和党员、干部的表现都要交给群众评判"。2019年改革将从政务大厅走进企业和社区，洞察企业经营和民生领域的"痛点"和"堵点"，破除改革的"中梗阻"，解决改革"最后一公里"问题。将运用有效机制发动群众深度参与监督，大力推行"互联网+监管"，建立基于群众一手数据的问责机制和数据反腐机制，减少"暗箱操作"，消除监管盲区。

五、政策建议

（一）坚定改革担当，凝聚改革共识

"放管服"改革任重道远，决不能有"差不多""歇歇脚"的松懈思想。必须加大思想解放的力度，切实将各级干部的思想认识统一到全面深化改革、加快推进政府职能深刻转变的轨道上来，坚持目标导向、问题导向、效果导向。在形成思想共识的基础上，消除"要不要改"的疑虑；明确改革的方向和重点，解决"往哪儿改"的困惑；确立改革的时间表和路线图，破解"怎样改"的难题。在总结前期改革经验的基础上，牢固树立全国"一盘棋"的思想，投入更多精力、下更大气力狠抓落实，坚定各级干部和基层工作人员的改革担当，思想上凝聚改革共识，行动上注入强劲动力。此外，各地情况千差万别，改革的重点难点不尽相同，必须因地制宜，支持地方和基层大胆探索，勇于创新。

（二）用好"加减乘除"，汇聚改革合力

"放管服"改革是一个有机整体，要坚持共建共治共担共享的基本原则，要敢

于试错容错，共担改革风险，共享改革成果。基层创新要与顶层设计同步进行，实现"自下而上"与"自上而下"的有效互动，上下衔接、左右协同、统筹推进，注重改革的系统集成，提升整体效能。要进一步梳理改革的"痛点""堵点"，寻找"突破点"，破除体制机制障碍。强化部门横向协作，辅以纵向联动，完善联合办理、并联审批、绿色通道等行之有效的措施办法，形成多级协调联动格局。创新制度供给的"加减乘除"法，真正做到审批更简、监管更强、服务更优，汇聚"放管服"三位一体改革合力。

做好"加法"，加强监管并同步加强相应的法律法规建设。推进"互联网+监管"模式的跨部门联合监管，以"双随机、一公开"监管为基本手段、以重点监管为补充、以信用监管为基础，从各个部门"单打独斗"转变为基于数据的综合性"智慧监管"，做到"一次检查、全面体检"。

做好"减法"，向市场主体放权、向基层政府放权，减少政府权力以换取市场的活力。要不断压缩行政审批事项，大幅减少涉企项目审批事项。加快"证照分离"改革，大力减少市场准入壁垒。进一步推进减税降费降成本。着力治理各种中介服务乱收费。

做好"乘法"，优化服务并扩大优质服务辐射的倍增效应。各级政府要按照兜底线、织密网、建机制的要求，不断完善基本公共服务体系，调动市场力量增加非基本公共服务供给，切实保障好基本民生，更好满足人民群众多层次多样化消费需求。加强金融等领域高附加值服务供给，拓宽融资渠道。提高科技服务能力，激发创新创业活力。

做好"除法"，消除权力寻租空间，完善权力清单制度。权力清单内容要因地制宜动态优化，权力类型要不断创新，权力运行流程要依法公开，权力清单制度要及时动态更新，明确权力边界和晒"清单"。真正做到把权力装进制度笼子里，革除与审批发证相关联的寻租权力和不当利益。

（三）建立完善"互联网+政务服务"生态系统

大力发展"互联网+政务服务"，打造智慧政务生态系统。除法律法规另有规定或涉密等外，要按照应上尽上的原则，政务服务事项基本上网办理。要大力推动跨地区、跨部门、跨层级数据开放共享，打通信息壁垒，同时筑牢信息安全防线，打造"不打烊"的"数字政府"。通过线上线下资源融合重组、角色定位重新布局、渠道方式多样选择，实现由"政府点餐"向"群众点餐"转变，构建"智慧政府"。以解决不同群体在不同时间就近办、优先办、窗口办、柜台办、快递办、网上办等不同形式的服务需求为契机，推进"互联网+政务服务"在空间和时间维度上的融合贯通。加快发展"互联网+医疗""互联网+教育"等,并融入全国一体化政务服务平台,随时随地为群众提供公平可及的公共服务。

(四) 完善评估机制,加强督查问责

要始终把群众满意不满意作为改革的最高标准,真正让人民群众成为改革的监督者、推动者、受益者。建立完善"互联网+评估"系统,实时监测事项、办件、业务、用户等信息数据,接受申请办事的企业和群众对政务服务事项办理情况的评价,实现全流程动态精准监督。逐步推行在线实时监测和可视化分析,评估方和被评估方进行在线的有效互动。将"互联网+政务服务"纳入政府绩效考核体系,探索构建以企业开办时间、投资项目审批提速程度、企业和群众办事便利性等作为重要考核指标,加大考核权重,列入重点督查事项,定期通报并公开改革进展和成效。

Annual Report on
China and the World Economic
Development(2019)

产 业 篇

INDUSTRY REPORTS

18　2018年工业形势分析及2019年展望

魏琪嘉*

摘要：当前，工业增长的内外部环境正在发生重要变化，有积极因素，也有风险挑战。工业化阶段、国内外形势、工业发展基础等一系列变化推动着中国实体经济向素质提升型的增长路径迈进。预计2018年全年规模以上工业增加值增速保持在6.3%左右。2019年工业运行仍将保持稳中有进稳中向好的局面。在政策取向上，应以提高制造业质量和比重为导向，加快推进工业化基础再造，推动事关生产要素配置的重大体制机制改革，发挥产业政策在塑造公平市场竞争秩序中的作用。

关键词：工业形势　供给侧结构性改革　制造业

一、当前工业运行稳中有进但稳中有变，工业领域中的新情况、新特点对做好2019年工作提出了更高要求

第一，稳中有进的态势仍在持续，基本盘的稳定、结构调整取得的积极进展是确保当前经济平稳运行的"压舱石"。从增速看，1—9月份，全国规模以上工业增加值同比增长6.4%，从5年内工业增长的历史数据看，保持在6%左右的增速是显著特点，这已充分说明中国工业增长具有很强的韧性，任何唱衰的论调在数据面前是站不住脚的。从结构看，积极的因素也在不断积聚。前三季度，高技术产业占规模以上工业增加值的比重为13.4%，比1—8月份提高0.2个百分点；战略性新兴产业占比为18.5%，比1—8月份提高0.1个百分点。从投资情况看，前三季度工业投资同比增长5.4%；其中，制造业投资增长8.7%，增速比1—8月份提高1.2个百分点。从出口看，工业出口增速也基本符合市场预期，现阶段没有因中美经贸摩擦出现大幅波动。前三季度，规模以上工业企业实现出口交货值89 729亿元，同比增长8.1%。9月份，规模以上工业企业实现出口交货值11 839亿元，增长11.7%。

---

* 魏琪嘉，经济学博士，产业经济研究室副主任，国家信息中心经济预测部副研究员，研究领域为产业经济。

从利润看，前三季度工业利润总体保持较快增长，降低实体经济企业成本工作取得积极进展。从发展环境看，前不久习近平总书记在民营企业座谈会上的重要讲话极大提振了市场主体信心，总书记提到的抓好6个方面政策举措落实，直接起到了稳定企业预期的积极作用。

第二，稳中有变的情况应该引起高度重视，总结起来有五个"变"。这些新情况、新特点，对全面准确看待当前形势有着重要参考价值。一是我们面临的国际政策博弈环境在变。各国经济政策相互影响的程度在日益加深。联合国贸易和发展组织最新发布的《投资趋势监测》报告显示，2018年上半年全球外国直接投资下降了41%，其中一个重要的原因就是美国跨国公司在税制改革后将海外子公司留存收益大量汇回美国。二是我们面对的一些国家的产业政策导向在变。很多国家将原来的"给特定产业以优惠"转变为"赋予特定区域优惠政策"。比如，美国特朗普政府《减税和就业法案》提出了"机会区域基金项目"，通过税收优惠引导投资者将资本注入低收入社区。印度政府规定，投资于本土特定区域的企业，可以享受一定年限的企业所得税减免。三是我们对自身工业化的认识程度在变。工业领域里很多"卡脖子"问题的出现，说明中国距离实现高水平的工业化还有一定的差距，工业化基础再造、重塑的任务更加紧迫。寄希望于在某一特定领域出台特定的方案对提高产业核心竞争力的边际作用在递减。四是各国对工业新兴领域及学科交叉产生的先进技术的重视程度在变。提高制造业核心竞争力成为美国、英国、德国、日本的重要国家战略，政府专门出台有关法案予以背书支持。从2012年的《美国制造业振兴蓝图》到2016年的《国家人工智能研究与发展战略计划》，从2013年德国政府提出的"工业4.0"战略到联邦教研部启动的"学习系统"的人工智能平台，这些一脉相承的政策背后说明各国对事关制造业核心竞争力的关键共性技术重视程度越来越高。五是中美经贸摩擦对产业的影响在变。调研中发现，在贸易摩擦的早期，影响还主要局限在一些特定的产品，但随着时间的推移，贸易摩擦对产业链的影响苗头已经开始显现。一些跨国公司制造商推迟在当地进一步投资，并考虑将部分或全部的制造活动迁移至其他国家。这种潜在性的风险一旦转变为现实问题，将对产业链不同环节的供应商、制造商产生负面影响。

二、工业领域面临的一些问题亟待解决，这些问题有的带有短期性质，有的具有中长期趋势

1. 短期出口仍然面临较大下行压力

当前由于出口抢跑等因素，贸易摩擦对出口的负面影响并没有马上反映到当期

的数据。但从一些先行指标变化情况看，短期出口仍然面临较大下行压力，不容忽视。PMI 新出口订单指数连续 5 个月处于 50% 以下。10 月份新出口订单指数为 46.9%，比上月回落 1.1 个百分点。第 124 届广交会对美出口成交金额同比下降 30.3%，仅为 27.9 亿美元。

2. 需求不旺的问题依然凸显

主要有以下三个事实来佐证：第一，10 月份 PMI 新订单指数为 50.8%，比上月回落 1.2 个百分点。第二，制造业有效投资量继续呈下滑态势。扣除价格因素后的制造业固定资产投资增速为负，凸显有效投资不足的问题。第三，下游终端生活资料价格同比上涨幅度远低于前端原材料市场价格涨幅，凸显制造业终端消费领域需求不足的问题。

3. 工业增加值率偏低

制造业增加值占 GDP 的比重居世界首位，但从制造业增加值率看，中国工程院数据显示，我国制造业增加值率自 2002 年以来一直呈下滑趋势，2014 年我国制造业增加值率为 21.48%，不仅与美国（37.67%）、日本（36.07%）、德国（38.76%）等发达国家有着非常大的差距，甚至落后于印度和巴西等发展中国家。

4. 自主创新能力不强

具有自主知识产权的产品少，核心技术对外依存度高，产业发展需要的高端装备、核心零部件和元器件、关键材料等大多依赖进口。例如，我国芯片 80% 依靠进口，2017 年进口金额高达 2 300 亿美元。知识产权使用费的逆差超过 200 亿美元，其中，支付美国的知识产权使用费同比增长了 14%。

5. 生产性服务业发展滞后

第一，生产性服务业发展的总体水平不高，数据显示，2014 年我国生产性服务业增加值率约为 53.8%，明显低于发达国家水平 60% 的水平。第二，生产性服务业的市场化程度偏低，难以形成有效供给。第三，代工制造业发展不仅没有形成对生产性服务的有效需求，反而在要素获取方面与服务业形成竞争。

三、对 2018 年全年及 2019 年中国工业发展形势的预判

我们判断，2018 年规模以上工业增加值将保持在 6.3% 左右，2019 年该数值将保持在 6% 左右。主要有三点理由：

一是根据历史数据，采用各类回归模型预测之后的结果基本在 6%~6.4%。在

当前的市场预期和宏观基本面背景下，2018年规模以上工业增加值将不会出现较大的波动，增速将基本维持在6.3%左右。

二是从供给和需求看，我们判断，供给好于需求的形势在1~2年内还不会改变，供需力量的对比在短期内将保持稳定，直接决定了价格、利润等指标不会发生趋势逆转的改变。因此，2019年工业增加值增速将保持稳定，预计在6%~6.3%区间。

三是从政策储备看，中央强调的"六稳"，在做好稳就业、稳金融、稳外贸、稳外资、稳投资、稳预期工作方面仍然有很多政策工具，对于维持工业平稳运行具有较强的支撑作用。

四是工业本身具备自我稳定的功能。不同门类增速的此消彼长、新动能的加速培育，使得这种稳定性在短期内不会发生变化。

四、保持定力、守正出奇，做好自己的事，加快促进工业高质量发展

妄自菲薄没有出路，自怨自艾毫无益处。实现工业高质量发展，关键是要自力更生，从容应对国际激荡，昂首阔步走好自己的路，努力构建具有全球竞争力的现代产业体系。

1. 谋划工业强基的顶层设计

按照建设实体经济、科技创新、现代金融、人力资源协同发展的现代产业体系的要求，统筹谋划推动工业高质量发展，从根本上解决"卡脖子"问题的顶层设计。进一步补齐要素短板，有力支撑工业高质量发展。加强教育与就业的供需对接，加强职业教育和专业技术人才培养，大力鼓励企业采取校企合作、学徒制等方式有针对性地培养企业需要的人才。强化金融政策和产业政策的配合，鼓励金融机构推出满足实体经济创新发展的金融产品和服务。彻底清除制约科技成果转化的体制机制障碍，加快解决影响创新激励制度发挥作用的"痛点"、"堵点"问题。要为形成宽容失败和容忍亏损的创新文化提供制度保障。

2. 妥善应对中美贸易摩擦

建议在外贸出口占比高的省份选择2~3个地级市作为观测点，及时掌握跟踪贸易摩擦对就业、出口、产业链的影响。力争早日突破一批关键核心技术、产品，以重点突破带动制造业整体竞争能力提升，牢牢掌握发展主动权。降低制造业增值税税率，对冲经贸摩擦对我产生的负面影响。产业政策上要做调整，按照竞争中性原则对所有市场主体一视同仁。

3. 切实抓好重大项目建设

抓好重大项目建设对扩大内需十分重要，对于强化国家专项规划的落实也至关重要。国家专项规划大多明确了项目布局，要把抓好规划内重大项目建设，作为当前投资管理工作的重要任务。创新重大项目建设的组织管理方式，主动协调、主动推动、主动服务，确保项目落地。进一步强化责任约束，杜绝项目建设的随意性，提高国家规划的严肃性。

4. 加快处置"僵尸企业"

建议尽快明确判定"僵尸企业"的量化标准，按照市场化原则辅之以必要的行政手段加快处置进程。把处置"僵尸企业"作为督查考核的重要内容。建立"僵尸企业"专项处置资金，集中用于做好职工安置和再就业工作。

5. 有效稳定市场主体预期

通过持续降低企业成本稳定预期，要探索继续降低制造业增值税税率的可行性。通过推动若干重大改革举措提振市场信心，要持续放宽制造业市场准入加快政策落地。通过认真贯彻总书记在民营企业座谈会上提到的六条政策稳定预期，要围绕减轻企业税费负担、解决民营企业融资难融资贵问题、营造公平竞争环境、完善政策执行方式、构建亲清新型政商关系、保护企业家人身和财产安全六个方面出台一批立竿见影的政策。

6. 完善科技人员评价和激励机制

推动科研成果收益分配、股权激励、产权处置等向优秀人才倾斜，让科技人员的智力劳动得到合理回报。赋予科技人员更大科研自主权、人财物支配权和技术路线决策权。支持体制内科技人员停薪留岗创业，支持科技人员依法依规适度兼职兼薪，确保相关政策落地。

7. 加快发展生产性服务业

推动生产性服务业向价值链高端延伸，大力发展工业设计，深化信息技术在生产性服务业的应用，聚焦薄弱环节加快发展，瞄准国际标准提高水平。提前布局工业软件设计等产业。

8. 加强事中事后监管

深化商事制度改革，及时制定公布市场管理前置审批事项目录，做到目录之外无审批。严格执行环保、安全、能耗等标准，严惩商标、专利等知识产权侵权行为，严厉打击制假售假，加强失信企业的认定核查、信息采集、信息公示及联合惩戒。加强事中事后监管法治建设，推动人财物等资源向基层倾斜，加强基层执法能力建设。

19　2018年房地产形势分析及2019年展望

邹士年*

摘要： 2018年在经济下滑、调控继续从严的背景下，房地产市场投资整体接近两位数的增速出乎市场意料，房地产企业的购地积极性二三季度也出现快速的回升。但是受调控的影响，房地产销售面积增速低速增长，调控地区的房价涨势也在趋缓，房企资金面紧张。2019年在经济下行压力较大的背景下，货币市场的紧缩程度有所缓和，但是房地产市场从严调控的基调不会变，房地产市场的3.0特征会更加明显，房地产企业的高杠杆风险犹存，集中度会进一步提升。房地产投资增速会小幅放缓，全年在7%左右，房地产销售有望前低后高，房价难以大幅攀升。建议中央在房地产市场调控上以"稳"和"紧"为主，注意货币政策的溢出效应；地方应加强调控的精准性，逐步摆脱对房地产的依赖；房企应加快去杠杆和产业转型升级；房地产需求者应理性购房，对房价有理性认识，提高投资的风险意识。

关键词： 房地产　房价　房地产投资　房地产调控

2018年的房地产市场调控依然从严，调控地区的限售、限购制约了房地产市场成交量的扩大，房价涨幅趋缓，非限购地区的三四线及以下城市量价齐升。虽然调控城市在不断增加，但房地产投资仍保持较快增速，成为托底经济的中坚力量。在金融领域的去杠杆和严监管下，房地产企业资金面全面收紧，房地产企业杠杆率进一步上升。面对当前调控的继续从严和中美贸易摩擦对宏观经济的影响，未来房地产市场存在一定的不确定性。

一、2018年严厉调控下的房地产市场走势出乎意料

2018年的房地产市场，即使是在经济下行压力较大、中央对于调控仍然没有放

---

* 邹士年，经济学博士，副研究员，国家信息中心经济预测部新动能（双创）研究室副主任，研究方向为宏观经济、房地产经济等。

松的背景下,房地产投资增速却大大出乎市场预期,价格也没有明显的下行。随着中美贸易战负面影响的加深,让市场对于房地产调控政策产生幻想,7月底中央政治局会议强调"坚决遏制房价上涨",市场开始放弃幻想,房地产调控的长期性不容置疑。

(一) 中央定调调控政策不放松,地方大力落实主体责任

2018年以来,房地产政策调控进入了一个新的阶段,除了继续通过限购限贷等措施抑制非理性需求外,重点是要求各地根据市场情况加强供给,调整中长期供给结构。整个上半年中央虽未明确对房地产市场表态,但是各地为落实地方主体责任,政策密集出台,截至9月全国各地发布的房地产政策近400条。各部委为落实"房住不炒"的理念也在积极加大政策供给。5月份住建部明确要求一线、二线城市要在年底前编制完成2018年至2022年住房发展规划,增加有效供给,提高中低价位、中小套型普通商品住房供应比例,大幅增加租赁住房、共有产权住房用地供应,在新增住房用地供应中的比例达到50%以上。为配合住房供给,尤其是租赁性住房的供给,在资金层面加快制度建设,4月25日,中国证监会和住房城乡建设部联合发布《关于推进住房租赁资产证券化相关工作的通知》,明确了住房租赁资产证券化的基本条件和重点支持领域。同时,险资也被允许进入长租公寓市场。进入6月份之后,中美贸易战影响不断加深,经济下行压力不断加大,就在市场观望调控政策会否出现松动之时,7月31日,中央政治局会议发出最强楼市调控信号:坚决遏制房价上涨。从"遏制房价过快上涨",到"坚决遏制房价上涨",几字之差,但态度比以往任何一次都要坚决,彻底改变了市场预期。

(二) 房地产投资仍保持较高增速,房企拿地由积极转向放缓

2018年以来虽然房地产市场及金融市场仍处于严格调控之下,但是房地产投资和房地产企业拿地的积极性有点超乎市场预期。1—9月全国房地产开发投资88 665亿元,同比名义增长9.9%(见图1),增速比上年同期高1.8个百分点。其中,住宅投资62 806亿元,增长14%,增速比上年同期高3.6个百分点。住宅投资占房地产开发投资的比重为70.8%,比上年同期高2.5个百分点。从区域来看,东部地区同比增长11%;中部地区增长8.4%;西部地区增长7.5%;东北地区增长16.5%。

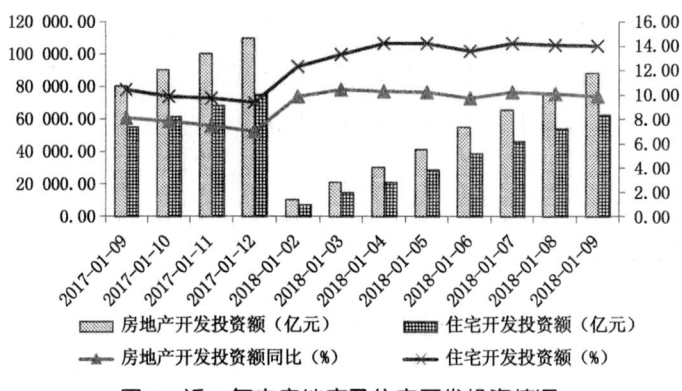

图 1　近一年来房地产及住宅开发投资情况

数据来源：国家统计局，下同。

房地产企业购地积极性 2018 年初较低，但是自 5 月份开始积极攀升。1—9 月土地购置面积 19366 万平方米，同比增长 15.7%，比上年同期高 3.5 个百分点（见图 2）。不过"731"政治局会议后，房地产市场预期有所改变，开发企业拿地放缓，土地市场流拍增多。

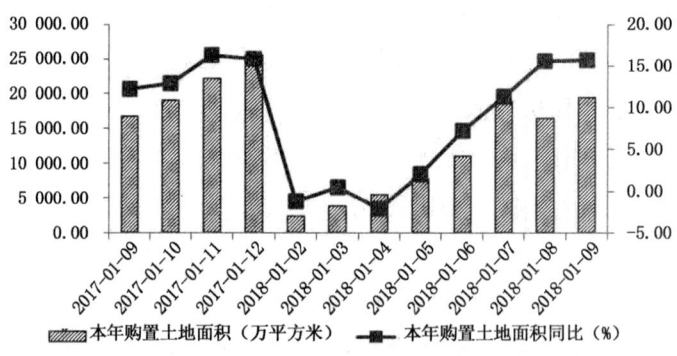

图 2　近一年来全国土地购置面积情况

（三）房地产销售增速趋缓，房价涨幅开始回落

受调控和上年同期基数较高影响，2018 年商品房和住宅销售增速都下滑较快，但地区差异较大。1—9 月份，商品房销售面积 119 313 万平方米，同比增长 2.9%，比上年同期增速低 7.4 个百分点。住宅销售面积增长 3.3%，比上年同期增速低 4.3 个百分点（见图 3）。从区域来看，东部地区商品房销售面积同比下降 4.3 个百分点；中部地区商品房销售面积增长 10.2 个百分点；西部地区商品房销售面积增长 8.9 个百分点；东北地区商品房销售面积下降 3.5 个百分点。显然东部地区受调控影响销售面积下降明显，东北地区受经济增速缓慢和人口流出影响较大。

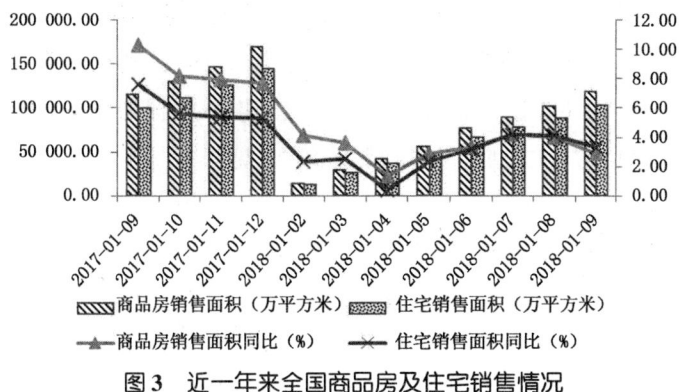

图3 近一年来全国商品房及住宅销售情况

房价随着调控深入出现差异。截至2018年9月,本轮房地产市场上涨周期已经长达40个月,继续刷新房地产历史上涨周期最长历史。1—9月楼市成交价格依然同比上升。房价上涨集中二三线热点城市。一二三线城市前三季度商品住宅销售价格同比和平均涨幅比上年同期均有所回落。根据国家统计局数据显示,一线城市新建商品住宅销售价格前三季度平均,同比持平,而上年同期上涨13.2%。二手住宅销售价格前三季度平均,同比上涨0.6%,涨幅比上年同期回落14.4个百分点。二三线城市新建商品住宅销售价格前三季度平均,同比分别上涨6.4%和7.0%,涨幅比去年同期分别回落4.1和1.1个百分点。二三线城市二手住宅销售价格前三季度平均,同比分别上涨5.1%和5.2%,涨幅比去年同期分别回落3.8和0.2个百分点。

(四)国房景气指数先抑后扬,房企到位资金增幅低于上年

反映房地产景气程度的国房景气指数2018年一直在101点以上(其中100点是最合适的景气水平,95~105点之间为适度景气水平),但是从趋势看,1—4月显然是景气下滑状态,进入5月随着4月份随着积极支持供给政策的出台带动景气上升,一直到9月份仍处于攀升状态,9月达到年内高点101.99。如图4所示。

图4 近一年来国房景气指数

房企到位资金同比增幅继续增长,但是增幅显然都低于同期。其中订金及预付

款资金、自筹资金增长提速。1—9月份，房地产开发企业到位资金121 882亿元，同比增长7.8%。其中，国内贷款18 041亿元，下降5.1%；利用外资43亿元，下降61.7%；自筹资金40 596亿元，增长11.4%；定金及预收款40 259亿元，增长16.3%；个人按揭贷款17 522亿元，下降1.2%（见图5）。

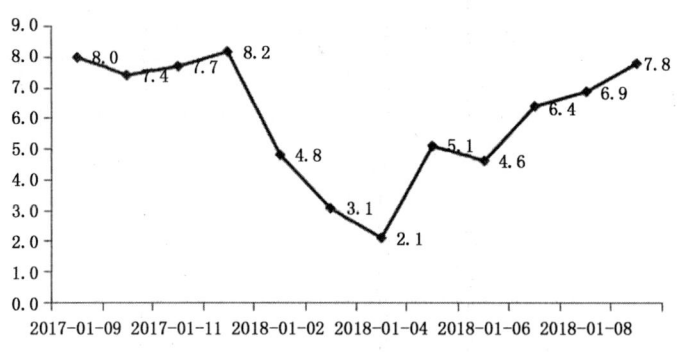

图5　近一年来全国房地产企业到位资金增速

二、2019年房地产市场环境分析

未来房地产走势与整个宏观经济变化关系密切，虽然房地产调控不放松，但是经济下行过程中货币政策的适度宽松，进而带来的溢出效应对于房地产市场会有一定的影响。

（一）经济有下行的压力，但中央有能力维持稳定

虽然自2018年下半年以来，随着中美贸易摩擦升级、国内信用风险频发等内外部因素影响，经济面临下行压力再次增大。但是正如IMF认为，中国有很强的经济实力，有灵活的调控措施，中国有足够的能力应对贸易摩擦带来的负面影响，维持经济稳定发展。2018年10月31日的中央政治局会议已经重视到当前经济中的风险，继续强调"六稳"：做好稳就业、稳金融、稳外贸、稳外资、稳投资、稳预期工作；围绕资本市场改革，加强制度建设，激发市场活力，促进资本市场长期健康发展；研究解决民营企业、中小企业发展中遇到的困难；继续积极有效利用外资，维护在华外资企业合法权益。这些积极应对措施，将会极大提振市场信心。因此，2019年中国经济增速会较2018年下降，但是不会下降太多，GDP增速将会达到6.4%。

（二）货币政策稳健中性，但稳经济需要定向宽松

虽然2019年经济有一定的下行压力，货币政策难以比2018年更紧，但是货币

政策的大幅宽松也不可能，货币政策取向以稳经济为导向。结合央行行长易刚的讲话和中央政治局会议不难看出"去杠杆"暂时可以告一段落，不排除为了稳经济可以适当加一点杠杆。同时，正如央行行长所言，中国在利率政策和准备金率上仍然有足够的空间调节，可见为了保持市场适当流动性，2019年不但是降准，甚至是降息都可期。总之，2019年的货币政策将会是稳健中性基础上的定向宽松为主基调，市场流动性会比2018年有适度缓解。

（三）房地产市场3.0特征更明显，促进租赁消费是重点

自2016年12月中旬中央经济工作会议确立"房子是用来住的、不是用来炒的"这一定位以来，可以说我国房地产3.0时代特征越来越明显，进一步弱化房地产的资产属性，强化其消费属性；弱化房地产对经济的拉动作用，避免社会资源过度流入房地产领域；从供给端和需求端都在降低房地产市场杠杆率，防止房地产领域的高杠杆风险；更加强化租赁市场建设。2018年国家既加大对租赁市场的供给也加强对租赁市场的管理和机制建设。2018年9月20日，中共中央国务院下发《关于完善促进消费体制机制，进一步激发居民消费潜力的若干意见》，在居住消费方面，指出要大力发展住房租赁市场特别是长期租赁，总结推广住房租赁试点经验，加快推进住房租赁立法。可见扩大房地产租赁消费是未来的重点。

（四）房地产企业高杠杆风险犹存，集中度进一步提升

在金融领域的去杠杆和严监管下，房地产企业的资金链紧张程度上升，房企的债务风险加剧。在近年去杠杆的背景下，不少行业的杠杆率有所下降，但是房地产企业不仅没有下降，反而有走高的趋势，从2016年一季度的76.33%已涨至2018年第二季度的79.21%，增长幅度近2.88个百分点，房企负债率达到历史高位。对于资产负债率高的房企，只要房价出现一定下跌，破产的概率大增。而对于一些依赖境外大规模融资的房企，一旦人民币汇率发生大幅下行，其偿债成本也将大幅上升。而且在未来三年房企将出现两个偿债高峰（地产债包括公司债、短期融资、中期票据、美元债等）：第一次小高峰集中在2018年9月至2019年10月，偿还规模约3 800亿元，月均偿还额280亿元；第二次大高峰集中在2020年5月至2021年10月，偿债规模约8 600亿元，月均偿还额480亿元。从短期来看，企业即将集中迈入第一个还债高峰期，在不能依靠融资的前提下，如果不能快速回笼资金解决流动性，房地产企业的风险随时会爆发。随着房地产企业风险的加剧，房地产企业的集中度也会不断提升。2018年上半年，共有138家房地产企业销售额超过50亿元，较上年同期增加12家；合计实现销售额49 743亿元，平均销售额361亿元，同比

增长25.6%；市场份额提升15.2个百分点，达到76.4%，行业集中度进一步提升[1]。

三、2019年房地产趋势预测

（一）房地产政策仍将维持从紧，地方积极落实主体责任

虽然在经济下行的压力加大下从短期看有放松政策调控的需求，但是这与中央对于房地产市场定位及房地产市场3.0时代的要求相去甚远。中国经济转向高质量发展阶段，不再需要房地产作为拉动经济的"火车头"，更不能让房地产从高科技产业、实体经济中"吸血"。因此，2019年作为中央房地产政策仍然以从紧为主，但是只要房价不会出现明显上升趋势，难以再出台从紧的新政。而为了稳定经济，货币政策在一定程度上的相对宽松对房地产价格会形成一定的压力。因此，2019年中央会加大督促地方对当前从紧房地产政策的落实。

（二）房地产投资增速会放缓，房企拿地积极性会下滑

2019年的各地方政府在落实租售并举的政策上仍会加大租赁性住房建设力度，同时，2018年房地产市场销售自5月重拾上升趋势后带动房地产企业拿地速度加快，这必然使得房地产企业加大在2019年的开发力度。加上2019年整个金融市场的流动性可能会好于2018年，房地产企业也会受政策相对宽松的积极影响，投资同比仍然会增加，但是相对2018年的高基数而言有所降低，全年增速保持在7%左右。2019年房地产企业拿地会受到宏观经济环境和2018年四季度以来下滑趋势的影响，积极性会有所下滑，购地面积增幅会出现前低后高的状态，但是后期受到销售的积极影响，下滑幅度不会太大。

（三）房地产销售有望前低后高，房价难以大幅攀升

随着经济下行压力的加大和中美贸易战的影响，从紧的货币政策下带来的房贷利率的上升，同时，随着棚改货币化比例的降低，加上社会对于中央调控房地产市场决心的认同，房地产市场需求自2018年第四季度又开始在减缓。2019年上半年料会继续延续弱势需求，房地产销售上半年会延续弱势格局，后期随着稳经济下的相对宽松，尤其是货币流动性的向好，会促进房地产销售的上升，加上2018年较低

---

[1] 数据来源：中国指数研究院。

的基数，2019年全年销售增速有望在5%左右。而房价的地区差异会更明显，在土地价格没有出现明显的下行、房地产供给依然不足的大部分一二线城市房价难以出现明显的下行。而一些人口流入不足的区域房价会有明显的下降。鉴于房价持续上涨不仅推高了实体经济的成本，挤压了企业的利润，也削弱了居民的消费能力，降低了城市竞争力。中央对于房价控制的决心不会动摇，房价即使出现上行也难以出现大幅攀升，理性的房价将是政府所期望的也是市场必须适应的。

（四）国房景气指数会低开高走，房企到位资金增速平稳

受房地产销售和投资都可能延续2018年四季度下行趋势的影响，2019年国房景气指数会大致呈现出低开高走的趋势，但是受到房地产市场从严调控的影响，高走的幅度有限，全年指数波动幅度有限，仍将会在101~102之间波动。当地产企业到位资金受到货币政策积极的影响，加上房地产企业加快周转的需要，房地产企业到位资金增速会比较平稳。

四、房地产市场发展的建议

（一）中央政策以"稳"为主，注意货币政策的溢出效应

经济下行压力下，中央以六稳为目标，加强宏观经济的调控。同样，对于房地产市场调控也要注意三稳，稳市场、稳价格、稳预期。稳市场就是稳定市场的供给和需求，供给方面除了注意加大租赁性住房供给外，对于商品房供给不可大幅减少，需求的稳定仍然是以刚需为主，严控投机性需求。对于限价带来的一二手房房价倒挂的现象也应引起重视。稳房价既要坚决遏制房价的上涨，也要关注房价的大幅波动。稳定市场预期需要在调控敏感时期中央在政策上要注意把握，不随便增加或者消减，因为市场往往对于中央的举动有过度解读。如2018年10月31日中央政治局会议没有再提房地产，被市场认为中央对房地产政策放松了。同时，货币政策在控制好货币供给总闸门、避免大水漫灌的同时，保持流动性合理充裕、维持宽松格局对于稳定经济是必要的。但是，一定注意定向宽松，防止货币政策对房地产的溢出效应，杜绝宽松的资金流入房地产市场带来房价的攀升。

（二）地方应加强调控的精准性，逐步摆脱对房地产的依赖

住房3.0时代的一个重要特征就是调控更加注重发挥地方政府的责任，因为3.0时代的房地产市场已经严重分化，调控必须因地制宜。地方政府在中央"房住

不炒"的理念下，必须密切关注地方房地产市场的供需关系，密切关注当地的房地产市场库存水平，做好相应的土地供给或者约束。贯彻中央关于坚决遏制房价上涨的决定，做好房地产市场的预期引导，坚决遏制投机性的需求。经过两年的严厉调控，地方政府可以对前期调控的精准性进行评估，并对下一阶段的房地产政策制定提供借鉴，尤其是注意防止误伤刚需。并针对各地自身情况做好适应房地产3.0时代租售并举特征的政策供给，防止房地产市场出现"量""价"的大幅波动。再就是地方政府要逐渐摒弃土地财政的思维，趁当前高质量发展之际，遏制房价的攀升，为实体经济发展创造良好环境，大力加强新兴产业的发展，逐步摆脱对房地产的依赖。

（三）房地产企业应逐步降低杠杆率，加快产业转型升级

针对调控带来的房地产企业高杠杆可能带来的企业债券违约风险，房地产企业自身一方面要加快土地开发节奏，加快销售进度及资金回笼；另一方面要积极主动地加快去杠杆工作。政府应积极引导房地产企业展开并购重组，允许合规企业发行ABS等债务融资工具。房地产开发企业应该加强对房地产进入3.0时代特征的认识，深刻意识到房地产市场调控的长期性，加快企业向专业化、规模化、品牌化方向发展，加快培育知名企业、品牌企业，组建大型企业集团，推动开发企业与物业、中介之间的合作。增强企业市场竞争力，实施多元化发展战略，实现房地产与教育、医疗、物流等跨界联合。大企业需加快开展技术创新、产品创新、管理创新，提升房地产全产业链的尤其是后端服务的附加值。强化企业服务，采取有效措施，推进项目建设，推广成品住宅，建设节能环保型住宅，提升住宅品质和小区品位。

（四）房地产需求者对房价要有理性认识，加强风险意识

当前房地产市场可以说处于较为敏感的时期，尤其是房价的走势让房地产需求者无论是刚需还是改善性需求者都犹疑不决。因此，房地产需求者必须对未来房价波动有理性认识，有足够的心理预期房价并不是只涨不跌的，市场经济环境下要有足够的契约精神，而不是出现降价后就出来闹事。在中央"房住不炒"的理念下，广大地方政府为积极落实主体责任出台很多遏制投机的政策，可以说对房地产市场的投机行为进行很强的打击。但是对于很多城市在调控后出现的新房价格与二手房价格倒挂的现象还是极大刺激了投资者的欲望。对此投资者应该对房地产调控的长期性应有清醒的认识，当前行政政策的退出可能在房地产税收等长效机制建立后才有可能，当前的限售政策和房价的波动对于房地产投资者风险是极大的，一定要树立投资的风险意识。

20 2018年服务业形势分析和2019年展望

刘玉红*

摘要： 2018年前三季度，我国服务业继续保持平稳增长，服务业成为我国经济平稳运行的主要助力，新兴服务业快速发展也推动经济结构继续优化，新的经济增长点逐步形成，供给侧改革成果继续显现，营业收入和利润均保持快速增长。但部分服务业运行出现了苗头性倾向性问题，投资信心不足，经营风险增加，面临的国际环境恶化。结合宏观经济走势判断，2018年服务业增长7.6%，2019年略有回落，增长7.2%左右。建议积极推进服务业的制度创新和环境优化，加强对服务业集聚区的政策支持，提高对外贸易控制力和竞争力，实现服务业高质量发展。

关键词： 服务业 新动能 形势 展望

一、2018年服务业发展形势和特点分析

1. 服务业对国民经济平稳运行发挥了关键作用

2018年9月份，全国服务业生产指数有所回落，同比增长7.3%，比8月份回落0.2个百分点，比上年同期降低1个百分点；前三季度，全国服务业生产指数同比增长7.8%，增速比上半年回落0.2个百分点，比上年同期降低0.5个百分点，比国内生产总值和第二产业增加值增速分别高1.0和1.9个百分点。前三季度，服务业增加值34.6万亿元，占国内生产总值的53.1%，占比比上年同期提高0.3个百分点，比第二产业高12.7个百分点。从贡献率看，前三季度服务业对GDP增长的贡献率为60.8%，比第二产业高25.3个百分点；拉动经济增长4.0个百分点，比第二产业高1.6个百分点。服务业的平稳发展对国民经济平稳运行发挥了关键作用。如图1所示。

---

* 刘玉红，经济学博士，国家信息中心预测部，主要研究领域为产业经济、计量经济模型。

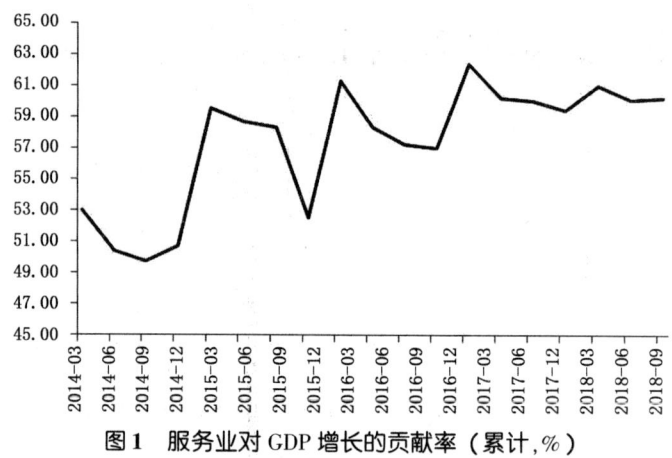

图1 服务业对 GDP 增长的贡献率（累计,%）

2. 新兴服务业快速发展推动经济结构继续优化

2018年前三季度，新兴服务业继续保持快速增长，拉动服务业生产指数增长 4.4 个百分点，与上半年持平，比上年同期高 1.2 个百分点；对全部服务业生产增长的贡献率为 55.9%，比上半年提高 0.9 个百分点，比上年同期提高 18.0 个百分点。其中，信息传输、软件和信息技术服务业生产指数同比增长 37.5%，高于服务业生产指数 29.7 个百分点；租赁和商务服务业生产指数同比增长 10.8%，高于全部服务业生产指数 3.0 个百分点，这两个行业分别拉动服务业生产指数增长 3.0 和 0.7 个百分点。前三季度，信息传输、软件和信息技术服务业以及租赁和商务服务业这两大新兴服务业的增加值占全部服务业增加值比重达到 12.3%，比上年同期提高 0.8 个百分点；占 GDP 比重为 6.5%，比上年同期高 0.4 个百分点。

3. 服务业新的新增长点加速形成

首先，服务业投资保持快速增长。前三季度，服务业固定资产投资同比增长 5.3%，比第二产业快 0.1 个百分点；占全部固定资产投资的 66.2%，比第二产业高 34.8 个百分点。其次，服务进出口增长较快。前 8 个月我国服务进出口总额 3.4 万亿元，增长 10.5%；其中，新兴服务进出口总额为 1.1 万亿元，增长 20.9%，占服务进出口总额的 32%，比全部服务进出口增速加快 10.4 个百分点，拉动新兴服务占全部服务出口的比重提了近 3 个百分点。再次，服务业新增企业和就业大幅增加。前三季度，我国服务业企业新登记数量为 402.2 万户，占全部新登记企业总数的 80.2%，比第二产业高 63.0 个百分点。规模以上服务业企业从业人数同比增长 4.7%。最后，服务业成为外资的重点投资领域。前三季度，服务业实际使用外商直接投资为 658.3 亿美元，同比增长 3%，占全部实际使用外商直接投资的 67%。

4. 服务业营业收入和利润均保持快速增长

前三季度，规模以上服务业企业营业收入和营业利润均保持了快速增长，企业运营成本有所降低。前8个月，规模以上服务业企业营业收入同比增长12.0%，增速比上半年回落0.7个百分点，比上年同期回落1.5个百分点，尽管服务业企业营业收入增速有所回落，但是仍然高于同期工业企业营业收入增速2.1个百分点。在10个服务业行业中有7个行业营业收入实现两位数增长，35个行业大类中有50%以上达到两位数增长。前8个月，规模以上服务业企业营业利润同比增长15.5%，10个行业门类全部实现盈利，其中规模以上生产性服务业企业营业利润同比增长23.5%，生活性服务业企业营业利润同比增长34.5%。另外，规模以上服务业企业的降成本和经营状况也有所改善，前8个月服务业企业每百元营业收入成本为74.9元，比上半年下降0.2元；营业利润率为13.1%，比上半年上升1.0个百分点。

二、当前服务业发展存在的问题和挑战

1. 部分行业运行出现苗头性倾向性潜在性问题

首先，交通运输行业固定资产投资增速放缓，2018年前三季度累计增长3.2%，低于固定资产投资增速2.2个百分点，比上年同期降低了12个百分点；由于面临信贷紧缩等影响，部分运输企业面临运营困难。其次，消费市场增速回落明显，前三季度社会消费品零售总额累计增长9.3%，比上年同期放缓1.1个百分点，由于居民收入实际增长连续两个季度慢于经济增长，加上民营企业经营压力的加大，居民对收入增长的预期减弱；商品房销售增速大幅回落，造成了建筑及装潢材料、家具等相关商品销售增速回落幅度较大，进一步削弱了未来消费快速增长的动力。最后，房地产区域分化加剧，1—9月，全国商品房销售面积同比增长2.9%，中部、西部地区销售面积同比增幅分别为10.2%和8.9%，而东部和东北地区的销售面积同比分别下降了4.3%和3.5%。

2. 企业投资信心不足和经营风险增加限制服务业发展

第一，随着我国经济增长从高速转向中高速，传统产业增速下行压力加大，导致与传统产业关系密切的服务业，特别是生产性服务业需求减少，增长动力削弱。第二，在企业经营不景气时，生产性服务消费首当其冲，随着我国经济下行压力加大，部分服务业经营风险增加，企业投资信心不足现象蔓延，市场观望情绪严重。第三，随着我国去产能、供给侧改革的稳步推进，服务业企业用工及融资成本上升、新增用工、用地和融资难度加大，服务业企业的利润空间进一步被挤压，经营困难加剧。第四，随着贸易战升级，外商投资意愿减弱，加上治理地方政府设置的优惠政策，不规范的招商引资行为被禁止，提高了服务业短期招商引资的难度。而从招

商引资的项目质量看，投资大、产业好、质量高的大好高项目依然偏少，并且招商项目落地难的问题仍然普遍存在。

3. 新兴服务业虽然增速较快但占服务业比重仍然较低

第一，尽管新兴服务业的增速较快，但我国服务业仍然以传统服务业为主，新兴服务业的占比仍然偏低，新兴服务业短期内难以弥补传统服务消费增速放缓的负向效应。第二，我国的新兴服务业需求的主要市场是国外以及我国传统产业的升级，但是随着美国发动的贸易战的升级，外需市场回升乏力，国内传统产业增速放缓，使得我国的新兴服务业发展找不到依托和市场，发展空间受到限制。第三，服务业以传统服务业为主，新兴服务业的发展途径主要是与传统产业融合，但是随着传统产业需求萎缩、效益空间收窄，其与服务业的融合发展举步维艰。第四，新兴服务业技术水平不高，受到整体经济运行趋缓的影响，市场竞争加剧和成本上升，部分新兴服务业为了保证市场占有率，成本上升无法转移，导致部分新兴服务业虽然营业收入大幅上升，但服务价格和利润大幅下降。2018年前8个月，服务业企业的营业收入增速比工业快2.1个百分点，但是服务业企业的营业利润增速却比工业慢0.7个百分点。

4. 服务业发展面临的国际环境恶化

虽然我国是制造业大国，生产性服务业拥有较好的发展基础和市场需求，但是我国制造业大而不强，国内的生产性服务业的需求很少，大多是来自于境外。我国国际贸易的国际代工模式短期内很难改变，外资制造业和我国国内服务业的关联比较脆弱，并且产业链普遍偏短，一旦国际环境恶化，将会给我国生产性服务业发展带来压力。全球经济复苏步伐缓慢，国际经济形势发展具有很大的不确定性，特别是随着贸易战升级，各国贸易保护主义倾向抬头，避险情绪增加，"逆全球化"趋势出现。虽然我国也在积极发展现代服务业和服务贸易，但是与发达国家相比，我国现代服务业竞争力整体水平不高，2018年三季度服务业占比53.1%，远低于世界平均水平的70%。另外，服务贸易企业开拓国际市场的能力不足，国际竞争力较弱，国际营销渠道不畅，在自主知识产权、品牌和人力资源等方面都缺乏竞争力。外部环境恶化将会给我国服务业高速、高质量的发展带来冲击。

三、2019年服务业发展走势分析

1. 服务业发展前景向好

2018年三季度，服务业企业经营预期处于景气区间，对未来市场发展总体乐观。规模以上服务业企业生产经营景气状况调查显示，三季度，服务业企业家信心预期指数为 120.9，规模以上服务业企业对下季度经营状况预期指数为 61.5%，9 月份，服务业业务活动预期指数为 59.3%，继续处于较高景气区间。随着党中央国务院出台多项政策文件，落实外商投资重大项目、降低部分进口商品税率、实行通关便利化等措施，服务业面临的经营环境更加公平、便利；供给侧结构性改革不断深化，对外开放水平持续提升，居民消费潜力和消费动力进一步释放，未来服务业将继续保持平稳发展态势。综合上述判断，预计 2018 年四季度，服务业增长 7.2%，2018 年全年增速为 7.6%，2019 年增长 7.2%。

2. 服务业与制造业融合加快

融合式发展成为一种趋势，服务业和制造业的界限逐渐模糊，企业的内部结构发生转变，制造业企业不仅仅进行纯制造活动，服务企业也不仅仅进行服务活动。一方面，随着一站式和一体化服务广泛兴起，许多制造业企业为提高竞争力，积极在服务领域进行拓展，形成了全产业链的服务体系；同时，许多制造公司承接了大型跨国公司的制造环节，从制造公司逐步转型为服务公司。另一方面，服务产业链逐渐向制造业延伸，形成全产业链，也成为目前发展的新趋势，制造企业不只是销售商品，还会通过管理、设计、研发、销售等渠道，为消费者提供服务，此外，制造业企业中生产工人的比例将大幅减少，而与服务有关的工作人员比例将上升。而且，随着我国国企改革不断深入，国有企业也在谋求转型，通过整合，向下游拓展，实现服务业与制造业的有效融合，大幅提高了国有企业运行效率。例如中粮集团的"从农田到餐桌"的全产业链发展，国机集团通过装备制造实现了从贸易到制造的延伸。

3. 新业态创新日趋活跃

互联网为大众创业提供了广阔平台，随着互联网和信息技术的不断发展，我国服务业创新活动蓬勃开展，服务业新领域、新产业、新模式层出不穷，服务业新业态、新热点迅速形成，服务业发展的多样化和差异化格局逐步建立。"互联网+"与服务业相互融合也促进了服务业的转型升级，培育了经济新的增长点，加快服务业转型升级的进程。同时，两者融合显著提高了我国服务业的服务质量和服务水平，为居民消费提供更多产品，带动消费者效用的提高。另外，得益于新一代信息技术的广泛应用，我国服务业标准化和品牌化趋势明显，服务业领军企业和国家品牌迅速成长，成为推动我国服务业品牌化、规模化、网络化经营的重要力量。品牌评价机构 BrandZ 发布的全球最具价值品牌百强排行榜，2014 年我国有 9 个服务品牌入选，2018 年已经达到了 14 个。

4. 服务业集聚发展态势明显

推进服务业集聚区建设是我国大部分省份发展服务业的主要方式，导致中国服务业集聚发展态势明显。2018 年上半年，广东、江苏、山东、浙江、北京、上海等六省市居我国服务业增加值前六位，占比合计超过全国服务业增加值的 50%。尽管我国服务业集聚区建设起步较晚，但由于服务业集聚区能够有效降低企业的交易成本，显著提高企业竞争力，因此我国服务业集聚区发展较快，成为服务业发展的重要载体。服务业集聚区的错位发展、优势互补格局鲜明。我国各主要服务业集聚区根据本身服务业特色，实施错位发展，主导产业和发展特色鲜明。例如，广东省服务业主要优势集中在租赁服务、信息技术服务和房地产，而江苏的比较优势为租赁、公共设施管理和文化，山东比较优势为批零、餐饮和公共设施管理。随着服务业集聚区公共服务平台建设逐渐完善，发展政策、制度和商业模式创新升级，将成为我国服务业平稳健康发展的重要助力。

四、政策建议

1. 以服务创新和消费为切入点优化服务业发展环境

一是加强对技术创新联盟、公共服务和技术平台等机构的支持，发挥其对传统产业转型、升级的带动作用，激发服务业需求。二是强化服务消费，制定制造业、农业和服务业有效融合的刺激措施，提高生产性服务需求。通过对家庭、健康、信息等民生消费的创新，提高居民的生活性服务需求。三是鼓励发展天使投资、创业投资等，放宽服务业企业贷款的抵押、质押或担保的种类和范围，优化服务业发展的金融环境。四是完善服务业发展政策制度体系，加强政策执行的规范化和制度化，加强对服务业各项政策落实的监督和评价。

2. 推进新兴服务业协调发展

一是从供给端出发，加快制度改革、拓宽市场准入和政策支持，增加新型服务业的供给；二是从需求端看，加快收入分配改革，提高新兴服务业的消费能力；三是加快通信与软件基础建设，推动信息技术与服务业的紧密融合，在规模、质量和效益上实现服务业良性发展；四是完善新兴服务业的统计制度改革，加强统计工作，细分服务行业，增加统计指标，为新兴服务业发展提供可靠的数量依据；五是优先支持新兴服务业的跨界融合，创新监管，引导政府相关部门之间的协同监管。

3. 加强对服务业集聚区的政策支持

一是加强基础设施建设，建立鼓励分工协作、弘扬创新创业和崇尚诚实守信的制度环境,通过增强公共服务能力和信息化带动工程,增强公共服务和信息化对服务业良性发展及其与产业融合的乘数效应。二是针对不同类型服务业集聚区进行不同的分类指导,引导服务业集聚区能够充分发挥自身优势,实现内部服务主导、跟随、衍生和配套产业良性发展。三是加强政府对服务业集聚区的支持,在财税、融资、用地、人才和价格等政策方面提供支持,在节约用地的同时,有限保障服务业的合理用地需求,在不改变主体建筑外观的前提下,允许使用人通过参股、控股等方式参与服务业集聚区建设。

4. 提高对外贸易控制力和竞争力

一是加强服务业对外投资,鼓励民间服务业对外投资,扶持中小企业发展。二是以我国当前的上海、广东、天津和福建等自由贸易区建设为契机,加快中国外资管理体制改革,放宽服务业的准入门槛,降低投资成本。三是加快实施促进服务贸易出口战略,在稳固传统优势服务贸易的基础上,着力开发计算机、信息、咨询等新兴服务贸易的出口渠道。四是建立健全服务贸易部门与企业、中介组织之间的协调机制,改变我国服务贸易的多头管理现状。五是提高外贸人力资源的控制力,制定服务业人才引进政策,畅通引进通道,培养适应服务业发展要求的复合型人才,建立和推行适合服务业运营特点的收入分配方式。

21 2018年银行业运行分析及2019年展望

刘 鹏[*]

摘要： 2018年，监管政策密集出台落地，中央防范金融风险态度坚决，全面推进金融监管体制改革，持续提高金融行业合规经营水平、防范系统性金融风险的发生已经成为金融监管的重中之重，金融去杠杆成效显著，银行业资产负债结构进一步优化，突出主业、回归本源的特征明显。银行业盈利能力基本稳定，净息差有所扩大，风险压力相对平稳。预计未来银行业资产负债增速将逐渐企稳，资产质量延续好转，净息差仍有改善空间，信用风险大规模持续爆发可能性不大，但资本补充需求较为强烈。随着金融支持民营经济政策的逐渐贯彻落实，未来银行支持民营企业的力度将空前加大，建议政府在综合施策的基础上加强对银行业的管理和适度支持，银行业自身要千方百计构建银企命运共同体，同时在零售业务方面下功夫、寻求突破。

关键词： 银行业 净息差 民营经济 金融风险

一、2018年银行业运行基本态势分析

（一）银行业盈利能力稳步提高

盈利能力基本稳定。2015和2016年的大多数时间，商业银行净利润增长不足4%，随着供给侧改革的不断推进，大量清理僵尸企业，严格控制金融风险，2017年以来银行盈利能力逐渐恢复。2018年上半年商业银行累计实现净利润10 322亿元，同比增长6.37%，尽管增速较上年同期下降1.55个百分点，但考虑到总资产增速降低，盈利能力依然较好。从上市银行三季报来看，28家上市银行三季度平均净利润同比增长率为10.97%，高于2017年报10.48%的同比数据。商业银行平均

---

[*] 刘鹏，经济学博士，国家信息中心经济预测部财政与金融研究室副研究员，主要研究方向为金融风险与监管、货币政策等。

资产利润率为 1.03%，较上季末下降 0.02 个百分点，较上年同期下降 0.01 个百分点（见图 1）。大型商业银行和农村商业银行的资产利润率依然最高，上半年分别达到 1.14% 和 1.00%。股份制商业银行的资产利润率尽管也低于第一季度，但仍高于上年同期。

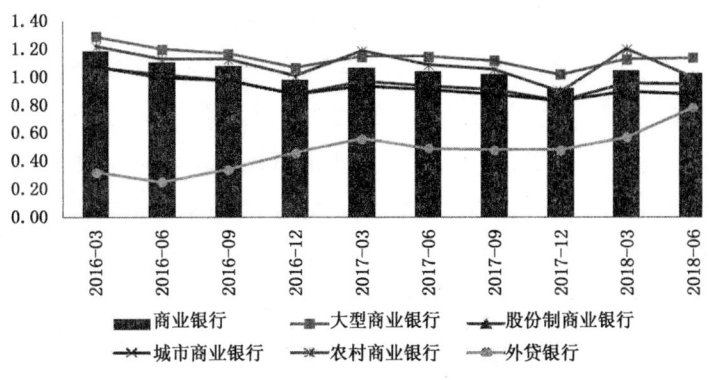

图 1　商业银行 2018 年资产利润率情况

（二）资产负债规模保持稳健

2018 年以来，银行业资产负债规模保持稳健，同比增速显著回落。三季度末，境内银行业金融机构总资产合计 257.29 万亿元，总负债合计 236.37 万亿元，同比增速分别为 7.0% 和 6.7%，大大低于上年同期的 10.6% 和 10.8%。金融去杠杆对银行报表的直接影响是银行资产投放增速放缓，2018 年以来，各类银行业金融机构的总资产增速均呈现下降趋势。其中，其他类银行业金融机构总资产增速最高，9 月份达到 10.0%；城市商业银行、农村金融机构、大型商业银行分别达到 8.4%、5.4% 和 7.2%；股份制商业银行总资产增速最低，仅为 3.6%。尽管银行业资产负债规模增长整体趋缓，但下半年以来随着央行支持实体经济力度不断加大，信贷有所扩张，资产负债有所改善。特别是大型商业银行总资产增速由 5 月份 5.4% 的近

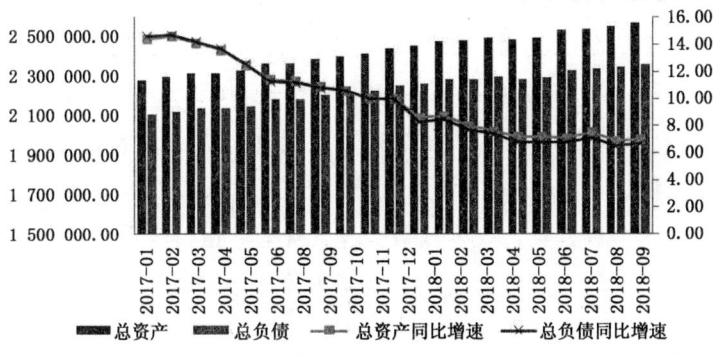

图 2　银行业金融机构资产负债情况

年低点逐渐恢复至9月份的7.2%，带动整体银行业总资产同比增速由4月份的6.4%恢复至9月份的7.0%。如图2所示。

（三）金融回归本源特征显著

2017年以来，金融去杠杆逐渐深化，对银行而言，主要表现在负债端同业的收缩和表外理财业务的监管规范以及对资产端非信贷业务的监管加强。从负债来看，资管新规的影响加速体现，新增产品嵌套次数显著下降。资管产品平均嵌套次数的减少将大大增加金融体系资金的稳定性，进而利好银行表内存款。从数据来看，银行业金融机构9月总负债同比增长6.7%，增速缓中趋稳。从存款来看，自2016年二季度以来金融机构新增人民币存款累计值始终保持负增长趋势，2017年上半年同比减少13.87%，2018年以来这一现象得到明显改善，前三季度同比增加2.83%，为2016年二季度以来首次转正。从贷款来看，自2016年三季度以来金融机构新增人民币贷款累计值同比增速降至个位数以下，2018年一季度首次实现两位数增长，达到15.17%，前三季度同比增长17.74%。房地产贷款增速逐渐回落，2018年一季度为20.3%，降至2015年三季度以来低值，三季度为20.4%。从信贷收支表来看，存款类金融机构贷款占资金运用的比重从2016年8月跌破60%后逐渐回升，2018年以来进一步加快，9月已上升至63.99%，金融回归本源趋势明显，支持实体经济力度不断增强。

（四）净息差有所改善

净息差有所扩大。2018年上半年，商业银行净息差为2.12%，分别较一季度和上年同期上升0.04和0.07个百分点。上半年市场资金面收紧对银行利好，利率中枢上行有利于银行息差扩大，多数银行在扩大向好。对于存款资金来源稳定的大行和农商行，2018年以来息差稳步上行，大型商业银行的净息差从上年同期的2.02%逐渐上升到2018年一季度的2.10%，至二季度末已达到2.11%；农商行的净息差也从上年同期的2.77%上升至当前的2.90%。但城商行、股份制银行中资金来源同业占比较大的银行，息差到2018年年初还在进一步收窄。不过随着资管新规等一系列监管政策的逐步出台和落地，大多数银行逐渐回归主业，城商行和股份制银行的净息差从一季度的1.90%和1.76%，上升至二季度末的1.94%和1.81%，分别上升了0.04和0.05个百分点，政策效果显著。从上市银行三季报情况来看，16家上市银行三季度简单平均净息差为2.08，为近6个季度新高（见图3）。

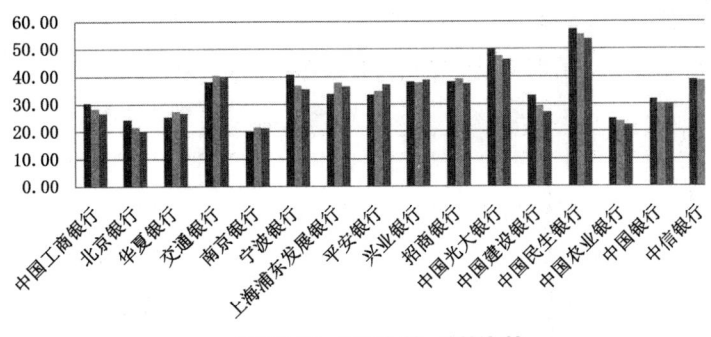

图3　2018年16家上市银行非利息收入占比情况

非利息收入占比略有下降。近年来，非利息收入逐渐成为银行业非常重要的利润来源，不过随着理财纳入MPA、金融产品穿透监管以及资管新规等一系列强监管措施的实施，非利息收入占比自2017年二季度以来呈明显回落态势，2018年以来略有上升，但整体保持较低水平，一季度非利息收入占比为24.48%，二季度降至23.92%。从16家主要上市银行的情况来看，三季度非利息收入占比有13家较二季度出现了不同程度的下降。股份制商业银行非利息收入占比依然较高，其中民生银行三季度高达53.46%；大型国有银行整体较低，均不足30%；城市商业银行业务较为传统，非利息收入占比最低，其中北京银行仅为19.88%。

（五）风险压力整体平稳

不良率较上年略有上升。2018年二季度末，商业银行不良贷款余额1.96万亿元，较上季末增加1829亿元；不良贷款率1.86%，较上季末上升0.12个百分点，也创下了近年来的新高。此前，银行业不良率连续5个季度保持在1.74%水平，2018年二季度末不良率虽然小幅上升，但无加速恶化的倾向（见图4）。二季度银行业不良上升的主要原因是此前部分银行隐藏了不良，在监管强化背景下逐步回表暴露。从上市银行三季报来看，大多数银行的不良贷款率均呈现持平或者下降趋势，绝大部分银行逾期90天以上与不良贷款缺口早已补齐，不良先行指标依然处在改善通道。经过前两年的集中风险暴露，行业表内风险深度出清，当前银行业资产质量总体平稳，信用风险压力相对平稳而非加速上升，风险整体可控。值得注意的是，目前"表外回表"后银行资本将面临较大压力，在监管额度及指标方面，信贷额度、资本充足率及拨备覆盖率将受到直接冲击。不过资管新规为解决表外回表占用资本问题，支持商业银行通过发行二级资本债补充资本的方式，对商业银行资本进行补充。

从监管指标来看，资本充足率略有下滑，拨备覆盖率在政策调整后整体下调。2018年上半年商业银行资本充足率为13.57%，一级资本充足率和核心一级资本充足率分别为11.20%和10.65%，连续两个季度呈下降趋势，但仍远高于监管最低要求。从上市公司三季报情况来看，26家上市银行中有12家银行的资本充足率出现小幅下降。其中，有8家银行核心一级资本充足率也呈现出下降趋势。从成因来看，银行的资本充足率具有周期性，当前信贷需求比较强烈，资产保持上升，资本出现暂时性短缺，银行正在补充资本金的周期中，资本充足率出现下降是正常现象。此外，资管新规等一系列严监管，也将占用银行的资本金。二季度末拨备覆盖率为178.70%，较一季度末的191.28%下降明显，这主要是因为监管当局调低了相应要求。原银监会于2月28日印发《关于调整商业银行贷款损失准备监管要求的通知》（银监发〔2018〕7号），拨备覆盖率监管要求由150%调整为120%~150%，贷款拨备率监管要求由2.5%调整为1.5%~2.5%。整体来看，尽管监管指标有所下降，但仍在安全区间平稳运行。

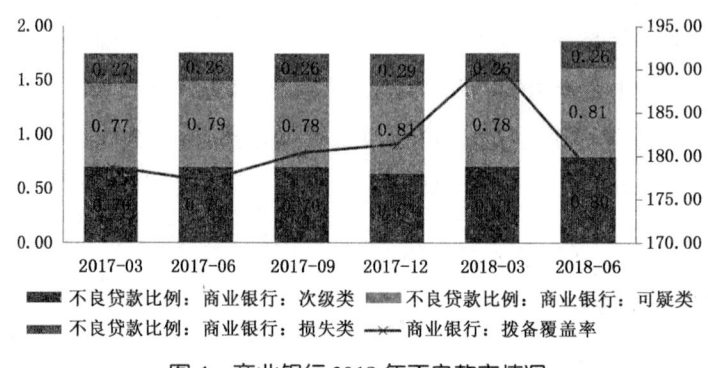

图4　商业银行2018年不良款率情况

二、当前银行业面临的主要问题

（一）"难贷款"现象比较突出

当前，实体经济面临"贷款难"的同时，银行业也面临着"难贷款"的问题，银行适合投放贷款的领域和企业较为有限。受财政部财金23号文和国家房地产调控政策影响，地方融资平台、PPP项目和房地产项目的贷款受到了限制和约束；基建方面，受地方政府财政收支压力加大、非标融资渠道收窄、PPP短期内难挑大梁的影响，基建投资的资金来源在未来一段时间还将继续受到较大的限制；制造业方面，投资增速下行压力较大，上年以来一些地区企业债券违约，民企经营困难，传统制造业盈利能力有限，新兴产业发展尚未成熟。同时，银行投放的手段较为有限。虽然表内贷款投放保持高位，但其他融资业务下降较快，2018年前三季度委托贷款减少1.16万亿元，同比多减1.84万亿元；信托贷款减少4652亿元，同比多减2.25

万亿元；未贴现的银行承兑汇票减少6 786亿元，同比多减1.14万亿元；非金融企业境内股票融资3 099亿元，同比少2 918亿元。此外，从商业银行自身情况来看，由于存款增长乏力，资本补充面临诸多困难，监管指标更加严格，一定程度上制约了商业银行的信贷投放能力。

（二）吸收存款难度明显增加

商业银行吸收存款的难度明显增加。一方面，存款增长受限。2018年以来商业银行存款增速呈下降趋势，存贷比持续高位运行，9月末，人民币存款余额176.13万亿元，同比增长8.5%，增速比上年同期低0.8个百分点。居民收入放缓、大资管、互联网金融产品分流、存款理财化、房贷支出等因素导致居民储蓄意愿下降，存款增速下滑。受银行表内外资产扩张受到约束、强监管下银行同业业务与投资业务规模下滑、货币派生能力下降、国家严控地方债务因素影响，对公存款增加也面临诸多挑战。另一方面，存款成本明显上升。储蓄多渠道分流和同业投资派生存款路径被堵，抬高了银行吸收存款的成本，揽储竞争使得存款成本较为刚性。目前银行存款增长的边际贡献主要来自于"结构性存款""协议存款"等产品，其成本相对较高。

（三）资本补充需求更加强烈

2018年以来的信用违约是金融去杠杆导致的"紧信用"，对银行资产质量没有根本性影响，表内去杠杆工作暂时告一段落，实体经济仍具有强劲韧性。前三季度，全国规模以上工业企业利润总额增长14.7%，当前经济稳中向好的大趋势没有改变，不存在信用风险大规模持续爆发的基础。近期监管层再次表态严格确认不良，做实账面资产质量，信用违约数量明显减少。此外，随着下半年货币政策调整，"确保货币政策合理充裕"后，一些企业"期限错配"情况将得到缓解。不过，商业银行的资本约束依然较多。一是内源式资本补充来源受限。由于部分银行利润下降甚至负增长，使得通过利润留存等内源性方式补充资本的能力在下降。尤其是在以资管新规为代表的严监管常态化下，表外非标回到表内资产端，使银行风险加权资产增大，从而缩小实际资本充足率，导致部分银行资本充足率可能无法满足银保监会和央行合规要求。二是商业银行通过定向增发补充资本面临诸多约束。根据现行规定，定增股份定价不得低于每股净资产，每次发行股份不得超过现有股份的20%，两次定向增发时间间隔不得低于18个月。加之审核批准的环节多、流程复杂，定向增发的效率相对较低。

三、2019 年银行业前景展望

（一）支持民营企业力度空前加大

当前银行业贷款余额中，民营企业贷款占25%，与民营经济在国民经济中的地位严重不匹配。近日中央明确加大支持民营经济力度，人民银行和银保监会针对民营企业贷款确定了"一二五"目标，即在新增的公司类贷款中，大型银行对民营企业的贷款不低于1/3，中小型银行不低于2/3，争取三年以后，银行业对民营企业的贷款占新增公司类贷款的比例不低于50%，各银行纷纷响应这一号召，确立了新的发展目标和重心。中国银行于11月9日发布"中国银行支持民营企业二十条"，强调一视同仁地对待国有企业、民营企业与外资企业。北京十家银行券商发布行业倡议，支持民营企业多渠道融资。2019年作为"一二五"目标的开局之年，对民营企业的金融支持力度必将空间加大。

（二）资产负债增速逐渐企稳

从负债端来看，前期市场所担心的银行负债成本大幅上行问题并未出现，存款利率上升与市场利率下降并行，双轨呈现趋近趋势。货币基金、银行理财、结构性存款等类存款产品收益率下降也将缓解银行存款成本。此外，央行的定向降准对缓解银行负债成本起到积极作用。从资产端来看，预计随着金融去杠杆进入尾声，表外理财存量非标预计将在理财细则落地后逐渐回表，这在信贷额度上需要进行调整和配置，未来存在上调信贷额度的必要。

（三）资产质量延续好转

同业业务将进一步压缩。金融市场内部套利的风险预期已有效化解，未来同业业务将更加回归资金融通本源。前三季度行业的经营情况有较强支撑，未来在监管要求做实资产质量的背景下，不良确认更加严谨，在资产负债结构优化和新发放贷款定价上行带动息差修复的情况下，资产质量延续好转、银行业绩提升的潜力较大。

（四）净息差仍有改善空间

银行业发展呈现规模放缓而业绩增长的显著特征，前三季度新增资产负债主要以存贷款为主，随着2018年以来资产端重定价推进，预计未来贷款收益率将继续走高，未来将保持息差企稳、不良改善的基本趋势。

四、政策建议

（一）政府要打好支持民营经济组合拳

支持民营企业改革发展，政府要给银行业吃下"定心丸"。银行支持实体经济是金融回归本源的应有之义，但银行自身也是企业，特别是银行作为金融机构其自身的风险具有传染性和破坏性，如果不妥善处置，容易引发更大的风险。建议：一是在鼓励银行实体经济的同时应适当给予银行一定的政策支持，如让商业银行小微企业贷款利率较为充分地反映经济社会需求状况，反映资金成本、风险成本和管理成本，扩大限制规定的弹性区间。逐步、定向降低支持民营经济资金的准备金率。二是在确保金融风险得到有效控制的基础上，堵旁门，开正门，合理开展表外业务支持实体经济发展。如积极引导影子银行规范化发展，对真正用于满足实体经济融资需求、规范合理的信托贷款、委托贷款等予以必要支持，发挥对银行信贷融资的补充作用。三是综合运用财税政策、货币政策、信贷政策等多种手段，在营造公平竞争环境、完善政策执行方式、构建亲清新型政商关系和完善产权制度上花大力气、下真功夫，打好组合拳，形成政策合力，全方位支持民营经济的可持续发展。

（二）银行要千方百计构建银企命运共同体

习总书记在 2018 年 11 月 1 日民营企业座谈会上明确要求，"要改革和完善金融机构监管考核和内部激励机制，把银行业绩考核同支持民营经济发展挂钩，解决不敢贷、不愿贷的问题。要扩大金融市场准入，拓宽民营企业融资途径，发挥民营银行、小额贷款公司、风险投资、股权和债券等融资渠道作用"。银行业应从改变观念做起，形成对民营企业"敢贷、能贷、愿贷"的信贷文化，构建银企命运共同体。一是改革考核标准。把对企业的评价标准从所有制、规模等外在因素转到治理结构、创新能力、技术优势、市场供求等内在因素上来。二是疏通供血通道。对符合国家政策、履约记录良好的优质民营企业，降低或免除抵质押担保要求，简化授信流程，缩短审批时间，清理不必要的"通道"和"过桥"环节，清理不合理的费用。三是加强自身能力建设。"打铁还需自身硬"，要服务好民营经济，不仅需要转变观念，还需要"强身健体"，这对银行自身的抗风险和经营管理能力提出了更高的要求。银行不仅要练就一双"慧眼"，还要对企业进行全流程、全周期的密切跟踪，提高风险管理水平和应对能力。四是加强外部合作。要结合银行业自身的优势，加强与投资银行、保险公司等其他金融机构的合作，提供一站式、全流程金融支持服务，满足其各类业务需求。

（三）银行业未来应在零售业务方面下功夫

银行业面临外部环境趋严、盈利模式落后、金融科技冲击等挑战，零售业务可能是未来的突围方向。近年来，招商银行、建设银行、平安银行等率先在零售业务方向发力，并取得一些成绩。目前，居民消费已成为拉动经济增长的重要引擎，且消费增长速度快于居民收入增长速度，这为消费金融带来巨大机会。未来对于零售业务的竞争关键在于获取客户的能力以及客户的黏性。随着金融科技的线上建设，结合云计算、大数据、人工智能、区块链和物联网等技术，银行能够迅速精准掌握客户的核心需求，进而提供个性化的服务。未来银行应注重产品服务创新，打造金融生态，搭建开放平台，线上线下一体化提升服务供给水平。

22 2018年汽车行业形势分析及2019年展望

祁京梅[*]

摘要： 2018年以来汽车行业产销、结构和效益均呈现先高后低的减缓走势，预计全年产销将微增长也不排除负增长的可能，行业运营压力较大。展望2019年，鼓励汽车消费的利好政策鲜有出台，销售端不会大幅反弹；改善供给端的关键在于增加自主创新能力、加大新能源汽车发展力度，在汽车高端领域和售后服务环节取得突破。预计2019年汽车产销仍将保持低增长，今后一个时期汽车行业由高增长步入中低速增长或将成为常态。政策着力点应聚焦于推动汽车行业提升品质质量，鼓励扶持新技术、新产品、新动能汽车的研制开发，从数量扩张转向质量提升，切实增强汽车消费大国的产业引导力和影响力。

关键词： 汽车产销趋缓　新能源汽车　中美贸易摩擦

一、前三季度汽车行业呈现"四降两升"的运行特征

受汽车产业内外部压力增加、国内投资放缓、环保治理加严、消费信心走低以及中美贸易摩擦等因素影响，2018年1—9月汽车工业运行稳中趋缓，整体表现呈现出"四降两升"的特征，发展势头低于年初预期，也是近年来行业形势较为严峻的一年。

1. 汽车行业生产增速趋缓，对工业贡献有所降低

2018年以来，汽车行业生产发展表现出前高后低、增速逐渐放缓的增长态势。从实物量看，1—9月份汽车完成产量2 049万辆，同比增长0.9%，增速比上年同期降低3.9个百分点，比前8月回落1.9个百分点。其中9月份汽车产量同比下降11.7%，降幅创近年新低。总体表现低于年初预期。

---

[*] 祁京梅，国家信息中心经济预测部三级研究员，主要从事宏观经济、消费需求和产业经济等领域的研究。

从价值量看，1—9 月汽车产业增加值增长 7.7%，高于工业平均增速 1.3 个百分点，但是低于上年同期 5.5 个百分点，根据计算，1—9 月汽车制造业增加值增长对工业生产增长的弹性贡献为 1.012，比上年同期的弹性贡献降低 0.053。

汽车生产增速放慢主要原因：一是 2018 年三季度宏观经济增速趋缓，工业、投资、消费等指标不尽如人意，作为下游产业汽车生产增速下滑在所难免。二是汽车行业技术创新、功能改善不足，鲜有新车型推出，乘用车产量连续三个月下降，连续多年高速增长的 SUV 车型产量由 40%~50% 的高增长大幅收窄至不足 5%，MVP 车型产量则出现 15.2% 的负增长。

2. 汽车销售平稳下滑，拉低消费品零售额 0.68 个百分点

根据中汽协数据，1—9 月汽车累计完成销量 2 049.1 万辆，同比增长 1.5%，增幅比上年同期降低 3 个百分点，比前 8 个月回落 2 个百分点。其中乘用车销售同比增长 0.6%，商用车销售增长 5.2%，乘用车销售大幅减缓是汽车销售趋缓的主因。根据国家统计局的数据，1—9 月份限额以上单位完成汽车销售额 28 068 亿元，同比微增 0.2%，增速低于上年同期 6 个百分点。初步测算，1—9 月份由于汽车消费增速明显减慢，下拉消费品零售额增速约 0.68 个百分点。

汽车销售量持续减速的主要原因：一是小排量汽车购置税减半优惠政策前期透支了较多汽车消费。二是城市环境治理进一步聚焦尾气排放，国五标准全面推行，国六标准提前实施，各地限行限号力度不减，抑制了汽车消费增长。三是商用车政策红利 2017 年基本用尽，置换周期也已基本完成，宏观经济增速放缓导致前期贡献最大的中重卡车增长由正转负，引致整体市场销售下滑。四是高房价挤压消费、大范围的 P2P 违约风暴等导致资金被套牢和消费信心不足，引致购买力下降。五是年中以来油价新一轮连续上涨，很多城市油价超过 8 元，再创 4 年新高，用车相关成本增加，在很大程度上遏制了年轻一代的新增购车需求。

3. 自主品牌乘用车销售不旺，市场份额明显减少

2018 年前 9 个月，在整体车市不景气的情况下，中国自主品牌汽车市场更是表现不佳，主要是中国品牌乘用车、SUV 和 MPV 自主品牌车型均呈现负增长，且市场占有率全面降低。1—9 月自主品牌乘用车销售 724.2 万辆，同比下降 1.5%，占乘用车销售总量的 42%，比上年同期下降 0.9 个百分点；中国品牌 SUV 销售 422.4 万辆，同比增长 2.2%，占 SUV 销售总量的 58.4%，比上年同期下降 1 个百分点；中国品牌 MPV 销售 96.4 万辆，同比下降 20.5%，占 MPV 销售总量的 76.4%，比上年同期下降 7.1 个百分点。

自主品牌乘用车销售增速趋降，市场份额明显下降最主要的原因之一，是今年中美贸易摩擦不断升级。为了进一步扩大开放，2018年5月我国宣布将进口汽车整车税率由25%和20%降至15%，将汽车零部件税率由8%、10%、15%、20%、25%降至6%。大幅降低进口汽车关税，使奔驰、宝马等美国之外生产的进口车价格明显降低，从性价比、品质功能和售后服务等方面来看，进口车吸引力增强。而自主品牌核心技术不突出以及产品同质化严重等弊病显露，且售后服务水平较差，价格优势不明显，致使买车族宁愿推迟购车，持币待购，等待进口车进一步降价，也不愿选择国产车，这是导致自主品牌市场收缩的一个重要原因。

4. 汽车行业实现利润负增长，企业经济效益恶化

2018年以来，随着供给侧改革深入推进、降低企业税负政策不断落实以及压缩过剩产能见成效，企业经济效益呈现较好增长势头。1—9月份，全国规模以上工业企业实现利润总额49 713.4亿元，同比增长14.7%。在41个工业大类行业中，34个行业利润总额同比增加，7个行业减少。但是，受汽车产销形势不佳的影响，汽车行业实现利润一改往年高增长的基调，逆转出现负增长，是7个负增长行业之一。1—9月汽车行业实现利润4 517.6亿元，同比下降3.8%，低于工业利润平均水平18.5个百分点，比上年同期增幅大幅降低14.1个百分点。

汽车行业是我国工业实现利润的贡献大户，但2018年外围环境引致行业运营成本不断增加，包括原材料价格上涨、产品环保排放标准升级、运输成本提升和新能源汽车补贴周期过长等，企业利润被大幅压缩。对所处的机械行业的利润贡献更是出现由正到负的大逆转，1—8月汽车行业实现利润同比下降2.1%，占机械行业实现利润的比重43.19%，对机械行业利润的贡献率为-23.63%，而2017年同期汽车行业的利润贡献率为33.84%，出现天壤之别的变化。

5. 新能源汽车产销高增长，催生行业结构优化

节能环保、技术驱动以及政策扶持促使新能源车产销持续高速增长，1—9月，新能源汽车分别完成73.5万辆和72.1万辆，同比分别增长73%和81.1%，延续高增长的态势。其中纯电动汽车产销分别完成55.5万辆和54.1万辆，同比分别增长58.9%和66.2%；插电式混合动力汽车产销分别完成18万辆和18.1万辆，同比分别增长138%和146.9%。

新能源汽车产销高速增长，得益于国家政策扶持，离不开车企转型升级和技术创新的执着追求，更为重要的是相关配套实施得到强化。一是充电桩稳步推进为新能源汽车快速发展提供有力支撑。截至2018年9月，我国公共类充电桩保有量约28.5万台，其中交流充电桩12.6万台，直流充电桩9.7万台，交直流一体充电桩6.1万台。从2017年10月到2018年9月，月均新增公共类充电桩约7 841万台，

2018年9月同比增长49.4%。二是动力电池多元化，为电动车提供支持。目前，按材料类型划分的动力电池主要有三元材料、磷酸铁锂、锰酸锂和钛酸锂等四种，1—9月三元材料、磷酸铁锂销售量占比分别为53.9%和44.8%，成为新能源汽车运营的主力配置。

6. 汽车出口增势良好，对内需市场有所弥补

在国内汽车市场需求低迷的情况下，2018年我国积极开拓新兴市场和"一带一路"沿线国家的汽车贸易往来，加大燃油车和新能源汽车的出口力度，促使汽车出口保持较快增长。1—9月，汽车企业出口81.4万辆，比上年同期增长30.9%。分车型看，乘用车出口60.1万辆，比上年同期增长38.2%；商用车出口21.3万辆，比上年同期增长13.8%。目前东盟国家以及印度，南美的智利和秘鲁等国对我国汽车认可度较高，在这些地区我国汽车市场占有率和影响力不断提高。

此外，我国已成为全球最大的新能源车生产国，2018年新能源汽车出口表现也十分抢眼。1—8月新能源汽车出口7.2万辆，同比增长36%。其中新能源客车出口较快，1—8月纯电动客车出口271辆，同比增长45%。目前我国新能源车出口以纯电动车为主，占比达到95%以上。

二、中美贸易摩擦对汽车行业影响分析

目前，美国是中国第一大汽车商品出口目的国，中国是美国第二大汽车商品出口目的国，中国对美国进出口的汽车商品额及占比均呈逐年上升态势。总体看，我国汽车对美出口额略高于进口额，但我国汽车对美顺差正在逐渐缩小。随着美国对我国汽车类出口产品加征关税，必将使我国相关汽车类企业的经营成本、市场份额和竞争力受到较大负面影响，贸易顺差转为逆差。如表1所示。

表1　2012—2017年中国汽车产品出口美国贸易顺差情况（单位：亿美元）

年份	中国汽车产品进口美国贸易额	中国汽车产出口美国贸易额	中美汽车产品贸易顺差额
2012	85.23	141.12	55.89
2013	112.73	155.17	42.44
2014	147.83	177.33	29.50
2015	138.41	170.39	31.98
2016	145.56	171.25	25.69
2017	158.63	176.23	17.60

数据来源：中国汽车工业协会。

1. 美国对我国汽车类出口产品加征关税的影响范围

中美贸易战以来,美国先后两次决定对我出口商品加征关税,第一次是对 500 亿美元的商品加征关税,第二次是对 2 000 亿美元的商品加征关税,由于涉及的商品和加征关税税率不同,产生的影响不尽相同。

(1) 对 500 亿美元商品加征关税影响范围。

在美国已加征关税的 500 亿美元商品清单中,共涉及 1 102 种商品,将 2017 年中国对美出口商品税号与美国加税清单对比可以发现,其中涉及汽车类出口商品约 50 种,总金额为 29.4 亿美元,占 2017 年中国对美汽车商品出口金额的 11.12%。本次加税清单中前五位汽车类商品的出口金额为 26.17 亿美元,占比 89%,加税对出口产品的影响是比较集中的。

(2) 对 2 000 亿美元商品加征关税的影响范围。

2018 年 7 月 11 日美国宣布拟对我国出口至美国价值 2 000 亿美元的商品加征 10% 关税,8 月 2 日将加征税率由 10% 提高为 25%。根据海关统计,2017 年中国对美国出口汽车商品共涉及 193 个税号,金额为 176 亿美元。如果美国对我国 2 000 亿美元出口商品加征关税,根据 2017 年出口情况,汽车类商品共计 184 个税号的产品将会在本次征税清单中,金额约为 175 亿美元,基本覆盖我国全部对美汽车出口产品。

2. 中美贸易摩擦对汽车行业发展的影响

中美贸易摩擦对我国汽车行业发展的影响是较大的,可归结为以下几个方面:

(1) 整车出口企业收益大幅下降。

美国加征关税对于中国向美国整车出口企业影响首当其冲。2017 年中国对美国有整车出口的企业主要是上汽通用和吉利沃尔沃,两家企业已经受到美国 500 亿美元商品加征关税的影响。经初步测算,上汽通用 2018 年尚有 1.3 万辆的出口计划,对应的收入是 20 亿元人民币,利润超过 2 亿元;吉利沃尔沃在 2018 年下半年,将会面临 1.5 亿美元的关税损失。目前为了维护和保持在美市场份额和品牌形象,两家企业仍会执行 2018 年对美整车出口计划,如果中美贸易摩擦持续发展,上述企业将会调整下一年度出口计划,这将会使上汽通用年利润减少 4 亿~13 亿元人民币。

(2) 汽车零部件企业在美国市场份额明显减少。

我国汽车商品对美出口主要以零部件产品为主,2017 年零部件出口占对美汽车商品出口金额的 94.5%,因此美国市场对我国汽车零部件企业至关重要。目前我国对美出口超过 10 亿美元的汽车商品分别是铝车轮、车身、橡胶轮胎以及制动器等低附加值产品,出口企业大多以中小型企业为主,企业产品结构单一,出口目标市场选择较少，对美市场依赖度较高，一旦征税超过企业可承受范围，产品成本提高，企业可能会停止对美出口，而失去美国市场份额将很难消化相关产能，企业生存面临挑战和压力。

（3）进口美国汽车类产品成本上升。

贸易战是双方面的，中国对美出口到中国的汽车类商品也会加征关税，这样将给使用美国相关汽车商品的中国汽车企业带来不便和成本增加。例如，目前中国汽车行业30%～50%的车用芯片来自美国，如果中美贸易摩擦不断升级，不仅将使中国企业承受高成本车用芯片的风险，还有可能出现禁售、无货可买的可能，如果国内企业难以找到替代商品，将严重影响企业生产运营。目前车用通信、储存等芯片尚能找到替代方案，但替代供应商集中于欧洲和日本，商品供应切换周期较长。最困难的是高精度运放、高精度模拟采集等芯片暂时无法找到替代产品，如果美国禁售中国，会对国内整车产品产生较大冲击。

（4）零部件企业高端化发展受阻，影响国内产业整体发展。

在汽车行业，高端零部件制造企业的目标是成为主机厂的OEM供应商，并最终成为全球的OEM供应商。如果美国对中国的零部件持续征收高关税，这些主机厂将不会使用中国生产的OEM零件，中国零部件企业高端化发展的路径将遭受打击，失去进入世界著名汽车企业全球供应链体系的机会。

零部件企业发展不顺利，也会影响我国产业整体布局。以国内零部件出口最多的铝车轮为例，我国铝资源丰富，经过多年的发展，附加值较高的轻量化铝车轮是具有规模优势的产业之一，中国产能占据全球的50%以上，国内整车100%配套，出口量也较大。如果美国持续加征关税，再加上其他国家反倾销、反补贴的贸易保护，中国铝车轮企业不仅将失去给跨国企业制造商配套和获取前沿技术的机会，巨大的产能闲置也将导致国内铝车轮企业大量倒闭，严重冲击我国零部件产业健康发展和就业稳定。

三、2019年汽车行业运行环境及走势预测

受多种因素影响，2018年前三季度汽车工业运行状况不及预期，第四季度受上年高基数和宏观经济减速的影响，汽车行业产销状况不会明显改善，预计全年产销增速在1%～3%之间，其中新能源汽车将继续保持高速增长，增速有望达到25%以上，我国依旧是全球最大的新能源汽车生产和销售国家。

2019年，汽车行业运行压力不减。我国经济转型升级加大力度追求高质量发展、淡化经济增速将成为常态化，世界经济存在贸易摩擦加重、油价上涨等诸多不

确定因素，根据 IMF 预测，2019 年世界经济总体增长将不及 2018 年。国内外经济温和增长，将会加剧汽车行业产销的严峻形势。但是，汽车行业发展也存在利好环境和机遇，随着汽车保有量的提高，老旧汽车更新换代的需求潜力很大，而且三四线一些小城镇的汽车消费增量较大，新能源和智能汽车发展势头良好，汽车市场的增长速度可能不像以前那样高速，但发展空间依然比较广阔。

1. 推动汽车行业发展的积极因素

（1）多地出台政策促新能源汽车发展，引领行业发展。

2018 年以来，地方层面密集出台相关措施，大力促进新能源汽车产业发展，2019 年新能源汽车有望继续保持高增长，领跑汽车行业。一是多地设定新能源车增长目标，促进新能源车的发展。2018 年以来，山东、江苏、江西、安徽、云南、天津等地密集出台相关文件，设定了本地区的新能源汽车推广目标。江苏省提出"2018—2020 年全省推广新能源汽车 15 万辆以上标准车"的目标。安徽省提出到 2020 年，新能源汽车产销量达到 15 万辆左右。天津提出，2018—2020 年，全市每年新增新能源汽车 2 万辆，占全市汽车保有量比例到 2020 年提高至 4.5%。二是公共机构带头推广、使用新能源汽车。《山东省党政机关公务用车管理办法》规定，省级党政机关配备公务用车，除有特殊工作要求外，应当全部配备新能源汽车。江西明确，2018—2020 年每年新增或更新的公务、环卫、物流等公共服务领域车辆中，新能源汽车比例不得低于 30%、40%、50%。三是多省份拟增设充电桩、减免停车费。针对新能源车配套设施建设，各地政府明确实施目标与方案。海南提出到 2020 年年底，全省累计推广应用新能源汽车 3 万辆以上，建设充电桩 2.8 万个以上。江苏、天津提出，要在物流园、产业园、工业园、大型商业购物中心等物流集散地建设集中式充电桩和快速充电桩。四是不少地方提出新能源汽车差异化交通管理，为消费者带来更多实惠和便利。主要包括免收或减半征收停车费，降低充电服务费不超过 0.8 元/度，放宽现行限制，推广专用号牌。

（2）汽车出口市场好转，有望缓解内需不足压力。

2018 年前 9 个月我国汽车出口增长 30% 以上，2019 年全球经济有望温和增长，受新兴经济体高增长、"一带一路"沿线国家需求旺盛的共同拉动，我国汽车出口将继续有良好增势。从供给看，我国乘用车基本完成更新换代，品质服务显著提升，将吸引更多外部需求。从需求看，国外主要市场经济处于恢复通道，比如南美、东欧和东南亚国家，对汽车的需求量不断增加。商用车方面，货车将是出口的主力军。新能源车出口也将继续保持较快增长。

（3）智能网联汽车将给产业发展带来新机遇。

随着新一代信息技术与汽车产业深度融合，智能网联汽车正成为各国纷纷抢占的战略制高点。中国政府高度重视智能网联汽车发展，近年来我国搭建了跨领域的产学研用协同创新平台，加快了国家标准体系建设，建立了上海、重庆、北京等地的测试示范区，推动智能网联汽车的发展环境日趋完善，有效地激发了企业动力、市场活力。到 2020 年中国智能网联汽车的市场规模可达 1 000 亿元以上，发展前景广阔。智能网联汽车有望助力新能源汽车，给中国汽车产业发展带来新机遇、新突破。

2. 汽车行业发展面临不利因素

（1）宏观经济稳中趋缓，汽车行业难以独善其身。

随着我国经济向高质量发展迈进，经济增速将趋于放缓。初步判断，2018 年我国可以实现经济增长 6.6% 和工业增长 6.4% 的目标，预计 2019 年经济和工业增速将在此基础上进一步有所放缓，整体经济增速减慢，将带来生产需求不旺、居民收入趋缓的滞后影响，不仅会抑制商用类、运输类车型的生产和需求，还会对居民购车意愿和购买能力产生不利影响。

（2）自主品牌汽车质量下滑，面临异常激烈的竞争压力。

专业研究机构发布的《2018 中国新车质量研究》报告指出，经过持续多年的提升之后，中国汽车行业整体新车质量在 2018 年略有下降，而自主品牌与国际品牌的质量差距也在连续 7 年缩小之后首次扩大，2018 年的行业整体新车质量得分较上年退步 2 个百分点。主要原因是设计类问题增加，包括导航系统不准确、车窗/挡风玻璃易起雾、内置蓝牙电话/设备经常有配对/连接问题等。随着外商投资股比放开、关税下调以及大力发展新能源汽车等政策不断出台，未来一个时期，外资品牌和自主品牌的原有格局将被打破，外资品牌将不断扩大产品布局，价格定位和销售渠道不断下探，与自主品牌形成短兵相接的白热化竞争态势。如美国的特斯拉在上海临港高调建立超级工厂，必将对自主品牌新能源汽车生产产生较大冲击。

（3）受相关政策影响，商用车市场前景不乐观。

由于经济增长趋缓，预计 2019 年商用车需求平稳，缺乏新的增长点。一是为了实现环保治理目标采取的"公转铁""公转水"等减少公路运输比重的措施在各地陆续实行，将对重卡车市场带来不利影响。二是房地产开发建设逐渐回归理性，对工程车辆的需求将有所减少。三是受高铁冲击及相关营运车辆技术标准提升的影响，客车市场预计也将呈现缓慢增长。

（4）多省份提前实行国六排放标准，国五库存车销量受限。

国六排放标准，是指《轻型汽车污染物排放限值及测量方法（中国第六阶段）》中的第六阶段排放控制要求。根据原环境保护部的规划，2020 年全国将正式实施国六排放标准。但是，生态环境部《京津冀及周边地区 2018—2019 年秋冬季大气污染综合治理攻坚行动方案》决定，2019年1月1日起，北京、天津、河北、山东、河南五省（市）提前实施轻型汽车国六排放标准。广东省环保厅公布的征求意见稿决定，从2019年7月1日起，广东省（不含深圳、广州）销售、注册登记的轻型汽车新车应当符合国六标准的排放控制要求。而广州、深圳两个城市实施时间将比广东其他地方更早，可能在2019年1月份提前实施国六排放标准。

现在的问题是，国六标准即将实施，但市场上在售的都是国五车型，基本没有国六车型，只有极少数厂家准备推出国六产品。2019年购车的消费者将会倾向选择国六车型，一旦厂家无法及时供应新排放标准的车型，就会出现国五库存车积压销不出去，国六新车缺货的现象，这无疑将使2019年汽车的销售受到显著影响。

3. 2019年汽车行业走势预测

鉴于国内外经济平稳走势，总体判断2019年汽车行业产销增速仍将维持在较低水平，但是2019年汽车行业将从2018年国内外政策环境负面冲击双重叠加的低谷中有所恢复，预计2019年全年汽车生产增长1.5%，汽车销售增长3%，增速略高于2018年。汽车行业增加值增速有望达到7%左右，继续高于工业增速。

得益于政策扶持、消费者青睐、公共服务设施完善等因素推动，新能源汽车产销仍将保持高增长，预计2019年新能源汽车年产销量累计达到235万辆，同比增长20%以上。

随着排放标准提高、关税降低以及老旧汽车迎来更新换代的时间节点，高品质国六标准的新型车辆、进口中高端车型的需求将有所增加，三四线一些小城镇的汽车消费需求量也将保持较快增长。总体看，随着我国汽车保有量提高，人均拥有量达到4.3辆/人，汽车生产将由高增长逐步向中低速增长过度，平稳增长将是常态，提高汽车行业的品质、功能，完善和提升售后服务是行业今后努力的方向。

四、政策建议

1. 环保治理应为产业结构升级预留时间

国六排放标准作为全球最严格的标准，我国从标准出台到实施预留时间较短，过早提前实施新标准缩短了产业调整升级的研发、研制时间，可能导致新产品缺乏科学合理的验证周期，缺乏稳定过硬的技术参数，最终未能达到污染治理的预期效果。目前一些地方出台的环保治理措施也没给企业升级改造时间，造成限产停产。建议国家和地方政府出台环保治理措施要统筹考虑，统一标准和尺度，并给企业产品升级改造预留时间和空间，避免影响企业生产运营。

2. 制定特殊对策应对中美贸易摩擦

一是制定中美贸易摩擦保护期内的特殊应对措施，给予向美出口的重点企业特殊政策或者补贴，保证企业经营和就业不受大的影响。二是政府积极沟通协调，通过美国用户向美国政府提交反对 2 000 亿美元加征关税清单的诉求，努力争取加税豁免，尽最大努力减少国内企业进口的损失。三是积极与其他国家供应商谈判，努力寻找海外可替代市场，商谈分摊成本方案，减轻企业成本压力。

3. 大力发展氢燃料电动汽车

新能源纯电动汽车在我国发展很快，但是纯电动汽车仍面临电池成本过高、续航里程短和充电不方便等难题，近年来氢燃料电池汽车取了重大技术突破，寿命、可靠性都大幅度提高，成本也明显下降，以韩国现代汽车为代表的部分国际汽车公司实现小规模量产，燃料电池汽车迎来了可期的商业化前景。我国应加大支持燃料电池汽车发展的力度，在科技专项、创新工程等方面进行重点布局，在补贴政策上给予优惠待遇，鼓励更多的中国车企加大燃料电池汽车技术的研发和产业化步伐，为我国汽车产业发展开辟新途径。

4. 提升汽车消费末端服务水平

随着我国汽车消费社会化进程的加快，停车场、汽车报废、售后维护、汽车文化等贯穿汽车使用诸多环节，汽车消费末端的诸多问题得到越来越多关注。建议国家深度挖掘汽车后市场潜力，完善相关政策法规，为扩大和满意汽车消费提供支持。以停车问题为例，应综合运用发行城市停车场建设专项债券、调整完善车辆购置税分配政策等措施，加大停车设施建设资金支持力度，提升用户汽车后市场消费体验。

23　2018年钢铁行业形势分析及2019年展望

董静媚*

摘要： 2018年年初以来，国际经济贸易环境发生了明显变化，在党中央的坚强领导下，我国积极应对国内外经济形势的诸多风险和挑战，实现了经济平稳增长，结构持续优化。钢铁行业按照党中央、国务院的决策部署，持续深入推进供给侧结构性改革，积极应对国内外市场变化，钢铁行业运行同样保持了整体平稳、稳中向好的发展态势。但是仍然存在着一些问题，需要引起全行业关注，如国际贸易环境发生了明显变化，利润驱动下具有产能扩张冲动，效益好转不能盲目乐观。展望2019年，在中美经贸摩擦的持续影响下，钢铁行业发展也将受宏观经济形势影响，面临出口和需求等方面的不利影响，预计2019年全国粗钢产量同比增长3%左右，钢材产量同比增长5%左右，钢材出口量会进一步下降，进口钢材将保持相对平稳，与上年基本持平。

关键词： 钢铁　运行分析　展望

一、2018年钢铁行业运行情况分析

2018年，我国积极应对国内外经济形势的诸多风险和挑战，经济增长总体平稳，经济结构继续优化升级，新动能持续显著成长，经济运行在合理区间。钢铁行业运行从前三季度情况看，市场供需形势基本稳定，钢材价格小幅波动，企业效益持续向好，行业总体运行平稳。

1. 产品产量持续增长

2018年是贯彻落实党的十九大精神的开局之年，钢铁行业积极配合国家推进供给侧结构性改革，巩固化解过剩产能和取缔"地条钢"成果，先进合规产能有序释放。数据显示，2018年1—9月份，钢铁行业增加值累计同比增长5.9%，增速较上

---

* 董静媚，经济学博士，国家信息中心经济预测部助理研究员，研究方向为产业经济与区域发展。

年同期增加5.3个百分点。从产量来看,全国粗钢产量累计达69 942万吨,同比增长6.1%,增速较上年同期回落0.2个百分点;全国钢材产量累计达82 101万吨,同比增长7.2%,增速较上年提高6个百分点。从单月产量来看,2018年以来,粗钢和钢材产量都呈波动性攀升趋势。如图1、图2所示。

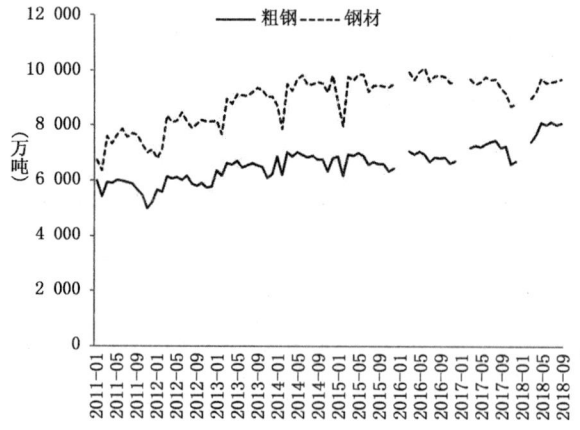

图1　2011年1月至2018年9月钢铁月产量

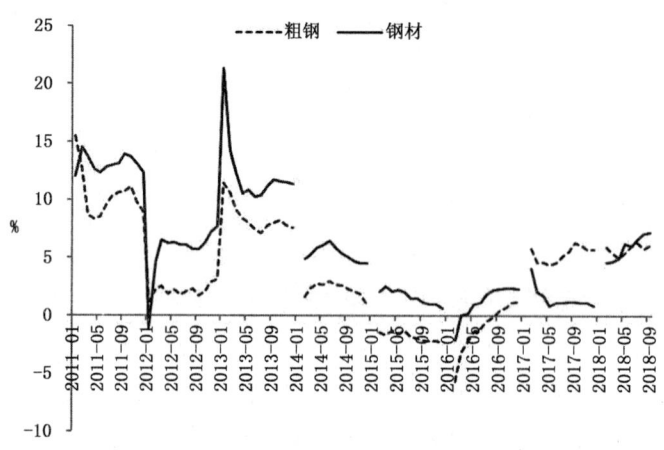

图2　2011年1月至2018年9月钢铁产量累计同比增速

2. 产品下游需求走弱

在投资需求方面,房地产开发投资成为钢铁需求的主要支撑因素。2018年前三季度全国的固定资产投资增速仅为5.4%,较上年同期增速下降了2.1个百分点,降幅较上年扩大了1.4个百分点。其中,建筑安装工程投资累计增长2.9%,增速较上年同期下降4.7个百分点。在房地产投资方面,2018年我国东部和东北地区继续以两位数的增长速度领先全国,1—9月份,全国房地产开发投资88 665亿元,同比增长9.9%,增速较上年同期提高1.4个百分点。由于房地产的钢铁需求约占钢铁需求总量的30%,房地产开发投资增长加快,成为支撑钢铁需求的重要方面。

在工业需求方面，主要用钢行业增速相比上年普遍下降，致使钢铁行业需求走弱。前三季度，全国规模以上工业增加值累计同比增长6.4%，较上年同期增速下降0.3个百分点。其中，通用设备制造业、汽车制造业、铁路船舶航空航天和其他运输设备制造业，以及电气机械及器材制造业的工业增加值同比分别增长7.4%、7.7%、2.4%、6.7%，增速较上年同期分别下降了3.7、5.5、2.8和4.0个百分点。

3. 产品价格小幅波动

2018年，基础设施投资增速同比大幅下降，但制造业和房地产投资增速仍有提高，总体来讲，钢铁下游需求稍显走弱。但由于前两年有力化解了大量过剩产能，严厉打击"地条钢"生产，供给结构得到大幅优化，因此，2018年钢铁市场的供需形势基本稳定，钢材及其原燃料铁矿石的价格主要在小幅度内有所波动。

从钢材价格来看，据钢铁协会监测，9月末，CSPI国内钢材价格综合指数为121.63点，环比下降0.35点，降幅0.29%，同比上升7.82点，升幅6.87%。其中，CSPI长材价格指数为129.66点，环比上升0.37点，升幅0.29%；CSPI板材价格指数为116.38点，环比下降1.11点，降幅0.94%。如图3所示。

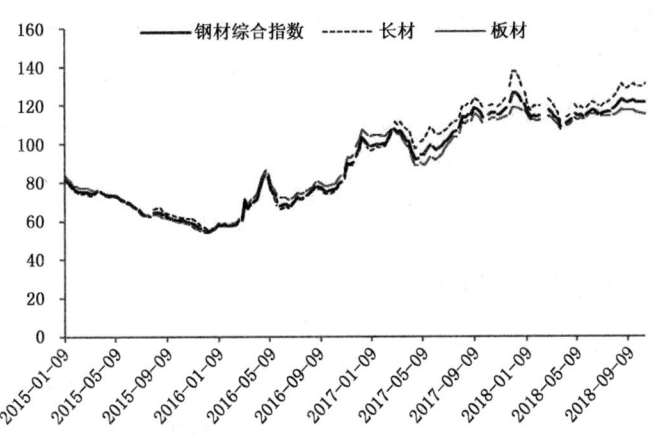

图3 2015年1月至2018年9月我国钢材价格指数

从铁矿石价格来看，截至2018年10月22日，我国铁矿石价格指数（CIOPI）为263.85点，较上年末提高7.96点，增幅3.02%。其中，国产铁矿石价格指数为250.79点，较上年末提高17.02点，增幅6.79%；进口铁矿石价格指数为265.83，较上年末提高6.59点，增幅2.48%。这表明，国产铁矿石价格的上升是推动我国铁矿石价格指数总体略有走高的主要原因。如图4所示。

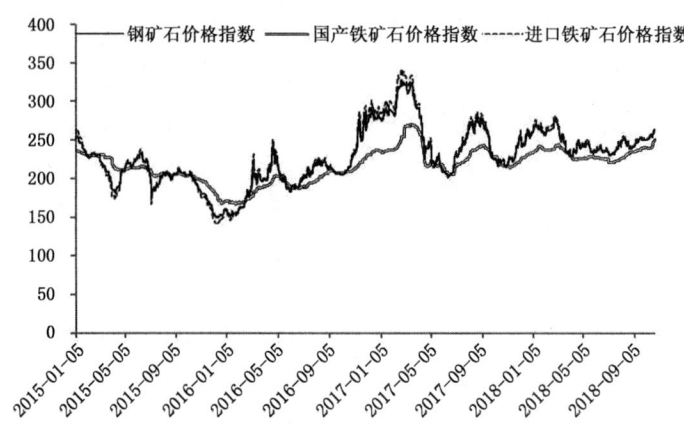

图4 2015年以来我国铁矿石价格指数走势

4. 产品出口数量降幅放缓

由于近两年的钢铁国际贸易环境严峻,钢铁国际贸易摩擦频繁,再加上国内钢铁供需格局的调整,2018年以来,我国钢铁产品对外出口规模继续缩小,但降幅放缓,从1—9月份钢材出口数量来看,我国钢材出口数量累计5 308万吨,同比减少652万吨,下降10.9%,但相比2017年30%的降幅而言已经大幅放缓。从钢材每月出口量的变化来看,2018年上半年钢材出口呈不断回升趋势,但7月份以来环比又呈下降走势。钢材进口方面,1—9月份,全国累计进口钢材997万吨,同比减少4.3万吨,下降0.4%,整体相对平稳。如图5所示。

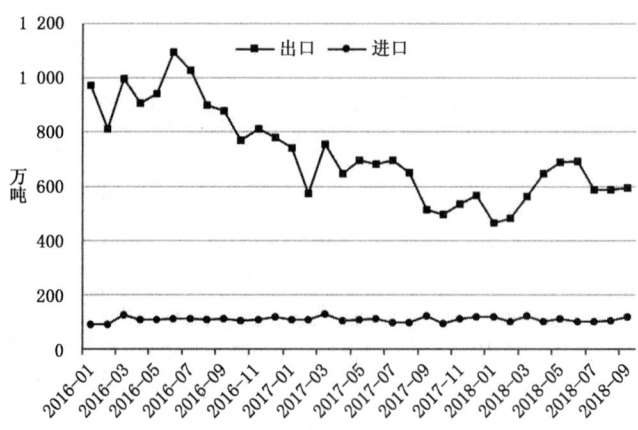

图5 全国钢材每月进出口量变化情况

5. 行业效益保持增长

2018年我国钢铁企业经济效益在上年好转的基础上继续增长。数据显示,1—9月,我国黑色金属冶炼及压延加工业(主要为钢铁行业)主营业务收入累计达4.73万亿元,较上年同期下降6 217.9亿元,同比下降11.6%;在利润总额方面,1—9

月份黑色金属冶炼及压延加工业利润总额达3 131.6亿元，较上年同期增加718.2亿元，同比增长71.1%；在销售利润率方面，1—9月份黑色金属冶炼及压延加工业的销售利润率达6.62%，较上年同期提高了2.11个百分点，钢铁企业盈利能力显著增强。

6. 行业预期增强，固定资产投资出现增长

2018年1—8月份，全国钢铁行业固定资产投资额为3 326亿元，同比增长14.8%，而2017年1—12月同比下降10.1%，因此增速较上年同期提高了24.9个百分点，扭转了钢铁行业近几年投资持续下降的局面（见表1）。其中：全国黑色金属冶炼及压延加工业投资2 791亿元，同比增加391亿元，增幅为16.3%，增速较上年同期提高23.4个百分点；全国黑色金属矿采选业完成投资额535亿元，同比增加37亿元，增幅为7.5%，增速较上年同期提高30.3个百分点。

表1 2018年1—8月份钢铁行业完成投资变化情况

项目	投资额（亿元）	上年同期（亿元）	增减额（亿元）	增长率（%）	去年同期增速（%）
钢铁行业合计	3326	2898	429	14.8	-13.2
黑色金属矿采选业	535	498	37	7.5	-22.3
黑色金属冶炼及压延加工业	2791	2400	391	16.3	-11.8

二、2018年钢铁行业发展环境分析及预测

钢铁行业是国家重要的基础原材料产业，产业关联度高，行业影响大，对国民经济和社会发展具有重要作用和贡献，但在发展中仍存在不少问题和矛盾，如产能过剩问题依然存在、环境污染较为严重、高质量钢材产品供给不足、钢铁企业的全球竞争力有待提高等。展望2019年，我国钢铁行业发展仍面临复杂的国内外环境，机遇与挑战并存。

1. 钢铁行业发展的有利因素

一是经济社会继续稳步发展。我国庞大的市场和人口规模、不断提升的城镇化水平为钢铁行业的发展提供了广阔的需求。围绕产业发展和人民生产、生活需要，未来可预见的高铁、公路、桥梁、港口、机场等各种相关基础设施投资、房地产开发投资、新能源汽车、各种装备制造等高度用钢行业的中高速增长都成为钢铁行业

的重要需求来源。

二是行业发展格局趋于优化。针对钢铁行业发展面临的产能过剩和无序竞争等突出问题，近年来，我国坚决化解过剩产能，深入推动行业供给侧结构性改革，清理违规生产，极大净化了行业发展环境。同时，通过推动钢铁企业兼并重组，促进钢铁行业装备水平提升和产业布局优化，促进了钢铁行业结构优化和提质增效。

三是扩大开放扩展发展空间。党的十八大以来，面对国内外复杂的环境变化，我国以"一带一路"建设为统领，不断提升对外开放水平，构建全方位对外开放格局，同"一带一路"沿线国家和地区的合作不断加深，围绕道路、港口、桥梁、铁路、机场等交通基础设施，以及能源、电力、通信等领域的项目合作越来越多，由此也将带动钢材等产品的需求，从而为我国钢铁企业的产品出口和进一步"走出去"提供了良好机遇。

2. 钢铁行业发展的不利因素

一是钢铁产能释放加快，新增产能有增加趋势。随着供给侧结构性改革的深入开展，钢铁产能严重过剩的局面已经得到缓解，但产能总量仍然巨大，国内市场在较长时期内仍存在产能过剩的问题。从2018年情况看，受钢价稳中有升、企业效益好转的驱动，新增产能有增多态势，钢铁行业投资增幅逐月提高，不利于后期国内钢材市场平稳运行。

二是中美贸易摩擦升级，国际市场不确定性增加。2018年以来，全球贸易保护主义导致贸易摩擦愈演愈烈，钢铁产品成为中美贸易摩擦的重灾区，美国接连对我国钢铁产品实施"232措施"以及"301调查"。随着贸易摩擦升级，我国钢铁产品出口难度进一步加大，自3月份中美贸易摩擦开始以来，已有欧盟、中国台湾、巴西、土耳其等国家或地区对我钢铁产品发起保障措施和反倾销调查。同时，由于美国这次不仅针对钢铁产品加征关税，同时限制我国轻工、机械、机器人等行业产品出口，使间接出口也将受到影响。上半年，全国钢材出口量呈回升态势，但7、8月份环比已呈下降走势。中美贸易摩擦对国内外钢材市场影响将逐步显现。

三是环保监管加严，提升企业生产经营压力。从目前情况看，我国钢铁行业装备水平参差不齐，一些企业节能环保投入历史欠账较多，还没有做到污染物全面稳定达标排放，节能环保设施有待进一步升级改造。特别是京津冀、长三角等钢铁产能集聚区，环境承载能力已达到极限，绿色可持续发展刻不容缓。同时，随着环保标准不断提高，企业现有技术、装备水平难以适应，需持续投入。

3. 2019年钢铁行业发展预测

2019年，在中美经贸摩擦的持续影响下，我国的各领域经济发展将出现更多潜在挑战，但只要国家及时有序推进补短板和减税降费，扩大对外开放，深入推进供给侧结构性改革等举措下，实现经济合理区间内的稳定发展可期。在此背景下，钢铁行业发展也将受宏观经济形势影响，总体相对稳定，但面临出口和需求等方面的不利影响。从生产情况看，受环保限产、下游用钢需求增速放缓的影响，粗钢产量增速会有所回落，预计2019年全国粗钢产量同比增长3%左右，钢材产量同比增长5%左右；从进出口情况看，受国际贸易摩擦升级的影响，预计2019年钢材出口量会进一步下降，进口钢材将保持相对平稳，与上年基本持平。

四、政策建议

1. 严禁钢铁新增产能，防范"地条钢"死灰复燃

通过化解过剩钢铁产能和彻底取缔"地条钢"，国内钢材市场环境发生了明显变化，供需基本平衡，钢铁产能利用率基本恢复到合理区间。由于效益好转，现在产能扩张冲动、"地条钢"想死灰复燃、部分企业上电炉的意愿都有所增强。国家相关部门需进一步加大监督检查和问责，坚决去产能、淘汰落后，严防"地条钢"死灰复燃；严禁借产能置换、批小建大名义新增产能，进一步巩固化解过剩产能成果；提高行业准入门槛，通过定期检查，将不符合规范条件的企业剔出规范名单，建立有进有出的准入制度；引导钢铁企业规范生产，促使企业从注重规模发展转向注重高质量发展，从而实现行业的健康、可持续发展。

2. 加强环保政策落实，提升资源利用效率

当前，钢铁行业面临着节能环保新形势。生态文明建设和环境保护的要求，倒逼钢铁企业必须提升环保水平。低碳绿色发展，是钢铁工业实现转型升级战略发展的核心内容和关键，直接关系到企业今后的生存发展，也影响着企业的社会形象。随着国家环保治理力度的加大，钢铁企业资金投入不断增加。国家有关部门应加强环保标准、技术和政策落实的研究，科学进行环保管控，环保执法避免"一刀切"。同时，鼓励企业加大资源综合利用工作，如余压节能发电、废钢、废渣利用，以及通过工业大数据和物联网等智能工业应用降低生产能耗和污染。

3. 提高产业集中度，提升创新发展水平

我国钢铁企业多而分散、钢材细分市场集中度低的问题，不仅导致市场同质化竞争严重，也导致创新投入和载体分散，总体创新能力不强，不利于钢铁强国建设。建议国家相关部门从国有产权交易的协调机制、规范经营、大用户直供电、资源保障、物流系统优化、工艺结构调整、并购税、低效资产退出机制、土地使用和职工

安置等方面进一步完善政策保障体系,为钢铁企业兼并重组顺利推进提供良好环境,引导和鼓励地方及企业积极推进并购重组,形成优强企业主导、中小企业"专精特新"协调发展的产业格局,鼓励跨区域重组,优化市场环境,加快转型升级,提升创新投入水平和模式转变,增强钢铁企业的国际竞争力和"走出去"的经营能力,实现高质量发展。

24 2018年有色金属行业运行分析及2019年展望

徐 斯[*]

摘要： 2018年起以美日欧为代表的国际经济延续复苏态势，国内新兴产业需求持续扩大，有色金属行业生产运行呈现稳步上升趋势，由于国际大宗商品价格大幅度震荡，企业经营成本上升，导致有色金属企业利润增速有所回落。预计2018年全年有色金属工业仍有望延续平稳运行的态势，有色金属工业企业利润持续回落。展望2019年，贸易摩擦、地缘政治、贸易保护主义等问题加剧了全球经济运行和金融市场的不确定性，将导致国际金属市场价格震荡，长期的贸易摩擦甚至影响金融和投资市场，对于有很强的金融属性的有色金属而言，受到的冲击将影响未来对有色金属行业走势的判断，有色金属行业发展将面临巨大挑战。加强基础研究，提高有色金属冶炼技术，拓展中高端材料市场，切实降低企业成本税负，坚持深化供给侧结构性改革不动摇，不断增强抵御金融风险和市场风险的能力。

关键词： 有色金属　供给侧改革　增速　贸易摩擦

一、2018年行业运行的主要特点

1. 生产运行稳步上升

2018年1—9月，有色金属产品生产运行保持稳中有升的态势，产量上升。从工业增加值来看，前三季度有色金属冶炼及压延加工业增加值累计增速为6.2%，相比二季度增加了1.2百分点，比上年统计增速加快2.1个百分点。从有色金属产量来看，2018年1—9月10种有色金属产品的累计产量为4 027.20万吨，同比增速平均为4.2%，相比二季度的3.1%提高1.1个百分点，比2017年同期上升0.1%。

---

[*] 徐斯，硕士研究生学历，经济研究人员，研究方向为电子商务、网络产业与信息经济。

从重点产品产量来看,铜制品产量快速上升,铝制品产量增速明显减缓。前三季度,铜材产量为1 249.40万吨,同比增长12%,涨幅比上年同期增加7个百分点,电解铝、氧化铝、铝材在1—9月份累计产量分别为2 499.9万吨、5 056.8万吨、3 375.1万吨,同比增长4.2%、3.4%、-1.5%,同比上年增幅减缓0.8、13.2、11.1个百分点。如图1、表1所示。

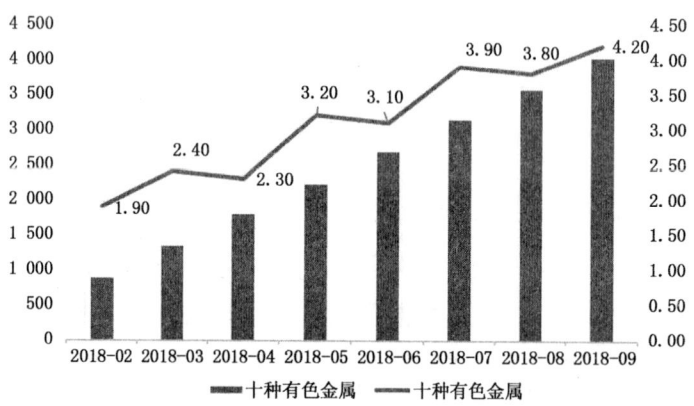

图1 2018年1—9月10种有色金属产品累计产量及同比增速(单位:万吨,%)

数据来源:Wind资讯。

表1 部分有色金属累计产量及累计同比增速(单位:万吨,%)

时间	铜材		氧化铝		铝材		原铝(电解铝)	
	累计值	累计同比	累计值	累计同比	累计值	累计同比	累计值	累计同比
2017-10	1 635.5	3.3	6 027.7	14.3	5 173.6	9.0	2 723.0	3.7
2017-11	1 764.5	5.3	6 513.9	10.5	5 538.3	8.3	2 954.0	1.7
2017-12	1 861.7	6.9	6 901.7	7.9	5 832.4	9.5	3 227.0	1.6
2018-02	242.1	20.0	1 025.3	-10.4	878.7	22.5	533.0	-1.8
2018-03	367.0	10.5	1 588.6	-6.1	1 337.7	15.1	811.9	0.3
2018-04	515.0	11.6	2 167.4	-3.3	1 673.6	4.6	1 089.1	0.2
2018-05	645.7	9.7	2 747.1	-0.1	1 995.9	1.7	1 360.0	1.4
2018-06	795.8	11.4	3 333.7	1.1	2 349.6	0.1	1 647.0	1.6
2018-07	940.5	11.8	3 918.5	2.4	2 724.0	-1.2	1 940.0	3.0
2018-08	1 091.6	12.7	4 475.7	2.8	3 408.5	-1.2	2 221.2	3.5
2018-09	1 249.4	12.0	5 056.8	3.4	3 375.1	-1.5	2 499.9	4.2

数据来源:Wind资讯。

2. 有色金属投资降幅收窄

从数据上来看，有色金属工业固定资产投资呈现以下特点：一是有色金属工业完成固定资产投资降幅正逐步缩窄。2018年1—8月有色金属工业（包含独立黄金企业）完成固定资产投资额为2 299.9亿元，同比下降1.9%，比1—7月回升4.1个百分点。二是有色金属矿采选业等项目投资持续下降，但有色金属冶炼和压延加工完成固定资产投资逐渐回升。有色金属矿山采选完成固定资产投资同比下降15.7%，有色金属冶炼和压延加工完成固定资产投资同比增长1.2%，增速比上年同期上升5.4百分点，结束了连续34个月下降态势。如图2所示。

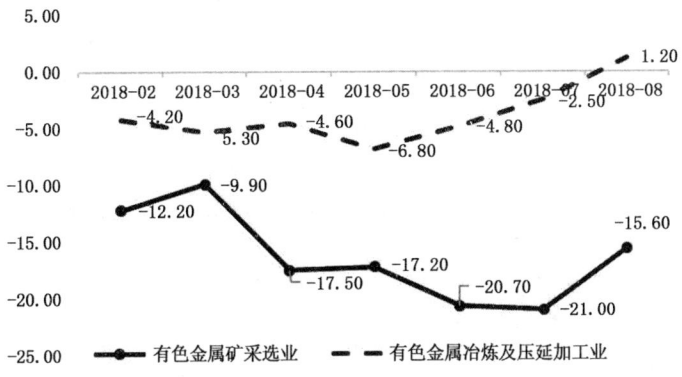

图2　2018年1—8月有色金属工业固定资产投资情况（单位:%）

数据来源：Wind资讯。

3. 重点产品出口持续上升

2018年1—9月，有色金属大部分产品出口持续稳定上升，铜材、氧化铝、铝材、稀土及制品、钨品、钼矿砂及其精矿的出口金额同比上涨19.7%、619.1%、28.2%、24.2%、58.3%、57.9%，延续2017年有色金属出口制品出口回暖的趋势（见表2）。这主要得益于2017—2018年美、欧、日经济的强势复苏，带动了中国有色金属产品出口额的增长。目前，中美贸易摩擦对有色金属工业的直接影响有限，得益于企业快速调整出口市场的战略性布局，产品由出口美国转至东南亚等国家。

表2　有色金属主要产品出口金额累计同比变化情况（%）

指标名称	铜材	氧化铝	铝材	稀土及制品	钨品	钼矿砂及其精矿
2017-01	14.2	-46.2	8.7	6.7	19.8	-1.2
2017-02	13.2	-31.7	0.1	1.2	24.3	204.4
2017-03	19.3	-20.5	1.1	7.3	39.2	323.8

续表

指标名称	铜材	氧化铝	铝材	稀土及其制品	钨品	钼矿砂及其精矿
2017-04	19.6	-24.8	2.5	9.8	53.5	384.9
2017-05	21.1	-19.4	3.8	10.8	40.5	278.4
2017-06	22.4	-13.5	5.5	11.2	41.6	179.2
2017-07	21.8	-13.5	5.9	9.8	38.7	145.8
2017-08	20.3	-6.7	4.5	9.9	37.0	77.0
2017-09	19.7	-19.0	3.3	10.8	36.8	58.7
2017-10	19.9	-20.5	3.9	13.0	36.7	56.9
2017-11	20.1	-17.8	3.8	14.3	40.2	50.8
2017-12	20.8	-14.1	5.2	15.4	40.1	54.3
2018-01	22.4	9.8	20.3	21.0	56.7	234.7
2018-02	33.9	25.4	35.2	37.4	69.1	3.4
2018-03	20.8	21.7	29.7	27.0	53.6	26.5
2018-04	19.3	47.6	26.1	25.7	49.9	5.5
2018-05	18.1	217.7	24.2	25.6	51.4	15.5
2018-06	18.8	394.2	24.5	24.9	50.7	9.2
2018-07	18.6	510.2	25.3	25.5	54.3	39.4
2018-08	19.0	467.0	26.5	24.5	57.5	49.1
2018-09	19.7	619.1	28.2	24.2	58.3	57.9

4. 下游需求稳步增加

下游需求稳步上升，促使有色金属行业平稳发展。新能源汽车、房地产、家电、电子计算机等产品作为有色金属行业的主要下游需求产业，2018年延续上年产业回暖的趋势，进一步拉动有色金属行业发展。一是随着电子计算机、空调、家用电冰箱、家用洗衣机等下游产品的产量稳定增加，有色金属行业需求得以提高。以空调、家用电冰箱为例，2018年1—9月空调、家用电冰箱产量累计分别同比增长12.9%、2.1%。二是由于新能源汽车产业政策利好，新能源汽车产量持续上升，2018年1—9月我国总体汽车产量同比增加仅为3.2%，而新能源汽车产量同比高达54.8%，增幅比上年同期增加了24个百分点，持续扩大有色金属行业的需求。三是房地产行业经过几年的深度调整，2018年1—9月地产投资完成额同比增长9.9%，比上年同期提高1.7个百分点，刺激了有色金属的销量。如表3、图2所示。

表3 部分产品产量增速累计同比变化（单位:%）

	电子计算机	家用电冰箱	家用洗衣机	空调	新能源汽车
2017-2	-2.1	18.6	4.5	16.3	-33.3
2017-3	-2.5	16.3	5	16.5	-14.9
2017-4	-1.7	12.4	4.8	17.6	-1.1
2017-5	-0.8	10.5	4.4	19	7.6
2017-6	2.7	8.9	3.6	17.9	13.3
2017-7	5	10.9	3.7	18.6	19.8
2017-8	7.4	11.6	3.2	18.7	25.4
2017-9	7.9	13.3	4	18.9	30.8
2017-10	7.5	13.7	3.9	18.5	36.7
2017-11	7.5	12.6	3.1	19.9	46.5
2017-12	7	13.6	3.2	26.4	51.1
2018-2	6.3	4.5	-1.1	17	178.1
2018-3	6.5	-2.3	-1.7	13.6	139.4
2018-4	4.2	2.3	-0.2	12.9	113
2018-5	6.3	4.4	1.2	16.1	85.8
2018-6	7.8	3.1	0.3	14.4	88.1
2018-7	7.3	2	0.1	12.6	68.6
2018-8	7.7	1.6	1	11.1	56
2018-9	8	2.1	0.7	12.9	54.8

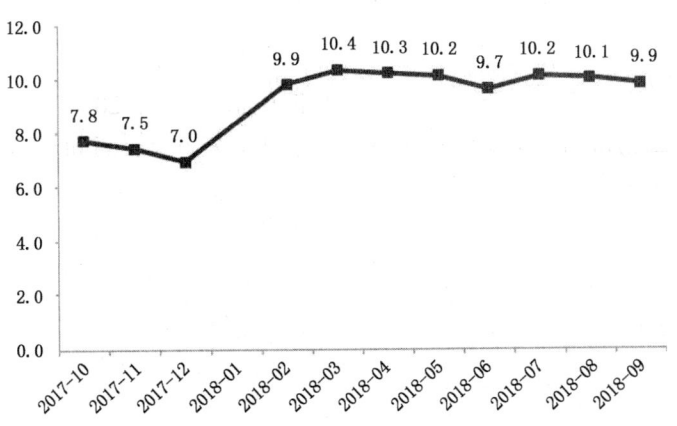

图2 2017—2018年房地产开发投资完成额同比增长

5. 市场价格持续上涨，涨幅有所回落

有色金属冶炼及压延加工行业工业生产者出厂价格指数累计同比呈下降趋势。

2018年1—9月，有色金属冶炼及压延加工行业工业生产者出厂价格指数同比上升6.3%，增幅比二季度下降2.1个百分点，比上年同期回落7.8个百分点。从具体产品来看，2018年前三季度，国内市场四种金属现货均价同比上升，涨幅回落。1—9月，国内铜平均价为51 075元/吨，同比上涨7%；铝现货平均价为14 384元/吨，同比上涨0.9%；铅现货平均价为19 279元/吨，同比上涨0.9%；铝现货平均价为14 384元/吨，同比上涨0.9%。如图3所示。

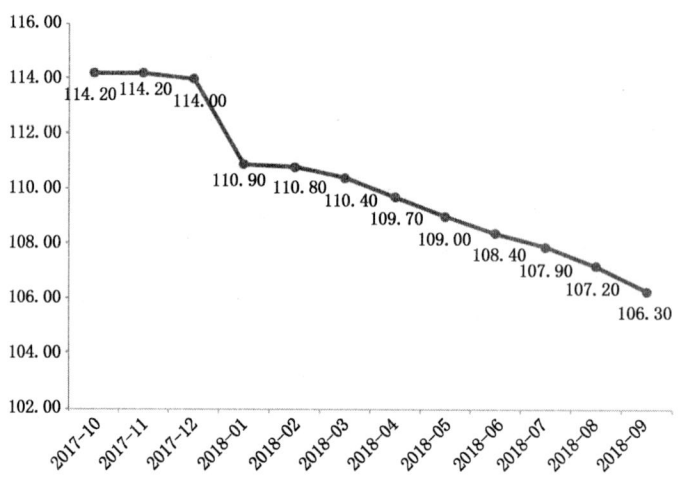

图3　有色金属冶炼及压延加工行业工业生产者出厂价格指数累计同比增长率

6. 企业效益呈下滑趋势

2018年1—8月，有色金属行业销售收入增速回落，利润持续下滑。据统计，全国7 783家规模以上有色金属工业企业（不包括独立黄金企业，下同）实现主营业务收入33 042.3亿元，同比增长9.8%。实现利润总额1 001.1亿元，同比下降7.1%，降幅比1—7月扩大3.7个百分点。主要有三个原因：一是企业负担加重，主营业务成本上升。1—8月，7 783家规模以上有色金属工业企业营业总成本32 062.6亿元，同比上涨10.7%，企业每百元主营业务收入中的成本为92.81元，比上年同期增加0.69元，三项费用小计1 395.6亿元，同比上升12.0%，增幅比营业总成本增幅高1.3个百分点。二是企业库存增加，库存周转速度放缓。8月底，7 783家规模以上有色金属工业企业存货额为5 944.1亿元，同比增长8.3%。其中产成品库存额为1 776.3亿元，同比增长6.9%。规模以上有色金属工业企业库存周转天数为47.5天，比上年同期放缓10.1天，产成品库存周转天数为14.1天，比上年同期放缓4.7天。如图4、图5所示。

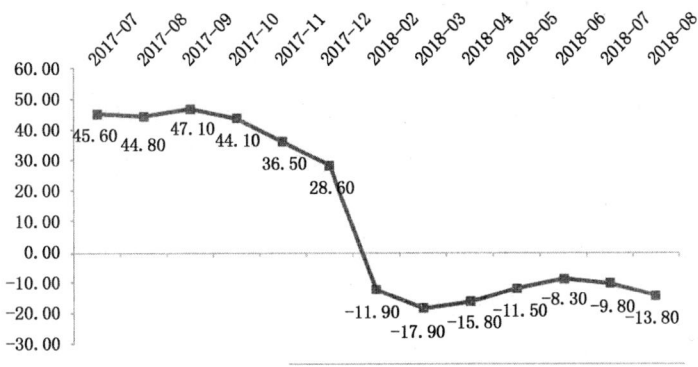

图 4　有色金属冶炼及压延加工行业利润累计增速情况

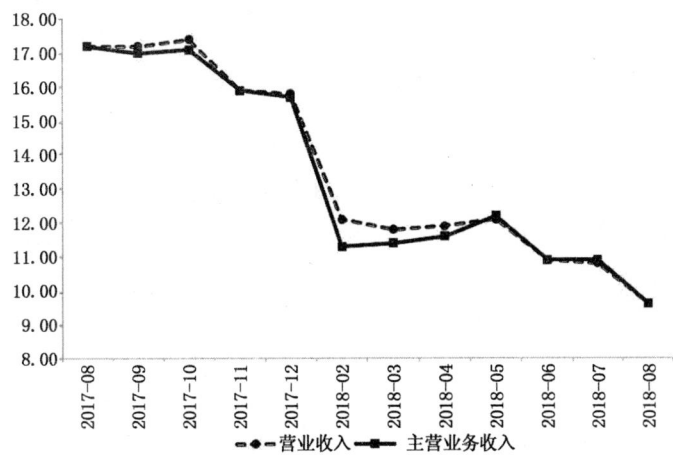

图 5　规模以上有色金属冶炼及压延加工行业主营业务收入及主营业务成本增速

从 2018 年前三季度有色金属的行业状况及对有色金属行业供需关系判断，预计 2018 年全年仍有望延续平稳运行的态势，但有色金属价格呈现弱势震荡，生产成本上升，有色金属工业企业利润持续回落，有色金属行业固定资产投资仍难有明显起色。

二、2019 年行业发展预测

2018 年以来国内外经济保持温和增长状态，但地缘政治、贸易摩擦、反全球化浪潮等加大了全球经济运行和金融市场的不确定性。中国经济结构持续深化改革，新旧动能加速转换，防范化解金融风险初显成效，但是不均衡不协调等结构性问题仍存在于经济运行当中。

1. 全球经济形势波动引发有色金属外需变化

全球经济近期仍将延续复苏、保持温和增长的态势，有色金属出口贸易额不断上升，持续推动有色金属行业发展。但是贸易摩擦等加剧了国际形势的不确定性，未来在国际形势上仍面临诸多挑战。一是各国经济复苏态势分化，美国经济正加速增长，欧元区和日本增速略有下滑，部分新兴经济体增长动能减弱。全球经济面临贸易下滑、通胀上行、全球流动性收缩和新兴经济体金融波动等多重考验。二是贸易摩擦升级，保护主义从贸易蔓延至投资领域，针对我国有色金属产品的"双反"调查使得部分有色金属产品出口额不断下滑，利用标准等隐蔽的国际贸易保护手段不断增多。有色金属本身具有的金融属性，极易受到国际金融市场波动的影响，受贸易摩擦升级、货币政策收紧和财政赤字攀升等因素影响，美国经济潜在风险逐渐凸显，将对全球经济金融市场造成较大影响，新兴市场面临贸易摩擦加剧、美元持续走强、外部融资环境收紧等因素进一步考验。汇率、国际大宗商品市场的不确定性将增大我国有色金属企业进出口的操作难度，提升企业经营风险。

2. 中美贸易摩擦对有色金属行业的间接影响不容忽视

中美贸易争端逐步升级，双方的贸易措施对有色金属行业的影响主要集中在中国对美国铝制品和美国对中国出口的废铝和其他非金属上。对有色金属的工业直接影响的程度有限，一是中国铝材出口显著下滑的可能性有限，原因在于企业将东南亚等国家作为主要出口市场。二是从美国进口废铝的数量有限，2017年我国从美国进口铝废料47.6万吨，折合铝废料38万吨，不足我国全年铝供应量的1%，对中国铝市场总体的供需格局影响有限。

对有色金工业的间接影响不容忽视。一是中美贸易摩擦引起市场恐慌对价格冲击程度大，造成了国际有色金属市场价格下跌，进而导致企业效益下降。二是下游企业出口需求减少影响有色金属市场需求。铝制车轮、铅酸蓄电池、镀锌板、机电仪器、机械装备等产品受到美国加税的影响，出口量有所波动，将会导致并引发有色金属消费及价格的进一步波动。三是从长期来看，贸易摩擦可能会进一步扩大和升级，影响金融和投资市场，对于具很强金融属性的有色金属工业，其受到的冲击将会极大地影响行业的走势，影响市场预期。

3. 国内稳中向好的经济为有色金属产业发展奠定基础

随着供给侧结构性改革的深入推行，产业结构持续优化，新产业、新产品、新业态持续加快发展，居民升级类消费、服务类消费保持较快增长，中国经济发展质量不断提高，尽管全球经济面临诸多变数，尤其是中美贸易摩擦增大了经济增长的不确定性，未来出口增速可能回落，但全球经济近期还将延续复苏势头，国内经济增长的内生动能稳步增强，加之宏观政策调整，中国经济下行的压力将有所缓解。目前，中国发展仍有巨大的潜能，城镇化、高端制造业、服务业及居民消费升级使得经济发展有着巨大的进步空间，而且经济体制改革持续推进，新旧动能转换加速，使得中国经济供求总体平衡，就业形势向好。因此，我国经济基本面长期向好的趋势并没有改变。稳定的国内市场环境为有色金属行业平稳有序的发展奠定坚实的基础。

4. 新产业崛起和传统产业复苏是有色金属行业的强心剂

以新动能企业为代表的新兴产业快速发展将持续推动有色金属行业的发展，轨道交通装备、机器人、高端船舶和海洋工程装备、现代农业机械及高端医疗器械等领域的政策倾斜将持续带动有色金属的市场需求。房地产投资持续增加，家电等行业的传统产业复苏，进一步扩大了有色金属市场的有效需求，有利于在稳增长中调整市场需求结构，将对有色金属行业平稳的运行提供重要支撑。

综合国内外的形势判断，2019年有色金属行业总体运行将呈现缓中趋稳的发展态势。其中有色金属冶炼及压延加工业增长值将保持平稳，新材料工业增加值在有色金属产业比重不断扩大，依靠扩大产业规模来推动产业增长将持续弱化。有色金属工业企业实现利润有望企稳，国家减税降费政策逐步落实，企业降本增效力度将持续加大，多数有色金属品种企业经营成本增幅有望收窄。有色金属行业固定资产投资仍将放缓，主要原因是部分冶炼及常用加工项目产能过剩或已饱和，及有色金属产业的基础研究薄弱、高新技术项目储备不足，投资者投资意愿下降。

三、相关政策建议

深刻领会习近平新时代特色社会主义思想的核心要义和创新观点，坚持创新、协调、绿色、开放、共享的新发展理念，以面对当前有色金属行业发展新趋势、新机遇和新矛盾。我国有色金属工业目前面临稳增长、调结构双重任务，在资源、核心技术、市场需求等方面存在更加激烈竞争时，首先在持续提高企业效益的同时要不断优化产业结构，加强基础创新，实现行业的升级换代；其次需要切实降低企业成本和杠杆率，提高行业防范金融风险的能力，进一步促进产融深度对接，有效缓解融资难、融资贵。最后不断深化供给侧改革和环保的要求，引导新旧动能转换，促进产业高质量发展，提高行业的国际竞争力。

1. 推动有色金属工业基础创新，实现升级换代

全面落实创新驱动发展战略，搭建有色金属工业技术与装备项目合作交流平台，构建以龙头企业、高校、科研院所等为核心的协同创新机制，实现"政产学研用"长效化。提高科技创新能力，加快推动高端新材料的研发进度，如高档铝材、12英寸（200mm）硅片生产工艺，释放新需求、创造新供给、培育新动能。加快推进有色金属行业供给侧结构改革，实现传统有色金属冶炼技术升级换代，提升铝合金、锂等产品的冶炼和深加工的技术水平，不断突破有色金属深加工产品的技术，满足航天、新能源汽车等领域的需求。加速实现高端转备制造国产化、加快发展新兴行业的发展，持续为有色金属行业创造稳定的需求。不断关注下游产业变革引发的新需求、新增长点，利用技术创新、有效沟通机制，防止出现结构性不平衡的出现。

2. 切实降低企业成本和杠杆率，防范金融风险

面对贸易摩擦带来的国际经济形势的不确定性，国内市场需求结构化不充分不均衡的局面，要把企业降成本和"去杠杆"放在突出位置。一是严格贯彻落实企业减税、降负政策，减轻企业负担。持续实施降成本政策，坚决遏制不合理的行业协会会费、涉企经营服务性收费等，制定有色金属涉企收费"负面清单"。进一步完善减税措施，增强企业活力。加快落后产能"僵死企业"退出有色金属行业的速度，制定淘汰落后产能的相关细则。二是通过市场化、法制化债转股，企业重组，资本市场直接融资，"僵尸"企业破产退出等多种方式，优化企业资本结构，防止资金链断裂，化解企业债务风险。对大额固定资产投资，有色金属企业一定要格外谨慎，看好自己的"钱袋子"。

3. 促进产融深度对接，有效缓解融资难、融资贵

当前实体经济尤其是民营企业融资难是个共性问题，根据企业发展实际与成长空间，一是强化有色实体企业与金融企业的深度对接，发挥好有限财政资金的引导作用，建议采取股权投资、贷款贴息等多样的融资手段，实施好差别化金融政策，避免对有色行业融资出现"一刀切"的政策；二是下更大力气降低民间资本进入重点领域的门槛，探索建立产业生态型示范基地，为民间投资营造公平竞争市场环境，处理好出资人与各方利益分配，进而推动国家出台的鼓励民间投资政策落实到位。

4. 引导新旧动能转换，促进产业高质量发展

随着供给侧改革持续深入，有色金属产业新旧动能转换亮点纷呈，但占比依然不大，仍需提高政策引导作用，充分发挥市场化决定性作用，推动产业实现高质量发展。一是持续坚定不移地推进供给侧结构性改革，坚持"新旧动能转换"不放松。二是针对战略性新兴产业需求，加快研发生产满足高端、个性、多元化需求的高新有色金属材料。三是积极引导各种投资主体投资中高端有色项目，促进有色金属产业高质量发展。

25　数字经济发展提升制造业核心竞争力

董静媚　徐　斯*

摘要： 数字经济是创新和改变经济增长方式的核心要素。近年来，我国数字经济蓬勃发展，在经济增长、就业拉动和创新引领方面作用显著。在此背景下，数字经济与制造业的融合发展也在加速，智能制造、网络化协同制造、个性化定制和服务型制造等新模式不断涌现，数字经济对制造业的发展起到了提质增效促转型和增强核心竞争力的重要作用。但同时也存在融合发展程度不够高、数字化转型意识和能力不足、核心技术欠缺、安全监管滞后等问题。未来的数字经济发展需将工业互联网平台等基础设施建设、关键软硬件技术和标准的突破、企业数字化水平的提高、安全体系与监管体系建设、创新氛围营造与国际合作机制建设等作为重点。

关键词： 数字经济　制造业　融合发展　竞争力

数字经济是信息化发展的高级阶段，是继农业经济、工业经济之后的新型经济形态。2016年9月，杭州G20峰会通过《二十国集团数字经济发展与合作倡议》，首次将"数字经济"列为创新增长蓝图的一项重要议题。数字经济以数字化丰富要素供给，以网络化提高要素配置效率，以智能化提升产出效能，有效推动经济发展质量变革、效率变革、动力变革，并对制造业转型升级、提升核心竞争力也起到了关键引领性作用。

一、数字经济蓬勃发展

数字经济是指以使用数字化的知识和信息作为关键生产要素、以现代信息网络作为重要载体、以信息通信技术的有效使用作为效率提升和经济结构优化的重要推动力的一系列经济活动。数字经济包括两大部分，一是信息通信产业部分，包括电

---

* 董静媚，经济学博士，国家信息中心经济预测部助理研究员，研究方向为产业经济与区域发展；徐斯，硕士研究生，助理经济师，研究方向为电子商务、网络产业与信息经济。

子信息制造业、电信业、软件和信息技术服务业、互联网行业等；二是数字经济融合部分，即传统产业由于应用数字技术所带来的生产数量、质量和生产效率提升，其新增产出构成数字经济的重要组成部分。

1. 数字经济增长贡献率不断提高

数字经济已成为近年来带动经济增长的核心动力。据中国信息通信研究院测算[1]，2017年我国数字经济总量达到27.2万亿元，同比名义增长超过20.3%，显著高于当年GDP增速，占GDP比重达到32.9%，同比提升2.6个百分点。2017年我国数字经济对GDP的贡献为55%，接近甚至超越了某些发达国家水平，数字经济在国民经济中的地位不断提升。其中，从信息通信产业来看，贡献不断增强——2017年信息通信产业规模达到6.2万亿元，占GDP比重由2016的7.0%提升到7.4%；互联网行业增加值首次超过基础电信业，占信息通信服务业比重由2010年的21%提升至2017年的52.6%，成为信息通信服务业发展的主导力量。从经济融合部分来看，规模不断扩张——数字经济融合部分规模为21万亿元，同比名义增长20.9%，融合部分占数字经济比重由2005年的49%提升至2017年的77.4%，占GDP比重由2005年的7%提升至2017年的25.4%，融合部分对数字经济增长的贡献度高达79.2%。

2. 数字经济就业拉动作用显著

数字经济拉动就业作用显著。一方面，数字经济领域就业人数比重不断提高。2017年我国数字经济领域就业人数达到1.71亿人，占当年总就业人数的比重已达到22.1%，同比提升2.5个百分点。其中，信息通信产业部分就业人数2017年达到1175万人，同比增长11.0%，数字经济融合部分就业人数达到1.6亿人，同比增长13.1%，传统产业数字化转型已成为我国吸纳就业的重要渠道。数字经济每100个就业人口中，72个为升级原有就业，28个为新增就业岗位。另一方面，数字经济新增就业作用正在不断加强。2012年，数字经济新增就业人数为215万人，占当年新增就业的17.0%；2016年，数字经济新增就业人数为467万人，占当年新增就业的35.9%；2017年，数字经济新增就业人数为552万人，占当年新增就业的40.9%。

3. 数字经济创新引领不断提升

我国数字经济在技术创新和资金投入方面取得重大进步。一方面，技术创新投

---

[1] 中国信息通信研究院采用生产法测算数字经济规模，将数字经济分成信息通信产业的直接贡献，即信息产业增加值占GDP的比例，还有信息通信产业的间接贡献，即信息产业应用到传统产业上导致的增加值占GDP的比例。

入持续加大，数字经济 R&D 经费支出占 GDP 比重由 2011 年的 1.2% 增长到 2017 年的 1.5%，人均数字经济 R&D 经费支出增长到 864 元/人，较 2011 年翻了一番。另一方面，我国的数字经济技术创新在更多领域已从跟跑为主转向并跑、领跑的新阶段。以百度、阿里巴巴、腾讯、华为等为代表的高新技术企业快速崛起，大数据、人工智能、云计算、区块链等领域的信息通信技术取得突破性发展，在电子商务、移动支付、共享经济、无人驾驶、语音识别、人工智能、大数据分析等领域，中国的技术创新和模式创新已经站在世界前沿。2018 年全球互联网企业 20 强中，中国企业占据 9 席，仅次于美国的 11 席。

二、数字经济促进提升制造业核心竞争力

在当前互联网、大数据、人工智能、物联网等与制造业愈加深度融合发展的条件下，制造业从研发到生产、从服务到营销等各个方面的能力得到大幅提升，数字经济在助力制造业提效降耗、协同创新，从而提升核心竞争力方面发挥了关键引领性作用。

1. 制造业"四化"水平整体提高

数字经济带动制造业"智能化、个性化、网络化、服务化"发展。根据工业和信息化部相关监测数据显示，从 2017 年第三季度和 2018 年第二季度的指标对比来看，数字化研发设计工具的普及率由 63.3% 提高到 67.4%，一年之内提高了 4.1 个百分点；关键工序的数控化率由 46.4% 提高到 48.4%，提高了 2 个百分点；智能制造就绪率由 5.6% 提高到 7%，提高了 1.4 个百分点；开展个性化定制的企业比例由 7.3% 提高到 7.6%，提高了 0.3 个百分点；工业电子商务普及率由 55.4% 提高到 58.8%，提高了 3.4 个百分点；双创平台普及率由 70.4% 提高到 75.1%，提高了 4.7 个百分点；实现网络化协同的企业比例由 31.2% 提高到 33.7%，提高了 2.5 个百分点；开展服务型制造的企业比例由 24.3% 提高到 24.7%，提高了 0.4 个百分点。我国制造业数字经济稳步推进，制造业数字化水平由 2015 年的 14.2% 提高到 2017 年的 17.2%[1]。如图 1 所示。

---

[1] 该数据来源于中国信通院的测算。

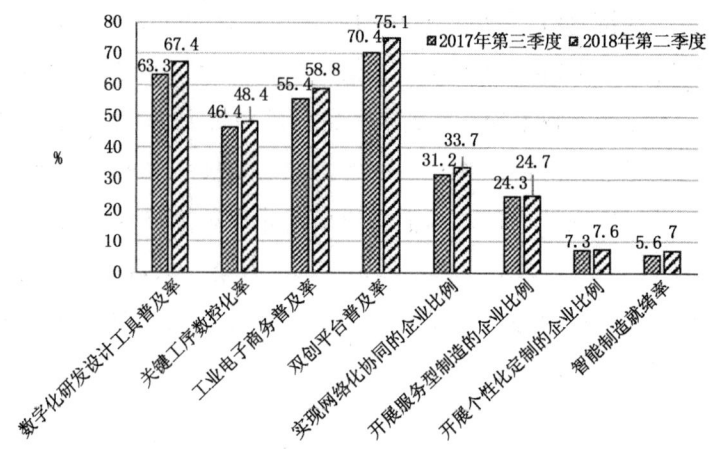

图 1　2017 年第三季度和 2018 年第二季度制造业企业两化融合发展指标

数据来源：工业和信息化部两化融合服务平台。

2. 制造业提质增效转型创新明显

数字经济在提升制造业供给效率和质量，降低生产成本和能耗，提升制造智能化水平，实现提质增效转型升级方面效果明显。比如，在智能化生产方面，北科亿力通过炼铁大数据智能互联平台的建立，提升炼铁的数字化、智能化、科学化、标准化水平，预判和预防高炉异常炉况的发生，提高冶炼过程热能和化学能利用效率，已应用的炼铁厂平均提高劳动生产率 5%，降低冶炼燃料比 10 千克/吨铁，降低吨铁成本 15 元，直接经济效益单座高炉创效 2 400 万元/年，环境效益方面，已应用的炼铁厂减少 CO_2 排放 10 千克/吨铁；在个性化定制方面，依托互联网平台和智能工厂建设，实现将用户多样化需求直接转化为小批量柔性化生产排单，如红领集团通过大数据定制下单、智能运算自动匹配版型、柔性 MES 生产系统，以及线上整合大量设计师和设计元素，为用户提供设计、体型、面料等丰富定制选择；在网络化协同方面，借助互联网或工业云平台，发展企业间协同研发、众包设计、供应链协同等模式，实现有效降低资源获取成本、大幅延伸资源和社会化创新利用范围，如中国商飞 ARJ21 支线飞机超过 77% 的零部件在全球 10 多个国家、104 家供应商之间协同研制完成，实现了全球化的协同创新，同时提高了飞机研发质量和效率；在服务化延伸方面，通过产品联网、数据采集、大数据分析提供多样化智能服务，实现由卖产品向卖服务拓展，如三一重工接入 20 万台设备、采集 5 000 多个参数，实现远程监控、诊断和预警，降低服务成本 60%，3 年新增利润超过 20 亿元。此外，智能网联汽车、医疗影像辅助诊断、身份识别、智能家居等智能化产品的集成应用态势良好，城市轨道交通全自动运行系统实现示范应用，新兴领域异军突起，结构调整成效显著。数字经济和制造业的融合发展在提高供给质量和效率、降低成本、缩短周期、增加灵活性、实现提质增效转型创新方面发挥了重要作用。

3. 细分行业融合发展各有特色

制造业各重点行业的数字经济发展在研发、制造、产业链等方面呈现不同的特征，发展路径各异。由交通设备制造和机械制造组成的装备行业以数字化研发工具的集成应用和基于产品的智能服务为双向突破口，提升产业价值链水平，同时围绕产品全生命周期研发创新开展积极探索，行业数字化研发设计工具普及率达到82.3%；由石化、建材和冶金三者组成的原材料行业以强化制造环节的智能化水平为着力点，打造集约高效实时优化的生产新体系，关键工序数控化率达到62.7%，且其中石化行业的数字化融合发展程度最高；由轻工、纺织、食品组成的消费品行业构建用户需求的精准采集、快速传导和实时响应的新能力，双创平台普及率达到78.4%；电子信息行业与数字经济融合发展的综合水平最高，两化融合水平达到56.9%，其在网络化协同生产、服务型制造、生产设备数字化率、应用电子商务的比例、智能制造就绪率、工业云平台应用率等方面都处于领先水平。如图2所示。

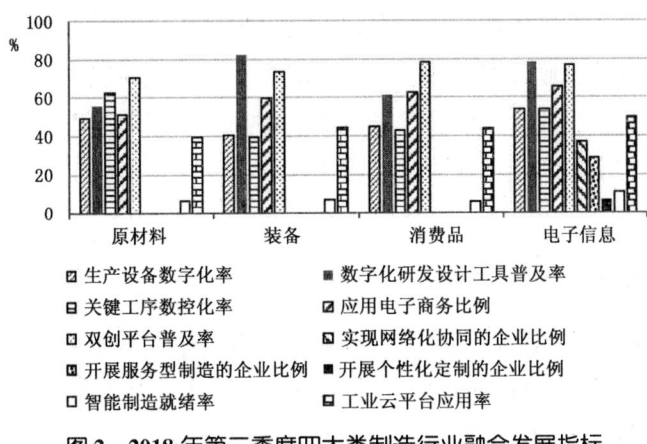

图2　2018年第二季度四大类制造行业融合发展指标

三、数字经济发展中存在的问题

1. 数字经济融合发展程度不高

总体来讲，制造业数字化、网络化、智能化仍处于起步阶段。一方面，我国各行业数字经济渗透率[1]尚不够高且差异较大。工业的数字经济渗透率仅为17.2%，服务业的数字经济渗透率最高，达到32.6%，农业的数字经济渗透率最低，只有6.5%。相比而言一些发达国家如德国、韩国、美国和日本的工业领域数字经济渗透

---

[1] 数字经济渗透率即数字经济占行业比重的平均值。数据来源于中国信息通信研究院的测算。

率2016年就已分别达到41.8%、35.9%、33.7%和29.6%，因此我国仍然存在发展差距。另一方面，我国绝大多数制造业企业仍处于两化融合的起步和单项覆盖发展阶段，处于创新突破阶段的企业比例很低。据工信部对123 785家制造企业进行的评定，当前处于两化融合起步建设阶段的企业比例为33.0%，处于单项覆盖阶段的企业比例为47.7%，处于集成提升阶段的企业比例为15.2%，处于创新突破阶段的企业比例为4.1%。由于行业的整体融合发展程度尚低，数字经济对制造业提质增效、助力转型的作用还远未充分发挥。

2. 数字化转型意识和能力不足

制造业数字化升级风险高，转型意识和能力亟待提升。传统制造业在数字化转型升级中，存在转型动力不足、转换成本高、技术投资周期长、投入大、收益周期长，而且较高的试错成本及变革风险导致中小企业难以承受。制造业企业对使用数字技术提高效率和促进转型的作用了解不够，应用路径尚不清晰，融合发展能力不足，缺乏变革思维等，都阻碍了数字经济与制造业融合的进程。很少有企业能够意识到在制造全生命周期产生的大量数据资源具有提升生产效率、降低成本损耗等战略价值，依然存在着重硬件轻软件、重制造轻服务、重规模轻质量的观念。另一方面，大部分新一代信息技术企业虽然了解深度挖掘数据资源的重要性，但对制造企业的主要业务流程及工艺流程缺少掌握，难以准确、有效地满足制造企业的实际运营功能需求。

3. 自主创新和核心技术水平欠缺

我国在数字经济领域的核心技术和自主创新水平仍有短板。工业控制网络标准和技术基本被外商掌控，且标准众多、互通性差；高端工业传感器、工业控制系统、关键工业软件等基本被国外垄断，国外企业高端工业软件占据了国内航天、航空、汽车等行业绝大部分的市场，工业控制领域高端市场被国外厂商垄断。在当前全球互联网治理体系下，13个根节点没有一个在我国，标识解析、网络地址等关键资源的分配也受制于人，工业与互联网标识解析系统与试验验证平台建设问题在传统制造体系下尚不突出，但在未来网络化、智能化的新型制造体系下，必将给我国产业安全带来严峻挑战。此外，工业互联网平台是实体经济全要素连接枢纽、资源配置中心和智能制造大脑，我国工业互联网平台起步较晚，与国际先进水平相比，平台商业成熟度存在一定差距，龙头企业带动力弱，核心能力薄弱，生态相对滞后。自主创新和核心技术的不足导致我国制造业企业数字化发展的基础相对薄弱。

4. 高端人才缺乏与结构性失业并存

大多数人才分布在传统的产品研发和运营领域，深入掌握工业大数据采集与分析、先进制造流程及工艺优化、数字化战略管理、制造业全生命周期数据挖掘等领域专业技能人才的总量还是相对较少。同时，在互联网、大数据、人工智能等新兴领域，也严重缺乏深入了解传统制造业运作流程与关键环节，能够在细分垂直领域深度应用新一代信息技术进行数字化、网络化、智能化改造的跨界人才。另一方面，传统企业技术改造升级，新兴企业的进入，引起落后产能的退出、生产效率提升、人力资本结构转变，进一步导致社会结构性失业等问题。如深圳雷柏在引入机器人后，员工数量由 3 200 人减至 800 人，失业人员由于知识、技能限制与缺乏等问题无法立即再就业。

5. 安全监管和数字政务建设滞后

进入数字经济时代，制造业生产经营各环节对网络的依赖日益加深，特别是核心关键设施也都连接公共互联网，信息安全新老问题叠加、安全隐患倍增，必须引起高度重视。现阶段监管理念无法适应数字经济多元化、快速化、开放化的发展需求。单边监管、依靠人力等传统监管理念难以应对数字经济平台化、参与主体海量化及问题隐蔽化的挑战，但同时事前高准入标准管理模式一定程度上又会阻碍新动能与传统产业融合的步伐，因此需要探索利用社会力量共同参与治理，促使市场规范化。此外，政务服务数字化水平仍偏低，政务服务大多难以实现全流程在线办理、部门间数据共享难、业务协同难、服务资源碎片化等都增加了企业时间成本，政府信息资源开发利用和服务能力远滞后于经济和产业发展要求。

四、未来发展政策建议

进入数字经济时代，我国工业企业开启了智能制造、网络化协同制造、个性化定制以及服务型制造等新模式，在生产创新过程中取得了阶段性的进步。然而，由于基础设施尚未完善、关键技术缺失、高端人才匮乏，再加上人们对数字化转型的系统性、复杂性、规律性认识不足，导致数字化融合发展的生产潜力尚未充分发挥。为此，建议从以下几方面优化我国数字经济发展，以更好支撑高质量发展。

1. 加快工业互联网等基础设施建设

制造业活动中，数据高效交互、信息资源共享、快速协同工作的前提是互联互通。要建立低延时、高可靠、广覆盖的工业互联网基础设施体系，加快工业互联网平台建设和推广，形成多层次、系统化的平台发展体系，促进工业全要素连接和资源优化配置；深入实施宽带中国战略，落实网络提速降费等政策要求，推动数据开放和标准化，切实解决我国城乡之间、东西部地区之间的数字鸿沟，为制造业数字化转型提供基础条件与均等机会；积极部署全光网，推进5G商用进程，推动IPv6在物联网、移动互联网中的应用，持续优化互联网骨干网，实现国内骨干直联点与交换中心协同发展。

2. 加强关键软硬件和平台等技术突破

在突破关键技术方面，依托国家重点研发计划、"芯火"计划等科技专项，加强产学研协同攻关。硬件方面，夯实自动控制与感知技术基础，加强传感器关键技术研发和产业化发展，突破工业控制系统中关键器件和技术的发展瓶颈，加快核心芯片产业化，推进相关领域嵌入式处理器的研发和规模应用。软件方面，要突破虚拟仿真、人机交互、系统自治等关键共性技术发展瓶颈，夯实核心驱动控制软件、实时数据库、嵌入式系统等产业基础，提升工业软件的研发和产业化能力，加强软件定义和支撑制造业的基础性作用；支持信息物理系统关键技术测试验证，推动工业软硬件与工业大数据平台、工业互联网、工业信息安全系统和智能装备的集成应用。平台方面，突破通信协议、数据接口、数据分析等关键技术，提升工业云平台系统解决方案供给能力，创新工业云服务内容与模式，培育基于工业云的新型生产组织模式，加快工业数据服务平台研发和推广应用，推动大数据在产品全生命周期的应用，构建智能服务生态。标准方面，推进工业数据共享、互联互通、网络传输等融合性标准建设，加快建立智能制造和工业互联网标准体系，努力改变过去工业控制网络标准长期被国外垄断的被动局面。关键设备方面，要面向重点领域率先突破和传统领域智能转型相关的需求，努力在数控机床与机器人、增材制造、智能传感与控制、智能检测与装配、智能物流与仓储等领域突破一批关键技术装备。

3. 进一步提升企业数字化水平

数字化是网络化、智能化的基础，要着力解决企业数字化发展不平衡不充分问题，加快形成贯通全流程、全领域的数据链条。一是夯实数字化基础，加快数字化技术、装备、系统在生产过程中的应用，进一步提升工业企业关键工序数控化率和数字化生产设备联网率；二是促进网络化升级，大力推动企业内网改造，继续推进连接中小企业的专线建设，提升企业网络化研发、设计、生产、销售、服务水平；三是推进智能化生产，推动产品联网与远程服务，创新生产方式、组织形式和商业范式；四是加快工业互联网应用推广，开展面向不同行业和场景的应用创新，提升大型企业工业互联网创新和应用水平，加快中小企业工业互联网应用普及。

4. 提升政府治理体系和安全体系建设

首先，要创新政府治理监管体系建设，完善相关法律法规。随着数字经济体系的加速形成，新业态、新模式层出不穷，对此，各有关部门要善于抓住市场瞬息变化的趋势，从大局出发，坚持"鼓励创新、包容审慎"的监管原则，积极探索构建柔性监管制度，推进多元治理体系建设，积极构建新型协同监管机制，强化数字治理手段建设。积极提高政府服务能力和水平，优化对数字经济领域市场主体的审批服务，建立健全创业创新政务服务体系。加强政务信息系统整合及共享，通过推进政务云和大数据平台的建设，促进政务数字化转型，提升服务效率和水平。同时，要加快法规政策动态调整，推动数字经济法律"立改废释"，优先解决旧制度与新业态之间的矛盾，其次探索数字经济追责新方式，实现低成本高效益打击网络犯罪。

其次，要紧紧围绕工业互联网这一底层基础，加快构筑系统完善的安全保障体系，最大限度地降低安全风险。重点突破工业互联网安全监测、防护、审计以及漏洞扫描挖掘等关键安全技术。加快制定工业互联网安全标准体系，规范安全防护要求，指导企业开展安全保障体系建设。加快完善安全管理制度，明确安全管理工作要求，加强工业互联网安全防护、应急、态势感知等能力建设。大力实施工业控制系统安全保障能力提升工程，加强系统仿真测试、评估验证等关键共性技术平台建设，切实提高信息安全核心技术和产品水平，确保控制安全、网络安全、数据安全[1]。

5. 营造创新氛围与开放合作机制

一方面，加大推动数字技术、经营模式创新力度，营造持续创新环境。坚持企业主体与政府引导相结合，坚持自主创新与开放合作相结合，加速攻克"核高基"等关键薄弱环节，加强"大云物移"等技术创新。提高政产学研产业创新联盟的集成度，推动新业态经营模式理论和实践研究，积极探索商业新模式，提高新技术与制造业融合发展能力。另一方面，建议推进国际合作机制。数字经济对制造业核心能力的重塑是全球性趋势，与国外技术领先企业及产业链相关企业，建立长效合作机制，在保护知识产权的条件下，实现技术的开放共享，合作共赢。以开放的心态加强国际合作，积极"走出去"，推广数字经济与制造业融合发展的新产品、新服务、新标准。同时，利用好全球资源，加强在人才、技术、知识产权等方面的合作，交流学习先进理念与先进经验。

---

[1] 曹正勇. 数字经济背景下促进我国工业高质量发展的新制造模式研究[J]. 理论探讨，2018（2）：99-104.

Annual Report on
China and the World Economic
Development(2019)

区域篇

REGIONAL REPORTS

26 2018—2019年区域经济发展分析与判断

胡少维*

摘要： 2018年，在外部环境欠佳、经济下行压力较大的背景下，各地区经济保持了稳定增长态势，中部地区增幅继续保持领先，东部地区转型加快、发展质量提高，西部地区增幅回落，但依然保持较高水平，东北地区依然增幅最低。展望2019年，东部地区由于居民收入水平较高，在刺激消费政策引导下，消费潜力有望进一步释放，加上第三产业占比高，而服务业发展态势良好，其经济稳定增长的基础比较扎实，但受外贸影响，经济增速会略有回落；中部地区受惠区域发展战略、政策以及产业转移带动，增速仍有望保持领先；西部地区在国家加强基础设施投资的带动下，增速保持相对稳定；东北地区增速依然将落后平均水平。为促进区域协调发展，在切实落实国家区域大战略的基础上，建议：建立激励相容的区域合作机制，以制度创新促进区域协调发展，构建区域协同创新机制，构建精准的区域政策体系。

关键词： 区域经济　发展态势　趋势　建议

2018年，各地区积极落实党的十九大提出的区域协调发展战略，大力推进供给侧改革，积极培育新的增长点，转型升级有所进展，经济增幅保持相对稳定。2019年，在新旧动能转换、外部环境不确定性增大的大背景下，各地区经济下行压力比较大。但消费压舱石的功效比较稳定，加上新动能将发挥更大作用，预计经济增幅回落有限，仍将保持基本平稳，经济发展质量将进一步提高。

一、2018年区域经济发展基本态势

2018年，我国地区经济运行总体平稳，区域合作稳步推进，东部地区稳中提质，中西部地区经济增速快于全国水平，东北地区经济进一步回升。

---

* 胡少维，国家信息中心经济预测部高级经济师，主要研究方向为宏观经济、区域经济等。

1. 区域合作进展良好

京津冀协作大步前进。北京市发展改革委发布《2018—2020年行动计划和2018年工作要点》，从加强疏解、联动"两翼"、"织密"交通网等方面践行京津冀协同发展的重大战略，努力打造区域协同发展改革的引领区。在综合交通网络、生态治理、公共服务、产业协同等方面展开布局并取得了积极进展。国家统计局、北京市统计局和中国区域经济学会联合发布的京津冀区域协调发展指数显示，2017年京津冀区域协调发展指数与2010年相比，年均提高2.63个点；京津冀区域共享发展指数呈现快速上升趋势，基本公共服务共享、教育基础、脱贫攻坚等方面均有改善。

长三角一体化向纵深推进。以《长三角地区一体化发展三年行动计划（2018—2020年）》编制完成为标志，长三角一体化发展的任务书、时间表和路线图已经明确。根据该计划，到2020年，长三角地区要基本形成世界级城市群框架，建成枢纽型、功能性、网络化的基础设施体系，基本形成创新引领的区域产业体系和协同创新体系，绿色美丽长三角建设取得重大进展，区域公共服务供给便利化程度明显提升。

长江经济带沿线省市和城市群正呈现"大协作"的一体化发展态势。四川、重庆联合签署深化合作深入推动长江经济带发展行动计划和12个专项合作协议；赣湘鄂三省政府签署宣言，合力抓好湖泊湿地管理保护、生态修复和科学利用；重庆、上海、浙江等11个省市及青海省高级人民法院在重庆签署框架协议，决定建立长江经济带"11+1"省市环境资源审判协作机制。

2. 各地经济增幅差距有所收敛

2018年前三季度，各地（不包括西藏）经济均保持了稳定的增长态势，增幅最高的为云南，达到9.1%，增幅最低的是天津，仅为3.5%。低于6%的除了东三省外，有天津、内蒙古、海南，与上年相比，地区增幅差异明显缩小。特别是中部地区表现突出，除山西增长6.1%外，其余5个省份经济增长均高于7.5%，位于全国各地区前列，在四大板块中，继2017年后2018年继续保持增幅领先地位。一如既往，西部地区GDP增速表现依然亮眼，在全国各地区GDP增速前5中，西部地区占据了3个席位，但整体区域增速已经落后中部，越来越趋近于全国平均水平。东北地区吉林增长4%，辽宁、黑龙江增速超过5%，已经初步摆脱增长窘境，逐步回暖。东部地区继续保持稳健增长态势，增幅逼近西部地区，特别是广东（6.9%）、长三角以及北京这几个重要省市增速稳健，发展质量不断提高，为全国经济稳定增长奠定了基础。如图1所示。

与此同时，由于北方大多是以原材料为主的重化工业，南方民营经济更为发达，中小微企业发展得比较好，而且找准了经济发展的着力点，新旧动能的转换相对顺畅。因此,东北、华北、西北地区的经济增速明显落后于平均水平,而经济增长最快的主要是西南的云南、贵州、四川以及中东南的湖南、福建等地,地区经济发展"南北差距"仍然突出。

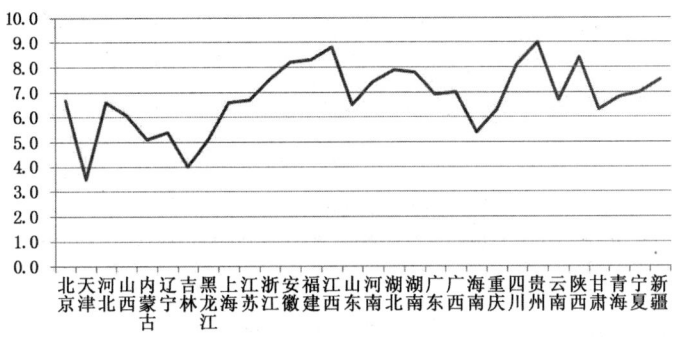

图1　2018年前三季度各地GDP增长(单位:%)

3. 服务业成为各地经济保持平稳较快发展的主要支撑力量

随着区域协调发展战略的实施和产业结构的不断优化,服务业对经济增长的作用越来越明显,特别是在黑龙江、山西、广西、海南、宁夏、甘肃、新疆等地,服务业对经济增长的贡献率高达60%以上,同时服务业投资占比、税收占比也普遍在50%以上,服务业对地区经济增长的贡献作用持续显现。

4. 新动能成为地区经济增长的主要变量

2018年,各地新经济、新动能加快增长,新旧动能转换明显加快,新动能正在逐渐成为推动经济增长的新"发动机"。比如陕西省,前三季度新能源汽车、工业机器人、3D打印设备等产品产量分别增长78.2%、26.7%、104.8%,高技术产业增长10.1%,较上半年加快1.2个百分点。重庆前三季度战略性新兴制造业增加值增长15.8%,对规模以上工业增长的贡献率为128.1%。

二、2019年区域经济发展判断

2019年,在外部环境不确定性增多、内生增长动力尚不足、新旧动能仍处转换阶段的情况下,各地区经济增长下行压力比较大,总体增幅继续下滑的概率比较大,但在政策支持、服务业稳定发展的支撑下,下滑幅度有限,仍将保持在合理区间内。

1. 消费需求将保持稳定增长

目前,国内消费对经济增长的拉动作用进一步增强,消费稳居经济增长第一驱动力。随着居民收入稳定增长和促消费政策成效逐步显现,新兴业态方兴未艾,商业模式不断创新,消费转型升级态势将会延续,消费市场有望继续保持平稳较快增长。分省份看,由于收入水平不同,对消费也会产生一定的影响。2018年前三季度,上海、北京、浙江、天津、江苏、广东、福建、辽宁、山东等9个省份的人均可支配收入超过全国平均水平。青海、云南、贵州、新疆、甘肃、西藏等西部省份人均可支配收入排名垫底。从增速看,各省区市居民收入增长平稳,与经济增速基本同步。鉴于目前多数省份农村居民消费支出增长快于城镇居民的态势,中西部地区由于农村人口比例相对高,因此预计其消费增幅相对会略高一些。东部地区在市场供给方式不断创新的情况下,消费将保持稳定增长。如表1所示。

表1 2017年四大区域板块指标(单位:%)

	最终消费率	资本形成率	一产占比	二产占比	三产占比	生产总值占全国比	新产品占全国比		
							开发项目	开发经费支出	销售收入
地区合计	51.57	53.30	7.33	42.01	50.66				
东部	49.93	46.94	4.72	41.60	53.68	52.9	72.6	70.2	68.0
中部	51.48	56.88	8.95	45.29	45.75	20.8	15.4	16.6	19.5
西部	55.00	65.89	11.39	41.19	47.42	19.9	9.1	9.5	8.7
东北	54.74	55.00	10.99	37.34	51.67	6.4	3.0	3.6	3.7

资料来源:依据《2018年中国统计年鉴》数据计算。

2. 投资需求增幅会有所提高

2018年前三季度,东部地区投资同比增长5.8%;中部地区投资增长9.6%;西部地区投资增长2.3%;东北地区投资增长1.7%。西部和东北地区投资增长低迷,主要源于基础设施投资增幅下滑快、主导产业发展不力有关。2019年,一方面由于基数原因,一定程度上会提升投资增幅;另一方面,在国家"六稳"政策出台后投资需求获得政策支撑。另外,近期习近平总书记等领导人在多个场合发表了对民营经济的讲话,有利于稳定预期、增强信心,进而促进民间投资的增长。因此,整体投资增幅有望稳中有升。

分区域板块看,2018年前三季度中部地区除山西省投资负增长外,其余5个省份的投资增速均保持较快增长。其中,安徽省固定资产投资同比增长11.9%,增速同比加快1.9个百分点;湖南工业投资"逆势"高速增长,前三季度湖南全省工业投资增长32.8%,工业投资对全部投资增长的贡献率达88.1%。其原因在于成本优势、交通便利、政策影响等因素,中部地区增长潜力得到了释放。2019年,由于国家发展改革委发布《关于建设长江经济带国家级转型升级示范开发区的实施意见》提出对以长江经济带国家级、省级开发区为载体,开展国家级转型升级示范开发区建设工作,将有利于从宏观层面统筹推进长江经济带沿线的产业转移;交通运输部印发《深入推进长江经济带多式联运发展三年行动计划》,提出着力补齐基础设施短板等5项主要任务,有利于基础设施投资的增长。因此,中部地区投资增幅将有望继续领先增长。

就东部地区而言,2018年以来,国家出台多项减税降费措施,如下调增值税率、小微企业贷款利息收入免征增值税、扩大小微企业所得税优惠范围等,有效降低了企业的负担,企业效益保持了比较好的增长,而东部地区中小企业多、民营经济发展良好,受政策影响更大。特别是2019年,作为创新驱动与转型升级并驾齐驱的先驱者,高技术投资有望继续保持相对高的水平。在制造业、民间投资保持较快增长的拉动下,东部地区投资增幅有望高于2018年。

西部地区经济运行对投资的依赖性相对较强,投资中又倚重基础设施投资,比如2017年云南基础设施投资同比增长32.3%,占固定资产投资的39.9%;四川基础设施投资增长17.2%,高于全部投资增速7.0个百分点。2019年,在国家加大基础设施投资的大环境下,西部地区投资有望低位企稳回升。

东北地区将在新一轮振兴战略的实施推动下,加快培育新动能,着力改善营商环境,有利激发市场活力,促进民间投资增长,但环境的改善以及产业的转型非一日之功,估计其投资增幅回升有限。

3. 对外贸易不确定性进一步增大

进入2018年,从有关国际机构公布的各种数据看,世界经济形势比较好,失业率水平出现了下降趋势,让人们有能力进行更多的消费活动,增强了投资者对市场的信心。不仅新兴经济体实现了加速增长,发达经济体增速也开始加快。但2019年,世界经济形势并不那么乐观,特别是贸易保护主义抬头将给世界经济特别是国际贸易产生极大的扰动。美国政府大规模实施贸易保护主义措施,几乎影响到所有与美国存在贸易关系的国家。美国的做法违反了世界贸易组织的有关规定,也引发了美国主要贸易伙伴的反制措施。由于美国政府已经宣布,会采取新的措施进行报复,因而贸易战的风险是真实存在的,并且可能会给世界经济带来毁灭性影响。

2018年,从出口来看,3月以后出口增速持续下行,但对美出口增速高于总出口增速且稳中略升,这其中主要有美国基本面强于欧、日的支撑,其次也有一部分对美出口抢跑的刺激。但应激式出口过后,未来对美出口放缓概率较大。同时,欧洲市场需求走弱、美联储加息导致新兴市场波动加剧,都将对我国出口带来影响。从进口方面看,由于2018年7月起我国降低1 449个税目的日用消费品进口关税,同时降低汽车进口关税,整车最高降税40%,这必然有利于扩大特色优势产品进口。特别是,主动扩大进口是习近平总书记宣布的中国进一步扩大开放的重大措施之一。因此，随着我国加大进口政策效应逐步显现，进口增速会相对高一些，预计2019年贸易顺差可能进一步收窄。加上服务贸易逆差扩大，统计意义上净出口对经济贡献出现下拉作用。

就对外贸易对各地区的影响看，东部地区一方面其出口对象主要为发达国家，另一方面净出口对东部地区影响更大。因此，2019年对外贸易形势的严峻将给东部地区经济增长起到负面效应。而西部地区随着"一带一路"倡议深入实施，与沿线国家贸易合作加强，重庆、四川中欧班列累计开行量占比较大，云南积极参与孟中印缅经济走廊、中国-中南半岛国际经济走廊和澜沧江-湄公河合作，强化区域合作，推动形成内外联动、互为支撑的双向开放新格局，因此对外贸易对西部总体呈现正面影响。中部和东北地区直接影响不大，但可能会受到间接冲击。

4. 区域增长格局基本判断

东部地区深入实施创新驱动发展战略，以数字经济、"互联网+"为特征的新业态持续活跃，以高新技术、战略性新兴产业为主的新动能加快成长。展望2019年，东部地区由于创新能力较强，产业结构相对合理，将在经济结构优化升级和有效转变增长方式上继续走在全国前列。但受对外贸易拖累，估计经济增幅会略有回落，基本保持在平均水平。中部地区是我国新一轮工业化、城镇化、信息化和农业现代化的重点区域，是扩大内需、提升开放水平具有潜力的区域，也是支撑我国经济保持中速增长的重要区域。2019年，对接国家区域发展战略，我国将积极探索产业转移新模式，引导和支持东南沿海地区符合环保等要求的产业、国内外知名企业生产基地等向中部地区有序转移，从而为中部地区经济增长带来活力，引致中部地区经济表现出较强的韧劲和"抗跌性"，预计中部地区经济增幅有望继续保持领先。西部地区受投资影响，增幅接近平均水平。东北地区在加快供给侧结构性改革、改善营商环境的基础上，经济增幅有望保持稳定，但仍低于平均水平。

三、促进区域经济协调发展的建议

近年我国区域协调进展良好，但仍存在一些较为突出的问题，如区域、城市功能定位与分工不明晰，同质竞争仍较普遍，跨区域合作的过程中还存在一系列现实与隐形的壁垒，区际交通互联互通和一体化管理仍有较大差距，区域环境保护与治理的长效联动机制尚未建立等。

1. 以制度创新促进区域协调发展

现有的干部考核方式与区域合作的目标不适应，区域间竞争大于合作的状况明显，市场要素流动的体制机制障碍突出，这些问题都需要在更高层面上予以解决。建议成立更高层次的协调小组或授权地方成立协调机构，推动深层次问题的解决。加强战略研究与空间规划的结合，提高区域发展的前瞻性、系统性、协同性。通过区域政策切实把国家战略部署落到实处，推动区域"多规合一"，统筹"五位一体"总体布局，提高资源的空间配置效益，实现区域和国家的高质量发展。积极探索区域之间的联动发展机制，支持区域性的非政府社团组织或民间组织发展，使企业、非政府组织、居民等成为区域一体化发展的重要推动力量。

2. 建立激励相容的区域合作机制

推进区域协调发展，可进一步优化资源配置，细化专业分工、提高配置效率和生产效率。但目前区域经济发展存在各自为战倾向，区域之间产业发展上竞争多、合作少。因此，应该探索建立具有激励相容性质的区域合作关系，打造区域利益共同体。一是摒弃目前地方政府间的竞争关系，构建地方政府间合作关系。二是构建地方政府间激励相容的分工合作关系，需要明确和调整各自的差异化功能定位，切实落实已经出台的区域规划，分工合作，从竞争走向合作，在合作中实现共赢。

3. 构建区域协同创新机制

我国当前经济增长动力正在发生转换，实施区域协调发展战略需要培育区域经济新动能，需要改革区域创新的体制机制。应深入探索多元协同模式、培育协同创新理念、建立协同创新机构，在领导决策机制、利益分配机制、内生激励机制、投资融资机制、风险分担机制等层面形成有活力、可持续的协同创新机制体系。按照东中西和东北的区域经济阶段性特点，优化创新引领、创新紧随和创新后发三大类型的区域政策。以创新为驱动力，不断深化技术创新和产业升级的空间分工合作，推动国土空间功能转型升级，构建和谐的地域功能体系。

4. 构建精准的区域政策体系

当前，随着区域经济发展态势的变化，政策范围过宽、各类政策不连贯、政策功能不明确的问题开始显现。例如，开发区政策、国家级新区政策、综合配套改革试验区政策与主体功能区政策之间的联系就比较少。所以，应建立统一规范、层次明晰、功能精准的区域政策体系，从全局性和区域性出发推进区域协调发展。发挥区域政策在宏观调控政策体系中的积极作用，加强区域政策与财政、货币、产业、投资等政策的协调配合，突出宏观调控政策的空间属性，提高区域政策的精准性和有效性。

27 2018年长三角地区经济形势分析及2019年展望

刘伟良 韩 磊*

摘要：2018年以来，长三角地区经济运行整体平稳，保持在合理区间，支撑经济质量、效率和动力变革的有利条件不断累积增多。2018年11月5日，习近平主席在上海首届中国国际进口博览会开幕式上宣布，支持长江三角洲区域一体化发展并上升为国家战略，给长三角发展带来了新的战略机遇，展望2019年，尽管下行调整压力有所增大，但长三角地区经济将继续保持稳中趋进的中高速运行态势，继续向高质量发展阶段转换的趋势不会变。为此，长三角地区需统筹做好稳就业、稳金融、稳外贸、稳外资、稳投资、稳预期政策落实，推动更高质量一体化发展。

关键词：长三角地区 高质量发展 稳中趋进 一体化

2018年以来，长三角地区积极落实习近平总书记关于推动长三角更高质量一体化发展重要指示，深入实施供给侧结构性改革，稳步推进创新驱动发展，化解制约地区经济发展的结构性问题和薄弱环节，支撑经济质量、效率和动力变革的有利条件不断累积增多，地区经济运行平稳有序，经济实力进一步提升。

一、2018年前三季度长三角地区经济运行基本情况

长三角地区经济正在从注重规模高速扩张向提升经济质量转变，经济运行整体平稳，保持在合理区间。2018年前三季度，长三角地区实现地区生产总值152 124.5亿元，加权平均增速为7.1%。其中，浙江实现地区生产总值39 795.6亿元，增长7.5%；上海实现地区生产总值23 656.7亿元，增长6.6%；江苏实现地区生产总值

---

* 刘伟良，经济学硕士，江苏省信息中心副主任，研究员，主要研究领域为数量经济、区域经济；韩磊，经济学硕士，江苏省信息中心预测处副处长，高级经济师，主要研究领域为经济预测、体制改革。

67 039.3亿元，增长6.7%；安徽实现地区生产总值21 632.9亿元，增长8.2%。需要看到，各省份经济运行延续了"十二五"以来的适中平稳态势，但增长速度均有所放缓（见表1）。

表1 "十三五"以来长三角地区各季度累计GDP增长情况（单位:%）

时间	浙江	上海	江苏	安徽	全国
2016年一季度	7.2	6.7	8.3	8.6	6.7
2016年上半年	7.7	6.7	8.2	8.6	6.7
2016年三季度	7.5	6.7	8.1	8.7	6.7
2016年全年	7.5	6.8	7.8	8.7	6.7
2017年一季度	8.0	6.8	7.1	8.4	6.9
2017年上半年	8.0	6.9	7.2	8.5	6.9
2017年三季度	8.1	7.0	7.2	8.3	6.9
2017年全年	7.8	6.9	7.2	8.5	6.9
2018年一季度	7.4	6.8	7.1	8.1	6.8
2018年上半年	7.6	6.9	7.0	8.3	6.8
2018年三季度	7.5	6.6	6.7	8.2	6.7

1. 经济结构继续改善

从产业结构看，以服务经济为主的产业结构基本形成，产业内结构调整加深。主要表现在三个方面：一是服务业占比继续提升。除上海产业结构基本稳定外，浙江、江苏、安徽服务业在地区经济中的比重进一步提升，前三季度服务业占比分别为54.4%、51.1%、45.9%，均比上年有所提升，提升幅度较"十二五"期间有所收窄（见表2）。二是服务业对经济增长贡献突出。在第一产业、第二产业增加值增速普遍低于地区生产总值增速的情况下，前三季度浙江、上海、江苏、安徽服务业增加值分别同比增长8.0%、8.2%、7.8%、9.0%，均超过三季度地区生产总值增速，有力保障了地区经济的平稳增长。三是产业内部结构也在优化调整。工业中高新技术产业和先进制造业发展迅猛，前三季度，浙江战略性新兴产业增加值增长11.4%，上海战略性新兴产业总产值增长3.5%，江苏高新技术产业产值同比增长9.6%，安徽战略性新兴产业产值增长18.2%。同时，业态多样、功能完备的新兴服务业集聚区和产业集群的培育不断提升服务业层次，如浙江建设的现代服务业集聚示范区已有4个达到千亿级规模，江苏着力打造的生产性服务业集聚示范区已超过了35个。可见，长三角地区产业结构将由以往的三次产业比例关系简单调整向产业内部更替与产业间融合的复杂调整转换。

表2　2011—2018年度（前三季度）长三角地区产业结构（单位：%）

地区		2011	2012	2013	2014	2015	2016	2017	2018年三季度
浙江	第一产业	4.9	4.8	4.7	4.4	4.3	4.2	3.9	3.1
	第二产业	50.5	48.9	47.8	47.7	46.0	44.2	43.4	42.5
	第三产业	44.6	46.3	47.5	47.9	49.8	51.6	52.7	54.4
上海	第一产业	0.7	0.6	0.6	0.5	0.4	0.4	0.3	0.3
	第二产业	41.3	39.0	37.2	34.7	31.8	29.1	30.7	30.1
	第三产业	58.0	60.4	62.2	64.8	67.8	70.5	69.0	69.7
江苏	第一产业	6.3	6.3	5.8	5.6	5.7	5.4	4.7	3.3
	第二产业	51.3	50.2	48.7	47.4	45.7	44.5	45.0	45.7
	第三产业	42.4	43.5	45.5	47.0	48.6	50.1	50.3	51.1
安徽	第一产业	13.2	12.7	11.8	11.5	11.1	10.5	9.5	6.9
	第二产业	54.3	54.6	54.0	53.1	49.8	48.4	49.0	47.2
	第三产业	32.5	32.7	34.2	35.4	39.1	40.1	41.5	45.9

从需求结构看，内需贡献作用更加明显，消费成为经济增长需求侧主动力。长三角地区是典型的外向型经济，后金融危机时代外部需求趋弱是地区经济下行压力主要根源。当前，随着投资结构的升级、消费业态的高端化，长三角地区需求结构逐步向内需端调整。投资需求在经过大幅调整后，浙江、上海、江苏固定资产投资增速基本上在中低位增长区间，前三季度增速较上一阶段略有恢复。改善型消费支出与消费热点不断增加，消费升级态势明显。前三季度，浙江网络零售额10 665亿元，增长23.8%；上海网上商店零售增长14.2%，占社会消费品零售总额的比重为11.3%；网上商品零售额328.6亿元，增长高达37%；江苏限额以上批发和零售业通过公共网络实现零售额887.3亿元，同比增长29.5%。长三角地区出口经过了2017年的恢复性增长后，2018年出口增长总体上有所回落，各省市出口形势表现不一，上海增速大幅下降（见表3）。可见，长三角地区经济增长将逐步实现主要依靠投资出口拉动向投资、消费、出口协同拉动转换。

表3 2017年以来长三角地区主要需要指标增速（单位：%）

指标	省市	2017年一季度	2017年二季度	2017年三季度	2017年四季度	2018年一季度	2018年二季度	2018年三季度
固定资产投资完成额	浙江	9.7	9.3	9.6	8.6	4.9	5.7	6.9
	上海	10.5	6.4	6.4	7.2	7.7	6.0	6.9
	江苏	6.5	7.4	7.5	7.5	3.9	5.3	5.6
	安徽	11.1	10.7	10.0	11.0	11.5	11.8	11.9
社会消费品零售总额增速	浙江	8.9	9.9	10.6	10.6	11.0	10.1	9.7
	上海	7.6	8.1	8.0	8.1	7.6	7.7	7.9
	江苏	10.3	11.0	10.9	10.6	9.7	9.2	8.8
	安徽	11.9	12.0	11.9	11.9		12.0	12.0
出口增速	浙江	17.8	15.8	10.3	10.1	2.7	6.0	9.7
	上海	13.2	12.0	10.5	8.4	2.0	1.8	2.9
	江苏	16.1	18.1	17.4	16.9	8.3	7.5	7.1
	安徽	13.0	16.3	16.5	7.2	21.8	22.0	20.7

注：浙江、上海、江苏以人民币计价计算出口增速，安徽以美元计价。

2. 收入增长保持稳健

从居民部门看，长三角地区居民收入增长与经济增长基本一致。前三季度，浙江、上海、江苏、安徽居民人均可支配收入名义增速分别为9.1%、9.0%、8.9%、8.7%，扣除价格因素分别实际增长6.6%、7.4%、6.7%、6.8%，居民名义和实际人均可支配收入都保持平稳较快增长，浙江、江苏、安徽城乡居民人均收入比分别缩小至1.93、2.28、2.41。

从企业部门看，长三角地区企业利润平稳增长。随着降成本、去库存的推进和产品价格的回升，企业利润水平也相应提升，1—8月，浙江、上海、江苏、安徽规模以上工业企业利润分别增长15.6%、8.1%、9.7%、21.6%，继续保持着较快增长势头。但企业利润增长出现了不同趋势，上海、江苏在工业产销速度下滑、同期基数过高等影响下，增速同比分回落6.9和6.3个百分点，而安徽和浙江则同比加快2.8和2.3个百分点。

从政府收入看，一般公共预算收入增势明显回升（见图1）。前三季度，浙江一般公共预算收入5 505亿元，同比增长13.1%，与上半年基本持平；江苏完成一般公共预算收入6 585.5亿元，同比增长9.3%，增速比上半年回升1个百分点；上海地方一般公共预算收入5 950.69亿元，同比增长7.0%，增速比上半年加快0.2个百分点；安徽财政收入4 297.1亿元，增长13.3%，比上年同期加快1.2个百分点。

综上分析，长三角地区政府部门、企业部门收入增速高于居民收入和 GDP 增速，表明实际国民收入分配对政府及企业的倾斜程度依然大于居民部门。

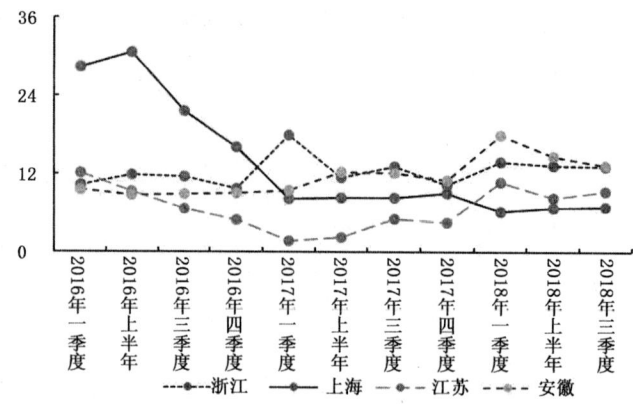

图1 近年来苏浙沪皖一般公共预算收入增长情况（单位:%）

3. 物价保持温和上涨

从消费领域看，前三季度，浙江、上海、江苏、安徽居民消费价格（CPI）同比上涨 2.3%、1.5%、2.2%、1.9%，除上海居民消费价格指数相比 2017 年有所回落外，苏浙皖三地居民消费价格涨幅明显扩大，比 2017 年扩大 0.2、0.5、0.7 个百分点。月度居民消费价格增长率则呈现出显著的 V 形走势（见图2），除 2 月份的特殊高点（受春节"错月"和天气影响）外，9 月份当月基本上是苏浙皖年初以来的高点（上海为第二高点）。

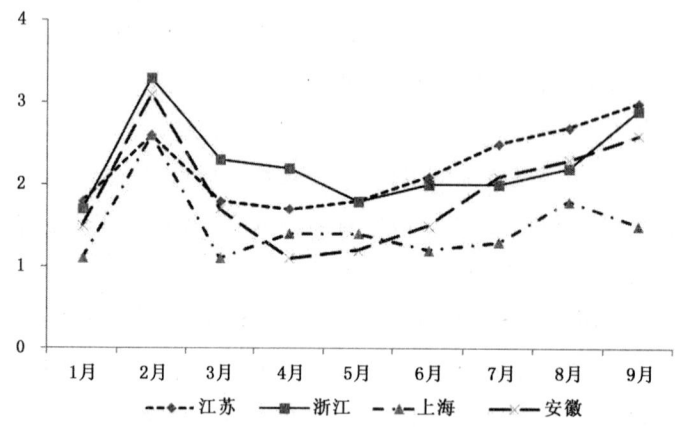

图2 2018 年长三角地区月度居民消费价格增长率（单位:%）

从生产领域看，前三季度，浙江、上海、江苏工业生产者出厂价格（PPI）分别上涨 3.9%、2.0%、3.1%，上涨率与上半年基本持平（均扩大 0.1 个百分点），工业生产者购进价格分别上涨 5.7%、5.1%、5.3%，涨幅与上半年基本持平，安徽工业生产者出厂价格和工业生产者购进价格比上半年回落 0.2、0.3 个百分点，但依然上涨 3.6%、6.1%。

综上分析,受到极端天气和猪瘟疫情等事件影响,长三角地区消费领域价格指数出现持续上涨,受到国际油价上涨和制造业企业成本依然较重的影响,长三角地区生产领域价格指数也出现了不同程度的上涨。

4. 重点领域取得新进展

从供给侧结构性改革看,持续发力推进"三去一降一补"。前三季度,江苏规模以上工业企业产销率达 98.6%,规模以上工业企业每百元主营业务收入中的成本费用比一季度降低 0.14 元。安徽主抓实体经济降成本,减免税 737.4 亿元,增长 11.8%。浙江产能利用率继续提升,规模以上工业产能利用率为 82.3%,连续 8 个季度保持在 80% 以上。

从区域一体发展看,协调联动推进更高质量一体化发展。由安徽省、浙江省、江苏省和上海市抽调的人员组建的长三角区域合作办公室成立,将主要目标任务定位为把长三角建设成为贯彻落实新发展理念的引领示范区,成为在全球有影响力的世界级城市群,成为能够在全球配置资源的亚太门户。同时,长三角地区全力实施好长三角更高质量一体化发展三年行动计划和 2018 年工作要点,出台了长三角区域协同创新网络建设合作框架协议。确立了交通、能源、信息、科技、环保、信用、人社、金融、涉外服务、产业、城市和食品安全等 12 个合作专题,加快建设沪苏大丰产业联动集聚区、张江平湖科技园、中新苏滁现代产业园、嘉善临沪产业合作园等共建园区。特别是备受关注的省际"断头路"问题,已经梳理出 14 个计划年内开工的项目。

从重大项目推进看,稳步有序推进重大产业项目落地。上海以打造具有全球影响力的科创中心为重点,加快推进重大项目建设,上半年完成投资 706.4 亿元,占全年投资计划 52.3%,近期开工的上海大众新能源汽车工厂和西门子医疗实验室诊断工厂总投资就超过 200 亿元。江苏建立省委、省政府领导同志挂钩联系推进省重大项目制度,220 个省级重大项目开工率达 69.2%,信息、交通等一大批基础设施项目相继建成。安徽围绕交通、水利、能源、生态环保、城镇基础设施等 14 个重点领域实施重大项目,2018 年新增新开工项目 473 个,总投资 5 190 亿元。

二、长三角地区高质量发展面临的问题

长三角地区经济正在按照高质量要求摆脱速度偏好,向高质量发展阶段转换,但阶段转换带来的冲击叠加内外部不确定性因素,形成了一系列制约高质量发展的问题。

一是逐步加大的经济下行压力。2011 年以来,长三角地区经济增速出现换挡调

整,原来的高速增长逐步转换为中高速增长,当前除上海经济增速保持平稳外,苏浙皖三地的调整尚未结束。进入到2018年第二季度以来,苏浙沪皖经济增速再次出现放缓趋势,第三季度经济增速均比上半年有所放缓,苏沪两地回落幅度较大,降幅为0.3个百分点,浙皖两地经济增速回落0.1个百分点。考虑到当前长三角地区正面临增速周期性下行、发展阶段转换、外部不确定性增大等情景条件,经济下行压力增大将是大概率事件,成为地区经济实现高质量发展制约因素。如图3所示。

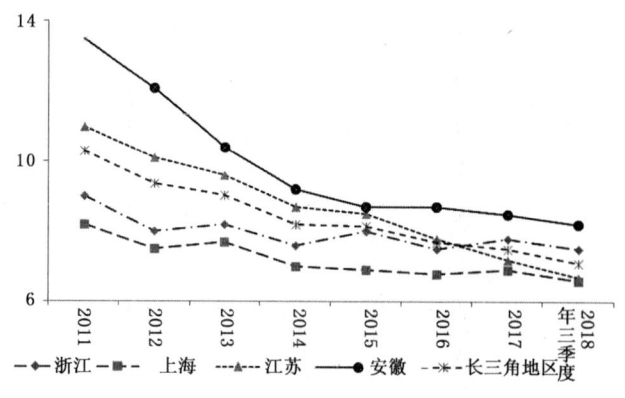

图3 2011年以来长三角地区经济增长率演进趋势

二是逐步增多的企业经营困难。受到经济结构调整和发展阶段转换冲击、外部需求减弱、粗放发展方式路径依赖等因素影响,长三角地区企业和全国各地企业一样面临着较多困难,特别是制造实体企业和民营企业,主要表现为传统低成本优势弱化、融资歧视、发展动力缺失、核心竞争力不足等方面。以融资歧视为例,江苏民营经济增加值占据地区经济总量50%以上,但是前三季度江苏国有企业贷款新增4 151亿元,民营经济贷款新增2 064亿元,两者相差2 090亿元,与民营经济在经济中的地位明显不匹配,融资歧视正在成为制约民营企业发展的主要因素,江苏金融机构前三季度发放的普惠性小微企业贷款平均利率(平均利率7.06%)也远远超过很多国有企业贷款利率(平均利率5%左右)。上海展开的"大调研"结果显示,在市场准入、行业监管、降本减负、人才吸引等方面,一些影响企业发展"痛点"和"堵点"问题亟待解决。

三是逐步显现的金融债务风险。长三角地区金融风险形势依然复杂严峻,以P2P为代表的互联网金融和非法集资风险仍处在多发易发的暴露期,企业债务和担保圈风险化解存在较大困难。近期,上海金融业增速明显趋缓,保费收入、证券市场成交等行业指标出现下降,存贷款增速有所回落,已经爆发的P2P非法集资案件后续案件处置压力较大。江苏仍在经营的法人类P2P机构数量和业务总规模列全国第六,存续3年以上、资产规模在3亿元以上的P2P平台仍有10家。浙江也出现了企业负责人失联、资金兑付困难等风险事件。此外,江苏苏北、安徽皖南等部分地方通过明股实债、购买服务、担保等手段大规模融资，积累了大量级政府隐性债务，债务率较高，化解任务艰巨。

三、2019年长三角地区经济形势总体判断

国际形势日趋复杂多变。虽然世界经济依然延续复苏态势，但是国家间政治矛盾、贸易保护主义等通过资金、汇率、利率等多渠道影响着长三角地区经济，最大的负面因素是持续加深的中美贸易摩擦。苏浙沪等省市对美依存度远高于全国水平，美方关税征收和国家反制对策将冲击苏浙沪对美进出口贸易，由于征收关税措施具有一定的滞后性，预计今后一段时间内对地区产业、就业、利用外资等负面影响将陆续显现。同时作为跨国公司集中的地区，相关企业可能会在订单分配、供应链重构、投资布局等方面做出调整，进一步放大中美贸易摩擦对地区经济冲击。国内形势稳进与有变并存。在供给侧结构性改革持续推进的背景下，国内经济延续总体平稳、稳中向好的发展态势，新型城镇化、现代服务业、高端制造业以及消费升级扩容等新动能持续培育，经济基本面长期向好趋势没有改变。特别是2018年11月5日，习近平主席在上海首届中国国际进口博览会开幕式上，宣布支持长江三角洲区域一体化发展并上升为国家战略，无疑给长三角发展带来了新的战略机遇。然而，长三角制约经济持续向好的结构与周期因素依然存在，金融领域整顿短期内对企业的冲击尚未完全消化，企业债务、互联网金融风险持续暴露。并且贸易摩擦给未来出口形势带来较大不确定性，将进一步削弱对经济的边际拉动作用。

前三季度，长三角地区经济运行整体平稳、稳中趋进，主要指标保持在合理区间。但经济发展不确定因素明显增多，下行压力有所加大，经济结构转型的问题集中暴露，企业经营困难增多。据此判断：短期内长三角地区经济继续向高质量发展阶段转换，保持稳中趋进的中高速运行态势，但下行调整压力将有所增大，预计2019年浙江、上海、江苏、安徽经济增速小幅下降，分别为7.3%左右、6.6%左右、6.6%左右、8.0%左右（见表4）。

表4 2017—2019年浙江、上海、江苏、安徽GDP增长预测（单位:%）

地区	2017年（实际数）	2018年（预测数）	2019年（预测数）
长三角地区	7.1	6.9	6.8
浙江	7.8	7.5	7.3
上海	6.9	6.6	6.6
江苏	7.2	6.7	6.6
安徽	8.5	8.2	8.0

四、下一阶段长三角地区经济高质量发展的建议

在外部环境复杂多变和内部下行压力初显的背景下，长三角地区应以习近平主席宣布的支持长江三角洲区域一体化发展并上升为国家战略为契机，坚持稳中求进工作总基调，坚持新发展理念，坚持以供给侧结构性改革为主线，统筹做好稳就业、稳金融、稳外贸、稳外资、稳投资、稳预期政策落实，促进经济平稳健康发展，推动长三角地区更高质量一体化发展。

（一）实施就业优先做好稳就业

长三角地区各省市应着力解决因经济结构调整带来的就业数量与质量压力、就业岗位供需失衡等问题，将保障就业作为首要工作。一是化解就业市场结构矛盾。尽快建立健全重大政策调整就业评估机制，化解劳动者追求就业质量与企业追求用工质量之间的突出矛盾，对因为产业升级方向、产品技术提升的低技能人员纳入相关就业扶持政策和公共就业服务范围。二是解决重点人群就业。要抓好高校毕业生、去产能职工、农村转移劳动力、城镇困难人员等各类群体就业，开发公益性岗位，积极培育信息服务、电子商务、现代物流、融资租赁等新型业态，实现就业岗位增量扩容。三是加强创业载体建设。强化创业保障政策储备，通过完善创业财税优惠政策、加大金融对创业支持力度等举措，进一步降低创业准入门槛和制度性交易成本，积极培育以"互联网+"工作空间、网络空间、社交空间和资源空间为一体的全新创业载体，为创业者提供更大支持力度。

（二）强化风险管控做好稳金融

长三角地区要确保金融风险总体可控，需要强化金融服务实体经济的功能属性，坚决守住不发生系统性金融风险的底线。一是打好防范金融风险攻坚战。各省市要根据本地实际健全风险监测预警体系，从源头上遏止各类非法金融活动。优化新型金融业态监测分析平台功能，完善商业银行账户资金异动监测机制，适时展开互联网金融风险专项整治，确保不发生区域性系统性风险。二是提升金融服务实体经济支撑力度。充分发挥政府财政资金引导效应，继续实施如"苏科贷"风险补偿专项资金等具有地域特色的有效手段。同时，清理非合理化涉企金融服务收费项目，鼓励商业银行采取小微信贷差别化管理、抵押品创新等多种方式提供贷款支持，鼓励银行给予企业"分还续贷""无本续贷""部分还旧即可部分贷新"等贷款便利。

三是积极化解政府性债务。强化地方政府债务约束，利用清理、整顿和规范等方式严格控制债务规模，降低债务率和融资成本，有效防控化解政府性债务风险。

（三）打造开放高地做好稳外贸

长三角地区要积极抢抓国家进一步扩大开放的重大机遇，积极融入国家更高水平、更深层次开放格局，打造开放新高地。一是依托各地优势加大开放力度。充分发挥上海国际化城市优势、浙江数字经济优势、江苏实体经济制造优势、安徽生态农业优势，推动现代农业、现代服务业和先进制造业等领域扩大开放，复制推广上海和浙江自贸试验区先行先试经验。二是提升国际化水平和配置全球资源能力。加快建立与最新国际贸易规则相衔接的体制机制，按照国际高标准市场开放模式推进大通关建设，加快建设适应便利跨境电子商务等新型贸易方式的服务体系，建设国际先进水平的国际贸易"单一窗口"，充分提升国际贸易质量与水平。三是有效应对中美贸易摩擦。长三角各省市要主动作为积极制定相应预案，开辟拓展外贸市场，推动建设一批"一带一路"重大平台项目，在符合世贸规则前提下对向欧日和东盟、中亚、非洲、拉美等市场出口给予支持，加快开拓新的国际市场。

（四）实行便利政策稳外资

长三角地区利用外资尚未走出下行调整期，需要加快投资领域开放力度，进一步促进外商投资稳定增长。一是补齐外资利用政策短板。当前长三角地区在利用外资体制机制方面仍存在一些薄弱环节，市场准入、市场竞争、法律政策、政府管理服务等方面仍有提升空间，需要补齐这些短板，全面实施外商投资准入前国民待遇加负面清单管理模式，提升外商对发展环境、发展预期和长期投资信心。二是健全外商投资导向政策。积极吸引外商投资以及先进技术、管理经验，支持外商全面参与苏南、杭州国家自主创新示范区等国家战略建设，强化自由贸易试验区在扩大开放吸引外资方面的先行先试作用，鼓励外商投资企业参与区中园、一区多园等建设运营。同时，建立能够承载外资大项目的空间平台，引导外资更多投向现代农业、生态建设、先进制造业、现代服务业。

（五）依靠重大项目稳投资

投资有效增长对长三角地区经济转型升级具有重要支撑作用。一是切实保证投资增长势头。应积极利用国家下达的基础设施、基础产业、民生项目投资建设等"微刺激"政策的契机，努力保持投资的适度增长，争取国家重大基础设施建设项目、产业转型示范性项目，着力扩大有效投资。二是推进重大产业项目建设。各省市按照现代产业体系要求,优先支持工业企业技术改造、先进装备制造业和智能制造等领域重大项目,尽快推动产业层次高、发展势头好、带动能力强的主导产业项目,打造高端制造业完整产业链。

(六) 优化发展环境稳预期

长三角地区经济发展面临下行压力,稳定发展预期对经济实现高质量发展具有重要作用。一是营造优质高效营商环境。深入推进"放管服"改革,加强简政放权、商事制度改革、行政审批改革、鼓励民间投资等政策落实,稳定企业家预期,营造法治、透明、公平的营商环境。同时,解决政府干预过多和监管不到位的突出问题,改革市场监管体系,为企业发展创造良好制度环境。二是优化高质量一体发展环境。围绕上海"龙头带动"、苏浙皖"各扬所长"的职责分工,破除制约区域间要素流动的体制机制障碍,实现要素资源在空间上的优化配置。同时,在重大规划对接、区域协同创新、基础设施互联互通、生态环境联防联控、民生工程共建共享等重点领域加强技术合作、资本合作和企业合作,实现优势互补、一体发展。

28　2018年中部地区经济形势分析与2019年展望

阮华彪　常彬斌[*]

摘要： 2018年以来，中部六省积极应对错综复杂的国内外形势，坚持稳中求进工作总基调，扎实推进供给侧结构性改革，认真贯彻中央"六稳"要求，经济运行呈现总体平稳、稳中向好态势，高质量发展取得积极进展。展望2019年，国际贸易紧张局势可能加剧，全球经济增长趋缓，国内结构调整持续深入推进，重点领域深层次改革步伐加快，一系列重大政策举措相继落地。中部六省要密切关注国内外环境变化，积极推动"六稳"政策落实，深入挖掘内需潜力，不断强化内生增长动力，促进地区经济平稳健康发展。

关键词： 中部地区　经济运行　平稳增长

一、2018年中部地区经济运行基本情况

（一）经济增速高于全国，运行总体保持平稳

2018年以来，面对错综复杂的国内外形势，中部六省聚焦供给侧结构性改革，认真贯彻中央"六稳"要求，经济运行总体保持平稳，高质量发展取得积极进展。前三季度，六省经济总量达到137 359亿元，平均增速达到7.7%，较上年同期回落0.3个百分点，但仍然高于全国水平1个百分点。除山西以外，其余五省经济增速均快于全国平均，江西以8.8%的增速保持中部领先，山西增速已经连续7个季度保持在6%以上，稳定性显著增强。从分季度走势看，增速变化态势与全国基本一致，前三季度增速较上半年、一季度回落0.2个百分点。从各省情况来看，河南总量达到35 537.4亿元，总量排名居六省首位，安徽首次实现前三季度经济总量破2万亿元。如图1所示。

---

[*] 阮华彪，经济学硕士，安徽省经济信息中心预测处副处长，高级经济师，主要研究宏观经分析与预测、区域经济、产业经济等问题；常彬斌，经济学硕士，安徽省经济信息中心预测处经济师，主要研究宏观经济、区域经济等问题。

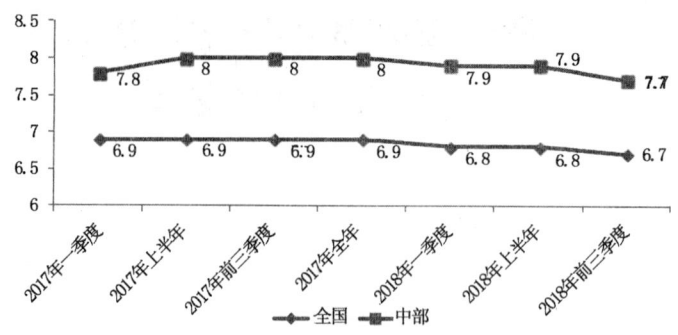

图 1　2017 年以来全国及中部地区 GDP 增速

(二) 工业生产平稳运行, 产业结构加速优化

前三季度, 中部地区有五省规模以上工业增速快于全国平均水平, 工业生产保持平稳运行 (见表 1)。其中, 安徽规模以上工业增加值增长 9.1%, 同比加快 0.3 个百分点, 比全国高 2.7 个百分点, 居全国第 5、中部第 1 位, 增幅为近 4 年同期新高; 山西受煤炭工业回落影响, 工业增速较上半年回落 1.6 个百分点。高技术产业贡献突出, 湖北高技术制造业增长 13.1%, 快于规模以上工业 5.3 个百分点; 河南高技术产业增长 15.7%, 高于规模以上工业 8.4 个百分点; 山西高技术产业增速高达 18.3%。产出结构不断优化, 山西工业战略性新兴产业增加值同比增长 14.3%, 非煤工业增加值增速 8.9%, 成为引领工业增长的主导力量; 湖南大中型工业企业增加值增速高于规模工业 1.9 个百分点, 省级及以上产业园区工业增速高于规模工业 1.7 个百分点, 集聚发展效应进一步显现。工业企业效益明显改善, 1—8 月份山西规模以上工业企业实现利润 905.7 亿元, 为历年同期最好水平, 同比增长 54.5%; 河南规模以上工业企业实现利润总额增长 7.2%, 其中国有控股企业利润总额增长 90.6%。

表 1　2017 年以来全国及中部各省规上工业增加值增速 (单位:%)

地区	2017年一季度	2017年上半年	2017年前三季度	2017年全年	2018年一季度	2018年上半年	2018年前三季度
山西	5.8	8.1	7.7	7	5.5	5.5	3.9
安徽	8.4	8.6	8.8	9	8.6	8.9	9.1
江西	9.1	9.1	9.1	9.1	8.8	9.1	9
河南	8	8.2	8.1	8	7.7	7.7	7.3
湖北	7.6	8	7.9	7.4	7.8	7.8	7.8
湖南	7.3	7.1	6.7	7	7.6	7	6.9
全国	6.8	6.9	6.7	6.6	6.8	6.7	6.4

(三)固定资产投资稳中趋缓,投资结构不断改善

前三季度,中部六省固定资产投资总体保持平稳。除山西负增长(-1.6%),其余五省增速均高于全国平均线,安徽投资呈现逆势回升态势,同比加快1.9个百分点,是中部六省中唯一同比回升的省份,增速居全国第3、中部第1位。山西投资虽有所回落,但降幅大幅收窄,前三季度较上半年、1—7月份、1—8月份分别收窄17.9、14.9、7.5个百分点。民间投资持续活跃,安徽民间投资增长18.7%,对全部投资增长的贡献率达到94.9%;湖北民间投资高位增长,高于全部投资13.9个百分点;江西民间投资占据主导,占全部投资比重达68.2%。制造业成为投资增长的重要动力,受传统行业投资快速发展带动,安徽制造业投资增长21.9%,分别比上半年、一季度提高3.8和6.1个百分点;湖南工业投资对全部投资的贡献率达88.1%,制造业投资增长35.6%。"补短板"投资增长较快,湖北工业技改投资增长25.0%,基础设施投资增速回升,比上半年加快5.8个百分点;江西民生和环保领域投入持续加大,文化、体育和娱乐业投资增长59.0%,教育投资增长57.3%,水利、环境和公共设施管理业投资增长23.0%。如表2所示。

表2 2018年前三季度全国及中部六省固定资产投资增速变动情况(单位:%)

地区	2017年前三季度	2018年前三季度	变动幅度
山西	5.3	-1.6	-6.9
安徽	10	11.9	1.9
江西	12.6	11.3	-1.3
河南	10.8	8.3	-2.5
湖北	12	10.9	-1.1
湖南	12.6	10	-2.6
全国	7.5	5.4	-2.1

(四)消费需求稳步增长,结构升级持续推进

前三季度,中部六省社会消费品零售总额平均增长10.8%,较上年同期持平,高于全国平均水平1.5个百分点。中部有五个省份增速保持两位数,全国仅有11个省份增速达两位数。其中,安徽社会消费品零售总额增长12%,比全国高2.7个百分点,居全国第二、中部第一位。山西增速虽低于全国平均线,但较上年同期加快2.2个百分点。网购消费持续加快,网上零售继续快速增长,湖北限额以上企业网络商品零售额增长33.9%,安徽网上商品零售额增幅达37%,限额以上农村电商增

长 50.6%、同比加快 15.3 个百分点。消费结构明显提升，河南家具、通信器材、计算机等商品消费增长均明显高于平均消费增速；江西的化妆品类商品同比增长 20.6%，建筑及装潢材料类增长 18.6%，文化办公用品类增长 17.7%，体育娱乐用品类增长 15.5%，大幅高于平均消费增速。服务消费需求旺盛，江西旅游总收入增长 26.8%，安徽文化娱乐体育健康类增长同比加快 4 个百分点。如图 2 所示。

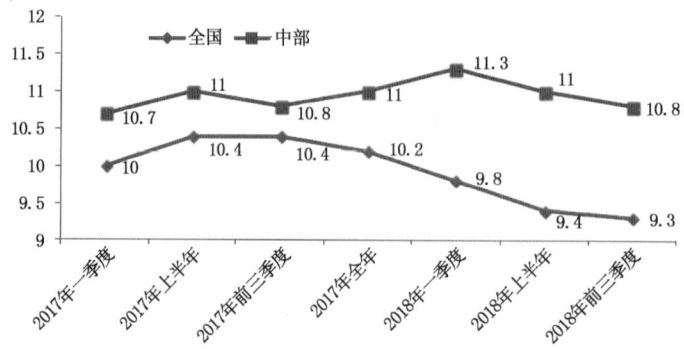

图 2　2017 年以来全国及中部六省社会消费品零售总额增速

（五）对外贸易稳健增长，质量效益不断提升

前三季度，中部地区对外贸易增速出现明显回落，进出口平均增长 14.3%，较上年同期回落 8.8 个百分点，但超出全国水平 4.4 个百分点，其中出口同比增长 13.8%，高于全国 7.3 个百分点。从外贸经营主体来看，民营企业进出口保持快速增长。前三季度，河南民营企业进出口增速达 24.9%，占同期外贸总值的 29.1%，增速比全省平均水平高 8.6 个百分点，较上年同期提升 2 个百分点。从出口市场看，新兴市场增长显著。随着与"一带一路"沿线国家合作不断深化，中部地区对"一带一路"沿线国家对外贸易快速增长，湖南对"一带一路"沿线国家进出口增幅超过同期进出口增幅 17.6 个百分点，消费品进口增长近一倍；河南对"一带一路"沿线国家进出口增长 37%，其中对中东欧 16 国进出口增长 1.1 倍，对东盟进出口增长 64.8%。从出口商品结构来看，转型升级明显加快。机电产品成为拉动湖北出口增长的新动力，集成电路出口增长 44.1%，汽车整车出口增长 21.7%，汽车零配件出口增长 53.4%，轨道交通装备出口增长 1.4 倍；河南高新技术产品出口增长 23.3%，占全省出口总值的 59.4%。如图 3 所示。

表3 2018年前三季度全国及中部六省外贸情况（单位：亿元,%）

地区	进出口	增幅	出口	增幅
山西	1 034.9	23.3	596	17.4
安徽	3 068.8	15	1 734.7	14.4
江西	2 466.7	4.1	1 753.3	-1.4
河南	3 668.2	16.3	2 307.3	22.1
湖北	2 464.8	7.8	1 544.3	4.1
湖南	2 076	25.1	1 303.4	28.5
中部	14 779.4	14.3	9 239	13.8
全国	222 839	9.9	118 585	6.5

二、2018年中部地区经济运行中的主要问题

2018年以来，中部地区经济运行总体平稳、稳中有进，发展质量效益不断改善，同时也要看到，外部挑战变数明显增多，国内结构调整阵痛继续显现，制约经济持续稳定向好的矛盾和问题仍较突出，一些新情况新问题仍需高度关注。

1. 基础设施投资增速不振

受PPP项目清理和规范地方举债融资等影响，中部地区基建投资增长有所放缓。前三季度，湖南基础设施建设投资同比下降10.9%，比上年同期增速回落29.3个百分点。安徽基建投资前三季度增速仅为8.7%，比上半年回落1.8个百分点，同比回落16.4个百分点。基础设施投资增速放缓，新开工项目计划总投资大幅回落，投资动能减弱趋势显现，对于稳定经济增长具有一定抑制作用。相对于沿海发达地区，中部地区仍处于聚焦关键领域和薄弱环节、加大力度补短板的重要阶段，保持一定的基础设施投资增速仍是中部地区加速崛起的重要保障。

2. 中美贸易摩擦影响仍存不确定性

2018年以来，中美之间贸易摩擦争端不断。但由于产业结构的差异，对中部地区的影响可能存在时滞。随着未来美国贸易措施的实施节奏和力度的变化，对中部地区的影响可能会逐步显现。中部六省需要密切关注外部贸易环境变化，特别是中美经贸摩擦趋势变化对出口、就业等可能产生的影响，采取有效措施保持宏观经济的稳定运行，引导鼓励企业调整进出口结构，妥善做好应对。

3. 金融领域潜在风险需要高度关注

一直以来，中部地区融资对银行贷款的依赖度明显高于东部地区，直接融资占

比相对较低，去杠杆对中部地区的影响也相对较大。2018 年以来，股票市场持续走低，中小企业股权质押风险显现，会对中小企业的主要债务融资渠道产生较大影响，推高其融资成本，加剧资金链紧张。据统计，中部六省 428 家上市公司有 262 家存在不同比例的股权质押。股权质押风险的集中释放会导致企业控制权的非正常转移，影响企业管理经营的稳定性，进而影响宏观经济的稳定运行，需要引起高度重视。

三、2019 年中部地区面临的发展环境

1. 贸易紧张局势可能加剧，全球经济增长趋缓

2018 年以来，全球经济运行趋势发生重大变化，年初呈现的普遍性同步复苏态势面临新的挑战。受贸易保护主义影响，10 月份，IMF 下调了对 2018 年和 2019 年的全球经济增长预期至 3.7%，这是近两年来 IMF 首次下调预期。从主要经济体来看，美国经济尽管仍然强劲，但贸易保护与财政赤字可能拖累其未来增长；欧元区经济复苏动能仍显不足，生产端扩张趋势持续放缓；日本经济温和扩张，货币政策延续宽松基调。对于发展中国家，部分国家升息让新兴市场面临资本外流压力。总体上看，贸易争端可能削弱基于规则的多边贸易体系，导致投资和贸易减缓，全球经济复苏共振临近尾声，各国经济、政策继续分化，世界经济增长面临的下行风险已经明显上升。

2. 国内政策以稳为主，稳增长政策力度可能加大

2018 年 10 月 31 日的中央政治局会议明确指出，要实施好积极的财政政策和稳健的货币政策，做好稳就业、稳金融、稳外贸、稳外资、稳投资、稳预期工作，有效应对外部经济环境变化，确保经济平稳运行。预计 2019 年，财政政策将会更加积极，预算赤字率和地方专项债规模可能会进一步扩大，减税降费的力度也有望进一步加大；货币政策可能由"宽货币"向"结构性宽信用"转变，随着防范化解重大风险攻坚战的持续推进，体制机制风险将会逐步得到平稳治理和化解，金融稳定运行的基础更加稳固，金融服务实体经济的能力将进一步增强。

3. 市场环境持续改善，市场主体活力将显著提升

2018 年是改革开放 40 周年，一系列重大领域深层次改革举措将会制定出台，这些政策成效将会在 2019 年开始逐步显现。船舶、轨道交通、设备制造等制造业以及金融业等服务业领域对外开放步伐将会明显加快，对外商投资的限制将会取消或者降低，实行国民待遇加负面清单管理的模式，对外资企业的合法权益保护力度将进一步加大，这些对有效利用外资将起到积极作用。支持民营经济发展的政策措施

将更加有力，民营企业债券融资支持工具等政策的实施将有效缓解民营企业融资难融资贵问题，发展环境也有望得到显著改善。资本市场改革的力度有望进一步加大，科创板的推出有望进一步激发中部地区的创新活力。污染防治政策更加规范合理，明确严格禁止"一律关停""先停再说"等敷衍应对做法，坚决避免集中停工停业停产等简单粗暴行为。这些政策举措将有力地改善市场环境，有望进一步激发市场主体发展的积极性和主动性。

综合来看，2019年中部六省将继续坚持稳中求进工作总基调，坚持新发展理念，坚持以供给侧结构性改革为主线，加大改革开放力度，着力扩大有效需求，推动稳就业、稳金融、稳外贸、稳外资、稳投资、稳预期政策落实，增强内生动力，挖掘内需潜力，促进经济平稳健康发展。初步预计，2019年中部地区经济增速在7.6%左右。

四、推动中部地区加快发展的政策建议

近年来，中部地区一直保持相对较快发展速度，产业基础更加扎实，创新能力不断提升，基础条件显著改善，在全国区域格局中的地位更加凸显。在当前外部环境发生深刻变化的背景下，中部地区仍要把握当前发展中的主要矛盾，围绕高质量发展的要求，继续保持经济的相对较快增长。

1. 持续有效扩大内需

积极应对外部发展环境变化，进一步扩大内需，加快补齐短板，切实保障经济平稳健康发展。一是继续保持基础设施投资力度。把促进内需扩大和推动中部地区结构调整结合起来，重点聚焦脱贫攻坚、铁路、公路水运、机场、水利、能源、农业农村、生态环保、社会民生等重点领域短板，进一步推进各省基础设施的互联互通，着重提升中部地区中长期供给能力和协同发展能力。二是要积极鼓励引导民间投资。深化中部地区投融资体制改革，降低市场准入门槛，鼓励和支持社会资本特别是民间资本规范有序参与公共服务、环境资源、生态保护、基础设施等重点领域投资和运营管理。三是要积极扩大消费。围绕居民吃穿用住行和服务消费升级方向，促进吃穿用、住行、信息、绿色等实物消费提档升级，推进文化旅游体育、健康养老家政、教育培训托幼等服务消费提质扩容，积极培育消费新热点。推动电子商务向农村延伸覆盖，推动农村居民消费梯次升级。

2. 加大对民营经济支持力度

贯彻落实好国家近期支持民营经济发展一系列重要举措，营造有利于民营经济发展的良好环境，促进民营经济高质量发展。一是围绕供给侧结构性改革降成本，推动企业

负担实质性降低。落实好国家各项减税政策，降低社保缴费名义费率，确保企业社保缴费实际负担实质性下降。加大力度清理、精简涉及民间投资管理的行政审批事项和涉企收费，规范中间环节、中介组织行为，加快推进涉企行政事业性收费零收费。二是围绕打好防范化解金融风险攻坚战，推动金融更好地服务实体经济。建立畅通民营银行、小额贷款公司、风险投资、股权和债券等多种融资渠道作用，拓宽民营企业融资途径。建立政策性救助基金，帮助有股权质押平仓风险的民营企业渡过难关，避免发生企业所有权转移。三是围绕深入推进"放管服"改革，加快构建公平营商环境。围绕市场准入、审批许可、经营运行、招投标、军民融合等重点领域，加快形成有利于民营企业发展的公平竞争环境，鼓励民营企业参与国有企业改革。

3. 加快培育发展新动能

以高质量发展为目标要求，着力培育壮大新动能，加快新旧发展动能接续转换，推动中部地区经济结构优化升级。一是要推动创新成果加速转化，把创新摆在发展全局的核心位置，充分利用打造"双创"升级版和互联网、资本、大交通、国际化等机遇，加快构建形成创新全链条激励机制，促进量子通信、光传输等重大创新成果产业化，不断催生新产业。二是要推动新兴产业发展壮大，着重支持新一代信息技术、集成电路、新能源汽车、智能设备、生物医药等产业发展，大力培育电子商务、大数据、云计算、数字创意、移动传播等数字经济产业集群，推动新兴产业快速形成新动能。三是要推动优势制造业加速升级，大力发展高端制造、智能制造、精品制造、绿色制造、服务型制造等先进制造业，培育制造业发展新优势。

4. 以更大的力度推进更高水平的开放

把开放合作作为增强中部地区发展活力的重要动力，推动形成更高水平的全方位开放新格局。一是加快构建对外开放新优势。以"一带一路"建设为统领，依托武汉、郑州两大自贸区，借鉴先进地区做法，实行更加精准务实的投资促进政策，推动中部各省加强开放大平台大通道大通关建设领域的合作，提升各类平台开放水平，构筑一流国际化营商环境，打造对外开放新高地。二是持续放宽市场准入。加大力度简化外商投资企业办事流程，减少投资限制，推动投资自由化、便利化发展，稳步扩大金融业领域开放，深化农业、采矿业、制造业开放，加快电信、教育、医疗、文化等领域开放进程。三是主动扩大对外经贸合作。一方面，围绕消费升级和产业升级需求，扩大进口。重点增加优质消费品进口和产业升级所需的技术、设备及零部件的进口，提升通关便利化水平，削减进口环节制度性成本。另一方面，发挥好中部地区的产业优势，深入对接"一带一路"建设，聚焦重点产业，全面提升国际产能合作水平，构建开放型经济发展新优势。

29 2018年西部地区经济形势分析及2019年展望

朱 敏[*]

摘要： 2018年前三季度，西部地区经济延续了近几年的良好发展趋势，呈现稳中向好、稳中有进态势，主要经济指标继续快于全国平均水平。然而目前西部经济发展的不平衡不充分问题仍较突出，尤其是投资下滑较为严重，西北地区和西南地区发展差距拉大，部分省市主导产业放缓导致经济失速。展望2019年西部地区发展环境，除了国家政策的大力扶持外，劳动力充足、土地辽阔、资源丰富等产业发展优势依然突出，基础设施不断完善，城镇化发展空间广阔，这些积极因素仍将支撑西部经济较快增长，西部地区仍然处于快速发展的机遇期、窗口期，但增速将略有放缓。未来西部地区在采取系列举措遏制投资下滑的同时，需着眼长远，努力发挥比较优势，强化创新引领，有效改善营商环境，夯实经济稳定增长基础。

关键词： 西部地区 经济形势 问题 趋势展望

一、2018年西部地区经济运行情况分析

党的十八大以来，我国相继推出了"一带一路"建设、京津冀协同发展、长江经济带发展三大战略，推动形成区域发展新格局，对西部经济形成了强力支撑。2018年前三季度，西部地区经济延续了稳中向好、稳中有进态势，主要经济指标继续快于全国平均水平，一批增长极加快形成，区域发展的协调性持续增强。

1. 经济继续保持稳中向好态势，增速快于全国平均水平

近年来，西部地区积极贯彻落实国家有关战略部署，狠抓基础设施建设、生态环境保护和特色优势产业发展，着力调整经济结构和改善民生，推进实施了一大批重点项目和工程，积极承接东部地区产业转移，巩固了经济社会平稳向好的发展势头，各项主要指标增速多年领先四大板块。2013年到2017年，西部地区生产总值

---

[*] 朱敏，高级经济师，国家信息中心经济预测部，从事宏观经济、区域规划、新动能、新能源等方面的研究工作。

从12.7万亿元增加到17.1万亿元，年均增长8.8%，占全国的比重从19.8%提高到20.0%。2018年，西部地区经济依然保持快于全国平均水平的增长，呈现稳中向好、稳中有进态势。上半年西部地区国内生产总值增长7.4%，增速高于全国0.6个百分点，也分别高于东部地区和东北地区0.5和2.7个百分点。特别是西南地区继续保持了较高增速，贵州、西藏、云南的增速在全国排名前三。前三季度GDP增速位居前三位的依然都是西部省份，其中云南省以9.1%的GDP增速领跑，贵州和西藏以9.0%紧随其后。西部经济大省四川省前三季度GDP同比增长8.1%，增速比全国平均水平高1.4个百分点，自2016年第四季度以来已连续8个季度保持8%以上的稳定增长。

2. 新动能孕育壮大，对经济拉动作用不断增强

这几年，西部地区加快发展战略性新兴产业、高技术产业及特色优势产业，培育壮大新动能，加快产业结构调整升级，取得了明显成效。战略性新兴产业、先进制造业发展态势良好，工业增长贡献率稳步提高；高技术制造企业效益实现较快增长，增速明显高于全国平均水平。以旅游、健康、养老、休闲、养生等功能为核心的旅游康养产业加快发展，产业规模不断扩大。一批特色产业基地逐步成形，特别是建成了一批国家重要的能源基地、资源深加工基地、装备制造业基地和战略性新兴产业基地，也就是我们常说的四大基地，成为国民经济的重要支撑。陕西省依托省内不同层级的高新区，发展高新技术产业，促进创新创业生态的形成，带动产业转型升级，前三季度规模以上装备制造业增加值同比增长11.5%，高于规模以上工业2.3个百分点。高技术产业增长10.1%，较上半年加快1.2个百分点。重庆通过建设西部创新中心，在创新驱动"三大支撑"——技术、资本和创新生态上做文章，前三季度战略性新兴制造业增加值增长15.8%，对规模以上工业增长的贡献率为128.1%，是拉动工业经济增长的主要动力。贵州省前三季度装备制造业、高技术制造业增加值同比增速分别为10.5%和12.2%，比规模以上工业分别快1.8和3.5个百分点。

3. 出口继续保持快速增长，不同省份有所分化

习近平总书记曾强调，加强"一带一路"建设同西部开发、东北振兴、中部崛起、东部率先发展、沿边开发开放的结合，带动形成全方位开放、东中西部联动发展的局面。西部从当年的开放末梢变为现在的开放前沿，因为现在国家在向东开放的同时强调向西开放，也就是双方开放。向西开放，所有的陆路出口都在西部地区。西部地区抓住这一难得的历史性机遇，积极扩大对外开放水平，近几年出口保持快速增长。2013年到2017年，西部地区进出口总额年均增长6.4%，占全国的比重从6.1%提高到7.5%。2018年前三季度，西部地区出口继续保持快速增长，出口总额

1 515 亿美元，同比增长 21.0%，增速同比提高 4.6 个百分点。8 个省份同比增长，增速较高的甘肃、陕西分别增长 53.3% 和 42.1%。这 8 个省份中，与上年同期相比，云南、内蒙古分别提高 12.7 和 0.5 个百分点；3 个省份由下降转为增长，甘肃、青海分别由下降 69.2% 和 70.1% 转为增长 53.3% 和 6.4%；3 个省份增速回落，广西、陕西分别回落 8.4 和 7.3 个百分点。

4. 基础设施逐步完善，发展后劲不断增强

基础设施是经济发展的重要保障和支撑，俗话说"要想富，先修路"，这几年，国家有关部门大力推进实施西部大开发战略，加大对西部地区基础设施和生态建设投入，随着各项支持性政策的逐步落实，中西部地区基础设施条件明显改善，基本公共服务差距不断缩小，发展后劲不断增强。目前西部高速公路通车里程突破 5 万千米。民用运输机场数量达 114 个，占全国比重近 50%。铁路运营里程达到 5.4 万千米，其中高速铁路 7 618 千米。兰新铁路第二双线、兰渝铁路、西成高铁等一批重要交通干线相继投入运营。西气东输、西电东送等一批具有重要影响的能源工程相继竣工，最后一批无电人口用电问题得到有效解决。金沙江梯级水电站以及广西百色、四川紫坪铺等一批大型水利枢纽建成并发挥效益。

二、2018 年前三季度西部地区经济发展中存在的主要问题

尽管 2018 年前三季度西部地区经济表现依然抢眼，经济增速快于全国平均水平，然而，目前西部经济正处在转变发展方式、优化经济结构、转换增长动力的攻关期，经济发展的不平衡不充分问题仍较突出，尤其是投资下滑较为严重，西北地区和西南地区发展差距拉大，部分省市主导产业放缓导致经济失速，区域发展改革和提质增效任务依然十分艰巨。

1. 内部经济发展出现分化，呈现南强北弱态势

2018 年以来，在西部整体发展取得历史性进步的同时，西部地区内部省市的经济发展呈现明显分化态势，突出表现为西北地区省市各项主要经济指标普遍低于西南地区省市，呈现明显的南快北慢格局。2018 年前三季度，西南 6 省市除了重庆以外，GDP 增速均高于全国平均水平，云南和贵州还摘得全国省市 GDP 增速前二名；反观西北地区 6 省市，除陕西以外，其他省市 GDP 增速普遍低于全国平均水平（宁夏、青海略高于全国水平），如内蒙古自治区前三季度 GDP 仅增长 5.1%，甘肃省增长 6.3%。其他多项经济指标也呈现这一特点，如 2018 年前三季度社会消费品零售总额增速，西南 6 省市全部高于全国平均水平，而西北 6 省市除陕西外均低于全国平均水平，其中宁夏和新疆更是同比仅增长 5.5% 和 6.1%，增速分别比全国平均

水平低3.8和3.2个百分点。现在西部地区人均国内生产总值最高的省份已经是最低省份的两倍还多。出现这种情况的原因比较复杂，如北方省市普遍资源依赖性强、工业比重大、能源原材料占比大，在经济下行时期，资源价格下降拖累经济增长；另外和南方相比，北方自然环境和营商环境较差，导致产业和人口的流出，使得投资和消费增速放缓，也影响到经济增长。如果这种差距拉大的趋势过快增长，有可能导致新的区域发展失调，损害西部乃至全国经济发展的整体效率和质量。

2. 投资下滑较为严重，尤其西北地区更甚。

2018年以来，西部地区固定资产投资特别是基础设施投资下滑严重，带动整个经济增速放缓。前三季度，西部地区投资仅增长2.3%，增速不到全国平均水平的一半，而同期东部地区投资同比增长5.8%，中部地区增长9.6%。房地产开发投资也十分低迷，前三季度西部地区房地产开发投资18 725亿元，同比增长7.5%，增速比全国平均水平低2.4个百分点，而同期东部地区同比增长11.0%，中部地区增长8.4%，东北地区增长16.5%，增速均高于西部地区。西部投资下滑主要是西北地区投资下滑比较严重，西南地区投资依然保持较快增长。前三季度，西北地区的6个省区除了陕西、青海以外其余4个固定资产投资都是负增长，新疆、内蒙古分别下降了42.9%和32.7%，而同时西南地区保持了比较强劲的增长势头，6个省区有4个投资增速达到2位数。如表1所示。

表1 近两年来西部各省全社会固定资产投资累计增速（单位:%）

	2018年9月	2017年12月	2017年9月	2016年12月
内蒙古自治区	-32.7	-7.2	0.4	10.1
广西壮族自治区	11.2	12.8	12.5	12.8
重庆市	7.2	9.5	10.1	12.1
四川省	10.6	10.6	10.8	13.1
贵州省	16.3	20.1	20.5	21.1
云南省	10.4	18.0	17.0	19.8
西藏自治区	9.4	23.8	21.2	23.2
陕西省	11.0	14.6	14.6	12.3
甘肃省	-6.1	-40.3	-38.7	10.5
青海省	4.3	10.5	5.0	9.9
宁夏回族自治区	-19.1	3.0	1.5	8.2
新疆维吾尔自治区	-42.9	20.0	31.0	-5.1

3. 部分省市主导产业放缓导致经济失速

2018年以来，西部传统经济领头羊增速有不同程度放缓，部分省市下滑幅度还较为严重。2018年前三季度与上年相比，贵州、云南、重庆GDP增速分别下滑1.2、0.4和3个百分点，比较严重的如重庆市，前三季度GDP增速从上年同期的10%下滑到2018年的6.3%，不仅远低于全国平均水平，在西部省份中也几乎垫底（仅高于内蒙古的5.1%），用断崖式下降来形容也不为过。这些西部传统经济黑马增速放缓原因是多方面的，而其中一个很重要的原因是这些省份传统主导产业增速下滑导致工业增速放慢。如重庆2018年前三季度工业增加值仅增长1.6%，增速不到上年同期的1/5，在全国所有省份中是垫底的。贵州前三季度工业增加值同比增长8.7%，也比上年同期下降0.4个百分点。过去的主导产业如煤炭、重化工等风光不再，同时汽车、家电、手机等产品国内普及率大幅提高、消费放慢，出口又受外部贸易保护主义影响，消费短期遭遇到了瓶颈，影响了以此为主导产业的省份。有些省比如重庆工业放慢，可能不仅是当地本身的问题，而是因为当地汽车品牌商可以在全国布局，在当地产量下降，可能在其他地区生产加快。重庆2018年前三季度当地"6+1"支柱行业中，汽车制造业下降11.6%，装备制造业增长1.6%、消费品行业增长0.8%、化医行业增长4.4%、能源工业增长4.0%，增速均有不同程度放缓。

三、2019年西部地区经济发展环境分析及趋势展望

展望2019年西部地区发展环境，除了一如既往得到国家政策的大力扶持外，劳动力充足、土地辽阔、资源丰富等产业发展优势依然突出，加上近几年西部地区经济结构调整成效显著，新动能正加快孕育，基础设施不断完善，城镇化发展空间广阔，这些积极因素仍将支撑西部经济保持较快增长，西部地区仍然处于快速发展的机遇期、窗口期，是全国实现高质量发展的重要支撑，但增速将略有放缓。

首先，西部发展将继续得到国家的大力扶持。按照党中央、国务院有关部署，以西部大开发即将进入第三个十年为契机，目前国家发展改革委正牵头研究起草新时代推进西部大开发形成新格局的指导意见，初步考虑通过强化六方面举措来推动西部地区的协调发展。国家发展改革委将进一步加大西部地区关键领域和薄弱环节补短板力度，将抓紧推进一批西部急需、符合国家规划的重大工程建设，确保储备一批、开工一批、建设一批、竣工一批，确保西部地区经济社会发展的势头不减弱。商务部将从4个方面引导外资更多地投向中西部地区。一是提高投资便利化水平，支持中西部地区复制推广自贸试验区改革试点的成功经验，降低企业的制度性交易成本。二是完善支持政策，在税收、用地、信贷等方面落实有关优惠政策，引导外资更多投向中西部地区。三是畅通开放的渠道，建设跨境多式联运交通走廊，促进

与周边国家的互联互通，推动降低中西部地区的流通成本。四是加强开放平台的建设，强化中西部地区开放型经济载体平台建设，支持沿边的省区主动融入"一带一路"合作，提升边境经济合作区、跨境经济合作区的发展水平。

其次，西部地区产业发展优势依然突出。西部许多省份如四川、重庆、贵州、陕西等都是劳动力大省，劳动力成本低廉，加上西部土地辽阔、资源丰富、产业承载能力强，于是传统外资和沿海代工厂大举进军西部省份，瞄准了中国内部的庞大市场，内需逐渐取代外贸，成了最重要的经济增长点。目前笔记本电脑和手机的产量有将近三成的份额在成都和重庆所在的西部地区完成组装，汽车产量有二成以上在西部地区生产。随着制造业一同内迁的还有人口，原来的外出务工大省纷纷迎来人口的返城潮，过去只能在沿海地区才能从事的行业如今在自己的家乡就可以轻松入职，初级制造业带来的庞大就业机会让这些曾经的候鸟都重新还巢。此外，许多西部省份内部经济差距很大，地区内部有大量落后的偏远地区人口，他们的生活水平与省内中心城市有巨大差距，从而有进城改变生活状态的迫切愿望。于是大量的廉价劳动力进入本地核心城市，具备了发展劳动密集型产业的必备条件。未来较长时期内，西部这种综合配套的产业发展优势将依然存在。

再次，西部地区基础设施将日益完善。近年来，国家持续加大西部地区关键领域和薄弱环节补短板力度，大力加强西部地区基础设施建设。党的十八大以来，已经累计新开工西部大开发重点工程 152 项，投资总规模 3.75 万亿元，西部地区的基础设施、民生和生态建设取得了突破性的进展。铁路累计开工重点工程 23 项，宁西铁路西安至合肥段增建二线，呼和浩特至张家口铁路，西成高铁、兰渝铁路等一批连接东西、串通南北的铁路相继建成。公路累计开工重点工程 35 项，"五纵七横"国道主干线西部路段全线贯通，国家高速公路网西部地区路段基本建成。民航机场累计开工重点工程 12 项，投资规模 1 624 亿元。能源累计开工重点工程 41 项，西电东送三大通道全面建成。到 2017 年年底，152 项西部大开发重点工程已经完工 52 项，还有 100 项在建，按照计划安排，全部项目将在 2023 年年底完工，完工以后西部将新增铁路里程 8 751 千米，新增高速公路 3 219 千米，新增发电装机 1 878 万千瓦，西部地区的基础设施水平将进一步提升。

最后，西部地区城镇化发展空间广阔。与中东部地区相比，西部地区城镇化发展存在较大空间，截至 2017 年年底，东部、中部、西部、东北地区城镇化率分别为 67.0%、54.3%、51.6% 和 62.0%，西部地区城镇化率比东部和中部分别低 15.4 和 2.7 个百分点。过去由于西部地区经济相对落后，农业人口众多，人口聚集效应很弱，客观上形成了地广人稀的居住局面，城市化进程长期落后于中国东部省份，并且房价也远远不能与之相比。但是随着东部地区城市容量逐渐饱和，城市化进程遇到了瓶颈，且西部城市开始有大量新兴产业出现，客观上满足了人口的就业需求，导致了大量人口回流西部，进城的年轻人口又是买房置业的刚需群体，让过去西部狭小的城区进入了快速扩张的时代。目前房地产领域投资在固定资产投资中占据较大比重，城市扩张需要修建道路、桥梁、地铁等基础设施，并且带来人口聚集及消费增长，这些都将有效拉动 GDP 增长。

尽管 2019 年西部经济发展依然面临良好的发展环境，然而，在目前整体经济放缓的大背景下，西部经济持续向好的基础尚不牢固，体制性顽疾、结构性矛盾与外部环境冲击交织叠加，经济下行风险仍然不容忽视，2018 年前三季部分西部省份投资、消费、工业等多项指标出现明显下滑就是信号。从外部环境来看，贸易战或许只是中美两国的首轮较量，中美博弈的时间不会短，可以预期美国出于延缓中国超越美国的时间和延缓自身实力下降的时间的双重目的，势必在贸易战之外，挑起更广范围的纠纷与摩擦，中国将遭遇前所未有的来自美国为代表的守成大国的竞争压力，外部环境变数在增加。从内部来看，西部地区长期积累的结构性矛盾仍然突出，如区域内部发展不平衡、营商环境和消费环境有待改善、主导产业优势弱化、投资趋稳回升难度大等，而 2018 年民间投资增速尽管有所恢复，但仍未回到 2016 年大幅下滑之前的增速平台，基础并不牢固。近期还出现了与 2015 年影响民间投资大幅下滑相类似的因素，比如经济悲观预期再起、民营企业盈利能力下降、资本市场的负面冲击和政府投资的挤出效应等，值得高度重视。2018 年第四季度将进入传统消费旺季，部分省份工业下行趋势将得到一定程度的遏制，同时随着国家和各地政府出台措施遏制投资下滑，以及补短板、稳就业、稳金融、稳外贸、稳外资、稳投资、稳预期等各项政策的落实，西部经济将比三季度有所回升，预计 2018 全年增速有望达到 7.4% 左右，继续快于全国平均水平。展望 2019 年，对西部地区而言将是挑战更大、困难更多的一年，外部变局持续延伸，内部转型持续推进，变局与转型重叠，各种矛盾将进一步积聚和释放，如不及时采取风险防范和对冲措施，2019 年经济放缓趋势仍将延续。综合考虑，预计 2019 年西部经济增速有可能略低于 2018 年，大概在 7.2% 左右，西南地区增速将继续快于西北地区。

四、促进西部地区经济高质量协调发展的对策建议

未来西部地区要以党的十九大精神为统领，针对经济运行中出现的新情况、新问题，出台针对性改革举措，把补短板作为当前深化供给侧结构性改革的重点任务，着力扩大有效需求，扎实抓好重点项目推进，遏制投资下滑，同时采取有效措施改善营商环境，夯实经济稳定增长基础，推动西部经济平稳健康协调运行。

1. 采取系列举措，遏制投资下滑

西部许多省份经济对投资依赖性很强，2018 年西部经济放缓很大程度是因为投资下滑所致，2019 年经济能否趋稳回升，投资增长举足轻重。因此，当务之急必须采取系列措施遏制投资下滑。首先，政府投资应适度向西部地区倾斜。支持国家重大制度创新和改革试点落在西部地区。推动新资金、新项目、新举措进一步向西部地区的深度贫困地区倾斜，大力推进基本公共服务均等化，坚持教育、医疗等公共资源配置向西部地区倾斜。其次，需加快经济结构调整。目前投资下滑的重灾区是西北地区，而西北地区重化工产业比重大，因此必须加快调整优化经济结构，大力推进"双创"改革，补短板，增后劲，加快发展符合本地优势的新兴产业、特色产业、支柱产业。再次，加大对外开放力度。西部要有效参与和融入"一带一路"建设，加强与东亚、南亚、西亚、中亚周边地区的经济往来，促进扩大内需，拉动基础设施投资。最后，引导企业加大软性投资。引导市场主体注重技术研发、人力资本积累、管理创新、品牌培育等软性投资，将知识产权等无形资产作为投资的重要部分，将有效投资从固定资产扩大到更广范围。

2. 强化创新引领，推动产业升级

西部单靠原来的承接东部产业转移、通过政府投资拉动经济发展模式已经难以支撑未来的长期高速发展，必须把创新引领放到突出位置，结合各地实际推动大众创业、万众创新，促进提升西部产业竞争力。西部地区应把创新摆在经济社会发展全局的核心位置，在产业创新、科技创新、开放创新、人才强区、营造创新生态等方面实现突破发展。聚焦产业创新，加速提升传统产业、着力培育新兴产业、提挡发展现代服务业等举措，大力促进产业转型升级。探索通过负面清单和鼓励类目录相结合的方式来完善产业政策，支持西部地区加快发展先进制造业和现代服务业，促进能源、资源等传统优势产业优化布局、升级改造和绿色发展，促进老工业基地和资源型地区经济转型发展，依托"互联网+"等发展新经济，拓展发展新空间。要鼓励传统产业大力开展技术创新和技术改造，延长产业链，提高产品附加值，向价值链高端提升；要促进工业与信息化的结合，提升智能制造水平。推动互联网、大数据、人工智能和实体经济深度融合，在中高端消费、创新引领、绿色低碳、共享经济、现代供应链、人力资本服务等领域培育新增长点，形成新动能。

3. 结合地方特色，发挥比较优势

区域发展战略要注重区域环境、产业结构、资源禀赋的差异性。西部地区地域广阔，各地要素禀赋和比较优势有较大差异，应因地制宜着力打造有竞争优势的特色产业集群，在不同的区域错落发展，有序分工，并通过龙头城市的扩散效应和关

联效应带动周边区域的共同发展,从而解决区域内各地发展不均衡的问题,增强区域发展协调性。西部地区自然风光、深厚的文化积淀和独特的民族风情使得西部地区具有独特的地域优势,未来应加强旅游合作,加大通航和特殊山地交通、特色小镇与美丽乡村建设,推动旅游景区建设和开发。要注重中小城市与中心城市的设施联通建设,增强中小城市对返乡创业和当地就近就业农业转移人口的吸引力和承载力,协调好新型城镇化和乡村振兴的关系。未来应研究提出一些有针对性的举措,避免各地在抢人、引进项目等方面的不良竞争,将更多精力用来改善营商环境,提高综合配套服务能力。

4. 软硬双管齐下,优化营商环境

目前西北地区经济下滑很大程度上是因为营商环境差,造成企业和人口的净流出,可以说,优化营商环境已经时不我待,否则到时部分地区真有可能成为"空城"、"死城",发展经济就无从谈起了。优化营商环境需要从"软"、"硬"两方面下功夫。从"硬"的方面说,主动对接国家战略规划,在保续建、保重点项目的基础上,抓紧启动一批符合国家区域发展战略的项目。切实推进以市政网建设为龙头的城镇市政基础设施建设,加大轨道交通、公共交通、地下管网、垃圾处理等基础设施建设力度,全面提升城镇基础设施水平。从"软"的方面说,要以深化"放管服"改革释放活力,主动作为,向改革要红利,着力解决阻碍企业发展、群众办事难的突出问题,破解土地、资金、人力资源等要素瓶颈,兑现各类优惠政策承诺,进一步降低制度性交易成本,对标先进地区深化改革,建设服务型政府,优化消费环境,建立健全有利于吸引和留住急需人才的体制机制,打造国际化、法制化营商环境,吸引各类资本特别是民间资本踊跃到西部来投资。

30 2018年京津冀区域发展形势及2019年展望

邢志俊*

摘要： 2018年，京津冀协同发展向纵深推进，非首都功能疏解取得良好成效，重点领域率先突破进展明显，区域发展的协同性进一步增强，经济运行总体呈现出增速平稳、结构优化、创新能力增强、质量效益稳步提升的良好态势。展望2019年，京津冀发展虽面临复杂严峻的外部经济环境，但政策环境持续改善，将为区域协同发展提供坚实的保障。京津冀协同发展将聚焦非首都功能疏解、雄安新区规划建设、北京城市副中心规划建设、交通一体化建设、生态环境保护等五大领域，力争取得新突破，加速提升京津冀区域协同发展水平，预计全年京津冀区域经济有望持续保持平稳增长。

关键词： 京津冀　经济　产业　生态　交通

一、2018年京津冀区域发展形势特征

（一）协同发展纵深推进，经济增长总体平稳

1. 非首都功能疏解取得良好成效

非首都功能疏解是推动京津冀协同发展的核心任务、关键环节和重中之重，2018年北京市认真落实控增量、疏存量相关政策意见，出台实施2018版新增产业的禁止和限制目录，非首都功能疏解取得良好成效。截至2018年9月北京市累计关停退出一般制造业企业约2 000家，调整疏解各类区域型专业市场600余家。北京城市学院、北京建筑大学、北京工商大学等京郊新校区入驻新生3万名左右，北京援助雄安新区办学项目启动，4所北京学校雄安新区挂牌成立。天坛医院新院区实

---

* 邢志俊，高级经济师，北京市经济信息中心数据服务部副主任，主要研究领域为宏观经济、区域发展、工业、价格等形势分析与预测。

现试运行，同仁医院、友谊医院、安贞医院等京郊新院区加快建设，世纪坛医院等5家北京医院，分别与保定5家医院建立对口合作关系。

2. 重点领域取得突破进展

产业对接合作进一步深化。近年来京津冀产业在实施一体化发展的过程中逐步从偏重单方面转移疏解向更加注重区域产业链上下游协同、全区域优化产业布局方向转变。2018年京津冀持续巩固"4+N"的产业合作格局，曹妃甸示范区累计签约北京项目约130个，天津滨海-中关村科技园挂牌以来新增注册企业超过700家，北京沧州渤海新区生物医药产业园共吸引100余个项目落户。1—9月北京对天津投资金额为556.6亿元，同比增加65.6亿元，对河北投资金额为818.3亿元，同比增加88.1亿元。北京向津冀投资额主要集中在租赁和商务服务业、金融业、建筑业、制造业与科学研究和技术服务业，合计出资额为1 063.8亿元，同比增加163.9亿元，占整体投资额77.4%。

交通互联互通加速形成。继京津城际延长线、津保铁路、张唐铁路等建成通车后，2018年京津冀交通一体化建设又取得一系列阶段性进展，年初三地交通实现一卡通行，年内京津冀三地高速"断头路"实现全部打通，京秦高速北京段、首都地区环线高速通州大兴段正式开通，北京新机场北线廊坊路段、京秦高速雄安新区对外骨干交通网开工建设，京津冀区域主要城市之间"1小时交通圈"、主要城市与周边卫星城市间"半小时生活圈"加速形成。

生态环保联防联控日益加强。在统一空气重污染预警分级标准、统一执法、联合采取应急减排等联防联控措施实施的基础上，2018年京津冀持续深化区域大气污染防治协作机制，进一步实施京津冀大气污染防治强化措施，有序推进京津风沙源治理、太行山绿化、京冀生态水源林等项目。截至2018年9月，区域内已有6万余家涉气"散乱污"企业得到治理，完成电代煤、气代煤300多万户，淘汰小煤炉等散煤燃烧设施10万多个，1—9月京津冀及周边地区"2+26"城市平均优良天数比例为50.8%，同比上升3.1个百分点；PM2.5浓度为56微克/立方米，同比下降16.4%。

3. 经济增速缓中趋稳

2018年，京津冀按照建设现代化经济体系的要求，持续推进供给侧结构性改革，系统深化全面创新改革试验，经济增长虽然延续近年来的换挡减速趋势，但从年内走势来看，经济运行基本平稳。1—9月京津冀区域实现地区生产总值合计61 395.8亿元，同比增长5.9%，增速较上年同期回落0.7个百分点，但分别高于一季度和上半年0.7和0.04个百分点，占全国GDP的10.2%。其中北京、天津、河北的地区生产总值分别为 21 511.1 亿元、14 658.4 亿元和 25 226.3 亿元,同比分别增长 6.7%、3.5% 和 6.6%,增幅同比分别回落了 0.1、2.5 和 0.1 个百分点。预计 2018 年全年京津冀地区经济增长 6% 左右。

(二) 经济结构持续优化,新动能加快集聚

1. 产业结构升级,高端产业引领增长

2018 年,京津冀在加强产业转移承接重点平台建设的过程中,加速推进传统产业升级,着力培育新兴产业,产业结构高端化的趋势得到进一步巩固。

服务业支撑作用日益明显。服务业占比继续提高。2018 年 1—9 月,京津冀地区三次产业构成为 3.4:34.1:62.5,服务业占比较上年同期提高 3 个百分点。京津冀三地服务业增加值增速分别为 7.2%、5.1% 和 7.7%,分别高于 GDP 增速 0.5、1.6 和 3.7 个百分点。优势服务业引领增长。北京受益于营商环境优化及服务业扩大开放新一轮措施带动,服务业占比达 82.3%,同比提高 0.3 个百分点。其中金融、信息服务、科技服务等优势行业的支撑作用进一步增强,对全市经济增长的贡献率合计达到 63.3%,较上年同期提高 1.1 个百分点。天津着力落实服务业创新发展大纲实施意见,加快国家租赁创新示范区建设,对接消费升级提高生活服务品质,不断夯实现代服务业的支撑作用,服务业占全市 GDP 的比重保持在 60% 左右。其中信息传输、软件和信息技术服务业、租赁和商务服务业、文化体育和娱乐业收入分别增长 14.2%、11.6% 和 75.1%。河北围绕服务业扩容升级,一方面推动生产性服务业向专业化和价值链高端延伸,另一方面支持服务业态和商业模式创新,服务业占全市 GDP 的比重提高至 47.5%,同比提高 2.7 个百分点,对经济增长的贡献率为 70.9%,同比提高 4.4 个百分点。其中,生产性租赁服务、商务服务收入同比分别增长 90.2% 和 21.2%。

高端制造引领工业增长。京津冀高技术产业和战略性新兴产业增速持续高于工业增速。2018 年 1—9 月,北京加快落实 10 个高精尖产业发展指导意见,以产业效益、产业人口密度、研发投入强度、资源环境约束等指标为导向,推动工业转型升级,高技术制造业和战略性新兴产业分别增长 16.8% 和 11.2%,分别高于规模以上工业平均水平 9.6 个和 4 个百分点。天津落实先进制造业重点产业三年行动方案,把智能产业作为工业转型升级突破口,开展智能制造、智能网联车应用示范,高技术产业和战略性新兴产业同比分别增长 9% 和 5.1%,分别高于工业增速 5.5 个和 1.8 个百分点,新能源汽车和工业机器人年产量分别增长 5.3 倍和 1.2 倍。河北实施战略性新兴产业三年行动计划,以装备制造业、新型显示、工业机器人等新兴产业为发展重点,推动工业转型提质,装备制造业对规模以上工业增长的贡献率达到

31.3%，工业战略性新兴产业增加值同比增长 8.8%，比规模以上工业快 5.1 个百分点，其中新能源汽车、动车组产量同比分别增长 3.7 倍和 1.0 倍。

2. 需求结构改善，消费主导增长作用强化

2018 年，京津冀区域需求增长延续近两年来的放缓态势，但消费增速总体高于投资增速，对稳定经济增长的基础性作用有所加强。

传统消费提挡升级、新兴消费加速兴起。尽管京津冀消费增速近两年持续放缓，2018 年 1—9 月，京津冀三地消费增速分别为 4.1%、3.7% 和 9.5%，增幅同比分别回落 1.3、0.6 和 1.3 个百分点。但消费结构的转型升级却在不断持续。北京服务消费主导消费增长，服务消费增速为 11.3%，对总消费的增长贡献达 75.5%，其中交通和通信类、教育文化和娱乐类等新兴服务消费分别增长 12.8% 和 12.2%，限额以上网上零售增长 17.4%。天津传统消费加速提挡，限额以上家具类零售额保持在 20% 以上的速度增长，新零售业态加速崛起，盒马鲜生、超级物种、苏鲜生等纷纷落户天津。河北消费升级类产品呈现快速增长，限额以上批发和零售商品大类中，通信器材类零售额增长 18.7%，同比加快 6.7 个百分点；家用电器和音响器材类增长 11%，同比加快 3.5 个百分点。

投资补短板、增后劲功能提升。2018 年京津冀三地投资走势分化，1—9 月京津两地投资增速分别为 -12.7%、-14.2%，延续年内负增长态势，河北投资增长 5.9%，增速同比提高 0.8 个百分点。北京投资结构向民生改善和高精尖产业培育倾斜，保障性住房投资、高技术服务业分别增长 37.8% 和 23.7%。天津注重产业后劲培育，在租赁和商务服务业、计算机通信和其他电子设备制造业、汽车制造业等领域的投资分别增长 34.8%、31.9% 和 10.2%。河北围绕生态保护、民生等重点领域加强补短板，生态保护和环境治理、市政设施管理、道路运输和教育等领域固定资产投资分别增长 34.4%、16.5%、29.3% 和 55.2%。

（三）协同创新共同体加快构建，区域创新能力不断提升

2018 年，京津冀着力围绕创新资源整合、创新平台建设、创新主体培育、创新成果共享等加快构建协同创新共同体，区域创新能力不断提升。

1. 创新资源优化整合

2018 年京津冀三地共同签订了《关于共同推进京津冀基础研究合作协议（2018—2020 年）》，围绕共性问题和共同需求，共同出资开展基础研究合作，2018 年三地专项支持资金总额达 600 万元，申报项目共 200 项，创下了近三年来的新高。京津冀三地共同签署创新券合作协议，三地按条件遴选科技服务资源，形成开放实验室目录,三方互认并纳入各自的目录库,支持经审核的企业和创新团队利用异地科技资源开展测试检测、合作研发、专利服务等科技创新活动。

2. 创新平台加快建设

2018年京津冀三地建立科技资源创新服务平台,汇集了涵盖科技机构、科技人才、科技项目、科技成果等9大类70多个子类的近千万条数据,面向三地政府、企业、科研人员提供信息和咨询服务。京津冀科学技术协会科技成果转化平台成功举办了第四届项目发布和推介会,已累计发布和推介国内外知名科研院所、高校和高科技企业项目近300项,吸引千余家企业报名参加,参会观众累计约5 000人次。

3. 创新主体培育力度加大

截至2018年9月,北京拥有20个国家双创示范基地,在京国家科技创新基地400余家,分别占全国总数的1/6和1/3左右,累计入选科技部火炬中心众创空间213家,处于全国首位。天津众创空间总数超过150个,众创空间共聚集创业团队5 600余个,孵化创业企业3 500余家。河北众创空间数量超过380家,孵化器数量达150余家,在孵企业5 000家左右。

4. 创新辐射带动作用增强

北京发挥源头科技创新作用,2018年1—9月,全市技术成交额达3 305.9亿元,增长16.2%,向津冀累计输出技术合同成交额超过500亿元。十余家中关村企业入驻雄安中关村科技园,中关村企业在津冀设立分支机构达7 244家。天津技术研发和科技成果转化作用增强,研发转化技术成果超过2 000个,申请和批准知识产权2 600余件,新增市级科技型企业6 137家,全年技术交易额全年有望达700亿元。河北技术承接潜力有所释放,保定·中关村创新中心已成功引入包括阿里巴巴、浪潮集团、长城汽车等224家知名企业和机构注册办公,先后创办123场各类创新活动。

(四) 质量和效益有所提升

2018年,京津冀落实高质量发展要求,推动经济发展质量变革、效率变革、动力变革,在经济结构加速调整的同时,质量和效益也有所提升。

1. 实体经济效益改善

2018年前三季度,北京服务业利润总额同比增长16.5%,增幅同比提高8.2个百分点。天津规模以上工业利润总额同比增长25.8%,较上年同期提高12.7个百分点,规模以上工业百元主营业务收入成本83.81元,同比下降2.69元。河北规模以上工业企业实现利润总额1 665.6亿元,同比增长27.1%,增幅同比提高8.4个百分点,主营业务收入利润率为6.3%,同比提高0.9个百分点。

2. 资源利用和产出效率提高

2018年前三季度,北京规模以上工业企业增加值能耗下降5.5%,规模以上工业企业劳动生产率为43.9万元/人,同比提高6.1万元/人。天津主营业务收入利润率7.31%,创年内最高点,规模以上工业产能利用率为79.2%,是党的十八大以来的最好水平。河北规模以上工业能耗连续18个月保持下降,每百元资产实现的主营业务收入为92.8元,同比增加1.8元。

3. 居民收入增长稳定

2018年前三季度,北京居民人均可支配收入46 426元,同比增长8.9%,增幅较年初和上半年分别提高0.6和0.1个百分点。天津全市居民人均可支配收入31 407元,同比增长6.7%,比上半年加快0.1个百分点。河北全省居民人均可支配收入17 233元,同比增长9.2%,增速高于上半年0.1个百分点。

二、2019年京津冀区域发展环境分析

(一)经济环境复杂严峻,不确定因素增多

一是全球经济增速下调风险加大。从主要经济体看,除美国以外,大多数经济体增长步伐出现放缓;从贸易发展看,特朗普政府试图通过关税政策重新平衡与其他国家的贸易,所引发的贸易战不断升级;从金融市场看,主要国家货币政策由回归正常转向趋紧的拐点出现将加剧全球金融市场的震荡。诸多风险上升的情况下,市场对全球经济增长的预期有所下调,IMF在最新的展望报告中将2019年全球经济增长预测由此前的3.9%下调至3.7%。二是国内经济稳增长面临多重压力。虽然国内经济韧性强,基本面运行好,但是中美贸易摩擦加剧、金融市场风险显性化、需求下行等问题仍给经济稳增长带来较大压力。近期世界银行、IMF均把2019年中国经济的预计增长率下调至6.2%。其中IMF还特别提出,模拟演练显示若中美贸易战全面爆发,中国2019年的GDP将蒙受1.65%的损失。三是区域内部经济发展不平衡。从发展阶段看,北京处于后工业化阶段,天津处于工业化后期,而河北仍处于工业化中期。从经济增长看,京冀两地经济增长较为稳定,2016年以来各季增速波动不超过0.3个百分点,天津增速波动幅度则超出7个百分点。

(二)政策环境持续改善,集成效应不断放大

近年来京津冀在认真落实规划行动纲要的基础上,各自围绕远期、中期、近期

三个时间节点不断细化协同发展的阶段目标和工作要点，政策的实操性和效果明显增强。2018年北京市出台了推进京津冀协同发展2018—2020年行动计划，京津、京冀就新一轮合作进行了框架协议的签署，系列举措的实施效应将在2019年年中释放，助推区域协同发展步伐加快。按照推进京津冀协同发展三年行动计划的安排，2019年北京市将再退出一批一般制造业企业，加快北京城市学院、北京建筑大学等新校区建设，推动非首都疏解功能步伐加快。京冀全面落实战略合作协议，将紧密对接雄安新区各项规划，加快建设雄安新区中关村科技园、京雄城际等项目；推动城市副中心建设由行政办公区建设为主，向城市功能建设为主转变。京津实施新一轮战略合作框架协议，将聚焦产业合作、营商环境改善、对外开放等十大方面，加快两地创新资源、空间资源和政策资源互补共享的发展步伐。

三、2019年京津冀区域发展形势展望

2019年，京津冀协同发展将聚焦非首都功能疏解、雄安新区规划建设、北京城市副中心规划建设、交通一体化建设、生态环境保护等五大领域，力争取得新突破，加速提升京津冀区域协同发展水平，预计全年京津冀区域经济有望持续保持平稳增长。

（一）区域经济有望保持平稳增长

尽管2019年京津冀经济发展面临诸多不确定因素影响，经济下行压力较大，但总体来看，促使区域经济平稳增长的利好因素也有不少。一是新兴市场的开发有利于缓冲中美贸易等外部不确定因素带来的下行压力。随着"一带一路"倡议的深入实施，京津冀与沿线国家的对外合作急速增长，五年来北京与天津与沿线国家的双边贸易均保持在两位数以上的增长，河北对沿线国家的出口总值已占同期外贸总值的41%，预计2019年京津冀将继续围绕基础设施、装备制造、园区建设等领域与沿线国家和地区开展更深层次的合作，带动京津冀三地对外贸易和投资的增长。二是国内宏观政策可持续性和稳定性的增强为经济平稳增长奠定了良好的内部环境。近年来国内宏观政策更加注重连续性和稳定性，考虑经济下行压力有所加大，预计2019年财政政策将更趋积极、货币政策将在保持稳健的总基调下略趋宽松。财政政策着力点将立足于带动基建投资企稳回升，货币政策将注重合理引导社会融资规模合理增长和信贷结构优化，以期增强金融服务实体经济的能力。三是质量、效率、动力变革渐次释放红利，持续推动区域经济向高质量发展。从质量变革看，京津冀区域中制造业高端化和现代服务业的支撑作用在逐步走强，消费与投资对需求增长

的拉动更为有效协调，经济结构优化的效能日渐巩固；从效率变革看，伴随京津冀一体化发展步伐的加快，区域内资源要素流动加快，重点领域合作深化，京津冀区域的资源产出效率和能源利用率不断提升；从动力变革看，京津冀区域创新持续活跃，新兴经济蓬勃发展，经济增长的新旧动能加速转换，区域经济增长的内在动能在逐步释放。综合以上分析，预计2019年京津冀区域经济有望继续保持平稳增长。

（二）非首都功能继续有序向外疏解

2019年，北京市将继续聚焦重点领域、重点区域有序推进非首都功能疏解。一是按照国家有关疏解的控增量、疏存量政策意见，实施2018版新增产业的禁止和限制目录，进一步加快一般制造业企业疏解退出步伐；持续开展疏解整治促提升行动，撤并升级外迁物流中心和区域专业性市场，到2020年北京市再退出1 000家左右的一般制造业企业、约300家物流中心和区域专业性市场。二是持续促进教育、医疗等部分公共服务功能向外疏解，加快北京城市学院、北京电影学院等新校区建设，推进同仁医院亦庄院区、友谊医院顺义院区、安贞医院通州院区等项目建设。三是不断完善疏解政策体系，加快推进土地、财税、价格等配套政策措施落地，强化疏解腾退空间管理使用、产业转移承接平台建设，为疏解有序推进和首都功能提升提供良好的政策基础。

（三）雄安新区高起点规划、高标准建设将取得新进展

2019年，雄安新区将深入落实新区规划纲要，推进系列工作取得新进展。一是规划的战略引领作用将持续加强。2019年，雄安新区将加快编制总体规划、起步区控制性规划和启动区控制性详细规划，以及白洋淀生态治理和环境保护规划。二是高端高新产业将加快发展。2019年，将围绕机器人、新材料、大数据、新型显示、生物与健康等战略性新兴产业，推进雄安新区高端高新产业发展和科技新城建设，逐步形成雄安新区与周边区域产业的互动配套，协同推进京津科技成果落地转化。三是交通网络将加快融入"轨道上的京津冀"。2019年，雄安新区将继续推进对外交通骨干网络项目建设，津石高速公路、延崇高速公路河北段等项目将加快建设，京雄城际铁路北京段将开通使用，北京新机场至德州高速路继续加快建设。四是自然生态环境将加快改善。2019年，雄安新区将推进城市森林营造，建立污染地块目录和开发利用负面清单，面向全球招选生态湿地先进治理技术，促进白洋淀水体水质不断改善，启动专项环境执法。五是公共服务水平持续提升。将推动中央民族大学附属中学、北京市第九中学、河北师范大学附属小学等一批京津冀地区优质学校落户雄安，与新区中小学开展对口帮扶。加快引进京津优质医疗资源，建设集临床

服务、医疗教育、医学科研和成果转化为一体的医疗综合体。

(四) 北京城市副中心规划建设高质量推进

2019年，城市副中心建设将持续由行政办公区建设为主，向城市功能建设为主转变。一是行政办公区建设将深入推进。在完成行政办公区一期工程的基础上，加快实施行政办公区二期工程，同步完善市政、水务、园林绿化等配套工程建设。二是交通路网建设将加快推进。城市副中心站、东夏园综合交通枢纽、17号线、平谷线、广渠路东延、宋梁路北延等交通路网建设将加快推进。三是城市绿心、运河商务区等重点区域将加快建设。以打造开放的绿色生态空间为目标，城市绿心的规划建设将加快推进，与此同时，剧院、图书馆、博物馆等大项目建设也将加快实施。运河商务区内的产业布局和准入标准将进一步细化，公共服务配套将进一步完善。四是产业发展将聚焦高精尖。以金融创新、互联网产业、高端服务为重点，不断加强项目储备，一批10亿元以上的重大项目将陆续开工建设。

(五) 交通一体化建设步伐持续加快

2019年，京津冀将继续完善综合交通骨架网络。一是铁路及轨道交通方面，京张、京沈高铁等项目将进入建设高峰期，京滨城际、京唐城际、津承城际铁路等项目将加快实施。二是公路路网方面，京秦高速公路、京北公路、承平高速等，将继续加快施工进程。三是航空枢纽方面，将大力推进新机场高速、新机场北线高速等项目建设。四是环线方面，将着力推动首都地区环线高速公路全线绕出北京市域项目规划实施，此外还将深化京津交通应急联动合作，推动交通运输管理一体化。

(六) 生态环保协同治理力度持续加大

2019年，京津冀将继续围绕大气、水资源、林木等生态环境继续加大协同治理和保护的力度。一是治理机制方面，将继续加快区域生态治理标准统一，深化区域大气污染防治协作机制，完善区域空气重污染预警和应急联动长效机制。二是大气方面，将协同推进冬季清洁取暖工作，加快推进区域散煤清洁能源替代。三是水资源方面，将在加强区域水源地保护的基础上，持续推进以永定河为重点的河湖生态水系综合治理和修复。四是其他方面，将持续推进京津风沙源治理二期工程，加强林业有害生物防治合作和森林防火联防联控。划定环京津、雄安新区及南水北调受水区为生态保护红线内区域，禁止大规模城镇化和工业化活动。

(七) 产业对接协作不断深化

2019年，京津冀将落实加强京津冀产业转移承接重点平台建设的意见，围绕

"2+4+46"的产业合作平台,持续深化区域内的产业对接协作。一是产业转移对接更加精准化。2019年京津冀区域产业转移将进一步与规划纲要对接,与三地之间的战略合作协议对接,北京城市副中心主要围绕市属行政事业单位整体或部分转移,大力承接行政办公、高端商务、文化旅游等产业;雄安新区主要承接非首都功能,金融、教育等产业是其转移承接的重点。二是产业承接更加集聚化。2019年,京津冀四大战略合作功能区将围绕各自的功能地定位和产业优势,加强产业承载的集聚化发展。曹妃甸协同发展示范区将继续发挥区位优势和大项目带动的作用,加大钢铁深加工、石油化工等产业及上下游企业集聚的力度;北京新机场临空经济区将以航空物流、综合保税为突破口,加大航空科技产业的集聚;天津滨海新区将继续突出滨海新区-中关村科技园的示范引导作用,加大承接中关村高新技术企业转移和重大科技成果转化的力度,集聚电子信息、先进制造、节能环保等企业。张北生态功能区将以张北云计算产业基地为核心,着力建设数据中心、硬件设备、云服务、总部研发、服务支撑等五大产业集聚区。三是产业园区建设更加专业化。2019年,京津冀46个产业转移承载平台将继续按照服务业、现代制造业、现代农业等产业分类,开展专业化、特色化园区建设。其中,廊坊经济技术开发区、北京亦庄·永清高新技术产业开发区、天津经济技术开发区等园区,将主要承接电子信息、高端装备、航空航天、现代化工、生物医药、现代种业等产业转移。保定高新技术产业开发区、石家庄高新技术产业开发区、邯郸经济技术开发区等园区,将发挥制造基础雄厚和人口资源优势,承接汽车、生物医药、高端装备、电子信息、新材料等产业转移。

四、推动京津冀区域协同发展的对策建议

(一)加速完善交通网络便捷通畅,提升交通一体化水平

一是建议提前谋划轨道交通的换乘布局。在技术经济合理的条件下,尽可能在线路规划范围内10万及以上人口的城镇设站,不同交通方式之间的换乘时间原则上不超过10分钟,使该区域干线铁路、城际铁路、城市轨道交通、市域铁路四层网络相互协调,减少过渡线联络线的使用,缩短换乘时间。二是建议取消京津冀区域内的省界高速收费站,筹建京津冀高速公路管理组织统一管理京津冀片区,利用信息化手段实行"统一收费、系统分账"的收费管理模式,实现京津冀区域内高速不停车。

（二）加快完善区域生态补偿机制，提升生态保护治理能力

一是建议尽快完善区域生态补偿的市场运作机制。三地统一加快建立完善资源有偿使用、碳排放权交易、排污权交易、专项基金等市场化运作的机制。二是建议统一区域生态补偿标准。在护林、植树造林等方面率先实现区域内相关人员同工同酬。三是为横向生态补偿机制提供必要的法律支撑。生态补偿类横向财政转移支付属于省际的一种利益补偿制度，需要从中央政府层面建立健全与生态补偿相关的法律法规，为京津冀横向生态补偿机制提供必要的法律支撑。

（三）加强产业转移承接政策配套，提升产业协作能力

一是建议加强协商制定产业转移承接指导目录。加强京津冀三地政府合作，三地依据各自产业发展政策，协商确定产业转移指导目录，形成"愿意转"与"乐意接"的良性互动，对达成意愿的产业转移项目，转移地应出台一些退出奖励政策，承接地对应出台若干鼓励政策，双向合力推动企业转移，实现多方共赢格局。二是建议完善产业转移承接配套政策。研究制定产业协同发展的财政政策，制定出台科学合理的"园区共建、产值分计、税收分享、收益分配"等实施细则，探索建立科技资源开放共享的激励、评价、监督和绩效考核政策。

31 2018年东北地区经济形势分析与2019年展望

肖若石*

摘要： 2018年9月份，习近平总书记在东北三省考察，在主持召开的深入推进东北振兴座谈会上指出，要落实党中央关于东北振兴的一系列决策部署，以新气象新担当新作为推进东北振兴。总体看，东北地区经济运行筑底回升，前三季度地区生产总值同比增长4.95%，在多重政策合力的推动下，供给侧结构性改革实现新成效、产业升级迈入新阶段、民营资本焕发新活力、对外开放呈现新亮点。部分短期问题得到解决之后，一些诸如人口结构、债务水平、城乡区域差距拉大等中长期问题将制约东北经济持续稳定的增长。2019年东北地区经济发展筑底回升的态势不会改变，产业向高端化升级的步伐将会加快，政策红利将持续释放，考虑到国际经济的不确定性对国内经济的影响，东北地区的经济增长有可能持续维持2018年的增长水平。

关键词： 东北地区 转型升级 民营经济

一、东北地区经济增长筑底回升

2018年以来，在多重政策叠加合力下，东北地区经济增长总体企稳回升，前三季度地区生产总值37 830亿元，同比增长4.95%，低于全国增速1.75个百分点。其中，吉林省地区生产总值9 958亿元，同比增长4.0%，第一产业增长2.3%，第二产业增长4.0%，第三产业增长4.2%；辽宁省地区生产总值18 012亿元，同比增长5.4%，第一产业增长3.5%，第二产业增长7.3%，第三产业增长4.2%；黑龙江省地区生产总值9 860亿元，同比增长5.1%，第一产业增长4.4%，第二产业增长1.5%，第三产业增长6.9%。在"六个稳"的经济工作基调下，预计东北地区第四季度经济增速仍然可以保持稳定增长，全年增速接近5%。

---

* 肖若石：经济学博士，现就职于国家信息中心经济预测部，主要研究方向为经济体制改革、区域经济、收入分配、发展规划等。

（一）供给侧结构性改革实现新成效

东北地区传统的经济增长方式是依靠资源型产业和重化工业，产能过剩、僵尸企业、杠杆率过高的结构性问题尤为突出，深化供给侧结构性改革，加快市场出清成为新一轮东北振兴的首要任务和前提条件。产能过剩是长期制约东北经济健康发展的核心问题，如钢铁行业，东北钢铁业的经营情况持续多年逊于全国平均水平，2016年全行业平均盈利36.8元/吨，而东北企业则亏损30.2元/吨，东北钢铁行业亏损面高达67%；煤炭行业，东北最大的煤炭企业龙煤集团，2013—2017年亏损超过150亿元；水泥行业，东北水泥产能利用率继续下降不足40%，大多数企业都在亏损和亏损的边缘。2015年以来东北三省把深入推进供给侧结构性改革作为其经济工作的首要任务。2017年，辽宁省提前完成"十三五"钢铁去产能602万吨任务，化解煤炭产能2 375万吨；吉林省煤炭去产能1 643万吨，超出国家下达任务433万吨，粗钢去产能108万吨；黑龙江省煤炭去产能1 010万吨，封存炼钢产能610万吨。随着过剩产能行业市场出清的加快、行业集中度的提升，行业平均效率和规模经济得到有效提升，为经济筑底复苏打下了良好的基础。

（二）产业转型升级迈入新阶段

笔者在2018年的展望中曾指出，近年来东北地区经济增速快速下滑，但其老工业基地的底子还在，在装备制造、军工、汽车等行业均具有相当明显的竞争优势，航空航天、新材料、机器人、3D打印等新兴产业领域的技术处于世界领先水平。此外，劳动力人均受教育年限仅次于北京、上海、天津三大直辖市，熟练技术工人的人均比例也位于全国首位。具备实现跨越发展与弯道超车的基础条件，一旦政策调整到位，可以迅速实现制造业向高端化的攀升。国务院印发的《关于深入推进实施新一轮东北振兴战略加快推动东北地区经济企稳向好若干重要举措的意见》指出，要加快推动东北地区传统产业转型升级、支持资源枯竭产业衰退地区转型、大力培育新动能、加强创新载体和平台建设以及加快补齐基础设施短板。2018年前三季度，吉林省战略性新兴产业产值同比增长10.6%，比规模以上工业快0.8个百分点；高技术产业增加值同比增长16.8%，比规模以上工业快11.8个百分点。黑龙江全省高技术制造业增加值比上年同期增长10.5%，其中医药制造业增长9.3%，电子及通信设备制造业增长40.0%，计算机及办公设备制造业增长47.8%，信息化学品制造业增长28.1%，航空、航天器及设备制造业增长11.3%。2018年1—8月份东北地区新增意向投资中，高新技术产业、战略新兴产业、现代服务业同比增长了48.8%、384.7%、256.4%，未来推动产业向高端化迈进的投资仍是东北经济增长的热点。

(三) 民营资本焕发新活力

东北地区经济出现断崖式下跌之后，各地政府不断改善营商环境，转变了过去重视国企不重视民企的工作思路，服务意识不断增强。如辽宁省出台了全国首部升级优化营商的地方性法规《辽宁省优化营商环境条例》，围绕打造发展环境最优省的目标，提出"5个工作日内办结企业设立登记""清单之外无收费""建立企业信用信息档案""不得限制外来企业"等切实措施，有效改善了本地的营商环境。黑龙江省印发了《关于进一步优化全省发展环境的意见》，提出要营造风清气正、公平正义、开放文明、服务高效的发展环境，特别指出要严厉查处公务人员特别是领导干部扰乱经济秩序案件，整治庸政、懒政、怠政现象。同时东北地区不断加大"放管服"改革力度，辽宁省行政职权较党的十八大之前下降了70%以上，吉林省对投资项目的审查时间缩短了近80%，黑龙江省下放行政权力近1 000项。民营经济在营商环境的转变下，得到了快速的发展，"投资不过山海关"的现象得到有效改善。2018年上半年，黑龙江省非公经济增加值跑赢了GDP增速，同比增长7%，占全省生产总值近六成，成为推动该省经济增长的主要动力。辽宁省1—7月份，民营企业投资约为11 400亿元，同比增长49%，民营投资成为拉动投资的主要增长点。东北地区民营经济在近年来得到长足的发展，非公经济占比已经超过50%，在国企改革红利不断释放的大背景下，形成了非公与公有制经济双轮驱动的发展态势。

(四) 对外开放呈现新亮点

2018年前三季度，东北地区进出口总额约为7 761亿元，同比增长12.9%，高于全国平均水平3个百分点。在中美贸易摩擦的大影响下，东北地区进出口水平取得快速提升，主要得益于贯彻落实一带一路建设的丰硕成果。黑龙江省进出口额出现大幅增长，全省进出口总额达1 225亿元，比上年同期增长33.8%，增幅高于全国平均水平23.9个百分点，其中对俄贸易成为提振进出口水平的主要动力，前三季度实现进出口额867亿元，增长58.3%。辽宁省对在"一带一路"沿线国家中，对欧盟出口347.5亿元，增长17.3%；对蒙俄及中亚等7国出口62.6亿元，增长19.6%；对中东欧16国出口30.7亿元，增长14.1%。吉林省对"一带一路"沿线国家进出口282.5亿元，同比增长15.1%，占全省进出口总值的27%，较上年同期提高1.1个百分点。与此同时，随着东北地区产业向高端化的攀升，中高端的产品出口快速增加，如吉林省汽车及零部件、医药产品和轨道客车及零部件出口增幅分别达到15.8%、16.7%和106.5%；辽宁省机电产品与船舶分别增增长16.5%和17.6%。

二、中长期短板将成为制约东北再振兴的主要问题

东北地区经济发展筑底回升的态势不会改变，产业不断向高端化攀升，政策红利持续释放，对外开放的广度深度日益增强，都将有利支撑东北经济的稳定增长。但随着短期经济的回升，一些中长期短板问题将逐步显现，成为制约东北再振兴的主要问题。

（一）人才吸引力下降与人口结构老龄化的短板

东北人口结构的短板是影响其未来经济发展的核心问题。当前，并无数据表明东北出现大量人才的流失，东北三省常住人口近些年并未出现较大变化，但东北地区对人才吸引力下降是不争的事实。据《中国就业市场景气报告》，东部、中部和西部地区的就业景气指数分别为1.75、1.69和1.59，东北地区为1.4，工作机会最少。而毕业生最为看重的薪酬方面，长春、哈尔滨和沈阳在全国34个主要城市中分列倒数第一、第二和第六名，远低于全国平均水平。同时东北的人口结构也呈现恶化的态势，2017年全国自然增长率为5.32‰，而辽宁和黑龙江却出现负增长，分别为-0.44‰、-0.41‰，吉林仅0.26‰。东北老龄化现象也日趋严重，辽宁65周岁及以上人口626.8万，占比14.35%。吉林、黑龙江分别为12.38%、12%，均高于全国平均水平。而生育率却在大幅下滑，东北三省的生育率分别为0.73、0.74、0.75在全国各省中垫底，低于全国平均线1.2。人才吸引力下降与人口结构老龄化在短期内不会对东北经济增长造成严重的负面冲击，但如果这种趋势不加以扭转，东北经济增长的后劲将严重不足。

（二）低增长与高负担的短板

东北的经济增速降低，但其债务负担、社会保障负担仍然过重，这种低增长与高负担之间的经济循环模式，将影响整个东北地区的宏观分配结构。从政府债务看，2018年东北三省政府债务约为1.8万亿元，人均负债约为1.6万元，其中东北发展潜力最好的辽宁省人均负债约为2万元。与全国比较，人均负债比东北高的地区是北京、上海、天津等发达地区和贵州、青海、宁夏等快速增长与少数民族地区。从企业债务看，东北债务违约现象日趋严重，2018年上半年全国企业企业债违约约为160亿元，而仅辽宁省的丹东港集团和大连机床集团两家就占比超过30%。从2016年东北特钢连续9次违约之后，东北地区成为我国债务违约的重灾区。要保证东北地区经济的稳定增长，东北地区的投资压力仍然较大，投资增加势必带来债务的增长，但整个东北地区已经接近其债务承载能力的约束红线，投资空间的收窄势必影

响东北经济长期稳定增长。这种约束已经影响了东北的投资增长，2018年前三季度，辽宁、吉林固定资产投资同比增长4.8%与0.9%，远低于全国平均增速。从社会保障看，东北三省全部出现了养老金收不抵支的情况，总养老金占全国的比重仅为2.3%左右。黑龙江企业养老保险抚养比仅1.3∶1，辽宁为1.8∶1，吉林为1.5∶1，严重低于全国平均2.80∶1的水平，甚至低于世界公认的日本2.0∶1的水平。从人口结构看，未来东北养老金抚养比将进一步下降。沉重的债务与社保负担势必在宏观分配中挤压企业与居民的分配部分，进而影响整体的宏观经济循环。

（三）城乡区域差距扩大的短板

东北地区内部的分化在逐步拉开，一些产业基础好、人才储备丰富、技术创新水平高的地区，在新一轮东北振兴的政策推动下，较好地释放了发展潜力。如沈阳市2018年上半年GDP增速高达6.3%，固定资产投资接近20%，仅华晨宝马第三工厂投资就超过300亿元。而一些产业基础相对薄弱的城市，尽管得到振兴东北的政策支持，但经济增速增长仍然疲软。未来，东北内部地区内部的马太效应将逐步显现，分化将持续拉大，这种不协调的区域发展态势将影响东北经济长期增长。东北城乡差距在全国处于较低水平，当前我国城乡收入倍差约为2.7，而东北三省平均倍差约为2.3。但从2013年至今东北呈现收入差距并未呈现缩小态势，2013年辽宁、吉林、黑龙江城乡收入倍差分别为2.43、2.31、2.04，到2017年城乡收入倍差分别为2.54、2.18与2.16，除吉林省略有缩小外辽宁、黑龙江均呈现扩大趋势。而与此相对的是2013年全国的城乡收入倍差从3.03缩小到2018年三季度的2.78。东北再振兴，城乡差距是被忽视的重要短板，东北再振兴的主要政策着力点主要集中在城镇化与工业化方面，而农业现代化与乡村振兴方面的支持政策仍然不足。

三、2018年东北地区经济运行发展趋势的展望

（一）影响东北地区未来经济发展的主要因素

1. 国际因素

2019年世界经济将持续弱增长态势，增长动能边际性会逐步减弱，主要经济体增长态势有所分化，以美国为首的单边主义抬头也将增加世界经济的不缺定性。同时，美国货币政策收紧，债市牛熊转换、股市波动率上升、美元指数上升、新兴市场资本外流等显示全球金融市场系统性风险上升。美国股市自2009年因次贷危机冲击跌至低点后，至今已持续8年上涨，当前道琼斯指数比危机后的最低点上涨超过290%，以科技公司为主的纳斯达克指数更是上涨了390%，美国的房地产价格已经

达到次贷危机前的水平，美国经济泡沫已经到了系统性金融危机的边缘。此外，随着美国中期选举的结束，欧元区公布三季度 GDP 季环比初值为 0.2%，创 2014 年以来最低增速，欧元区第三大经济体意大利的危机迹象愈发明显。欧元区经济减速的主要原因是需求下滑，内外需求不振成为经济增长放缓的主因。英国三季度 GDP 增速环比增加 0.7%，预计全年不超过 1.4%，将创下金融危机以来最低增速。日本 2018 年更是出现 9 个季度以来首次负增长，全年增速仍然疲软。在一些发达国家增长减速的同时，新兴经济体增长更显乏力，2018 年以来发达国家制造业 PMI 普遍维持在 53 以上，而主要新兴市场国家仅略高于 50 的荣枯分界线，特别是近期阿根廷、土耳其等国货币急速贬值、实际利率大涨，经济动荡加剧，前景堪忧。总体看，国际环境变化将成为影响东北地区经济增长的最大不稳定因素。

2. 国内因素

2018 年下半年的中央经济工作会议提出稳就业、稳金融、稳外贸、稳外资、稳投资、稳预期的工作要求，预计 2018 年全年经济增长约为 6.6%，2019 年在中美贸易冲击和内需持续收缩的情况下，经济增速可能出现小幅下降。2018 年 9 月份，习近平总书记在东北三省考察，主持召开深入推进东北振兴座谈会并发表重要讲话。他强调，落实党中央关于东北振兴的一系列决策部署，以新气象新担当新作为推进东北振兴。因此，2019 年《关于深入推进实施新一轮东北振兴战略加快推动东北地区经济企稳向好若干重要举措的意见》的各项政策将加快落实，特别是东北再振兴计划投资 1.6 万亿的项目将加速落地，这有利于对冲经济下行的风险，如果 2019 年重大交通基础设施项目能如期落地，东北地区的投资增长将好于 2018 年，这将夯实东北经济企稳回升的基础。2018 年批复的沈抚新区规划，2019 年可能获批的大连自贸港都将成为东北地区新的经济增长点。总体看，国内环境对东北地区经济增长还是十分有利的，将持续推动东北经济回升。

（二）东北地区经济发展的主要指标预测

通过分析国际经济环境与国内宏观形势、改革政策及区域内部的经济结构，可以判断 2019 年东北地区经济发展筑底回升的态势不会改变，产业向高端化升级的步伐将会加快，政策红利将持续释放。考虑到国际经济的不确定性对国内经济的影响，东北地区的经济增长有可能持续维持 2018 年的水平。

具体分省来看，而东北地区增速缓慢的辽宁省，经过两年的经济调整巩固，有望在 2019 年出现大幅度的提升，GDP 增速有望提升 2 个百分点。随着辽宁省 2018 年一批重大制造业项目的落地及沈抚新区规划的批复，GDP 仍可以保持小幅的增长。黑龙江省服务业在三次产业中占比超过 60%，是以服务业为经济增长支柱的省份，未来随着"一带一路"建设的深入推进，黑龙江省的对外开放水平将进一步提升，经济增长动力仍然强劲，2019 年的经济增速可以保持小幅增长。吉林省是东北三省中未来经济增长将遇到问题最多的省份，2018 年前三季度，吉林省的经济增速已经分别低于辽宁、黑龙江 1 个百分点，第二产业增长 4.0%，第三产业增长 4.2%，整体陷入困境。因此，2019 年吉林经济增速将进一步放缓，甚至会出现小幅下滑。如表 1 所示。

表 1　东北三省经济增速预测表（单位:%）

地区	2017	2018 预测	2019 预测
辽宁	4.2	5.0	5.0~5.5
吉林	5.3	4.0	3.8~4.3
黑龙江	6.4	5.2	5.0~5.5

数据来源：各省统计公报及笔者测算。

（三）进一步推动东北经济再振兴的相关政策建议

1. 改革创新民营企业扶持方式，进一步激发东北市场活力

尽管东北地区营商环境出现较大改观，但对于如何以普惠性的政策方式扶持民营企业仍有较大短板。要创新民营企业扶持方式，进一步激发民营经济活力。要按照普惠激励与公平竞争的主导思路，发挥好市场配置资源的作用，为民营经济转型升级营造良好环境。①要创新企业扶持方式。打破传统产业与高新技术企业的歧视性划分类别方法，避免创新集中于某个高新部门。以提升生产效率为切入点，加强对制造业企业生产环节创新支持。②强化对中小企业民营企业转型升级的普惠性支持，要提升研发费用加计扣除（扣除奖励）、设备投资免税、职工教育培训经费等扣除额度。③加大对民营企业创新端与销售端两端扶持力，要对产业技术方向不明或在中试期的前沿技术予以扶持。政府工程采购项目要划分一部分额度支持民营企业，发展服务国产高端装备制造的卖方信贷的市场，减轻生产企业的资金压力。

2. 加快城镇化步伐，优化劳动力结构

要提前布局，精准施策，解决好劳动力不足与劳动力流失的长期性问题。①调整东北生育政策，以孩次累进制的方式对家庭抚养进行补贴或地区分成的个人所得税减免。②加快推动农村劳动力市民化。改革城乡社保体系和户籍制度，探索将农村转移劳动力的群体纳入城镇职工基本医疗保险体系、养老保险体系和社会保障体系。鼓励企业与农民工签订长期合同，适当减少农民工社保缴纳标准。③保障农村转移劳动力平等享有城市公共服务。解决好随迁子女教育问题，扶持农民工子弟学校。重视农民工住房问题，要为长期在城市工作且按规定缴纳社保的农村劳动力提供保障性住房。④要以企业为主体加强劳动力技能培训。积极落实新型学徒制,加大对按规定开展学徒培训的企业的补贴力度。大力弘扬"工匠精神",提升技术工人待遇,建立与技能提升相适应的工资上涨机制。

3. 调整产业政策着力方向,增强产业政策的普惠性

东北是我国选择性产业政策实施最多的地区,当前传统的选择性产业政策已经不适应于我国的经济发展阶段,因此要把选择性产业政策调整为普惠性、功能性产业政策。要以东北地区为我国产业政策调整的试验田与新高地,推动产业向高端化迈进。①优化产业组织结构,既解决好企业过度竞争问题,又要构建大中小企业融通发展的体制机制。要进一步完善行业标准、加强行业监管,鼓励优质企业做大做强,积极推动过度竞争领域提升企业集中度,组建具有国际竞争力的大型产业龙头。②针对东北地区具有技术优势的航空航天、新材料、机器人、3D打印,要对其卡脖子技术实施重大技术攻关项目。加快推动东北地区科技创新体制改革,并采取更灵活的知识产权分配制度,鼓励研发人员通过知识产权获取合法收益。

32　2018年广东经济形势分析及2019年展望

龚联华　蒙卫华　马晓玲[*]

摘要： 2018年，广东全省经济运行总体平稳，经济稳中有变、经济运行的复杂性增强。固定资产投资、工业增加值、外贸进出口、市场消费增长平稳，物价温和上涨。整个经济运行呈现出增长平稳、结构优化、质量效益提升的较好发展态势。展望2019年，广东经济有望继续朝着高质量发展态势方向发展，预计2019年广东经济有望增长6.1%。广东将加快粤港澳大湾区建设、大力促进民营经济高质量发展、大力提升创新驱动发展和振兴实体经济，积极发挥投资和消费稳增长的重要作用，促进外经贸平稳发展，使经济高质量发展向前迈进，更好地促进广东加快建设现代化经济体系。

关键词： 广东经济形势　平稳增长　高质量发展

2018年以来，广东省按照党中央决策部署，坚持稳中求进工作总基调，贯彻新发展理念，落实高质量发展要求，以供给侧结构性改革为主线，着力打好防范化解重大风险、精准脱贫、污染防治三大攻坚战，以习近平总书记对广东提出的"四个坚持、三个支撑、两个走在前列"为统领，加快改革开放步伐，实现了经济社会持续健康发展。广东全省经济运行总体平稳，稳中有进的发展态势明显，经济增长保持在合理区间，新旧动能接续转换，质量效益稳步提升。

一、2018年广东经济运行主要特征分析

1. 全省地区生产总值增速平稳，增速保持在合理区间

2018年1—9月份，广东全省实现地区生产总值（以下简称GDP）70 635.22亿元，同比增长6.9%，预计全年全省地区生产总值增长有望达到6.9%。其中，第一产业增长4.2%，第二产业增长5.8%，第三产业增长8.0%。1—9月份全省21个地级以上市中，深圳GDP为17 530.69亿元，同比增长8.1%；广州16 708.27亿元，

---

[*] 龚联华，广东省宏观经济分析中心副主任，高级经济师；蒙卫华，广东省宏观经济分析中心预测部部长，高级经济师；马晓玲，广东省宏观经济分析中心预测部经济师，硕士。

同比增长6.3%；佛山市7 283.85亿元，同比增长6.2%；东莞市6 073.34亿元，同比增长7.5%；全省增速最低的云浮市GDP为625.26亿元，同比仅增长2.6%，反映出广东各地经济增长的差异性较大和不平衡。

2. 固定资产投资平稳增长，工业投资结构不断优化

2018年1—9月份，广东全省固定资产投资累计完24 456.76亿元，同比增长10.2%，预计全年全省固定资产投资增长10%。其中，全省民间投资完成14 486.42亿元，同比增长9.8%；全省基础设施投资完成5 795.98亿元，同比增长7.5%；基础设施领域补短板的力度加大，生态保护和环境治理业强劲增长171.5%。分产业投资情况来看，第一产业中农业投资完成111.21亿元，同比下降26.2%；第二产业投资完成5 983.27亿元，同比下降0.9%，其中工业投资完成5 987.77亿元，同比下降0.7%。在工业投资增速下降的同时，工业投资结构却不断优化，先进制造业和高技术制造业投资保持较快增长，装备制造业和高技术制造业的投资分别增长12.0%和16.0%。第三产业投资完成18 362.28亿元，同比增长14.8%。房地产开发投资完成10 295.15亿元，同比增长19.9%。

3. 工业增加值增长平稳，新兴产业增长较快

全省1—9月份规模以上工业增加值23 173.86亿元，同比增长6%，预计广东全年规模以上工业增加值有望增长6.5%。其中，轻工业完成增加值7 482.76亿元，同比增长3.8%；重工业完成增加值15 961.09亿元，同比增长7.1%。全省外商及港澳台投资企业完成增加值8 620.13亿元，同比增长1.8%。民营企业完成增加值11 511.36亿元，同比增长8.7%。在工业增加值增长总体平稳的情况下，新兴产业增长较快，1—9月份，全省计算机、通信和其他电子设备制造业完成增加值6 153.34亿元，同比增长9.4%；电气机械和器材制造业完成增加值2 094.24亿元，同比增长6.8%，增速均高于全省规模以上工业总体增速。1—9月份全省全社会用电量同比增长6.8%，其中工业用电量同比增长5.6%，制造业用电量同比增长5.5%。总体分析，在国家高度重视制造业并连续出台降税和定向降准等多项助力实体经济的政策效应下，制造业总体保持平稳增长态势。

4. 外贸进出口总额增长平稳，出口总额增速低于进口增速

1—9月份，全省实现进出口总额52 041.4亿元，同比增长5.9%。预计全年进出口总额有望超过70 000亿元，增速达到3%。其中，出口总额30 636.1亿元，同比增长0.4%；出口总额中一般贸易14 657.7亿元，同比增长6.8%，加工贸易11 735亿元，同比增长2.2%；进口总额21 405.3亿元，同比增长14.8%。2018年1—9月份全省利用外商直接投资1 172.38亿元，同比增长3.6%。2018年广东外经贸走势有所下行，主要原因一是中美贸易摩擦对电器电子、机构设备等进出口影响有所显

现;二是汇率波动加大增加进出口成本;三是企业综合成本不断上升削弱企业国际竞争力。

5. 市场消费和居民收入增长平稳，物价温和上涨。

1—9月份，全省社会消费品零售总额累计完成29 155.67亿元，同比增长9.1%。其中，城镇消费25 445.27亿元，同比增长9.1%；乡村消费3 710.4亿元，同比增长9.5%。新兴消费增长较快，前三季度，限额以上单位无店铺零售业态零售额增长14.7%。

1—9月份全省居民消费价格（CPI）累计上涨2.1%。居民收入稳定增长。前三季度，全省居民人均可支配收入28 301元，同比增加2 246元，同比增长8.6%。城镇居民人均可支配收入35 022元，增长8.3%；农村居民人均可支配收入13 691元，增长8.8%。农村居民人均可支配收入实际增速高于城镇居民人均可支配收入0.8个百分点。

二、2019年广东经济面临的国际国内环境分析

2019年广东经济发展既面临着诸多积极有利条件，但同时也面临着诸多挑战。

从国际环境分析来看，2018年以来，国际贸易保护主义倾向上升，尤其是美国挑起贸易争端行为为全球经济贸易和投资带来不少负面影响，为全球经济稳定增长也将带来更多不确定因素。美国随着财政刺激继续加深，经济增长势头仍然强劲，但这种情况继续下去的难度加大，预计2019年经济持续增长，但增速有所放缓。同样受贸易摩擦及其他因素影响，欧元区经济体未来增长势头将继续减弱，中国和一些亚洲经济体将有所减弱。对新兴市场和发展中经济体，受石油价格上涨影响许多能源出口国增长前景有所改善，但阿根廷、巴西、伊朗、土耳其等国因自身因素、金融环境收紧、地缘政治紧张、石油进口成本上升等原因，未来增长前景不容乐观。大宗商品价格波动上扬，可能引致全球通胀持续走高。综合来看，2019年全球经济将持续增长态势，但增速有所放缓。但由于世界政治经济格局处于贸易摩擦频发下大国利益复杂博弈、经济金融周期加快转换并分化严重、全球劳动生产率减速趋势持续、地缘政治冲突加剧等多重因素相互叠加的大变革大调整过程中，全球经济面临的不确定性不断增加，经济下行压力不断加大。这对广东经济的外部影响可能加大，因此广东仍需继续挖掘内需，增强内需对经济增长的进一步支撑作用。

从国内环境分析来看，我国经济总体平稳、稳中有进，经济结构不断优化，新旧动能接续转换，质量效益稳步提升。但处在国际环境异常严峻复杂和国内结构调整任务艰巨繁重相互叠加的特殊时期，中美贸易摩擦带来的外部环境更加严峻，国内长期积累的结构性矛盾仍然突出，未来宏观经济下行压力有所加大。面对各种挑

战，我国坚持以供给侧结构性改革为主线，加大改革开放力度，扎实推进经济高质量发展。一是继续实施积极的财政政策和稳健中性的货币政策，继续加大减税降费力度和加快财政支出进度，货币政策方面采取定向调控，继续保持合理充裕的流动性，双管齐下，支撑经济平稳增长。二是多措并举，加大对外开放力度。进一步降低关税，提升通关便利化水平，削减进出口环节制度性成本，加快跨境电子商务等新业态新模式发展。进一步精简外商投资准入负面清单，持续放宽市场准入，减少投资限制，提升投资自由化水平。目前除已开放领域外，正在加快电信、教育、医疗、文化等领域开放进程，特别是外国投资者关注、国内市场缺口较大的教育、医疗等领域也将放宽外资股比限制。极力营造国际一流营商环境，加快出台外商投资法规，完善公开、透明的涉外法律体系，全面深入实施准入前国民待遇加负面清单管理制度。支持自由贸易试验区深化改革创新，打造对外开放新高地。举办中国国际进口博览会，推动新一轮高水平对外开放。三是加大补短板力度，有效稳定投资。加强重大项目储备，健全完善储备制度，强化重大项目库管理和应用，重点在补短板、强弱项、优化结构等方面储备一批、开工一批、建设一批、竣工一批重大项目。深入推进投资审批制度改革和工程建设项目审批制度改革，进一步压缩工程报建时间，加快推进项目及早开工建设。深化投融资体制改革，金融机构要加大对在建项目合理融资需求的支持力度，取消和减少阻碍民间投资进入补短板等重点领域的附加条件，鼓励民间资本参与。四是不断挖掘居民消费潜力，提高消费对经济增长的提振作用。国务院以及商务部、财政部等部委相继出台了一系列促进消费升级、挖掘消费潜力的政策措施，配套措施也在加紧制定，预计政策效应将在2019年不断显现，从而增强消费对经济增长的稳定作用。这将对2019年广东经济平稳增长起到重要的支撑作用。

从省内环境分析来看，一是广东制定出台一系列有利于破解企业生产经营困难、提振市场信心的政策，打好"组合拳"。出台"民营经济十条""实体经济十条""外资十条"等涉企惠企政策，营造公平竞争环境，解决实体经济发展痛点、堵点、难点，支持民营企业发展壮大。二是深入实施创新驱动发展战略，下大力气狠抓自主创新。全力组织实施重点领域关键核心技术攻关，依托新技术发展新产业，加快推动新旧动能转换，推动高质量变革、效率变革、动力变革。抓好一大批重大产业项目建设，培育发展新一代信息技术、高端装备制造等九大战略性新兴产业，培育壮大新动能。加强重大科技基础设施建设，深入推进全面创新改革试验，组建一批省级新兴产业创新中心和省级工程实验室，推进大众创业万众创新，充分激发创新活力。三是全力推进粤港澳大湾区建设，引领带动全面深化改革扩大开放。研究提出大湾区体制机制改革创新举措，抓好重大基础设施和重大平台建设，加快粤港澳大湾区国际科技创新中心建设，对标最高最好最优标准，打造国际一流湾区和世界级城市群,加快形成全面开放新格局。四是强力实施乡村振兴战略,着力破解发展不平衡不协调问题。加快促进城乡要素自由流动,推动沿海经济带协调发展,推动北部生态区发展,加快构建"一核一带一区"区域发展新格局,把短板变成"潜力板",为全省发展拓展新空间。这一系列政策举措针对性强、力度大,将有利于广东有效推动经济持续平稳较好发展。

三、2019年广东主要经济指标分析预测

广东扎实推进经济高质量发展,经济结构持续转型升级,经济外向度持续下降,内生增长动力明显增强,中美贸易摩擦的总体影响有限风险可控,经济有望保持在合理增长区间。初步预计2018年广东经济将增长6.9%。

国际环境复杂多变,特别是中美贸易摩擦复杂多变且可能持续时间较长,将是近几年广东省经济平稳发展的最大影响因素。根据40年来广东经济增长规律(见图1),受重大国际政治经济因素影响,广东经济每10年有一次较大幅度的回落。我们结合当前国内经济发展趋势,运用广东省宏观经济季度模型和年度模型进行综合研判,得到广东省主要经济指标初步预测(见表1)。分析测算结果显示,2019年中美贸易关税摩擦影响将进一步显现,广东经济将可能回落至5.6%~6.5%区间。

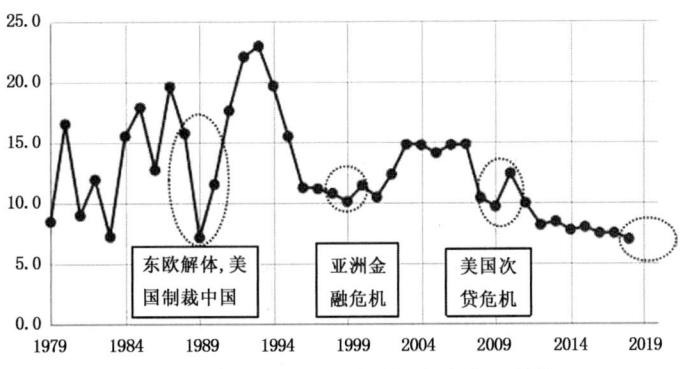

图1 广东改革开放以来经济增长率演变(单位:%)

表1 2018—2019年广东省主要经济指标预测(单位:亿元)

主要指标	2018年		2019年	
	预测值	增长(%)	预测值	增长(%)
地区生产总值	97 812.79	6.9	104 796.01	6.1
规模以上工业增加值	33 116.00	6.5	34 218.67	4.5
固定资产投资	41 225.76	10.0	45 142.21	9.5
社会消费品零售总额	41 676.28	9.1	45 427.14	9.0

续 表

主要指标	2018年		2019年	
	预测值	增长（%）	预测值	增长（%）
进出口总额	70 213.93	3.0	70 143.55	-0.1
出口总额	41 640.33	-1.3	40 141.27	-3.6
进口总额	28 573.60	10.0	30 002.28	5.0
净出口	13 066.73	-19.4	10 138.99	-22.4
CPI（上年同期=100）	102.0	2.0	102.0	2.0

注：主要经济指标总量及增速预测是在广东省宏观经济季度模型和年度模型基础上，结合经验调整后得到的结果。

年度测算模型：$\triangle GDP = 2.08332\triangle 消费 + 0.47991\triangle 投资 + 2.34526\triangle 净出口 - 3051.333$（虚拟变量，2012—2015年取值为1，核算口径调整）$+ 0.99742MA(1)$。

1. 投资将发挥促增长的重要作用，增速将有望保持基本稳定

国际经济环境风险有所加剧，稳投资、促增长成为推动经济发展的一个重要动力。2018年以来，一大批改善投资环境、激励投资积极性的政策陆续出台，未来一大批重点项目将加速落地。湛江机场迁建、韶关机场军民合用工程等机场项目的有序推进和广汕、深茂、赣深、合湛等铁路项目的加快建设，以及汕汕、龙梅龙高铁和湛江港等一批项目的开工建设，广东基础设施等领域投资短板得到较大的改善，基建投资有望保持稳定的增长。粤港澳大湾区建设框架协议签署以来，基础设施互联互通投资加快，港珠澳大桥已正式开通，粤港澳大湾区发展规划有望年内发布，从而进一步提升广东区域经济活力及竞争力。2018年以来，房地产去库存顺利，房地产开发投资保持较快增长，但房地产市场苗头性、潜在性风险有所抬头，国家和广东省正在不断完善房地产市场调控的长效机制，房地产投资将逐步回归理性和合理增长。综合来看，预计广东省固定资产投资将有望保持基本稳定，初步预测2018、2019年投资分别增长10.0%、9.5%左右。

2. 随着供给侧结构性改革深入推进，消费将保持平稳增长

2018年以来，面对新旧动能转化的民生经济发展需求，我国持续出台了关于完善促进消费体制机制进一步激发居民消费潜力的若干意见》《完善促进消费体制机制实施方案（2018—2020年）》等促消费系列政策措施，进一步完善有利于促进居民消费的财税支持措施，提升金融服务质效，消费短板得以不断改善，居民的消费动力不断增强。城乡居民消费升级加快，新兴消费业态继续领跑，"互联网+支付"高速增长，为未来几年消费持续增长奠定良好基础。受房地产调控政策影响，住房

过快消费增长势头有所放缓，相关业态如家具、建筑装潢类等消费走势相应趋缓，这一态势或将在未来几年延续。综合来看，随着城乡居民收入持续增加，房子、孩子、医疗等后顾之忧有所缓解，预计广东社会商品零售将有望平稳增长，初步预测2018、2019年分别增长9.3%、9.0%左右。

3. 外贸增幅波动视中美贸易摩擦情况而定，初步判断进出口增幅将有所回落甚至下降

2018年9月，美国公布约2 000亿美元的中国进口产品关税清单，额外关税将从2018年9月24日开始生效，最初税率10%；从2019年1月1日开始额外关税将提升至25%。美国是广东最大出口国。2017年广东对美出口7 320.8亿元，占我国对美出口总额的25.2%，占广东出口总额的17.4%，广东对香港出口（占总额的26.9%）的相当一部分也是转口美国。广东出口美国的产品以电子、通信类产品为主，因此美国对华贸易政策变动对广东外贸产生的影响将在2019年及其后进一步显现出来。2018年以来，我国进一步完善出口退税政策，从11月起出口退税率最高可提至16%，并对退税手续等进行了简化，这对我国外贸后续保持稳定增长将产生重要作用。近几年我国不断开拓"一带一路"市场，对"一带一路"沿线国家的进出口增势良好，已经成为我国外贸的一个重要市场。广东企业更是主动作为，积极应对和化解中美贸易风险，"一带一路"沿线国家已经成为广东外贸的新增长点。综合初步判断，美国是广东的重要贸易伙伴，其他国家地区贸易尚难以弥补缺口，预计广东进出口将可能出现增幅回落甚至转为下降。2018年前三季度中美贸易摩擦影响尚未全面显现，2018年全年初步预测进出口增长3%，其中，出口下降1.3%，进口增长10%左右。

2019年，全球经济保持缓慢增长态势，美元进入加息周期，人民币折美元仍可能保持适度贬值，预计2019年人民币折美元为7左右。由于中美贸易战是影响广东未来进出口的最大不确定因素，因此我们根据中美贸易战的演变程度分基准、悲观和乐观三种情景分别进行2019年的测算。其中，基准情景下，中美贸易摩擦保持现状。据海关测算，2 000亿美元清单产品加征25%关税，将波及几乎所有广东对美出口产品，拖累广东整体出口下降3.6个百分点。2018年进口增长较快，主要是国际大宗商品价格上涨较快引起，2019年国际大宗商品价格将可能回落，进口增幅将有所回落，初步预计进口增长5%左右。悲观情景下，中美贸易战进一步扩大，出口将进一步下降，初步预计为下降5%以上，进口增长回落到1%左右，在此情景下，消费、投资也将受影响，增速略有放缓。乐观情景下，中美关税问题得到较好解决，但企业因订单延误等因素生产未能及时跟进，出口难有大作为，初步预计出口持平，进口增长6%左右。

4. 物价将可能缓慢温和上涨

2018年以来，受美元进入加息周期、地缘局势紧张引致国际大宗商品持续上涨等因素影响，广东CPI保持温和上涨态势。展望后几年，原材料价格传导、劳动力成本刚性上扬、价格改革稳步推进等因素将支撑价格上涨，但工业品总体产能过剩、农产品供给相对充裕等因素将抑制物价涨幅。综合研判，预计广东居民消费价格将呈现缓慢小幅上涨态势，初步预测2018、2019年将可能上涨2.0%左右。

四、促进广东经济平稳健康发展的对策措施

广东经济正不断向高质量发展阶段转化，外部环境也不断发生深刻变化，当前经济运行稳中有变，经济下行压力有所加大的特征凸显，为了保持经济平稳健康发展、有效化解各种风险，要采取积极应对措施：

一是要加大基础设施投资补短板力度，积极扩大消费，大力促进信息、医疗、教育等消费升级，充分发挥投资和消费对稳增长的重要作用，着力稳定对欧美发达国家市场出口，大力开拓新兴市场国家出口，积极扩大进口，促进外经贸平稳向前发展。

二是要加快粤港澳大湾区建设，充分发挥珠三角各市在粤港澳大湾区建设中的积极作用，携手港澳打造具有全球影响力的国际科技创新中心、金融枢纽和航运中心，促进人流、物流、资金流、信息流便捷有序流动，构建"极点带动、轴带支撑"网络化空间格局，促进优势互补、协调发展。

三是大力促进民营经济高质量发展。积极落实中央和广东省出台的推进民营经济发展的各项政策措施，大力发挥民营经济在促进经济增长、就业、科技创新等方面的重要作用，不断降低民营经济经营成本，促进民营经济高效优质发展。

四是进一步提升创新驱动发展水平。加强与国家部委、科研机构、央企民企和兄弟省市合作，不断攻关科技创新和产业转型升级的关键核心技术，着力在芯片、操作系统、关键零部件、重大装备、新材料等方面加快突破发展，大力提升广东经济的核心竞争力，并谋划一批重大技术装备、重大关键零部件、重要新兴产业等重大工业投资项目，加快经济转型高质量发展。

五是不断深化改革开放，着力优化营商环境，着力改革人才、教育、科技创新体制，构建人才、资源要素向研发创新、中高端产业集聚的体制机制，积极促进欧美发达国家在广东的投资额不断增长，完善相关法律法规和政策措施，做好保持外来投资的各项工作，进一步优化国际贸易流程，压缩各环节货物通关时间，促进信息互换、监管互认、执法互助，不断提高贸易自由化水平。

Annual Report on
China and the World Economic
Development(2019)

世界经济篇

REPORTS ON INTERNATIONAL ECONOMICS

33 2018年世界经济形势分析与2019年展望

程伟力*

摘要： 2018年全球经济复苏稳中有变，主要经济体分化加剧，美国加征关税无碍全球贸易复苏，全球通胀温和上涨但资产价格不断上扬，就业市场持续改善。展望2019年，贸易摩擦的影响将进一步发酵，货币政策正常化将继续诱发短期金融动荡，劳动力供求矛盾突出，不确定因素明显增多。不过，技术进步仍然是推动全球经济增长的内在动力，经济全球化的潮流不会逆转，国际金融市场抗风险能力进一步增强。预计2019年世界经济增速小幅回落，由过去两年的3.7%下降到3.6%左右。在当前形势下，我国应抓住发达国家经济发展瓶颈，积极推动经济全球化；寻找利益共同点，积极应对全球老龄化问题；维护国际组织权威，积极主动参与全球治理；加强舆论宣传，引导国际社会预期。

关键词： 关税 分化 全球化 金融动荡

一、2018年世界经济形势分析

（一）全球经济复苏稳中有变，主要经济体分化加剧

2017年世界经济呈现同步复苏。2018年以来，世界经济整体上保持增长态势，经济增速与2017年持平，但主要经济体增长出现分化。从发达经济体经济运行来看，美国经济一枝独秀，其他国家增速相对放缓。2018年前三季度，美国GDP环比折年率增速分别为2.2%、4.2%和3.5%，二、三季度创出近年新高。欧洲经济呈现越过本轮经济增长顶峰的迹象，欧元区2018年第一、二季度GDP增速达到2.1%和2.2%，增速呈现放慢趋势。在欧洲内部，德国依然是经济复苏最为稳健的国家，法国和西班牙居其后，意大利相对较弱。总体上看，欧洲经济与美国经济逐

---

* 程伟力，经济学博士，国家信息中心副研究员，主要研究方向为世界经济、计量经济。

渐拉开距离。2018年一季度，日本GDP出现了9个季度以来的首次环比负增长，10月31日，日本央行将2018财年实际GDP增速从此前预期的1.5%下调至1.4%，并决定维持目前的大规模货币宽松政策不变。

新兴和发展中经济体的两极分化更为突出。印度政府前期推行的改革正在发挥积极作用，2018年一季度GDP同比增长7.7%，二季度增速高达8.2%，处于遥遥领先的地位。与印度形成鲜明对比的是土耳其和阿根廷，这两个国家陷入较为严重的金融动荡之中。从现象上看，美联储加息是两国金融动荡的原因；但从本质上看，政策失误以及改革步伐缓慢是导致经济增长乏力的主要因素。其他新兴和发展中国家并没有出现危机，大多数国家经济复苏势头好于往年。

（二）美国加征关税影响有限，全球贸易继续复苏

2018年3月，美国向全球挑起贸易战，对进口钢铁和铝分别征收25%和10%的惩罚性关税，之后将矛头重点指向中国。毋庸置疑，加征关税对具体商品的影响是立竿见影的，2018年前9个月美国钢铁进口量同比下降11.8%。相反的，贸易保护主义逆流并没有对全球贸易造成严重冲击，国际贸易增速虽有下滑，但继续保持较快复苏态势。2018年1—9月份，美国商品出口增长9.1%，比2017年同期加快了3个百分点；商品进口增长9.4%，加快了3.1个百分点。受此影响，贸易逆差增加了10.1%。从总量上来看，美国加征关税之后商品进口加速上涨，贸易逆差持续扩大，并没有取得特朗普政府预期效果。从与中国的贸易关系来看，同样表现出这样的特点。根据美国商务部的统计，2018年前9个月，美国向中国出口商品同比增长3.1%，上年同期则为14.2%，回落了11.1个百分点；从中国进口商品增长8.2%，增速和上年基本持平；美国对中国商品贸易逆差上升了9.9%。从国别数据来看，大多数国家仍然保持较快的贸易增速。例如，2018年1—9月，日本、新加坡、巴西等国货物贸易增速分别为9.3%、13.1%和14.2%，继续保持复苏的势头。韩国10月出口同比增长22.7%，达549.7亿美元，创下自韩国1956年开始进行贸易统计以来的第二高纪录。

（三）全球通胀温和上涨，资产价格不断上扬

2018年以来，不论是发达国家还是新兴市场国家，以CPI衡量的通货膨胀均处于温和上涨状态。9月份，美国、日本和欧元区三大经济体CPI同比涨幅分别为2.3%、1.2%和2.1%，分别比上年同期上升了0.1、1.0和0.7个百分点。饱受高通胀困扰的巴西和俄罗斯，上半年CPI涨幅都在3%以下，下半年开始出现加速上涨趋势，9月份同比分别上涨3.4%和4.3%。

但同时，量化宽松政策增发的货币没有消失，而是流到了资产领域，从而推动了资产价格的不断上涨。2013年二季度，美国住房价格同比上涨4.3%，之后每个季度的同比涨幅均高于这一数据。2018年前两个季度同比分别上涨了6.9%和6.6%。2014年以来，欧盟房价与美国同步上涨，2018年前两个季度涨幅分别为4.7%和4.3%。在房价不断上涨的同时，欧美股市不断创新高。资产价格的上涨产生的财富效应会扩大抵押贷款规模，促进借贷消费和投资，从而在很大程度上刺激了经济增长。更为重要的是，房地产是产业链条最长的产业，房地产的繁荣自然拉动建筑、钢材等相关行业的快速增长。

（四）就业市场持续改善，老龄化催生新兴产业发展

在经济复苏的背景下，全球就业市场继续改善，消费对经济增长的贡献增强。2018年10月，美国失业率下降到3.7%，创近50年新低，基本上实现了充分就业；欧元区也下降到8.1%，同比下降0.8个百分点；日本失业率一直保持在3%以下，9月份下降到2.4%；俄罗斯失业率9月份也下降到4.5%，同比下降0.5个百分点。

就业繁荣背后的问题是越来越多的老龄人口退出劳动力市场。以美国为例，1986—2006年，美国65岁以上的老龄人口比重在12%至12.5%之间徘徊，但2007年加速上升，2010年和2013年分别突破13%和14%，2016年达到15.2%。欧元区和日本老龄人口的比重约为20%和26%。众所周知，老龄化带来一系列社会问题的同时，也带来了诸多机遇。一方面，老龄化为全球生物医药的发展提供了广阔的市场。以美国为例，2018年上半年美国药品进口577亿美元，同比增长21.8%，远远超过其他商品增速。另一方面，上一代产业工人退休导致各国普遍缺乏熟练工人，这在很大程度上制约了经济的发展。这一矛盾正在加速能够取代人工的新兴产业与技术的发展，诸如无人机、无人商场、机器人、人工智能等。

二、2019年世界经济增长影响因素分析

（一）不利因素

1. 贸易摩擦对全球经济增长的影响将进一步发酵

由于订货合同与实际交货存在数月甚至一年的时差，美国加征关税对全球贸易的冲击在2018年尚不明显，但2019年可能受到较大冲击。2018年10月17日，世界贸易组织秘书长阿兹维多指出，经WTO经济学家计算，美国对华加征关税使关税上升，全球贸易将锐减17%，由此拖累全球经济增速。

逆全球化行为对全球外商直接投资的影响则是立竿见影的。根据联合国贸易和发展组织发布的《全球投资趋势监测报告》，全球外国直接投资在2018年上半年大幅下降了41%，从2017年上半年的8 000亿美元下降至4 700亿美元。其中，美国FDI流入下降了73%，为460亿美元。预计2019年全球外商直接投资将继续下滑，并直接影响全球经济增长。

2. 货币政策正常化过程中容易产生金融动荡

2018年，以阿根廷和土耳其为代表的新兴市场国家出现剧烈金融动荡，虽然根源在于国内经济结构和政策，但美联储加息是直接的诱导因素。预计2019年美联储加息不仅冲击其他金融市场，也可能影响到发达国家的金融和资本市场。一方面，持续加息之后发达国家的证券市场最终必然受到严重冲击；另一方面，价格持续上涨的房地产市场将遭受直接打击。与此同时，全球利率上行也进一步增加了债务负担。据IMF发布的半年一度的《财政监测报告》，2017年全球债务水平达到182万亿美元，创历史新纪录，其规模在过去10年间增长了50%。相应的，债务利息成本也随之提高。另外，如果美联储2019年着手收缩资产负债表，欧洲和日本央行停止实施量宽政策，短期将对全球金融市场产生较大影响。

3. 劳动力供求关系决定了经济增速上升空间有限

经济理论表明，在实现充分就业的状态下，如果不加大技术投入、提高全要素劳动生产率，经济增速将达到极限。美国和日本已经基本实现了充分就业，因此美日经济增速已经达到极限，在其他条件不变的情况下，今后增速将有所回落。欧盟的主要问题是劳动力市场发展不均衡，包括德、法在内的一些国家招工难度增加，另一些国家失业率仍然高企，可能会影响欧盟经济及社会稳定。另外，一些新兴经济国家也存在有效劳动力供给不足等问题。

4. 国际政策协调难度加大，不确定因素明显增多

一是逆全球化趋势2019年难以扭转。由于各国经济发展情况不同，各个经济体的利益诉求存在很大差别，国际政策协调的难度将进一步加大，联合国、G20、APEC等国际组织的影响有所削弱。二是地缘政治冲突存在很大的不确定性，不排除缘政治局势恶化等"黑天鹅"事件出现。三是国际政治和经济因素相互影响，能源和大宗商品价格存在较大不确定性。

（二）有利因素

1. 技术进步仍然是推动全球经济增长的内在动力

尽管全球经济发展面临上述不利因素，但是应该看到，全球技术进步和创新步

伐从未停歇。美国仍然是全球技术创新的中心，知识产权类投资增速大幅上升；日本加快机器人产业发展，不仅可缓解国内老龄化导致的劳动力不足问题，同时对推动全球机器人产业发展具有重要影响；欧盟正在实施容克投资计划，德国开启了工业4.0；绝大多数发达国家向发展中国家的技术转移并没有受到少数国家的影响，技术仍然是推动全球经济增长的重要推动力。

2. 国际经济合作仍将继续

经济全球化是时代潮流，并不会因为少数国家的意志为转移，国际经济合作仍将持续。2018年10月13日，国际货币与金融委员会发布了第三十八次会议公报指出，世界经济和金融领导人誓言要加强合作以应对共同的挑战，认识到有必要加强对话和行动以减轻风险，并增强对国际贸易的信心。

3. 国际金融抗风险能力进一步增强

美国次贷危机以来，国际金融市场经历了多轮动荡，但在各国以及国际社会的共同干预之下，无论哪一次动荡最终都能够得以平息。国际投资者也趋向成熟，逐步认识到美联货币政策正常化是经济健康的标志。因此，2018年美联储加息对发达国家资本和金融市场没有形成严重冲击。新兴和发展中经济体中只有土耳其和阿根廷等少数国家出现了剧烈的金融动荡，但也未向外扩张。在国际货币基金组织的支持下，阿根廷金融市场逐步稳定。土耳其政府依靠自身力量走出危机。另外，金融动荡也存在一定积极影响。一方面货币贬值可以促进出口，另一方面可以倒逼经济改革，从而激发长期发展潜力。预计2019年国际金融市场总体稳定，美联储加息虽会导致国际金融市场出现剧烈动荡，但不会诱发金融危机。

三、2019年世界经济增长趋势判断

展望2019年，预计世界经济将越过本轮增长周期的顶点，增速小幅回落，由前两年的3.7%下降到3.6%左右，主要经济体增长进一步分化。

从发达经济体的情况来看，经济增速将出现普遍回落的趋势。美国减税的边际效应将递减，加征关税的滞后效应将逐步显现，经济增速将由2018年的2.9%回落到2.5%；日本经济与美国经济高度相关，经济增速预计回落0.2个百分点，下降至0.9%；欧元区经济增速将回落0.1个百分点至1.9%。

从新兴和发展中经济体的情况来看，这些国家将继续保持相对较快的增速，2019年仍可达到4.7%的水平。在亚洲，印度经济仍将保持旺盛的增长态势，预计2019年增速达到7.4%，遥遥领先于其他主要经济体。在国际油价上涨、大宗商品

价格稳定的背景下,中东与非洲国家将继续保持复苏态势;俄罗斯和巴西经济复苏的步伐也将进一步加快,并对独联体经济体、拉美与加勒比海地区形成较强的辐射效应。但与欧洲经济来往密切的东欧新兴市场经济体,增速将延续回落的趋势。

四、政策建议

(一) 抓住发达国家经济发展瓶颈,积极推动经济全球化

目前,发达国家存在诸多矛盾和问题,关键在于缺乏有效劳动力。以美国为例,影响制造业发展的关键是缺乏工人。截至2018年9月,美国私人制造业就业人数不到1 300万。在接近充分就业的情况下,即使产业回流也无法雇佣到足够的工人。事实上,全球化恰恰弥补了美国人力资源短板,美国是受益而非受害者。货物贸易逆差的确在扩大,但服务贸易及其他经常性项目顺差快速上升,经常项目逆差占GDP比重大幅下降,2017年为2.4%,而2006年则高达5.8%。同时,美国资本和金融项目盈余更是突飞猛进,2006年仅有433亿美元,2017年上升到2 487亿美元。因此,在国际舆论中,我们一方面要抓住发达国家经济发展瓶颈,另一方面要以事实为依据,大力宣传发达国家在全球化中获得的巨额收益,从而推动发达国家重新回到全球化发展的正确轨道。

(二) 寻找利益共同点,积极应对全球老龄化问题

老龄化是世界各国共同关注的问题,涉及全球每个人的利益。目前,美日欧等发达经济体老龄化问题突出,我国老龄化率也在不断提高。在此背景下,我国应加强与发达国家之间的合作,共同应对老龄化问题。一是加强生物医药、生命科学等高科技领域的合作,互通有无,促进药品和保健品领域技术和贸易,在改善民生的同时促进经济增长。二是扩大医疗、养老等服务领域的开放,从而提升服务业水平和老年人生活质量。三是加强国际技术合作,共同开发替代人工的高新技术。

(三) 维护国际组织权威,积极主动参与全球治理

当前的逆全球化行为对全球治理提出了严峻挑战,在此趋势下我国应维护国际组织的权威,充分发挥国际组织调解国际争端的功能。同时,要加强国际沟通和磋商,积极推动国际组织的改革,完善全球治理。今后一段时期应重点做好如下工作:一是充分发挥G20、APEC等组织的议事功能,加强国际沟通和交流;二是统筹考虑各利益主体的需求,加快世界贸易组织的改革;三是充分发挥亚洲基础设施建设

投资银行和金砖国家银行的纽带作用,深化"一带一路"和金砖国家之间的合作。

(四)加强舆论宣传,引导国际社会预期

通过高端国际论坛以及权威媒体,加强国际舆论宣传,积极主动引导国际社会预期。一是要正确认识货币政策正常化。发达国家的低利率和量宽政策是应对危机的政策,货币正常化是经济向好的标志,不应成为金融动荡和资本外逃的诱因。二是正确认识全球经济增速和就业的关系。美国、德国和日本都在经济低速增长的背景下基本实现了充分就业,低增长和低失业将是未来相当长一段时期世界经济的新常态。三是正确认识经济全球化问题,以发达国家公开的数据为依据,驳斥错误言论,客观宣传全球化的作用。

34　2018年世界贸易形势分析及2019年展望

王灏晨*

摘要： 2018年以来，由于贸易保护主义政策的实施及其他风险，贸易增速放缓，国际组织下调世界贸易增长率预测。世界贸易组织（WTO）最新预测表明，2018年全球贸易增长率为3.9%，低于4月份4.4%的预测，相比于2017年的4.7%有较大幅度的放缓。展望2019年世界贸易走势，由于影响贸易全球化、自由化的因素仍未消除，贸易保护主义风险尚存，世界贸易仍面临挑战，增速可能进一步放缓至3.7%左右，略低于2018年。

关键词： 世界贸易　贸易摩擦　贸易保护主义

一、2018年世界贸易增速放缓

2018年对于国际贸易来说是动荡的一年。2017年全球贸易受到亚洲贸易形势好转，以及北美需求增加的缘故，2017年全球贸易同比增长达到5.2%，远超2016年。发达经济体的进出口增加值分别为4.2%和4.4%，发展中经济体的进出口增加值分别为7.0%和6.9%。然而进入2018年后，在2017年有所抬头的贸易保护主义正式走到前台，随即令原本较为强劲的世界贸易动能逐渐减弱。

（一）2018年外贸增速依地区有差别

在2018上半年，世界商品贸易较上年同期增长3.8%。同期发达经济体出口增长3.5%，而发展中经济体出口增长3.6%。在进口方面，发达经济体2018年上半年同比增长3.5%，而发展中经济体则增长4.9%。2018年发达经济体的进口总体持平，而发展中经济体的出口同样表现平稳。

2018年上半年，所有区域的出口和进口均实现了同比增长，但部分地区的表现

---

* 王灏晨，法学博士，国家信息中心经济预测部助理研究员，研究方向为欧洲经济、国际贸易、经济预测。

优于其他地区。在此期间，北美出口增长最快，为4.8%，亚洲为4.2%，欧洲为2.8%。其他地区（包括非洲、中东和独立国家联合体，包括前苏联的成员国）的出口增长了2.7%，而南美洲的出口增长了1.1%。亚洲的进口增长最快（6.1%），以下依次为南美（5.5%）、北美（4.8%）、欧洲（2.9%）和其他地区（0.5%）。与上年相比，2018年迄今为止，包括石油在内的能源商品价格同比上涨了33%，推动了商品出口国的出口收入增长，但是出口收入的增长尚未转化为资源丰富地区的强劲进口需求。

（二）贸易景气指数持续下滑

世界贸易组织发布的世界贸易展望指标（WTOI）表明，2018年第一至第三季度景气指数持续下滑，分别为102.3、101.8和100.3。

一季度的结果略强于WTO于2017年9月发布的贸易预测。当时的集装箱港头吞吐量和航空运价指数都高于趋势值，货物出货量强劲。出口订单（102.8）达到2011年以来的最高水平。消费类产品，如汽车产品、农业原料和电子元件较弱，反映出消费者信心有所减弱。

但是随着二季度特朗普政府开始威胁要对中国等国输美产品加征关税，一季度较为良好的贸易开局形势急转直下。前瞻性出口订单指数大幅下滑，从趋势最高位回落至低于趋势值（98.1）。集装箱港头吞吐量（105.8）和航空运价指数（102.5）虽然仍高于趋势值，但都已经失去了上冲的动力。除了电子元件贸易指数（104.2）上升外，其他消费类产品的指数进一步下调。

进入三季度，贸易势头进一步疲软。出口订单、汽车产品指数稳步下降。集装箱港头吞吐量（102.2）和航空运价指数（100.9）继续下滑。农业原料（100.1）出现反弹，这可能与关税制裁正式实施前的一批抢运、抢购有关。

（三）世界经济政治不确定性增大引起波动

经济政策不确定性指标是基于与新闻报道中不确定性相关的关键词频率。从图1中可以看出，近两年来的政策不确定性指数大多高于150，不少月份甚至高于250。而2008年金融危机时的政策不确定性指数为2008年7月的199.8，已经是前后两年的最高值。而从2016年开始，政策不确定指数大幅波动，而且峰值都很高。这种不确定性降低了资本及出口企业向外扩张的积极性，各经济体更多向内部挖潜谋求效益。对于贸易来说呈现负面影响。

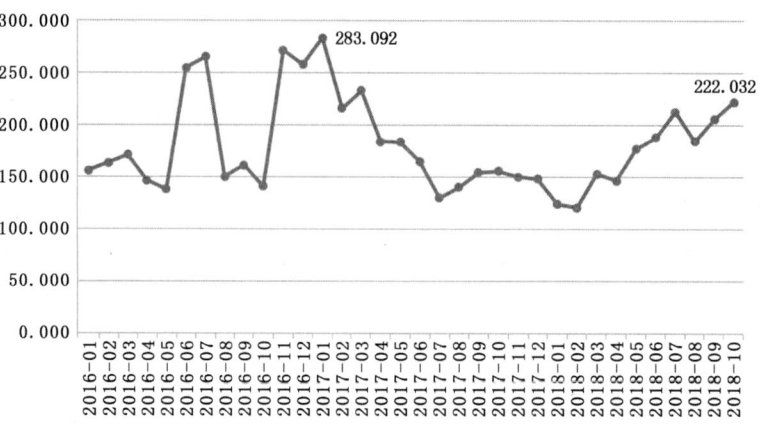

图 1　2016 年 1 月至今的全球经济政策不稳定指数

数据来源：www.policyuncertainty.com。

二、2019 年世界贸易增速进一步趋缓

展望 2019 年世界贸易走势，可以认为，在 2018 年贸易形势不太理想的情况下，由于对国际贸易产生干扰的因素和风险并未完全消失，因此仍需重视国际贸易所面临的挑战。预计 2019 年世界贸易增速将放缓至 3.8% 左右，低于 2018 年的水平。根据 WTO 于 2018 年 9 月份做出的预测，2019 年世界货物贸易将增长 3.7%，其中发达经济体出口将增长 3.3%，发展中经济体出口将增长 4.5%；发达经济体进口将增长 3.0%，发展中经济体进口将增长 4.5%（见表 1）。

表 1　国际组织对 2018—2019 年世界贸易增长率预测（单位:%）

	WTO		IMF	
	2018	2019	2018	2019
世界贸易	3.9	3.7	4.2	4
出口	—	—	—	—
发达经济体	3.3	3.3	3.4	3.1
发展中经济体	4.5	4.5	4.7	4.8
进口	—	—	—	—
发达经济体	3.2	3	3.7	4
发展中经济体	4.8	4.5	6	4.8

(一) 全球主要经济体增速趋缓影响国际贸易

国际贸易的增长非常依赖全球主要经济体的经济增长水平,而各主要经济体的增长水平,又与国际贸易规模密切相关。由于2018年的贸易摩擦造成了紧张局势,各国的国际贸易水平都受到影响。据此,在国际货币基金组织(IMF)2018年10月发布的最新一期《世界经济展望》中,调降了多个主要经济体2019年的经济增速(见表2),由此造成对商品需求的降低,导致2019年的国际贸易增速预测也受到影响而降低。

表2 国际上多个经济体经济增长预测对比

	10月份预测值		与7月份报告的差值	
	2018	2019	2018	2019
全球经济增长	3.7	3.7	-0.2	-0.2
发达经济体	2.4	2.1	0	-0.1
美国	2.9	2.5	0	-0.2
欧元区	2	1.9	-0.2	0
德国	1.9	1.9	-0.3	-0.2
法国	1.6	1.6	-0.2	-0.1
意大利	1.2	1	0	0
西班牙	2.7	2.2	-0.1	0
日本	1.1	0.9	0.1	0
英国	1.4	1.5	0	0
加拿大	2.1	2	0	0
其他发达经济体	2.8	2.5	0	-0.2
发展中经济体	4.7	4.7	-0.2	-0.4
俄罗斯	1.7	1.8	0	0.3
印度	7.3	7.4	0	-0.1

(二) 先行指标预示国际贸易增长降速

波罗的海干散货指数(BDI)是世界贸易的重要先行指标,该指标通常能提前反映未来世界贸易的走势。自2016年2月11日跌至290点的历史低点起开始进入反弹路径,震荡上涨。但其中多次经历大幅波动。2017年下半年以来BDI增势显著(见图2)。在进入2018年后,由于贸易保护主义的盛行及贸易保护措施的实施,BDI快速下跌,并于2018年4月初跌至1 000以下。随着加征关税正式实施前的抢运抢购，BDI 再度回升。在 2018 年 8—9 月达到新一轮超过 1 500 点的高点后，再次下挫，并在截至 2018 年 10 月 31 日时开始下跌。这反映出未来一段时期贸易发展形势不明朗，并偏向负面。

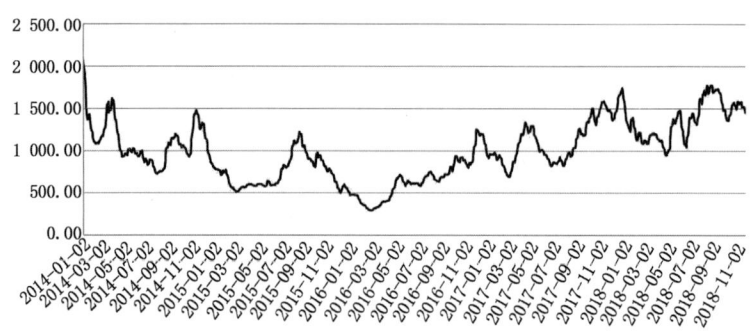

图 2　2014 年以来波罗的海干散货指数变化

数据来源：Wind 资讯数据库。

（三）主要发达国家货币政策趋紧影响世界贸易

美联储自 2015 年 12 月正式开启加息通道以来，截至 2018 年 9 月已经加息 8 次，并且于 2017 年 10 月开始缩减总额高达 4.5 万亿美元的资产负债表，以逐步收紧货币政策，实现货币正常化。进入 2018 年，加息节奏加快，已经分别于 3 月、6 月和 9 月加息三次。从当前形势看，2018 年很可能还要加息一次，最早在 12 月份。据美联储官员分析，2019 年将加息三次，2020 年还将加息一次。欧洲央行于 2017 年 10 月宣布从 2018 年 1 月起缩减购债规模至 300 亿欧元。2018 年 10 月利率会议决定将购债规模缩减至每月 150 亿欧元，持续到 2018 年年底。由于近几个月欧元区通胀保持在 2%，达到欧洲央行制定的目标，欧洲央行很可能于 2018 年年底退出净资产购买计划（量化宽松）。日本央行也会逐步减少交易所交易基金（ETF）的购买，悄然实现缩减宽松规模的目的。主要发达国家货币政策收紧，造成全球流动性持续收缩，跨境资本向发达国家回流。2018 年的流动性短缺，已经造成以阿根廷、土耳其等为代表的新兴市场国家货币大幅贬值。未来或将引发更加剧烈的汇率波动，同时造成大宗商品价格的大幅波动，对世界贸易稳定产生影响。

（四）贸易保护主义影响增加

自 2018 年 1 月以来，美国以"公平贸易"的借口，不顾"顺差在外国、利益回美国"的事实，对太阳能电池板、洗衣机、钢铁、铝等一系列产品，对中国及其他贸易伙伴加征关税，令全球贸易关系复杂化。由于特朗普贸易政策朝令夕改，极大增加了全球经济运行的紧张气氛，导致投资者信心大减，从而可能推迟或减少对外投资活动，对国际贸易带来进一步的负面影响。IMF 针对中国、欧元区、日本和美国的采购经理人的调查显示出口订单增长疲软。特别是德国和日本汽车制造商等严重依赖出口的行业的情绪指标显示，接近年底时的看法比年初更为悲观。美国、德国和日本的工业生产相关指标表明，资本品生产部门比其他制造业增长还要趋缓，显示了资本支出的减弱。主要发达经济体的进口量增速下降，造成对进口商品需求的下降。6 月份德国制造业订单按月下降约 4%（按季度计算，第二季度下降 6.5%），随后 7 月份下降近 1%。这导致在 2017 年曾经创造高额回报的强劲贸易增长，在 2018 年将不再有效。而在不确定的全球环境中，跨境投资的增长也将减弱。

三、近期世界贸易的主要特征

（一）贸易全球化形势发生改变，多边、双边体系渐增

近年来，贸易全球化形势发生改变。以往，WTO 作为世界各国、地区商讨贸易问题、解决争端的多边平台，起到了很好的效果。但在一些国家、地区在 WTO 中不再有绝对掌控力，或者认为 WTO 应该改革但未达到自己理想的程度后，开始推动多边、双边的贸易体系。特别是某些具有极强实力的国家，更愿意开展双边谈判，从而可以利用自身的超强实力迫使对方做出更多让步。欧盟目前支持贸易全球化理念，但为了自身利益，正在积极开展双边自由贸易协定谈判。2018 年，欧盟与日本、越南、新加坡都达成了不同形式的自由贸易协定，核心内容包括减免对方货物关税。而且欧盟还试图通过与越南、新加坡签署自贸协定，进一步推动与东盟签署自贸协定。日本则在美国退出 TPP 后，组织剩余 11 国建立全面与进步跨太平洋伙伴关系协定（CPTPP）。10 月 31 日，已经有 6 国批准该协定，跨过生效门槛。由 11 国参与的该协定将于 2018 年 12 月 30 日生效。英国、泰国等国也表示加入的兴趣。CPTPP 目前的使命主要是这些亚太经济体抢占新一代经贸规则制定主动地位、重塑地区经贸秩序，这对于非 CPTPP 签署国的我国来说，也会造成较大影响。

（二）全球产业链、价值链重构

随着全球贸易新体系的不断建立，全球产业链、价值链也面临重构。新体系内的发展中国家，由于享有关税优惠，可以在产业链中承接工业中间品的制造，以及劳动密集型产业。自身不用建立完全的产业链，只需要在新体系内获得上游原材料的供应，就可以制成中间品或成品，转到下游进行加工或出口。这些新体系中的发展中国家只需提供相对廉价的劳动力即可成为体系中的"制造厂"角色。而体系的

相对封闭性也使这些国家较少面临来自其他非体系成员国的竞争。

而体系中的发达国家，则可站在价值链的高端。无论是掌握高端制造业，从而在体系中获得对产业链的掌控，还是通过金融、专利、法律等现代服务业，形成对体系内发展中国家经济、政治标准的影响，体系内的发达国家都可以获得足够的利益，同时不必担心非体系成员国的竞争。这些发达国家在体系内形成利益集团，同发展中国家形成一个较为稳定的二元贸易体系，从而可以继续长期享受物美价廉的商品，也不用担心体系内的发展中国家凭借产业升级，提升国家竞争力，进而影响到发达国家的地位。

四、中国的应对策略

（一）苦练内功，提升产业链、价值链位置

在经历2018年特朗普政府对我国输美产品加征关税，以及对中兴、晋华等高技术企业的制裁后，应该深刻认识到掌握核心技术，提升自身在产业链、价值链中的位置。尽管我国已拥有联合国划定的全部工业化部门，但是在核心技术、尖端技术上，仍然缺乏足够多、足够强的企业，同其他国家开展竞争。在自由贸易时期，以高价获得产品可以满足需求。但在我国产业竞争力提升后，某些国家就会以禁售关键技术的方式，达到阻碍、迟滞我国追赶的目的。只有苦练内功，加强自主创新，掌握核心技术。在对方做出损害我方利益时，可以利用产业链、价值链的高端技术发起反制，令对方受到对等乃至更严重的伤害，从而降低对方发动贸易摩擦的冲动。

（二）对外开放，形成利益共同体

中国具有巨大的消费市场，这是我国对外开放的基础和重要筹码。在当前我国产业已经在很多行业处于领先地位的情况下，稳步扩大开放，一方面可以让更多的境外企业进入我国市场，增加竞争，提升产业活力；另一方面也可以将我国的经济发展与外资企业的发展相结合，以这些跨国企业的影响力拉近中国与这些国家和地区的关系，形成利益共同体。在某些国家或地区试图对我国进行制裁或贸易保护时，需要考虑这些跨国企业的利益以及对其国内经济的影响，降低这些国家因领导人的冲动而做出损害双方的举动的可能性。

（三）增加对外直接投资

日本在面对美国的贸易保护时，采取"走出去"的方式，在海外进行直接投资

建厂,并以当地生产机构对其他国家出口,从而达到减少日本对美顺差,减少贸易保护的可能性。当前我国面临的形势与日本类似,产出与出口占世界比重都处于迅速上升期,这在一定程度上造成顺差积累,招致贸易保护,但是也增大了我国对外直接投资的可能性。同时,出口的激增有可能给货币造成升值压力。适当的对外投资,可以较好地利用货币升值带来的利益。最后,就是我国不少产业,特别是劳动密集型产业存在产能过剩而用工成本上升的矛盾,同时,这类产业还经常受到贸易保护措施的影响。通过对外投资建厂,既可以转移过剩产能,也可以降低我国对美及其他发达国家的贸易逆差,综合其他措施减少他们采取贸易保护措施的可能性。

(四)坚定推动"一带一路"建设,优化贸易格局

在维持传统贸易对象的同时,有必要通过坚定推动"一带一路"建设,优化贸易格局。加强与东亚、东南亚等"一带一路"相关国家的对外贸易联系,推动RCEP等相关自贸区加快谈判进程,使中国同周边"一带一路"相关国家的贸易关系更加紧密。扩大同中东、非洲等相关国家的贸易规模,提升贸易层次。同时,也帮助这些国家之间相互开放、增加合作,通过合作找到新的贸易增长点。提高"一带一路"相关国家在我国对外贸易中的比重,优化外贸国际市场结构。

35 2018年国际金融市场分析及2019年展望

张　鹏*

摘要： 2018年，随着美联储持续加息、全球贸易摩擦加剧、主要发达国家增长分化以及多个新兴市场国家爆发危机，全球金融风险较2017年大幅提升。展望未来，由于世界经济正在或者已经越过了此轮经济增长的顶点，实体经济增长动能将逐渐弱化，在经济繁荣度边际递减的情况下，随着货币政策逐步收紧，资产重新定价可能性上升，在高杠杆条件下可能引发国际金融风险。因此，2019年金融动荡进一步加剧的概率较高，主要风险点在于美国股市和新兴经济体货币市场。

关键词： 美股　美元　新兴市场危机

2018年，全球金融市场动荡加剧，表现为股市波动率提高、国债收益率上升以及多个新兴市场国家爆发危机。全球金融市场动荡既有政策面的货币政策转向、贸易保护主义加剧的原因，也有基本面的经济景气度减弱、新兴市场风险暴露增大的原因，还与技术面的资产估值过高增大市场脆弱性有关。

一、2018年国际金融市场动荡加剧

1. 外部冲击增多，股市持续动荡

2018年1月底，由于美国非农就业数据高于预期，造成通胀预期攀升，10年期美债收益率快速上行，引发市场担心美联储加快升息步伐，造成美国股市暴跌。从1月26日到2月8日，道琼斯股指下滑10%，并引发全球股市连锁下跌。在通胀疲软、复苏缓慢、中性利率中枢下降的背景下，耶伦领导下的美联储虽然坚持加息，但节奏较为迟缓，2015年和2016年都仅在年底加息了一次。2017年美联储加息三次，货币政策加快收紧的迹象日益明显。2018年年初，耶伦卸任美联储主席，其所

---

* 张鹏，国家信息中心经济预测部世界经济研究室主任，副研究员，主要研究方向为国际经济、数量经济。

持有的鸽派加息立场（即缓慢加息）能否延续成为悬念，投资者难免信心动摇，因而好于预期的经济数据引发股市动荡。2月13日，美联储新任主席鲍威尔发表就职演说，确认将延续逐步加息和缩表的政策路径，货币政策继续保持就业和物价的双目标。鲍威尔的讲话舒缓了市场对美联储过快收紧货币政策的担忧，反映美国股市风险情绪的标普VIX波动率指数从2月5日的37.3跌回2月26日的15.8。如图1所示。

图1 美国道琼斯股指

但是，2018年的美国股市注定将不再平静。3月1日，美国总统特朗普宣布将对钢铁、铝分别征收25%和10%的进口关税，引发全球抗议；3月22日，美国贸易代表办公室（USTR）公布《中国贸易实践的301条款调查》，认定中国政府在技术转让、知识产权和创新相关的行动、政策和实践是"不合理或歧视性的"，在4月4日基于301报告的结论，宣布对500亿美元的中国商品加征25%关税；与此同时，特朗普威胁退出NAFTA协议，要求加拿大和墨西哥做出让步。美国贸易保护主义行为激化了国际贸易摩擦，再次诱发股市大跌。

10月，美国股市又一次暴跌，纳斯达克指数大跌9.2%，创下了近十年来的最大跌幅，道琼斯指数下跌了5.1%，标普500指数下跌了6.9%。美国9月份失业率为3.7%，创下1969年以来的近五十年低点。就业和薪酬数据刺激美债收益率飙升，而联储主席鲍威尔在9月议息会后发表了"美国距离中性利率还较远"的讲话，更进一步强化了投资者对未来利率上行的担忧。除此之外，11月6日举行的美国中期选举也是这一轮股市剧烈调整的诱因，因为一旦共和党在选举中失利，特朗普的第二轮减税计划将很难落实，不利于美国经济的稳定。

从外部原因看，美联储加息、国债收益率上升、贸易摩擦加剧和美国政治势力对立加剧无疑都是股市下跌的诱因，但是长期实行量化宽松政策，造成美国股市估值过高，则是美国股市波动性加剧的内因。随着全球货币政策转向、流动性拐点到来，以美股为代表的发达国家股市可能将迎来多年牛市的终结。

2. 长中短因素协同，美元持续走强

2014 年美国结束 QE3 后，由于经济基本面及货币政策面的分化，美元大幅攀升，而欧元、人民币、印度卢比等主要非美货币承受了巨大贬值压力。2016 年 11 月特朗普当选美国总统后，出现所谓"特朗普行情"，但汇市受到的影响小于股市，美元的上涨行情很快结束。2017 年年初至 2018 年一季度，美元指数相对低迷，从基本面分析，主要原因是欧洲经济增长超预期。2017 年，欧元区实现 2.3% 的 GDP 增长，超过美国 2.2% 的 GDP 增速，由于对欧洲经济走势较为乐观，因此欧元迎来强势上涨，兑美元从 2017 年年初的 1.08 左右上升到 2018 年 2 月的 1.25 左右，涨幅大约为 15.7%。在一般情况下，欧元兑美元的走势图是美元指数走势图的反转图，在 2017 年全年和 2018 年第一季度这段时间里，强势欧元压迫美元指数持续走低。2017 年年初，美元指数在 103（1973 年 3 月 = 100）的相对高位，但到了 2018 年 2 月，美元指数最低跌至 89 附近，跌幅大约为 13.5%。如图 2 所示。

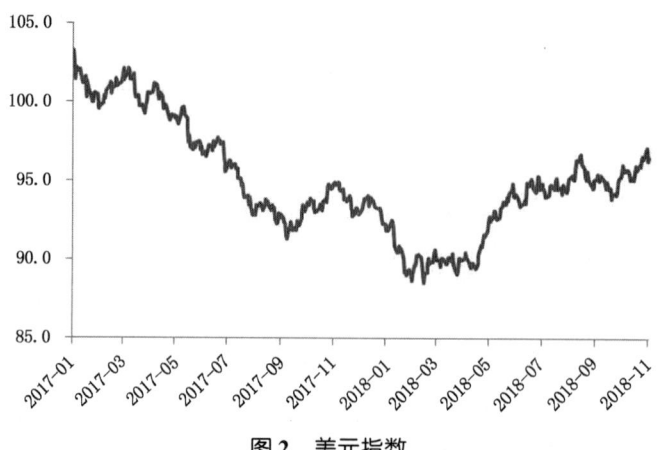

图 2 美元指数

但进入 2018 年二季度，投资者对欧洲经济和美国经济的强弱判断发生了改变。虽然欧元区保持了了较快增长，但 GDP 增速和 PMI 指数均下滑，景气度出现了边际弱化。而在 2017 年 12 月，美国通过了大规模税改方案，极大减轻了企业税负。根据世界银行和普华永道发布的报告显示，税改前美国企业的综合税负水平为 43.8，在全球 189 个国家和地区中排名第 67 位（由高到低，下同），在 38 个发达经济体中排名第 16 位。而一旦税改通过，美国企业的综合税负水平排名将下降至 149 位（与冰岛相当），在 38 个发达经济体中排名也将下降至第 30 位。可以说，税改极大地提高了美国的税收竞争力，将进一步吸引全球资本回流美国，促进美国经济复苏。2018 年第一、二季度，美国 GDP 分别增长了 2.2% 和 4.2%（不变价环比折年率），实现了 4 年来的最佳表现。随着主要经济体走势强弱分化越来越明显，2017年曾经出现全球经济同步增长格局逐渐消失，投资者迅速修正对美元走势的判断，2018年4月中旬后，在美国经济将"一枝独秀"的预期下，美元指数开始大幅上涨。

从政策面分析，前期市场也对欧元区和日本收紧货币政策的步伐预期过快。但实际上，2018年由于通胀放缓，欧洲央行与日本央行目前均表示不急于结束宽松货币政策，仍会维持负利率。在此背景下，欧美利差逐步扩大，从利率平价来看，美元存在进一步上升空间。如图3所示。

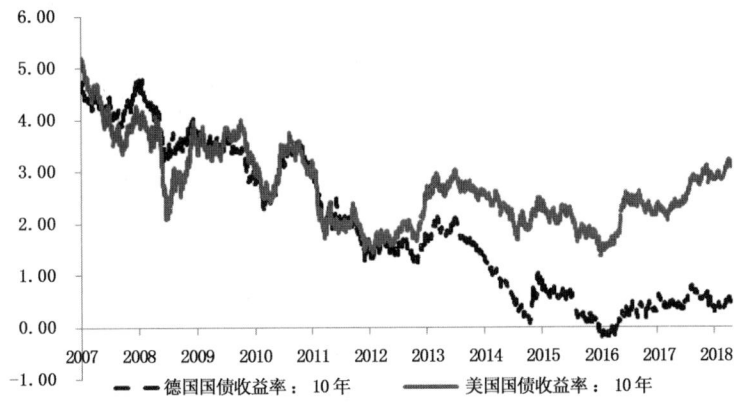

图3 美国与德国利差

欧洲央行计划继续执行资产购买至2018年12月底，随后终止资产净购买，并最早在2019年6月开始危机后的首次加息。但是，目前欧洲经济形势存在隐忧，增大了欧洲央行结束零利率政策的不确定性。第一，欧洲经济增长放缓。第二，欧盟与美国的贸易摩擦加剧，将拖累出口。第三，截至2018年10月底，英国与欧盟之间的脱欧谈判仍未达成明确成果，北爱尔兰边境问题仍是一大症结。第四，10月份，意大利政府的财政预算计划被欧盟拒绝，欧盟与意大利之间的争端不利于欧洲经济稳定增长。如果2019年欧洲央行延迟结束零利率政策，美元升值动能就会增强。

3. 国债收益率上升，长短期利差持续收窄

2017年，美国10年期国债收益率基本没有变化，30年期的国债收益率甚至出现了下滑，但是2018年前10个月，10年期美国国债收益率从2.46%上升到3.15%，涨幅大约为28%，30年期国债收益率从2.81%上升到3.46%，涨幅大约为23%。2018年前10个月，美国10年期国债收益率的大幅上涨主要出现在两个阶段：1月份和9月份。在1月份，10年期国债收益率从2.46%急速上涨到2.72%，在9月份，又从2.86%快速攀升到3.15%。长期国债收益率这两次阶段性上涨都与美国就业等宏观经济数据超预期有关，也与对美联储货币政策收紧的预期加强有密切关系。

美国10年期国债收益率是全球利率锚,其上升意味着无风险利率正在逐渐抬升,将对实体经济产生越来越明显的影响。同时,长期美债收益率上升意味着全球流动性开始逆转,表明流动性进入风险资产的数量已经触顶,这往往预示着市场风险一触即发。2018年1月底和10月初的美国股市两次大跌都与美国债收益率急速上升有关。放眼全球,阿根廷等国货币剧烈贬值也可以被视为受到了美债收益率上升的溢出影响。如图4所示。

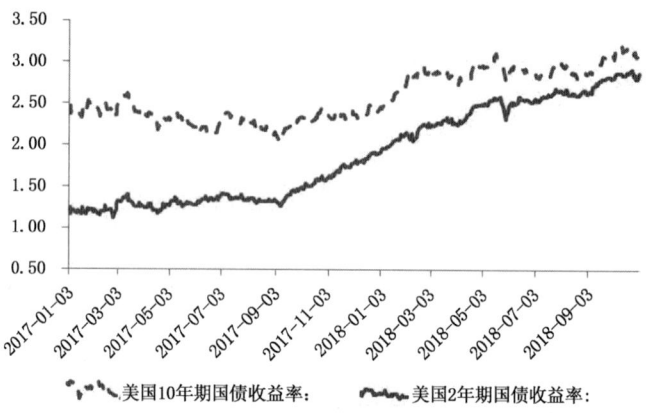

图4　美国国债收益率

除了收益率持续上升,2018年美债市场的另一个特征是收益率曲线扁平化,美国10年期国债收益率与2年期国债收益率的期限利差正处于历史性低位。一般认为,这是市场在发送经济疲软的信号,或者按照美联储前主席格林斯潘的解释是因为通胀预期在下降。当前,美债收益率扁平化甚至未来出现"格林斯潘之谜"(即短期利率上升,长期无风险利率却下降)乃至利率倒挂,确实与市场对增长和通胀的预期不高有关。但同时也必须认识到,从实证角度看,收益率曲线扁平化并不是经济衰退的充分条件。从交易行为分析,美联储在全球率先结束QE、持续升息,与其他国家的利差逐步拉大,吸引大量海外资金流入,购买美元低风险资产,因为抵消了基准利率上涨对长期国债收益率上升的推动力,造成收益率扁平化。从这个角度看,在资金继续流入美国的条件下,美债收益率扁平化现象无法扭转。

4. 资金回流美国,新兴市场危机频发

2017年,由于几乎所有投资者都在做空美元,发展中国家金融市场基本稳定,反映新兴市场股市指数的MSCI新兴市场指数稳步上升,在2018年年初达到1 263.45的高点。这之后,美债收益率上升和美元快速升值造成资金回流美国。2018年前8个月,国际资本累计净购买美国中长期债券1 020亿美元,而2017年全年仅购买了200亿美元。2018年8月，国际资本购买美国中长期债券净额为631亿美元，创下三年来的最大值。资金重新青睐美元资产对新兴市场融资环境的冲击日益加大，导致部分新兴市场国家出现货币贬值、股市下跌、通胀上升等经济动荡迹象，MSCI新兴市场指数也一路下滑，截至2018年10月底，已经回吐了2017年的大部分涨幅。如图5所示。

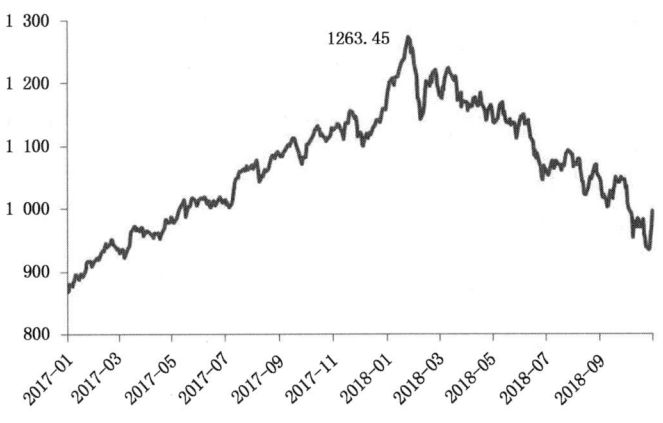

图5　MSCI新兴市场指数

2018年4月以来，土耳其里拉、俄罗斯卢布、阿根廷比索和巴西雷亚尔接连发生抛售现象。5月14日，阿根廷比索币遭受重创，一天内暴跌了6.75%，自年初对美元累计贬值35%。此前，阿根廷央行连续三次加息，将基准利率提高到40%，以期支撑本国货币，但未见成效。

除了美元升值，与美国的政治冲突也是诱发新兴市场危机的重要原因。例如，土耳其自从2016年政变未遂后，以涉嫌"从事间谍活动"为由拘捕美国牧师布伦森，美方要求释放布伦森回国，但长期未果，2018年8月1日美方宣布制裁土司法部长和内政部长，双方冲突激化。土美冲突引发土耳其金融危机，8月10日土耳其里拉兑美元汇率跌破6.56关口，当日跌幅接近20%，创自2001年以来的最大跌幅；土耳其基准10年期国债收益率当日上涨182个基点，至22.82%。另一方面，土耳其金融危机推高美元指数突破96.50，大涨0.9%。再例如，美国8月8日宣布，因俄前情报人员斯克里帕尔及其女儿在英国中毒事件，美国将对俄实施制裁，9日卢布对美元下跌4.2%，创下两年多的新低。

上述现象引发了市场对于国际资本撤出新兴市场的担忧和不安。毋庸置疑，少数自身经济发展存在问题的新兴市场国家确实面临较大风险。以阿根廷为例，经济依靠出口原材料和农产品，结构单一，对外依赖性强，且对短期资本流动监管不力，未来美联储加息仍可能会对其经济造成进一步困扰。随着市场风险偏好降低，美元资产受到青睐，资金回流美国的现象非常明显，从而在短期市场需求方面有利于美元升值,不利于新兴市场货币稳定。

二、金融市场风险增大的原因

2018年,国际金融市场风险增大既有基本面的原因,也有政策面的原因。

1. 经济增长分化

2017年美、中、欧、日和新兴市场国家经济齐头并进,均处于强景气阶段。进入2018年虽然全球经济整体仍保持了增长态势,但动能有所弱化,进入下半年后增长态势分化更为明显。目前的态势是:美国增长强劲,中、欧增速下滑,新兴市场经济下行风险凸显。2018年前三个季度,按照不变价同比折年率,美国GDP增速分别为2.6%、2.9%和3.0%,增速在加快,而中国GDP同比增速分别为6.8%、6.7%和6.5%,欧元区GDP同比增速分别为2.4%、2.2%和1.7%,增速在减慢。如图6所示。

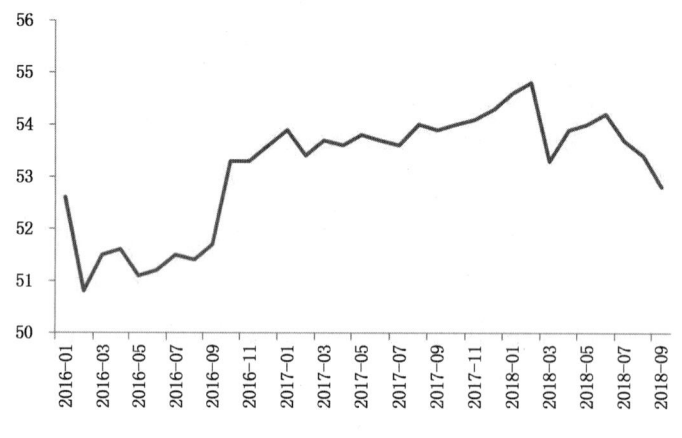

图6 摩根大通全球综合PMI

除美国之外的主要经济体增长逐渐"掉队"带来两个显而易见的问题:第一,随着经济增长日益乏力,金融市场的内在矛盾将暴露和激化,金融体系稳定性下降;第二,由于美国经济增长超预期,美联储加息更为坚决,与其他国家利差扩大,引发资本外逃,并迫使一些国家追随性加息,加大金融市场的脆弱性。

2. 贸易摩擦加剧

2018年,特朗普挑起贸易争端,造成全球经贸关系急剧恶化。美国从6月1日开始对欧盟、加拿大和墨西哥等国的钢铝产品分别征收25%和10%的关税;7月6日开始对价值340亿美元的中国商品征收关税,其后征税规模增加到2 500亿美元。美国还在汽车关税、农产品市场开放、汇率操纵等领域与欧盟和日本存在分歧。贸易保护主义抬头不仅直接打击全球贸易，对投资也产生了巨大的负面影响。联合国贸发会议《2018年全球投资报告》显示：2017年全球FDI同比下降23%，其中美国FDI流入量下降了40%。欧美对外国投资的审查政策日益严格、全球经济一体化进程受到"逆全球化"政策和措施的挑战是全球FDI下降的根源。

3. 通胀水平保持上升

2018年以来，主要经济体通胀率均处于上升通道。2018年美国CPI一直保持在2%以上，7月、8月高达2.9%，核心通胀率也在3月之后一直高于2%的通胀目标。2018年6月后，欧元区通胀率（HICP）保持在2%之上。日本的物价水平也温和上升，一季度和三季度的CPI同比涨幅都高于1%。如图7所示。

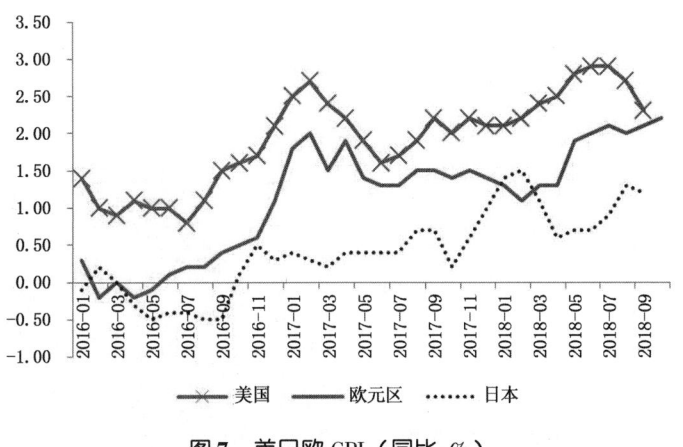

图7 美日欧CPI（同比,%）

当前，推动CPI上涨的短期动力是油价，长期动力是劳动力供应趋紧和工资上涨。2018年9月，美日欧的失业率分别为3.7%、2.4%和8.1%，均处于危机后的低位。尤其是美国失业率创下近五十年低点，劳动力供给接近极限，在这种情况下工资开始加速上涨，10月份时薪增速超过了3%，未来将推动核心通胀率提升。除此之外，贸易摩擦加剧对物价的短期影响虽然并不明显，但未来必定会逐步显现，加大通胀率攀升的可能性。

4. 货币政策正常化加速

美联储宣布自2017年10月开始启动缩表，到2018年10月底持有证券金额已经从4.3万亿美元减少到3.9万亿美元，若要恢复到2008年11月实施QE前0.5万亿美元的水平，还需要减持3.4万亿美元。按美联储的计划，缩表初期每月缩减60亿美元国债、40亿美元MBS；此后每季度上调60亿美元国债、40亿美元MBS缩减规模，直到达到每月缩减300亿美元国债、200亿美元MBS为止。近几个月来，美联储的减持速度加快，达到每个月300亿美元左右。

2017年10月,欧洲央行宣布从2018年1月起缩减购债规模至300亿欧元,2018年10月又决定将购债规模缩减至每月150亿欧元,持续到2018年年底。日本央行自2016年9月实施"收益率曲线控制"以来,已经在缓慢削减购债券数量,虽然名义上继续维持在每年80万亿日元的水平,但实际的购债规模大大低于该目标。2018年年初,日本央行宣布消减购买中长期债券规模,近期又开始减少买入ETF。近年来,每当日本东证指数下跌超过0.2%,日本央行便会买入ETF,防止可能出现的崩盘,经过反复操作实际上已经成为日本股市蓝筹股的最大股东。2018年,美日欧央行均逐步减少债券购买或者启动缩表,加之贸易摩擦可能将减少新兴经济体贸易盈余,使得全球迎来流动性拐点,过去十年间投资者熟悉的市场环境将发生很大改观。现有金融产品定价的基础性条件——极低的国债收益率已经抬升,国际金融市场的动荡在所难免,未来一旦加息超预期,则必然造成实体经济和金融市场的剧烈波动。如图8所示。

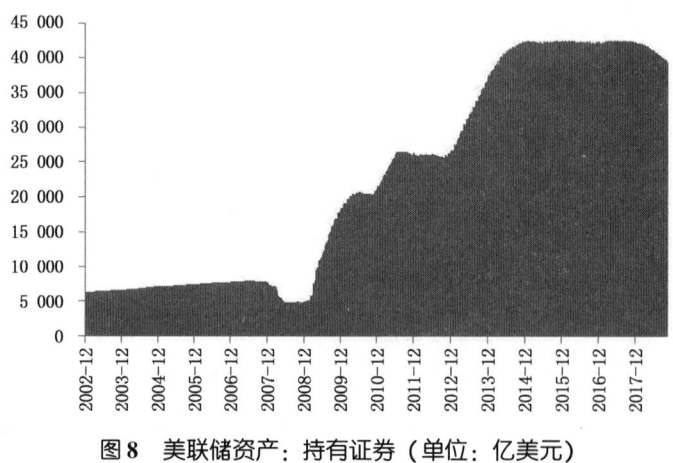

图8 美联储资产:持有证券(单位:亿美元)

三、2019年国际金融市场趋势

全球金融危机已经过去十年,针对危机中暴露的杠杆率过高、顺周期效应、资本和流动性缓冲不足以及公司治理不透明等问题,金融监管机构对于金融机构提出了具有针对性的新要求,保证了银行体系的运行更为稳健。特别针对金融衍生产品,制定了严格的监管措施,因此虽然目前场外衍生品规模依然庞大,但潜在的破坏性却有所降低。

但是,在宏观层面上,流动性过剩和杠杆率过高的问题长期得不到根本性解决。流动性泛滥制造了金融危机,而美联储、欧洲央行和日本银行应对危机的手段是提供更多流动性——量化宽松。根据IMF发布的《财政监测报告》,2017年全球债务水平达到182万亿美元，创历史新纪录，比10年前增长了50%。目前，发达国家，特别是美国，已经走出了危机，终于要结束量化宽松，着手解决流动性过剩问题，具体做法是一方面缩表（减少持有的证券净值），另一方面升息。

结束量化宽松行动本身具有合理性，但同时也具有极高的风险性，这种风险来自过去十年间商品市场物价和金融市场资产价格的不对称性上涨。发达国家货币政策的首要目标是维持物价稳定，而且在过去十年间（日本银行则是在过去二十年间），将工作重点从抑制通货膨胀转变为刺激通货膨胀。2%的通胀率从一个遥不可及的低水平目标，变成了一个遥不可及的高水平目标。虽然量化宽松只是缓慢和低效地推动了物价上涨，却快速推高了资产价格。从股市看，道琼斯指数从危机后2009年3月6 547点一路上涨到2018年10月26 828点的历史性高位，涨幅超过两万点，这一涨幅已经远远高于过去一百年的道指涨幅。从房地产市场看，标准普尔房价指数在2018年8月达到213点，高于次贷危机前的最高值，而当时的美国房地产市场被普遍认为高度泡沫化。过去十年间企业利润和居民收入的上涨幅度根本不能解释美国股价和房价如此大幅度的攀升，超低的利率环境和规模空前的流动性是引发美国资产泡沫的主要原因。在资产估值普遍过高的市场条件下，减少流动性等同于在拿一个针去戳泡沫，极可能引发危机。

从实体经济运行周期看，世界经济正在或者已经越过了此轮经济增长的顶点，增长动能将逐渐弱化。在经济繁荣度边际递减的情况下，货币政策收紧引发国际金融风险的概率进一步提升。展望未来，目前可以肯定的是基本面和政策面的变化有极大的概率引发金融动荡，但无法准确估计的是何时发生动荡以及动荡的幅度有多大。预计2019年，美国股市大跌与新兴市场国家货币危机是最大的风险隐患，可能成为全球金融市场动荡的导火索。

1. 发达国家金融风险：美国股市大幅下跌

2018年2月和10月美国股市出现了两次大幅度下跌，目前无法判断这两次下跌是短期的修正还是长期牛市终结的起点。分析2019年美国股市，需要一个更宽广的视角来切入。股市是美国经济的晴雨表，与美国经济周期与利率周期密切相关。根据历史经验，美股见顶均发生在美国经济景气周期的末期和多次加息后的高利率环境中，这种环境下企业盈利增速开始回落、资产价格剧烈调整，伴随盈利和估值双重压力，美股往往见顶回落。2019年，美股面临两大不利条件：一是随着劳动力市场趋紧、工资上涨加快、贸易摩擦加剧，企业盈利能力将逐渐弱化；二是随着美联储持续加息，长期利率抬高，融资成本加大，债市长期牛市结束，必然连累到股市。

但同时,下列条件可能给美国股市提供缓冲:一是股票回购带来的技术性支撑依然存在;二是全球通胀输出中心——中国的物价水平不会在2019年大幅上升,原油的供需格局也不支持油价剧烈攀升,物价走势依然保持温和;三是美国家庭的债务状况大为改观,对于利率上升的风险暴露下降,同时也存在居民部门加杠杆的空间(见图9);四是减税措施可能改善企业盈利。因此,虽然2019年美国股市可能会出现大跌,但不会像2008年那样猛烈,冲击程度相对较小。

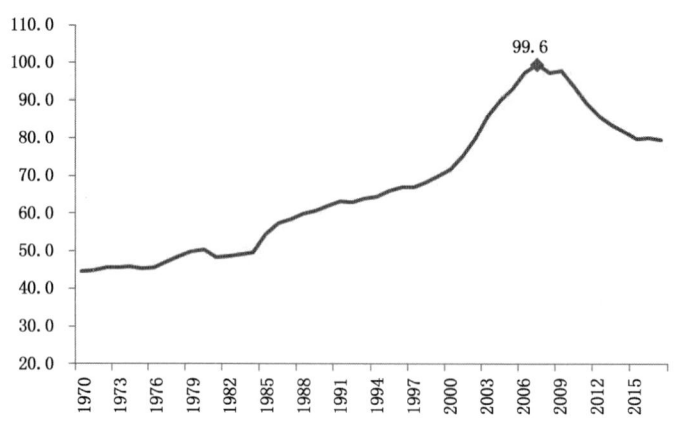

图9 美国家庭负债占GDP的比重(单位:%)

2. 新兴市场金融风险:多国爆发货币危机

回顾历史可以发现,进入美联储货币紧缩周期,发展中国家往往会发生金融动荡。自从2013年12月美联储宣布每月850亿美元的购债规模缩减100亿美元,开始逐步缩减QE规模后,新兴市场已经多次发生金融动荡。2014年下半年,国际油价大跌,布伦特年中还站在115美元的高位,至年底就下跌了将近50%,在美联储缩表和商品大牛市结束的背景下,俄罗斯、巴西等新兴市场国家均出现了货币危机。但总体上看,2014—2015年的新兴市场货币危机被有效阻隔,没有波及其他国家和地区。同样,2018年阿根廷危机、土耳其危机也没有出现较大的溢出效应。这是因为,1997年亚洲金融危机后,新兴经济体加强了金融监管和风险防范,不仅汇率制度更具弹性,而且外汇储备规模也大大增加。目前,中等收入国家储备总额占GDP的比重接近90%,虽然因为近年来全球量化宽松而有所下滑,但也远远高于1998年亚洲金融危机时的27%。因此,在美联储加息和全球贸易摩擦加剧的情况下,2019年一个或者多个新兴市场国家可能会出现货币危机,但预计不会演化为全球金融危机。如图10所示。

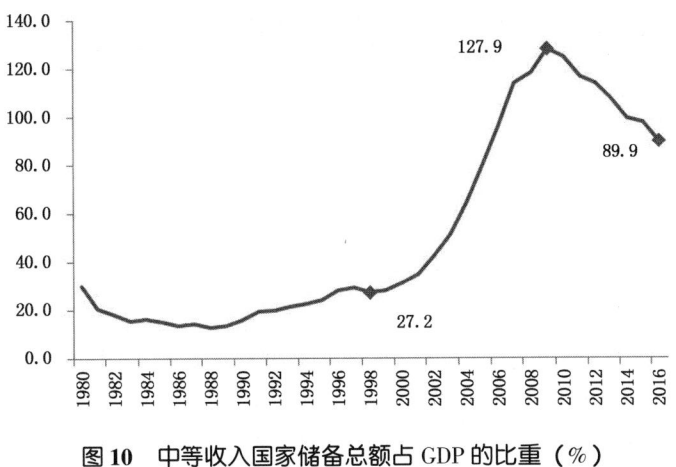

图 10　中等收入国家储备总额占 GDP 的比重（%）

四、国际金融市场对我国的影响

2019 年，我国的主要外部风险来自中美贸易摩擦，预计国际金融市场风险对国内的冲击相对较小。当前，特朗普欲从根本上推翻全球化进程中形成的全球贸易体系和产业链分工体系，其影响将巨大且持久，会对国内经济增速、产业结构、生产力布局造成较大冲击。相比较而言，由于资本管制，外部金融风险向国内传导机制发育不充分。即使 2019 年美国股市大跌引发全球股市连锁反应，造成投资者风险偏好进一步下降，但由于外资进入中国股市规模受限，国内股市和外部股市具有强分割性，因此不会受到很大影响。当前，较之 1998 年，东盟国家的杠杆率较低、产业结构更加优化、经济实力更为雄厚，不存在发生全面危机的经济基础，因此预计 2019 年整个东亚区域的经济和金融形势都较为稳定。相比较而言，2019 年拉美和欧洲发生货币危机、股市危机或者债务危机的概率较高，而这些区域危机对我国的影响较为间接。

36　2018年国际油价走势回顾及2019年展望

牛犁*

摘要： 2018年以来，全球经济延续回暖走势，石油需求保持稳定增长，但在维也纳联盟减产协议执行率过高、美对伊朗重启严厉制裁、地缘局势动荡加剧等因素影响下，国际油价持续震荡回升，油价水平明显高于市场预期，各大机构整体出现了低估。截至11月9日，Brent和WTI原油期货均价为每桶73.5美元和67.1美元左右，分别大幅上涨37.8%和34.7%。展望2019年，世界经济将延续复苏态势，但在贸易保护主义、货币政策趋紧、地缘局势动荡等因素影响下，全球经济调整风险加大，石油需求增量将有所放缓；维也纳联盟减产意愿减弱，美制裁伊朗的负面影响逐步被市场消化，全球石油供应基本稳定；油价进一步向上炒作的风险加大，金油比关系趋于合理。因此，2019年国际油价将呈震荡回落态势，初步预计，Brent和WTI原油期货均价为每桶70美元和64美元左右，分别下降3.6%和2.6%左右。

关键词： 国际油价　欧佩克　震荡回调

一、2018年国际油价明显高于市场预期

一年前，国际机构普遍预计2018年国际油价微跌或小幅上涨。2017年10月份IMF秋季报告预计，2018年世界油价（WTI、Brent、Dubai简单平均）为每桶50.17美元，同比微降0.2%。2017年10月底，路透社对30多家机构调查显示，2018年Brent和WTI原油期货均价分别为每桶55.71美元和52.5美元，分别上涨1.8%和3.2%。美国能源情报署《12月份短期能源展望》预计，2018年Brent和WTI原油期货价格分别为每桶57.3美元和52.8美元，分别同比上涨6.3%和4.4%。然而，截至2018年11月9日，Brent和WTI原油期货价格分别为每桶73.5美元和67.1美元，分别同比上涨37.8%和34.7%，IMF口径的世界油价涨幅也超过30%，显著超过市场预期水平。2018年10月初国际油价见顶后快速回落，短短一个多月内下挫20%左右，出现趋势性下滑态势。至11月9日，Brent和WTI原油期货价格回落至每桶70.2美元和60.2美元，较10月初的高点分别下挫18.7%和21.2%。初步预计，2018年全年Brent和WTI原油期货均价分别为每桶72.6

---

*牛犁，国家信息中心经济预测部副主任、副研究员，主要研究方向为国内外宏观经济、能源、国际油价等领域。

美元和65.7美元，同比上涨32.7%和29.1%左右。如图1所示。

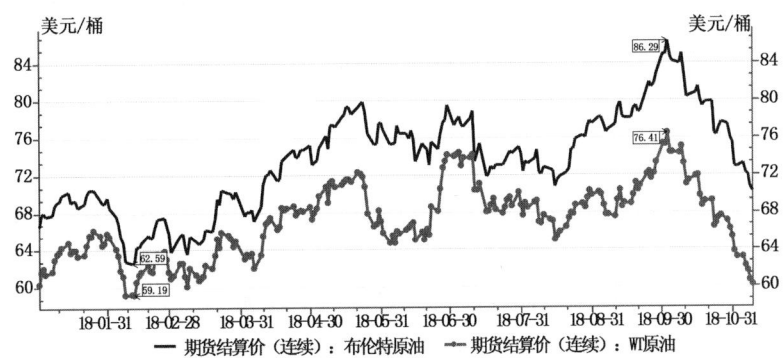

图1　2018年以来Brent和WTI原油期货价格走势图

数据来源：Wind，国家信息中心。

（一）国际油价超预期的主要原因在于供给端

2018年前三季度，国际油价延续了2016年年初以来的持续震荡上行走势，油价水平显著高于市场预期。其主要原因在于石油供应和市场预期受到了较大影响：一是维也纳联盟实际限产执行率大幅超过计划，欧佩克及俄罗斯等主要产油国供应有所减少。二是美国重启对伊朗经济制裁，2018年5月8日，美国总统特朗普宣布退出伊核协议，将对伊朗实施最高级别的经济制裁，并对从伊朗进口石油的国家实施制裁，使得伊朗原油出口有所下降，以及部分国家政局动荡使得市场对原油供应紧张的担忧明显加大。三是欧佩克国家特别是沙特的剩余石油产能下降，用于调节市场供应的能力减弱。因此，2018年以来，国际油价持续震荡上行，并在10月初加速赶顶，10月3日，Brent和WTI原油期货价格每桶达到86.3美元和76.4美元，较年内低点分别大涨37.9%和29.1%。

（二）前三季度国际油价持续震荡走高

2018年前三季度，受产油国减产执行率明显上升、利比亚和委内瑞拉等国局势动荡导致原油产量大幅下滑、世界经济温和复苏带动原油需求较快增长、美国继续对伊朗实施制裁、叙利亚及伊拉克等国动荡不止、美元总体维持偏弱态势等因素影响，国际油价呈现逐步震荡走高态势，WTI和Brent原油期货均价为每桶72.7美元和66.8美元，同比分别上涨38.5%和35.4%。临近9月底，受美国表示将加大制裁伊朗力度引发全球原油供应紧张担忧、沙特和俄罗斯等国拒绝应特朗普要求立即增产、美国能源部长排除动用战略石油储备拉低油价的可能性等因素影响，国际油价加速上涨，并在10月初创出新高，Brent和WTI原油期货价格每桶分别突破85美元和 75 美元，创 2014 年 11 月以来的新高。

（三）10 月初以来国际油价见顶回落

10 月初国际油价见顶之后，受美国和俄罗斯原油产量创历史新高、欧佩克原油产量升至 2016 年以来最高水平、中美贸易争端紧张局势引发对全球石油需求增长担忧、美国原油商业库存回升、NYMEX 原油期货市场净多持仓量明显回落、美元指数走强等因素影响，特别是美国对中国大陆、印度、希腊、日本、土耳其、中国台湾、意大利、韩国等 8 个国家或地区实施伊朗石油制裁临时豁免，维也纳联盟可能采取进一步行动增加产量等因素影响，国际油价出现震荡下行态势。到 11 月 9 日，在短短一个多月内 Brent 和 WTI 原油期货价格回落至每桶 70.2 美元和 60.2 美元，较 10 月初的高点分别下挫 18.7% 和 21.2%。

二、多因素影响 2019 年国际油价走势

（一）全球经济将延续复苏态势，石油需求稳定增长

展望 2019 年，世界经济有望延续复苏态势，但国际经济格局正发生着深刻变化，现有国际规则和秩序面临重大调整，贸易投资保护主义加剧、主要国家货币政策由回归正常转向趋紧的拐点出现，国际上政策协调难度加大，全球经济调整风险加大。预计 2019 年世界经济将越过本轮增长周期的顶点，增速小幅回落至 3.6% 左右，将低于 IMF 等国际机构的预测。发达经济体经济增速将出现普遍回落趋势。美国减税的边际效应将递减，挑起贸易摩擦的滞后效应将逐步显现，经济增速将由 2018 年的 2.9% 回落到 2.5%；失业率创近 50 年来最低水平，接近充分就业状态；股市、房市等资产价格面临调整要求。因而总体上美国经济将见顶回落。欧日经济将出现疲软走势，经济增速将回落至 1.9% 和 0.9%。新兴和发展中经济体经济将相对较快增长，其中印度经济仍将保持强劲增长态势，俄罗斯、巴西经济难有大的起色，中国经济面临一定的下行压力。如表 1 所示。

表 1　世界及主要经济体经济增长预测表

年度	2016 年	2017 年	2018 年	2019 年
国家或地区	实际（%）		预测（%）	
世界经济	3.3	3.7	3.7	3.7
发达经济体	1.7	2.3	2.4	2.1
美国	1.6	2.2	2.9	2.5
欧元区	1.9	2.4	2.0	1.9

续表

年度 国家或地区	2016年	2017年	2018年	2019年
	实际（%）		预测（%）	
日本	1.0	1.7	1.1	0.9
新兴和发展中经济体	4.4	4.7	4.7	4.7
中国	6.7	6.9	6.6	6.2
印度	7.1	6.7	7.3	7.4
俄罗斯	−0.2	1.5	1.7	1.8
巴西	−3.5	1.0	1.4	2.4
南非	0.6	1.3	0.8	1.4
世界贸易总量	2.2	5.2	4.2	4.0

资料来源：2018年10月IMF《世界经济展望》秋季报告。

全球经济延续复苏，特别是印度等国经济较快增长，支撑石油需求稳定增长。但是，作为占全球经济总量约40%的中美两国经济回调，将导致石油需求增量放缓。尤其是近来中国汽车产销出现两位数的下跌，对来年石油消费增长带来压力。总体来看，2019年全球石油需求增量将有所放缓。根据欧佩克和美国能源情报署的预计，2019年全球石油日需求增量分别为136万桶和144万桶，增量同比分别减少18和8万桶。其中，美国石油日需求增量由2018年的51万桶减少至2019年的22万桶，中国石油日需求增量由2018年的51万桶减少至47万桶。如表2所示。

表2 全球石油需求变化预测表（单位：百万桶/天）

年度	2016	2017	2018	2019
OECD	46.81	47.23	47.64	47.96
美国	19.69	19.96	20.47	20.69
加拿大	2.47	2.44	2.41	2.42
欧洲	13.99	14.3	14.3	14.37
日本	4.01	3.89	3.78	3.7
其他OECD	6.5	6.51	6.59	6.66
非OECD	50.16	51.32	52.42	53.55
欧亚大陆	4.77	4.83	4.93	5.0
欧洲	0.71	0.73	0.75	0.76
中国	12.86	13.36	13.87	14.34
其他亚洲国家（地区）	12.91	13.23	13.68	14.05
其他非OECD	18.91	19.17	19.2	19.39
世界总消费	96.98	98.55	100.07	101.51

数据来源：美国能源情报署，2018年11月。

(二) 全球石油供应相对稳定

1. 全球石油生产将较快增长

近年来,美国解除了原油出口禁令,特朗普政府大力支持化石能源开发,以及随着油价高涨使得美国页岩油生产积极性大幅提升,美国成为全球石油市场增量供应的绝对主体。据预计2019年美国石油供应增量164万桶/日,占全球石油供应增量的80%左右。从欧佩克产油国来看,尽管2019年可能不会继续执行减产协议,但是石油增产空间有限,特别是委内瑞拉、尼日利亚、利比亚等国政局动荡,以及投资不足等因素导致石油产量难以增加,甚至会出现减产。美国奉行"美国优先"的单边主义政策,单方面退出伊核协议,重启对伊朗严厉经济制裁,将会明显抑制伊朗原油出口。总体来看,全球石油供应将较快增长。根据美国能源情报署预计,2019年全球石油日供给量为10 214万桶,较上年增加205万桶,同比增长2.0%。如表3所示。

表3 全球石油供给变化预测表(单位:百万桶/天)

年 度	2016	2017	2018	2019
OECD	26.51	27.39	29.69	31.51
美国	14.83	15.65	17.83	19.47
加拿大	4.59	4.96	5.21	5.22
墨西哥	2.49	2.26	2.16	2.17
其他 OECD	4.59	4.52	4.49	4.65
非 OECD	70.53	70.32	70.39	70.64
OPEC	39.4	39.29	39.11	38.79
原油	32.87	32.68	32.5	32.2
其他石油气	6.52	6.61	6.61	6.59
欧亚大陆	14.22	14.32	14.56	14.81
中国	4.86	4.78	4.78	4.80
其他非 OECD	12.05	11.93	11.94	12.24
世界总产量	97.03	97.71	100.09	102.14

数据来源:美国能源情报署,2018年11月。

2. 欧佩克石油剩余产能继续减少

近年来,由于政局动荡以及经济困难等因素,委内瑞拉、利比亚等产油国无力开展正常石油勘探开发投资；同时，美国重启对伊朗制裁，将对伊朗油气行业吸引外资带来严重打击，使得欧佩克石油剩余产能有所下降。根据美国能源情报署预计，2019年欧佩克原油剩余产能进一步减少至121万桶/天，较上年减少34万桶/天，也低于过去十年平均约230万桶/天的水平。目前，欧佩克主要产油国中只有沙特有一定的剩余产能，其他国家几乎没有剩余产能。如图2所示。

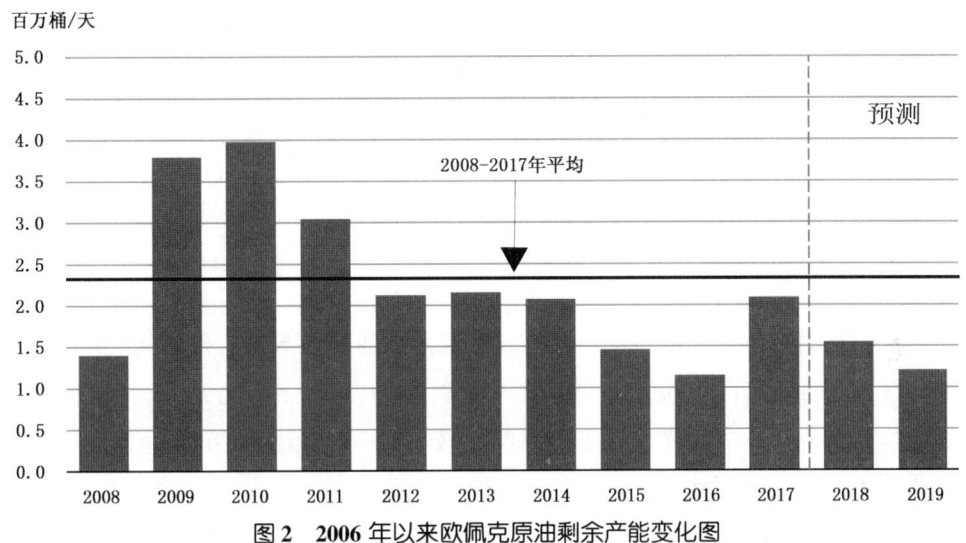

图 2　2006 年以来欧佩克原油剩余产能变化图

数据来源：美国能源情报署，2018 年 11 月。

（三）美元保持相对强势

展望2019年，相对其他主要经济体而言，美国经济保持较好增长态势，失业率接近充分就业状态，良好的基本面支撑美元走强。同时，尽管特朗普多次警告美联储持续加息将会抑制经济增长，但正是特朗普的一系列政策举措推高了通货膨胀，退出伊核协议加剧地缘政治局势紧张导致油价上涨，充分就业带来劳动力成本上涨，以及发动贸易战加征关税导致进口商品价格上升等使得通货膨胀回升，这就使得美联储不得不按部就班加息。按照目前预计美联储2019年将会加息3次左右，美联储持续加息将推动美元进一步走强。此外，未来经济下行压力、贸易保护主义、金融市场动荡等风险增加，避险情绪也会助推美元走强。当然，美国巨额财政和贸易赤字将会抑制美元升值势头。美元走势与国际油价保持着较强的负相关关系，因而美元指数保持相对强势，有助于抑制国际油价的上涨。如图3所示。

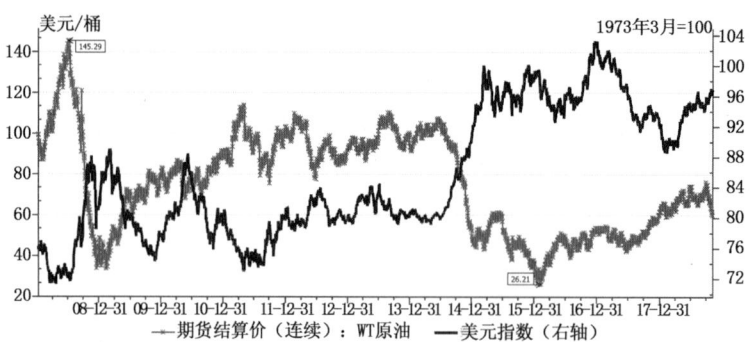

图3 2008年以来美元与WTI原油期价走势对比图

数据来源：Wind 国家信息中心。

（四）从金油比来看国际油价回升空间有限

金油比是国际黄金价格和原油价格的比值，金油比通常被看作判断大宗商品价格是否合理的重要参考指标。从1968年1月至2018年10月伦敦现货黄金与美国进口原油的月均价格比值来看，金油比均值为15.8。金油比由2016年32.3的历史峰值回落至2017年的25.7，2018年1—10月进一步回落至20.1，已接近历史均值。金油比回归历史均值意味着国际油价进一步大涨空间缩小。

（五）地缘政治风险上升进一步加大国际油市的不确定性

中东地区是最重要的石油供应地，该地区地缘政治形势异常复杂，各国内部政治、经济、文化、宗教等方面存在差异与矛盾，外围又有大国利益的交汇碰撞。伊朗是中东地区的重要国家，拥有特殊的地理位置、丰富的油气资源。2018年5月，美国宣布退出伊核协议，对伊朗采取极限施压策略，声称要将伊朗的石油出口降至零，11月初，除了对中国、日本、印度等8个国家或地区临时豁免外，正式对同伊朗进行石油交易的国家启动制裁。美国对伊朗的制裁进一步加大了地缘政治风险，给国际油市带来了深远的影响。此外，委内瑞拉、利比亚、尼日利亚等重要产油国政局动荡，也给全球石油供应带来较大变数。

三、2019年国际油价将呈现震荡回调态势

综上所述，从需求看，2019年世界经济将延续复苏态势，但国际经济政治格局面临重大调整、贸易投资保护主义加剧、主要国家货币政策由回归正常转向趋紧的拐点出现，全球经济调整风险加大，石油需求增量将有所放缓；从供应看，随着油

价的回升维也纳联盟减产的意愿减弱，甚至到期后可能放弃减产计划，美制裁伊朗导致减产的负面影响逐步被市场消化，美国依然是全球石油增量供应的主力军，全球石油供应稳定增长；从期货市场看，大宗初级产品价格已连续两年多持续上涨，全球资本市场见顶回落、存在较大调整风险，油价进一步向上炒作的风险加大；从金油比看，金油比已经由2016年32.3的历史峰值回落至2018年的20左右，已经接近历史平均水平15.8，金油比价关系趋于合理，油价大涨空间缩小。因此，总体来看，2019年国际油价将震荡回落，初步预计，Brent和WTI原油期货均价为每桶70美元和64美元左右，分别下跌3.6%和2.6%左右。

近期，部分国际机构对今明年国际油价走势做出了预测。2018年10月份IMF秋季报告预计，2018、2019年世界油价（WTI、Brent、Dubai简单平均）为每桶69.38美元和68.76美元，分别同比上涨31.4%和微降0.9%。美国能源情报署《11月份短期能源展望》预计，2019年Brent和WTI原油期货价格分别为每桶71.92美元和64.85美元，分别同比下跌1.6%和2.9%。2018年10月底，路透社对46位经济学家和分析师的调查显示，2019年Brent和WTI原油期货价格分别为每桶76.88美元和70.15美元。

37　2018年美国经济形势分析及2019年展望

赵硕刚*

摘要： 2018年以来，美国经济在减税政策刺激下实现了加速增长，全年有望创国际金融危机后的最快增速，但这一增速恐难以维持。随着减税政策对美国经济的刺激效应减弱，美联储持续加息削弱房地产、汽车以及企业投资增长动力，中期选举后国会掣肘增多，加之特朗普关税措施的负面影响显现，2019年美国经济增速将较2018年有所放缓。而且，从周期的角度，美国经济可能在未来两年内达到此轮扩张期的顶点，特朗普经济政策更将推动美国经济加速赶顶。

关键词： 美国经济　特朗普　充分就业　经济周期

2018年以来，尽管特朗普政府不断挑起全球贸易争端并导致全球经济和贸易增长前景恶化，但美国经济在减税政策的刺激下实现了暂时性的加速增长，其中二季度更是创出2014年三季度以来的最快增速。同时，由于美国经济已经达到充分就业水平，经济加速扩张导致物价涨幅有所扩大，并推动美联储加快了货币政策正常化进程，由此也引发美国金融市场出现较大震荡。

一、美国经济加速增长，金融市场波动加大

截至2018年三季度，本轮美国经济的持续扩张已长达111个月，创历史第二长纪录，仅次于20世纪90年代长达十年的扩张期。从年内的表现看，当前美国经济正处于经济周期的繁荣阶段，特朗普2018年年初签署的特减税法案更进一步刺激了美国经济的加速成长。

（一）减税刺激经济增长提速

2018年年初特朗普正式签署了规模达1.5万亿美元的减税法案，在减税政策刺

---

* 赵硕刚，经济学硕士，助理研究员，研究方向为世界经济。

激下，2018年以来美国经济增长步伐明显加快，在一季度GDP实现环比折年增长2.2%的基础上，二季度进一步加速至4.2%，创2014年三季度以来的最快增速，三季度也达到3.5%。其中，消费是拉动美国经济增长的主要动力（见表1）。得益于工资上涨及个人所得税减免带来的收入增加，美国私人消费支出增长较快，二、三季度对美国经济增长的贡献分别达到2.57个和2.69个百分点。同时，由于企业所得税下调以及海外资本回流推动企业增加资本开支，一季度私人投资增速达到9.6%，二季度虽出现下降，但三季度大幅回升至12%，对经济增长的贡献达到2.03个百分点。受特朗普加征关税引发主要贸易伙伴采取反制措施影响，美国商品和服务出口连增两个季度后在三季度出现下滑，同时旺盛的消费和投资需求带动进口较快增长，净出口对GDP增长的拖累在三季度加大。政府支出2018年恢复增长，前三个季度对经济增速的拉动分别为0.27个、0.43个和0.56个百分点。

表1　美国主要经济指标增长率及其对经济增长的贡献

指标	2016年	2017年	2018年		
			第一季度	第二季度	第三季度
GDP及其构成增长率（经季节调整折年率,%）					
国内生产总值	1.60	2.20	2.20	4.20	3.50
个人消费支出	2.70	2.50	0.50	3.80	4.00
私人国内投资	-1.30	4.80	9.60	-0.50	12.00
商品和服务出口	-0.10	3.00	3.60	9.30	-3.50
商品和服务进口	1.90	4.60	3.00	-0.60	9.10
政府消费和投资总额	1.40	-0.10	1.50	2.50	3.30
GDP构成对经济增长的贡献（百分点）					
个人消费支出	1.85	1.73	0.36	2.57	2.69
私人国内投资	-0.24	0.81	1.61	-0.07	2.03
商品和服务出口	-0.01	0.36	0.43	1.12	-0.45
商品和服务进口	-0.28	-0.67	-0.45	0.10	-1.34
政府消费和投资总额	0.25	-0.01	0.27	0.43	0.56

资料来源：美国商务部经济分析局。

（二）劳动力市场超过充分就业水平

2018年前10个月，除9月份数据受飓风因素干扰导致新增就业偏低外，其余9个月美国非农就业人数均在15万人以上，1—10月新增就业平均达到21.3万人/月，显著高于2017年同期水平。其中，服务业部门就业增长是推动美国劳动力市场改善的主要动力,前10个月平均增长15.3万人/月。建筑业受益于房地产市场复苏,就业人数显著增加,月均增长2.5万人,比上年同期增加8 000人。制造业就业也明显改善,月均新增就业人数为2.3万人,比上年同期增加近9 000人。同时,美国失业率年内持续下降,由年初的4.1%降至3.7%,创1969年以来的新低。9月美联储议息会议后公布的数据显示,被视为经济完全就业的中长期失业率预估为4.3%~4.6%,当前失业率已经远在充分就业水平之下。而且,形势改善带动部分劳动力重返就业市场,美国劳动参与率维持在63%左右。以广义失业率(U-6)[1]衡量,美国10月失业率也降至7.4%,为2001年以来的新低。

(三)通胀和薪资上涨压力加大

由于美国经济已经达到充分就业水平,劳动力市场趋于饱和体现为薪资上涨的压力,进而带动通胀加速提升。2017年年底以来,美国私人非农企业工资呈加速上涨势头,每周工资总额指数10月份同比涨幅达到5.42%。同时,美国核心CPI自2015年年底起已基本达到2%的水平,除医疗保健、服装、教育与通信领域外的相关消费价格普遍呈现加速上涨的态势。美联储更为关注的PCE今年3月起也连续位于2%以上,仅9月同比涨幅略降至2%以下,核心PCE总体走势与核心CPI一致,9月份达到1.97%,基本达到2%的通胀目标。

(四)贸易争端升级加剧贸易逆差

2018年以来,特朗普挑起并不断升级全球贸易争端,继3月份宣布对主要贸易伙伴加征25%的钢铝关税后,又先后对自中国进口的500亿美元和2 000亿美元商品加征关税,这也迫使这些国家采取对美出口产品加征关税的方式予以反制。受此影响,美国出口自5月后连续三个月环比负增长,商品出口从1 449亿美元下降至1 389亿美元。而与此同时,由于缺乏可替代性商品,美国经济扩张带动进口刚性增加,这导致美国贸易逆差不降反升,8月份商品贸易逆差扩大至758亿美元,为6个月来最高水平,接近历史最高纪录。

(五)房地产和制造业继续较快扩张

经济持续增长、就业市场改善、低贷款利率的金融环境带动美国房地产市场继续复苏。据美国全美地产经纪商协会(NAR)数据,占美国房屋交易比重九成的成屋销售折年数维持在510万套以上的较高水平,新屋销售也保持在金融危机以来的

---

[1] 美国劳工部按照失业人数的统计范围将失业率划分为U1~U6六个层次,其中U3是官方公布的失业率,失业者的统计标准是无工作但在过去4周内积极寻找工作的求职者;U6不仅包括U3层面的失业者,而且包含了具备工作能力但近期没有寻找工作的、希望寻找全职工作的兼职劳工等覆盖面更为宽泛的失业人群。

高位。而且，受需求回升推动，美国房屋售价也快速上涨，标普/凯斯－席勒20个大城市房价指数年内一直保持5.4%以上的月度同比增速，8月份该指数升至213.7点，超过了次贷危机前的高位。同时，在美国"再工业化"战略和页岩气革命带来的能源成本下降推动下，美国制造业增长加快，工业产出、产能利用率等指标较上年同期均有明显改善，ISM制造业PMI指数年内一直保持在60点附近，9月份为59.8，处于金融危机以来的高位，在全球主要经济体中也属较快扩张水平。

（六）美联储加息提速引发金融市场大幅动荡

2018年以来，由于美国经济增长加速，通胀压力上升，美联储也加快了加息的步伐。年初时市场预期美联储年内加息3次，但到6月份议息会议后市场对美联储全年加息频次的预期逐渐向4次靠拢。截至目前美联储已经在3月、6月和9月分别加息25个基点，根据当前形势，美联储于12月第四次加息基本已成定局，而这将使2018年成为美联储进入货币政策正常化进程以来加息频次最多、累计加息幅度最大的一年。受此影响，美国股市结束了多年的持续上涨势头，出现剧烈波动，特别是在3月和9月两次加息时点前后，美国三大股指均大幅下跌，道琼斯工业股票价格指数出现单日千点左右的跌幅。

二、2019年美国经济增速将放缓，繁荣背后的隐忧浮现

目前，先行指标显示美国经济仍将在未来6~9个月内继续保持较快的增长水平，全年美国经济有望增长2.9%~3%，创国际金融危机以来的最快增速。但同时，随着减税政策对美国经济的刺激效应减弱，美联储持续加息削弱房地产、汽车以及企业投资增长动力，中期选举后国会掣肘增多，加之特朗普关税措施的负面影响显现，2019年美国经济增速将较2018年有所放缓，IMF预计明年美国GDP增速为2.5%。如图1所示。

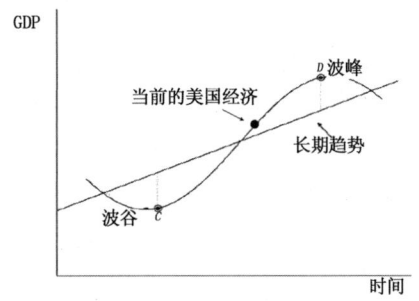

图1 美国经济在本轮经济周期中所处的位置

资料来源：作者绘制。

美国经济当前最大的问题在于高经济增速掩盖下的"三低"增长。一是低利润率增长。2014年下半年以来，美国非农企业的利润显著下滑，这就使得企业后续投资乏力，即便是代表美国新经济的创新型企业。《华尔街日报》曾做过统计，全球主要60家独角兽企业（很大一部分是美国企业）估值4860亿美元，但全部利润加在一起却是0。二是低研发增长。自2009年第四季度以来，美国研究和开发平均增速仅0.6%，而上两轮扩张周期分别为0.8%和0.9%，这就使得企业利润和劳动生产率的增长后劲不足。三是低劳动生产率增长。从长期看，劳动生产率是决定美国经济增长潜力的关键指标。尽管近年来以大数据、云计算、人工智能等为代表的信息技术发展带动了美国科技行业的增长，但其对生产率的提升并未显现。美国商品生产行业劳动生产率2010年后基本陷于停滞，服务业增长极为缓慢。在劳动生产率下滑和人口老龄化等不利因素影响下，美联储预计未来数年美国经济的潜在增长率仅为1.5%~2.2%，美国国会预算办公室预计的潜在增长率为2%，远低于历史平均水平。

而且，从周期的角度出发，经济进入过热阶段意味着由资产泡沫破裂引发经济衰退的风险将逐步上升。根据历史经验和相关研究，长短端收益率倒挂是美国经济衰退精确度较高的指标。自美联储启动加息进程以来，短期国债收益率在联邦基金利率不断上调的带动下快速上行，3个月国债收益率已经由首次加息时的0.23%升至10月底的2.3%左右，累计上升超过200个基点。而同时期十年期美国国债收益率仅从2.24%提高至3%，累计上升76个基点，这导致美国国债收益率曲线再次出现趋于平缓的态势，十年期和三个月国债收益率利差缩窄至不足100个基点。

目前由于美国经济产出缺口刚刚弥合，经济进入充分就业阶段，企业利润、居民收入仍在稳步增长，利率仍处于较低水平，信贷条件依然宽松，收入增长与需求扩张间的良性互动短期内仍将为美国经济提供增长动力。但从历史经验和危机预警指标看，由于三个月国债收益率基本在联邦基金目标利率附近变动，而长期国债收益率受多种因素影响，上升幅度一般小于联邦基金利率的升幅。美联储持续加息将推动短期国债收益率上行，按照美联储最新公布的利率点阵图，预计2019年联邦基金目标利率将提高至3%上下，2020年进一步提高至3.25%~3.5%，届时国债收益率曲线有可能出现倒挂，鉴于以往收益率曲线在预测美国经济衰退方面的精准性，美国经济在未来两年内达到此轮扩张期顶点的概率将显著增大。如图2所示。

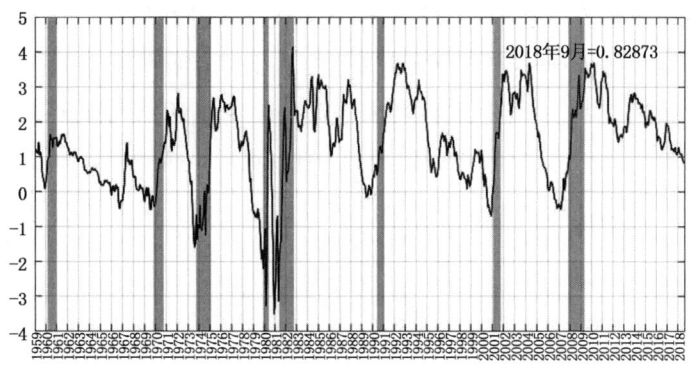

图2 美国十年期与三个月国债收益率利差

资料来源：美联储。

三、特朗普政策将推动美国经济加速赶顶

特朗普上任以来，推动国会通过了规模达1.5万亿美元的减税法案并在2018年年初签署实施；2月，特朗普政府公布了1.5万亿美元的基础设施建设计划。同时，2018年以来特朗普还频频以单边提高关税的方式冲击现行贸易规则，使全球陷入贸易战的风险。

首先，减税、基建和贸易保护都将加大美国国内通胀压力，推动美联储加速加息。由于劳动生产率受制于技术进步的速度而提升缓慢，以美国经济正常的2%的潜在GDP增速计算，减税将使2018—2020年期间美国GDP增速达到3%左右，超出潜在增长水平，如果期间叠加1.5万亿美元基建刺激，美国经济可能短期内进一步加速，由此造成通胀上升的压力。同时，在爆发全球贸易战的最坏情境下，美国经济无疑将陷入衰退。而即便美国通过谈判达到了限制贸易伙伴对美出口的目的，全球免于贸易战的冲击，但由于部分原来依靠进口满足的需求不得不转向国内供给，将进一步抬高美国企业生产成本和物价上升压力。

其次，减税将推动资产价格泡沫进一步扩大。减税相当于通过赤字财政的方式向美国经济注入流动性，由于李嘉图等价在现实经济中很难成立，短期内的收入提高将提升私人部门的风险偏好情绪，刺激私人部门借债意愿提高以及进入资本市场寻求更高回报。同时，企业所得税降低和资本回流虽然有利于企业增加研发支出，但也使得企业有能力进一步加大股票回购力度。摩根大通报告显示，受减税、强劲盈利和海外现金回流推动，2018年以来美国上市公司宣布的股票回购计划总额已达到1 510亿美元，并预计2018年标普500成分股公司的股票回购规模将达到8 000亿美元，超过2007年7 210亿美元的历史纪录。

因此，在通胀和资产泡沫上行的情况下，利率提升往往是造成经济由扩张转向衰退的关键因素。过去的几轮经济衰退都发生在美联储持续的加息进程后。当前美国核心通胀已接近2%，如果通胀因特朗普政策继续走高，超出2%左右的通胀预期水平，就意味着与之相适应的联邦基金目标利率水平也将提升，美联储将进一步加快加息或缩表的步伐。利率上行将刺破泡沫，最终导致美国经济本轮扩张期结束。

38　2018年欧洲经济形势分析及2019年展望

王灏晨*

摘要：进入2018年，欧元区及欧盟经济增速放缓，PMI虽仍在50荣枯线上，但波动下跌，欧元区及欧盟国家出口增速降低，对外贸易同比增幅低于2017年。失业率稳步下降至2009年5月以来最低水平，通胀水平提高并达到预期。欧洲央行已决定将于2018年年底退出资产购买计划。影响欧元区及欧盟经济增速的不利因素主要包括国际贸易的紧张局势及地缘政治风险、内部成员国的债务风险及英国脱欧谈判，以及美联储加息缩表进程的推进。2019年，欧元区及欧盟经济增长趋缓，货币政策将更为谨慎，遇到的风险与2018年相似。预计2018年和2019年欧元区经济增速分别为1.9%~2.0%和1.9%。

关键词：欧盟　增速放缓　贸易摩擦　退出量化宽松　债务风险

一、欧洲经济运行情况

（一）经济复苏势头放缓

2017年，欧元区GDP增速达到自2007年以来的最高点，但进入2018年后回落，复苏势头放缓。2018年第一季度GDP环比折年率跌至1.6%，第二季度该值与通胀一起回升，增至1.8%，但第三季度欧元区GDP环比折年率再度下挫至0.6%，创近4年新低（见图1）。而且，2018年第三季度，不论是环比还是同比，欧元区19国和欧盟28国经济增速均出现下滑。欧元区第三季度经济增速同比为1.7%，较第二季度2.2%同比增速低0.5个百分点。欧盟28国的第三季度经济环比增速为0.3%，较2018年第二季度0.5%的环比增速下降0.2个百分点；2018年第三季度经济同比增速为1.9%，较第二季度2.1%的同比增速下降0.2个百分点。

---

* 王灏晨，法学博士，国家信息中心经济预测部助理研究员，研究方向为欧洲经济、国际贸易、经济预测。

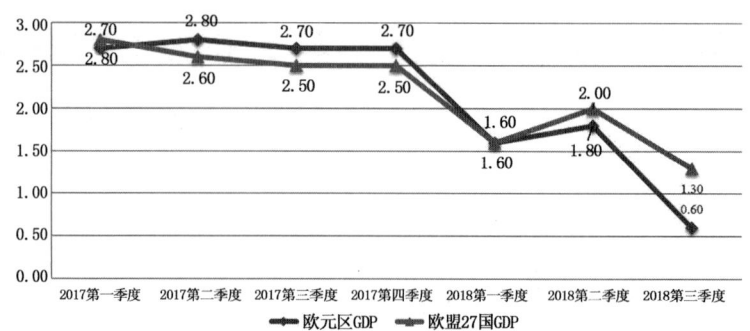

图 1　欧元区及欧盟 27 国 GDP 季调环比折年率（单位:%）

数据来源：欧盟统计局。

受大环境影响，特别是贸易摩擦对出口的影响，2018 年欧元区几个主要经济体的经济增速较上年同期都有所下降。德国在 2017 年保持强势增长后，2018 年经济增速承压。其在欧盟中受到美国的关税政策影响最大。法国对外农产品出口增加，其经济增速在第三季度触底反弹。意大利在 2017 年经济增长尚可，但更换政府后，新政府预算未获通过，进入 2018 年后经济增速持续下滑。英国在第二季度消费得到较大拉动，因此出现强势反弹，并超过欧元区第二季度经济增长水平，但其仍极度依赖消费。2019 年经济发展仍有赖于脱欧谈判的进展。如图 2 所示。

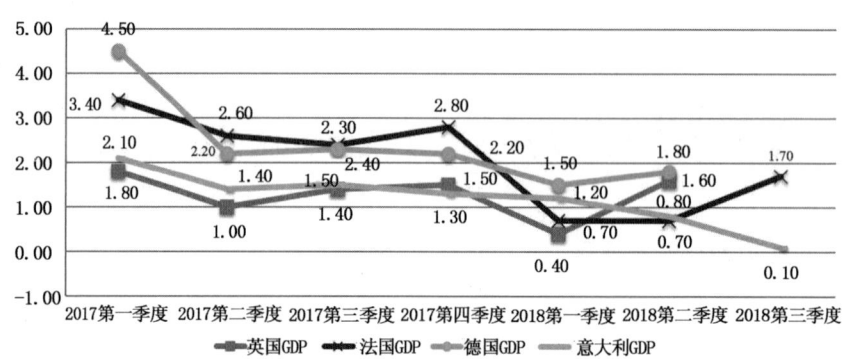

图 2　欧洲四国 GDP 季调环比折年率（单位:%）

数据来源：欧盟统计局。

（二）欧元区 PMI 波动下跌

欧元区制造业采购经理人指数（PMI）较为直观地反映了 2018 年的经济发展趋势（见图 3）。在经历了 2017 年的快速扩张后，欧元区表现较弱在很大程度上是出口放缓的结果，其出口受到保护主义政策的影响。2018 年，欧元区综合 PMI 指数波动下滑，至 5 月份下探至 54.1，6 月份出现小幅反弹，截至 9 月份达到 54.2。出口下滑导致订单数量下降，制造业 PMI 指数持续下滑，已由 1 月份的 59.6 跌至 10 月份的 52.0。需求疲软也打击了欧洲央行服务业的信心。服务业 PMI 指数也呈波动下跌之势，从 1 月份的 58.0 跌至 10 月份的 53.3。

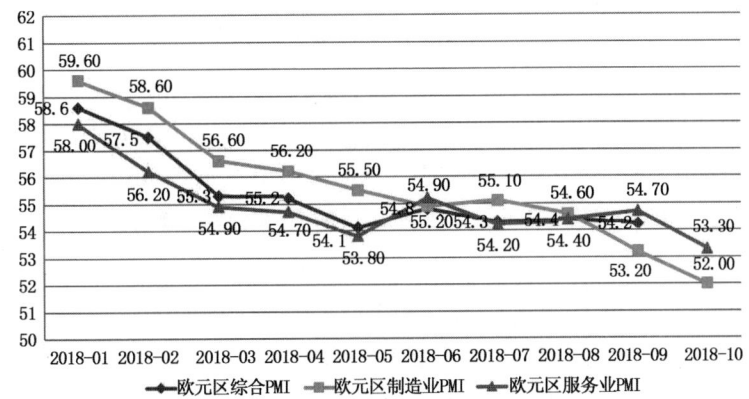

图 3　欧元区综合 PMI、制造业 PMI 及服务业 PMI 趋势（单位:%）

数据来源：欧盟统计局。

分国别来看，欧元区几个主要经济体表现不一。德国、法国和意大利的制造业 PMI 均呈下降之势，三国制造业 PMI 分别从 1 月份的 61.1、58.4 和 59.0 跌至 10 月份的 52.2、51.2 和 49.2。可见贸易摩擦带来的出口减缓影响很大。服务业方面，德、法两国的 PMI 均在 7 月份达到年内低点，并出现反弹。意大利服务业 PMI 表现仍然不佳。在各自经济体系中，德国制造业和法国服务业分别占据更重份额，因此从综合 PMI 指数看，截至 10 月，法国的综合 PMI 指数保持在 54.0 及以上，而德国的综合 PMI 指数在 10 月份跌至 52.7。

（三）失业率连创新低

尽管 2018 年年初，欧元区经济增长经历了一定的减速，但欧元区及欧盟的失业率仍延续 2017 年的趋势保持稳步下降。欧元区 2018 年 9 月份失业率已降至 7.5%，较之前一年同期的 8.9%，降低 1.4 个百分点，达到十年来的低点。欧元区和欧盟的 25 岁以下人口失业率也在不断下降，反映出经济不断向好（见图 4）。失业率的不断下降，带来了消费增长，促使欧元区在出口承压的情况下，仍能保持经济增长的动力。

欧元区几大经济体的就业水平也有较好表现。截至 2018 年 9 月，德国、法国、意大利的失业率分别为 5.0%、9.3% 和 10.1%，德国 20 岁以下、法国 25 岁以下、意大利 25 岁以下人口失业率分别为 3.7%、20.4%、31.6%，都保持了持平或下降的趋势，并且均低于上年同期水平。截至第三季度，欧元区第四大经济体西班牙的失业率为 14.55%，低于预测值的 14.9% 和前值的 15.28%，更低于上年同期的 16.4%。

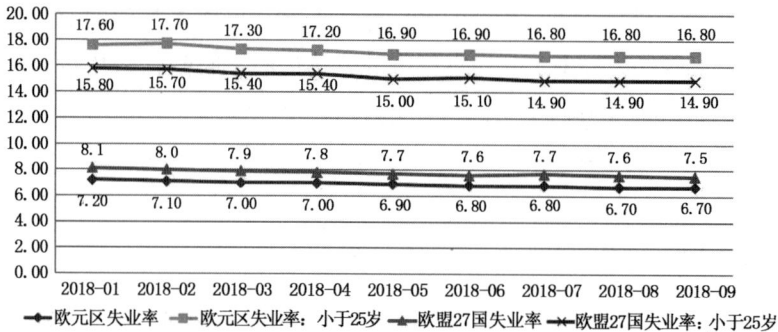

图 4 欧盟和欧元区失业率及 25 岁以下失业率（单位：%）

数据来源：欧盟统计局。

（四）贸易同比增长趋缓，贸易摩擦影响显现

2018 年以来，欧元区对外贸易同比增幅下降，是欧元区经济承压的主要因素之一。2018 年 1—8 月，出口同比增速的最高和最低值相差达 15.3 个百分点（见图 5）。这种波动造成制造业订单也出现震荡。进入 2018 年后，2017 年快速增长的出口订单基本完成，后续外贸活动增速趋缓，导致 3 月份进出口同比下降。尽管 4 月份出现反弹，但随后美国对欧发生贸易摩擦，而 2017 年 5 月份又是当年出口同比增长的高值，因此 5 月份进出口再次双双跌至 0 附近。随后进口同比增速高于出口增速，恢复程度较好。但自 8 月份贸易摩擦加剧后，外贸同比增速再度回落。

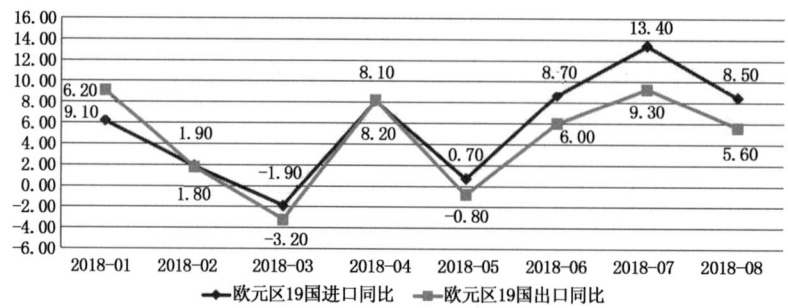

图 5 欧元区 19 国进口及出口同比增速（单位：%）

数据来源：欧盟统计局。

（五）通胀水平升高，逐渐达到预期

欧元区各项经济指标中，通胀水平对欧洲央行进行货币政策调整影响较大。在 2017 年通胀水平逐渐上升的基础上，随着国际油价的逐渐回升，2018 年欧元区的通胀水平继续保持稳步上升的态势，在 6 月份达到 2% 这一欧洲央行设置的通胀目标。随着通胀水平的企稳，欧洲央行已经于 10 月下旬决定将按原计划在 2018 年年底前

停止量化宽松计划（见图6）。尽管当前出现了市场动荡及欧元区潜在的经济风险，但欧洲央行仍决心退出资产购买计划。从国别来看，欧元区三大经济体的通胀水平都保持稳步上升的势头，特别是进入5月份以来，欧元区主要经济体采取推动出口、向海外扩展市场等手段，刺激经济。同时全球油价的上涨也推动各国通胀水平上涨。（见图7）。

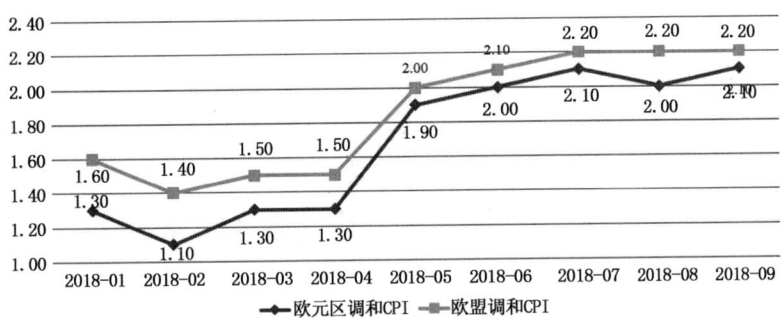

图6 欧盟及欧元区调和CPI同比增长（单位:%）

数据来源：欧盟统计局。

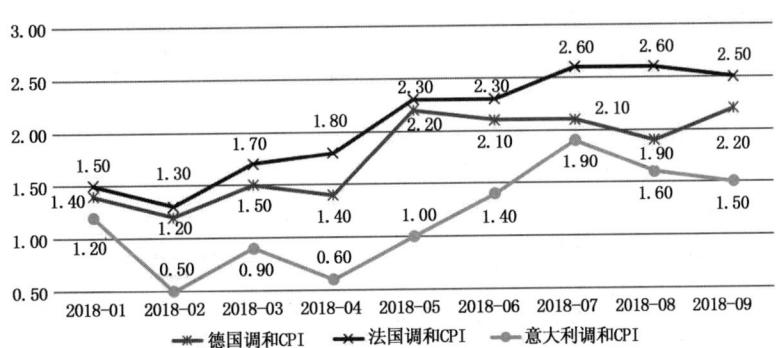

图7 欧元区三国调和CPI同比增长（单位:%）

数据来源：欧盟统计局。

二、影响2018年欧洲经济的主要因素

（一）贸易紧张局势及外部风险影响欧洲经济

2018年对各主要经济体外部影响最为剧烈的因素之一，就是由美国造成的贸易紧张局势。由于美国发动对其盟友及中国的贸易摩擦，导致全球贸易不确定性增大，损害商业利益和影响消费者情绪。

欧元区的经济增长在很大程度上依赖于出口，特别是德国的出口。2018年欧元区 PMI 水平一路下滑，主要原因一方面是美国对欧盟输美钢铁和铝产品加征 25% 和 10% 的关税，造成欧盟相关行业成本大幅提升，抑制了生产热情。另一方面是全球市场需求下降，造成欧元区商品的出口下降。这种下降，对制造业形成了冲击。德国受到的影响最大，最直接的影响就是汽车出口受到重挫。由于美国威胁要对欧盟的汽车出口加征关税，并且几乎不会在此领域让步，让德国的相关行业、制造业都承受了贸易摩擦带来的压力。法国、意大利等国的 PMI 水平也呈下降趋势。两种原因叠加在一起，造成欧元区整体经济增速放缓，经济数据下滑，对市场及投资人的信心都造成了打击。

不仅如此，美国的其他举措对欧盟的海外投资也产生了实质性的影响。其中最重要的是美国威胁高强度制裁伊朗，并要对与伊朗有贸易往来、投资于伊朗的国家也进行制裁。伊朗在签署《伊核协议》以解除制裁之后，吸引了很多欧洲公司的投资，特别是投资于伊朗的油气产业。这些欧洲公司在伊朗进行了较大规模的投资，包括合资建设制造业类工程，建设或改扩建油井、气田等。当前，美国执意退出《伊核协议》，严重冲击了欧元区国家在中东地区的战略利益及欧洲企业在伊朗的经济利益。尽管欧盟声明要对受影响的企业进行补贴，但仍无法阻挡很多欧洲企业从伊朗撤资。这种情况既影响大公司的财务状况，又影响他们及投资人的信心。

（二）内部风险拖累市场信心

欧盟内部风险以意大利债务危机和英国脱欧为主要风险。

意大利的反体制政党"五星运动党"和极右翼政党联盟党联合组阁，形成一个偏向于民粹主义的政府。其 2019 年预算案设置了庞大的支出计划，但遭到了欧盟委员会罕见的否决。并要求意大利在提交的新的预算草案中，要将削减赤字和债务摆在一个重要的位置，否则可能面临最高相当于 GDP 0.2% 的罚款。不过意大利目前并没有表现出与欧盟进行谈判的意愿。意大利的经济体量也远非希腊可比。因此其如果出现危机，将严重影响当前欧洲央行试图退出量化宽松的努力。

英国脱欧是另一个主要风险点。英国脱欧目前仍在稳步推进，但在此前数月中，英国、北爱尔兰和爱尔兰之间的边界关系成为讨论的难点之一。北爱尔兰将成为英国与欧盟的唯一陆地边界，但如果因为脱欧形成"硬边界"，有可能使原有的三方和平进程受到影响。这一问题久拖不决，对欧盟一体化的问题及与英国的经济关系都造成负面影响。另外英国是欧盟内仅次于德国的第二大贸易主体，对欧盟对外进出口贡献分别为 14.5% 和 11.6%。而且英国是欧盟股市一半资本筹集资金的资本市场。英国如果最终脱欧，将造成与其有较为密切关系的欧盟成员国投融资渠道、规模都受到较大影响。这些因素共同影响了市场对于欧盟的信心。

(三) 美联储加息稳步推进

2018 年以来,美联储加息进程稳步推进,由于升值带来的美元回流,已经令新兴经济体货币承受了很大的贬值压力,全球经济都面临较强的流动性风险。由于新公布的美国第三季度经济数据依然理想,美联储加息缩表进程顺利推进。由于欧美市场高度整合,美联储的加息措施会对欧盟有较强的外溢性。在此情况下,虽然面临种种经济上的风险,但欧洲央行也已宣布在 2018 年年底前结束净资产购买计划。不过,如果美联储进程持续,全球市场的不确定性和流动性风险仍然存在,对欧盟也会造成一定影响。

(四) 其他影响因素

尽管面临一系列风险,但欧元区在 2018 年因受到其他一些因素影响,为政策的达成提供助力。

1. 资源价格上涨

2017 年年末,OPEC 与非 OPEC 国家加大了原油减产协议的执行效率,国际原油供应放缓。据 IEA 数据,2017 年全球原油供应量为 9740 万桶/日,而当年全球原油需求为 9780 万桶/日,原油供过于求现象缓解,国际油价步入上升通道。进入 2018 年以来,油价经历了波动上涨的过程。油价上涨对推高欧元区通胀水平起到一定作用。由于中美贸易摩擦增加,中国寻求其他国家替代美国进口,一定程度带动了巴西、阿根廷等国的出口及经济发展,也为欧元区出口市场和订单增加提供了支撑。2018 年年内,由于美国退出《伊核协议》,中东地区风险上升,伊朗原油供应可能减产,油价再度冲上了高位,为推高欧元区通胀水平提供了支撑。这也为欧洲央行下决心继续退出净资产购买计划提供了支持。不过由于对未来全球经济预期不乐观,原油需求预期不足,油价较难保持长期高位。油价能否持续支撑达到欧洲央行预期的通胀目标并使央行可以稳步收紧政策,还需再观察。

2. 贸易协定顺利签订

2018 年对于欧盟来说,尽管在进出口方面因受到美国贸易摩擦的影响而有所承压,但其在贸易方面并不会坐以待毙,反而积极出击,从多个方面对美国进行"迂回反击"。2018 年 7 月,与日本签订《日本与欧盟经济伙伴关系协定(EPA)》,双方的商品与服务贸易总额为 1 000 亿美元,形成了占全球 GDP 1/3 的自由贸易区。2018 年 10 月,欧盟也与新加坡签署了自由贸易和投资保护协议。欧盟将取消 84% 的新加坡产品关税并将于三至五年内取消剩余的 16%,并为投资者建立新的解决机制。欧盟是新加坡 2017 年第三大贸易伙伴,双边货物贸易超过 710 亿美元,新加坡则是欧盟在东南亚地区的第一大贸易伙伴。双方的协议将为欧盟-东盟自贸协议奠定基础。同时,欧盟已经与越南达成了《越南与欧盟自由贸易协定》。这些自贸协定,都是欧盟对美国的贸易打击进行反击的手段,也增加了欧盟与美国展开经贸谈判的筹码。

三、2019 年欧洲经济展望

(一) 经济增速趋缓

相较于 2017 年的强势复苏,欧盟及欧元区在 2018 年的经济增速趋缓、PMI 指数出现下滑、经济景气水平下降。在主要指标中,只有失业率仍保持在近年来低位,同时通胀指标达到欧洲央行退出量化宽松的预期。总体来看,由于欧元区及欧盟自身仍然面临相似的风险,在 2019 年年中,其复苏势头将有所减缓。而且从外部环境看,目前除美国外,全球其他各主要经济体都出现了不同程度的减速,多方预测都认为在 2019 年经济增速会更趋温和。这对依赖出口拉动经济增长的欧元区及欧盟来说是负面消息。综合多方最新的预估,欧元区 2018 年 GDP 增长为 1.9%~2.0%,比之前预估的 2.2% 调降 0.2~0.3 个百分点,2019 年 GDP 增长为 1.9%,也低于原来的预期。

(二) 货币政策趋谨慎

欧洲央行在 2017 年经济形势有较大好转的情况下开始考虑退出量化宽松 (QE) 政策。在 2018 年年初时,通胀水平曾一度远离目标。但随着通胀水平上升、美联储持续加息的内外因素促进下,欧洲央行最终决定很可能按计划于 2018 年年底前逐步退出其资产购买计划。不过,多家机构的预测表明,2019 年的通胀水平预计为 1.7%,比此前预估的 1.8% 调降 0.1 个百分点。而且由于欧元持续走软,尽管美联储持续加息,欧元的加息预期仍旧很低,而欧洲央行也预计将把基准利率维持在目前的-0.4% 的低点,至少到 2019 年的夏季。另外,由于欧元区内各国的经济发展水平差别较大,各国金融市场"贫富不均"。德国和意大利的 10 年期国债收益率分别为 0.4% 和 3%。综合内外因素考虑,欧洲央行所做的货币政策既要跟上美国的步伐,但是又需要谨慎对待,以免对欧元区国家的经济造成冲击。

(三) 风险仍存,挑战不减

对于欧元区来说,2018 年存在的风险,在 2019 年仍将产生影响。主要包括:

一是贸易摩擦的紧张局势仍将持续。特朗普政府的种种措施，反映出其对当前的全球化形式的不满，并希望以贸易摩擦为手段，以美国国家实力为优势，同其他国家签订双边贸易协定，从而获得更多出口和更大利益。这种情况下，一方面影响他国对欧盟商品的进口需求；另一方面美国也会对欧盟直接施压，催促尽快达成双边贸易协定。二是各国复苏水平不一，债务危机挑战仍困扰部分国家。由于贸易摩擦的存在，2018年年中，德法等国复苏势头趋缓，但其他国家接受欧洲央行支持的力度不减，银行体系依然较为脆弱，政府债务水平仍处于高位。特别是意大利债务水平再次高企，而且不愿就预算方案与欧洲央行进行谈判。2019年，类似情况将对欧洲央行的货币政策形成挑战。三是存在不稳定的欧盟区域内政治和地缘冲突风险。英国脱欧谈判很可能于2018年年末至2019年年初结束，如果英国正式脱欧，尽管已经有所准备，但仍将带来较大冲击，而且还有不少细节问题未达成一致。同时，一些国家的极右翼政党执政，其执政理念与欧洲一体化理念相悖，会对欧盟的运行产生内耗。同时，美国对伊朗的制裁压缩了欧盟在中东地区的运作空间，并降低其能源、石油供应的稳定性和对油价的影响。这在2019年也可能对欧盟的经济及通胀产生影响。

39 2018年日本经济形势分析与2019年展望

张晓兰*

摘要：2018年，日本经济运行起伏不断，一季度GDP环比下降0.2%，二季度GDP环比增长0.7%，三季度GDP时隔一个季度再度出现负增长。与此同时，经济在复苏中缺乏稳固基础。从经济增长的内容看，内需是拉动经济增长的主要动力，企业设备投资增加、私人消费大幅反弹和海外需求稳定；从主要经济指标看，出现贸易收支盈余收窄、大型企业信心恶化、通胀回升缓慢、消费者信心不足等；从外部环境看，特朗普贸易政策致使出口受到较大打击，造成了大型制造业企业信心恶化等。预计2019年日本经济受消费税上调前刺激消费提振，有望延续2018年温和复苏态势。但需要注意的是，消费税上调至10%和特朗普贸易政策升级等内外风险，将进一步阻碍经济复苏步伐。

关键词：日本经济　内需　贸易保护主义　风险

一、2018年日本经济运行情况

日本经济在一季度意外下挫之后呈现回升趋势，但经济运行中主要指标出现萎缩。总体而言，2018年日本经济"喜忧参半"。

1. 经济增长呈现起伏，但主要经济指标出现萎缩

2018年以来，得益于全球经济的整体复苏，日本经济增长呈现前低后高走势。受内需疲软、全球贸易紧张及自然灾害等影响，一季度经济在持续多个季度增长后出现萎缩，GDP（经季节调整后）环比折年率下降0.9%，自2015年第四季度以来时隔8个季度首次出现负增长，也结束了28年来最长的一轮连续增长。二季度经济得益于企业设备投资增加、私人消费大幅反弹和海外需求稳定，GDP（经季节调整后）环比折年率增长3.0%（见图1），经济增长好于市场预期，也说明了经济已从一季度的短暂

---

* 张晓兰，经济学博士，国家信息中心经济预测部，副研究员，研究方向为世界经济、国别经济。

负增长中恢复。但因个人消费疲软、暴雨及酷暑影响人们减少外出等因素,三季度实际国内生产总值(GDP)时隔一个季度再度出现负增长,环比折年率下降1.2%,经济增长出现起伏。日本综合研究所2018年6月发布的《日本经济展望》报告预测,下半年经济增速将高于潜在经济增长率。对此,世界银行也预计,2018年日本经济增长率有望达到1%。尽管经济保持温和复苏的趋势没有变,但一些重要经济指标出现萎缩,出现通胀回升缓慢、出口涨幅缩小、贸易收支盈余收窄、企业信心恶化、消费者信心不足等。其中,6月份经季节调整后的核心机械订货环比下降8.8%,连续两个月下降,内阁府时隔一年多来首次下调机械订货基本情况判断,从"正在复苏"下调至"复苏动向中可见停滞迹象";7月份矿工业生产指数下降至102.4,连续三个月下滑,经产省对工业生产的基本判断由此前的"正在温和复苏"下调为"虽然整体来看工业生产仍保持了温和复苏的态势,但部分行业出现了下滑";8月份消费者信心指数(2人以上家庭、季节调整值)下降至43.3,连续三个月恶化,内阁府将消费者心理的趋势判断由此前的"可能恶化"下调为"有恶化的趋势",创2014年11月以来的最差表现。

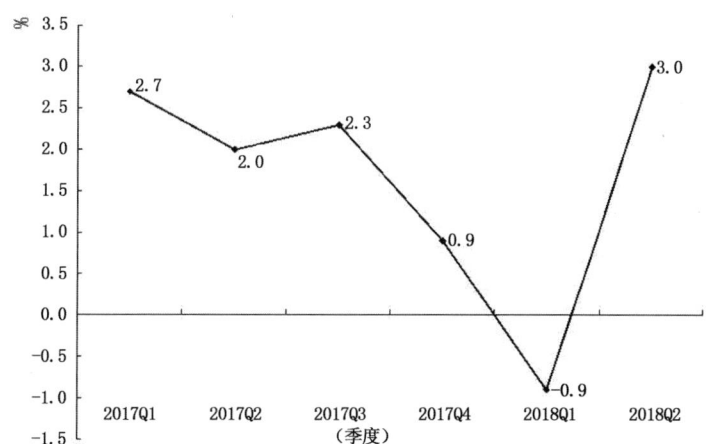

图1 2017年至2018年第二季度日本GDP环比折年率(季节调整值)

资料来源:日本内阁府。

2. 外贸形势总体稳定,但贸易收支盈余收窄

受国际油价和主要贸易对象国增长拉动等影响,2018年日本外贸形势较为乐观。受面向中国市场的半导体生产设备和面向中东市场的汽车出口形势良好拉动,2018年上半财年(4—9月份,下同)出口额达40.3657万亿日元,同比增长5.2%;受原油和液化天然气价格上涨影响,进口额达40.1437万亿日元,同比增长10.0%。但与此同时,日本贸易收支盈余不断收窄。2018年上半财年贸易收支实现2220亿日元顺差,同比大幅缩减88.1%。而且,受益于创历史最高纪录的访日外国游客在日本国内消费,以及企业海外投资收益增加,2018年上半年(1—6月份)经常项目收入盈余高达10.84万亿日元,同比增长2.1%。其中,货物贸易进出口贸易盈余下降了11.2%,实际盈余仅为1.815万亿日元。三季度以来,日本贸易收支进一步减少。由于汽车和通信设备出口低迷以及台风等自然灾害影响,9月份出口额同比减少1.2%,为22个月以来首次出现减少;进口额受原油价格上涨影响同比增加7.0%,连续6个月增加,贸易收支实现1 396亿日元顺差,同比大幅减少78.7%。

3. 制造业保持较快扩张态势,但大型制造业企业信心恶化

得益于产出和良好的外需等因素,2018年日本制造业维持较快扩张趋势。1月份制造业采购经理人指数(PMI)由2017年12月的54.0上升至54.8,扩张速度为2014年3月份以来最快。此后几个月PMI维持在50荣枯分界线以上,且保持在53左右的扩张区间(见图2)。7月份制造业扩张速度有所放缓,PMI小幅回落至52.3;8月份PMI由7月份的52.3低位回升至52.5;9月份PMI继续保持52.5的扩张速度,连续25个月处于扩张水平,创2008年金融危机以来最长扩张期,这也凸显三季度的需求仍较强劲。在制造业保持较快扩张态势的同时,大型制造业企业信心却出现恶化。日本央行发布的9月份全国企业短期经济观测调查(日银短观)显示,日本大型企业信心指数下降1点至21点。其中,大型制造业企业信心指数下降2点至19点,自2017年12月份达到25点以来连续三个季度恶化。这主要与日本西部暴雨引发洪水、台风"飞燕"重创列岛、北海道遭遇强烈地震等自然灾害导致工厂停工、物流中断、原材料价格上涨有直接关系。另外,美国贸易保护政策的负面影响也令企业开始担忧近几年一直温和复苏的经济将陷入停滞。

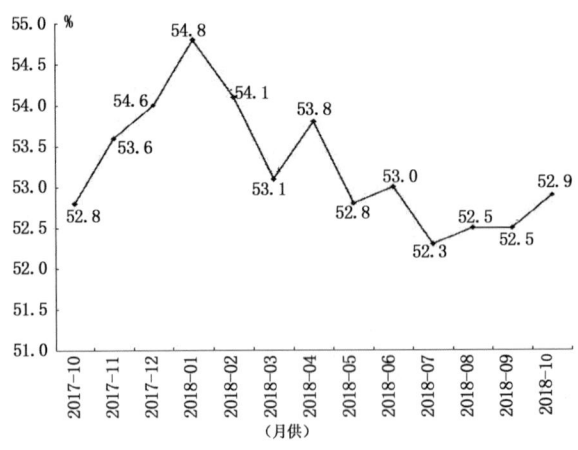

图2 日本制造业PMI走势

资料来源:Markit/JMMA。

4. 居民消费不断改善，但消费者信心不足

2018年一季度，居民消费不振导致日本经济下滑。民间消费支出和家庭消费支出增长停滞，增速均为0。汽油、生鲜蔬菜价格上涨，以及实际工资增长有限是制约消费增长的主要因素。二季度，内需是经济增长的主要动力，对经济增长的贡献率为0.9%。其中，因工资上涨推动汽车、空调、白色家电和餐饮消费等的增加（2010年开始普及的节能型家电到了更新淘汰期），私人消费环比增长0.7%，创2017年第二季度（增长0.8%）以来的最高水平。虽然个人消费持续改善，但消费者信心不足。1—3月份，消费者信心指数（2人以上家庭、季节调整值）分别为44.6、44.3和44.3。从4月份开始，消费者信心指数出现波动。其中，4月份消费者信心指数从3月份的44.3跌落至43.6，7月份进一步下降至43.5，8月份继续下降至43.3，连续三个月出现恶化。对此，内阁府时隔三个月将消费者信心指数的趋势判断由此前的"可能恶化"下调为"有恶化的趋势"，创下2014年11月以来的最差表现。9月份，消费者信心指数为43.4，基本与8月份持平；10月份，消费者信心指数进一步下降至43.0，凸显消费者信心不足（见图3）。

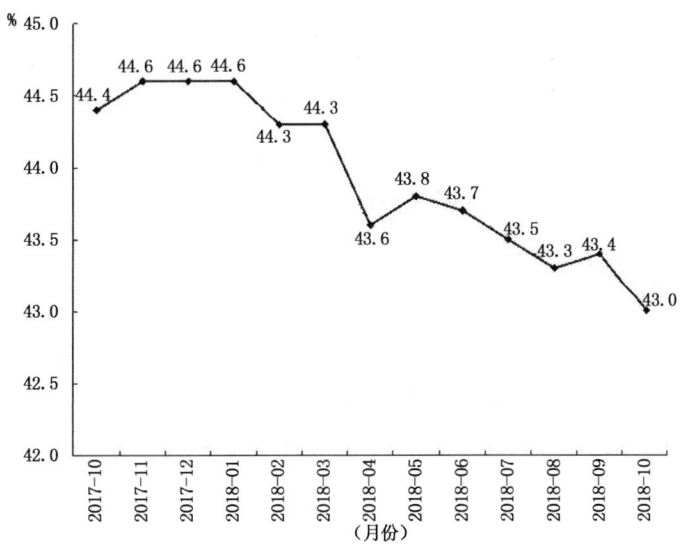

图3　日本消费者信心指数（季节调整值）

资料来源：日本统计局。

5. 就业形势乐观，但通胀回升缓慢

2018年以来，日本就业形势乐观，失业率始终维持较低水平。1月失业率从2017年12月的2.6%降至2.4%，创1993年4月以来的最低值。此后几个月的失业率均保持在2.5%左右（见图4），显示出经济刺激带来的岗位需求增加。另外，

2018年春季毕业的应届大学生就业率（找到工作的人数与想找工作的人数之比）达到创历史新高的98%，连续7年保持增长，创1996年以来最高水平。三季度以来，日本就业形势继续保持良好态势，7月份失业率为2.5%，有效求人倍率为1.63倍（劳动力市场需求人数与求职人数之比），较6月份升高0.01，连续三个月保持在1.6倍以上的高水平；8月份失业率为2.5%，连续三个月稳定在2.5%的水平。与此同时，受能源价格上涨影响，日本通胀水平出现好转，但回升速度缓慢，日本政府解决通缩努力收效甚微。剔除生鲜食品后，1—3月份核心消费者价格指数（CPI）同比分别增长0.9%、1.0%和0.9%。二季度通胀回升速度继续放缓，4-6月份核心CPI同比分别增长0.7%、0.7%和0.8%。由于电价等能源价格上涨显著，7月份核心CPI同比上升0.8%，仅持平于6月份的0.8%，低于预期值的0.9%。尽管8、9月份核心CPI较7月份有所回升，同比分别上升0.9%和1.0%，但距离央行制定的2%的通胀目标仍较远。此外，从目前工资上涨速度看，预计通胀短期出现较大回升的可能性较小，这也显示日本经济尚未恢复到市场预期的程度，央行将继续维持货币宽松政策。

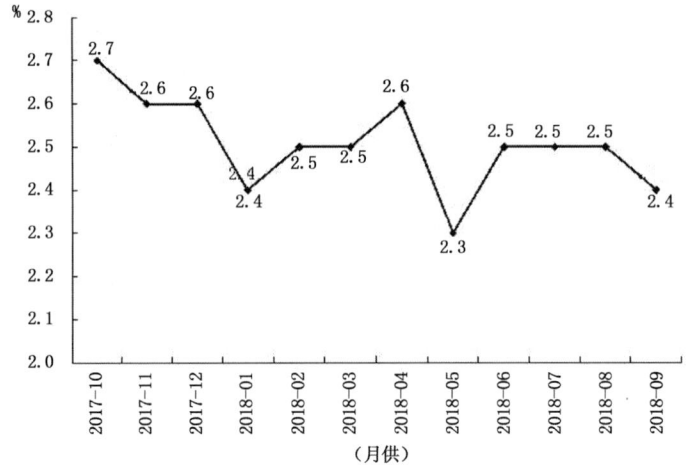

图4　日本劳动力调查（季节调整值）

资料来源：日本统计局。

二、影响2018年日本经济的主要因素

1. 贸易保护主义升温致使出口受到较大打击

2018年以来，特朗普贸易保护主义政策导致各国采取报复性措施进行交锋，全球陷入贸易摩擦泥潭，日本经济受到一定影响，出口受到较大打击。受向亚洲市场

智能手机相关产品出口下滑等因素影响，2018年日本出口增速放缓，对外出口额涨幅较2017年明显缩小。而且，国际能源价格上涨带来原油、液化天然气、石油制品等进口额攀升，致使进出口贸易出现赤字。2018年1—6月，日本货物贸易实际盈余为1.815万亿日元，同比下降了11.2%。对此，IMF认为，在全球贸易风险不确定下，日本经济面临外部风险增加。此外，贸易保护主义升温也造成了大型制造业企业信心指数出现恶化等现象。

2. 家庭收入增加促使消费需求上升

家庭收入增加是刺激居民消费需求上升的主要原因之一。2018年以来，日本政府积极鼓励企业增加职工工资，国内企业加薪幅度明显，一些中小企业加薪幅度甚至达到了20年以来的最高水平。据统计，二季度日本职员名义工资同比上涨4.3%，除去社会负担增加部分，实际增长1.9%，创1994年第二季度以来的最大涨幅。其中，因企业提高夏季奖金，日本6月份实质薪资（通胀调整后）同比增长2.5%，为1997年1月份增长6.2%以来最大同比涨幅。7月份实质薪酬（通胀调整后）同比增长0.4%，涨幅较6月份有所缩小，但仍为连续第三个月增长。另外，7月份日本家庭开支在连跌5个月后也出现回升。对此，日本政府一年来首次向上修正对家庭开支的评估，认为"家庭开支正站稳住脚"。

3. 企业设备投资增加推动经济扩张

一季度，日本企业设备投资环比下降了0.1%，时隔5个季度出现下降，显示出企业生产活动增长乏力。但二季度，企业设备投资增加推动经济实现扩张。因运输、电气、化工设备投资强劲，日本企业设备投资环比增长1.3%，为连续7个季度增长。同时，据日本政策投资银行发布的《全国设备投资计划调查》报告显示，2018财年（截至2019年3月份）日本大企业计划中的国内设备投资额比2017财年增加21.6%，为1980财年以来最高增幅，连续第7年实现增长。其中，由于运输机械投资增加以及化学和非铁金属行业针对车载电池、电子零部件生产的投资增长等，2018财年大型制造业企业计划中的设备投资额比2017财年实际投资额增加27.2%；由于运输业用于完善铁路和物流设施方面的投资增长明显，以及临近2020年东京奥运会，酒店、主题公园等与游客入境消费相关领域的投资增长，非制造业设备投资额也有望增长18.5%。

4. 劳动力市场改革有效解决劳动力短缺

为支持经济持续复苏，日本政府积极推进"新经济战略"，启动提高收入和劳动效率、改善育儿环境、促进女性及老人就业为目标的劳动力市场改革。主要包括：一是提高最低工资且每年上涨约3%，并使用税收减免的方式鼓励企业涨薪；二是建立补贴机制,奖励婴儿出生率和生产率得到提升的企业;三是平衡育儿与工作的关系,建立育儿计划,提高托儿所教师工资;四是帮助残疾人和老年人就业,创造女性和年轻人发挥积极作用的环境,吸纳外国人才等。这些举措促使短期劳动力市场改革成效显现,日本厚生劳动省发布的最新数据显示,日本正式员工有效求人倍率上升至1.13倍[1],包括兼职等在内的整体有效求人倍率为1.62倍,创2004年11月份开始统计这项指标以来的新高。

三、2019年日本经济展望

展望2019年,日本经济能否持续增长引起关注。日本经济面临的最大风险是特朗普贸易保护主义政策带来的潜在消极影响,将在量和价等方面阻碍经济持续温和复苏。一方面,特朗普贸易保护主义政策影响企业出口;另一方面,国际油价上涨一定程度上抵消家庭收入增长。同时,日本政府计划2019年10月份将消费税从8%提高至10%,也给消费者带来较大心理影响。此外,全球经济增速放缓以及市场波动等因素,也将促使日本央行继续维持量化宽松的政策取向。

1. 消费税提高将致使居民消费动力减弱

对于日本国民而言,2014年消费税上调至8%严重打击了消费支出,直接导致经济在2014年第二、三季度接连出现萎缩。如果安倍政府2019年将消费税上调至10%,那么将在很大程度上致使居民消费动力减弱,经济或将再次遭遇下滑。其中,汽车业已对政府再度上调消费税发出预警,预计上调消费税将导致国内新车年销量减少30万辆左右,并造成9万人失业。同时,国际货币基金组织(IMF)2018年10月初警告,当前日本经济面临的风险平衡已偏下档,消费税上调将导致民间消费的波动超过预期,可能遏制经济成长动能。

2. 市场波动或令央行维持现有宽松货币政策

尽管2018年以来,日本通胀水平出现温和回升,但离政府制定的2%的通胀目标仍较远。同时,全球市场受特朗普政策影响出现波动,全球货币政策日趋分化,预计日本央行仍将维持现有货币政策。另外,鉴于政府将在2019年10月上调消费税至10%,日本央行将会以宽松的货币政策抵消上调消费税对经济增长产生的负面影响。此外,日本央行还将考虑延迟购买政府国债时间和降低中长期国债购买频率。

---

[1] 有效求人倍率是指劳动力市场需求人数与求职人数之比。当这一数值超过1时,表明劳动力供不应求。

3. 贸易保护主义等风险或将拖累经济复苏

2019年，美国政府贸易保护主义举措是日本经济面临的最大外部风险之一。虽然当前贸易保护主义对日本经济影响有限，但一旦美国政府不断升级贸易保护主义措施，这将在很大程度上给日本经济带来冲击。日本综合研究所报告指出，如果特朗普政府对进口汽车加征25%关税，可能直接造成日本出口减少约8 000亿日元（约72亿美元）；如果加上对汽车零部件、运输等相关产业的影响，可能直接影响的规模超过2万亿日元（约180亿美元）。同时，如果美国重启对伊朗制裁，将进一步推高国际油价，致使个人消费需求和企业经营业绩受到影响，严重阻碍经济复苏进程。此外，逆全球化和地缘政治等外部风险，也是影响2019年日本经济运行的重要因素，全球地缘政治关系以及东北亚局势将直接关系到日本经济的复苏。

40　警惕新兴经济体风险发酵

赵硕刚*

摘要： 2018年以来部分新兴市场国家股市、汇市出现大幅波动，资本流出压力陡增。新兴经济体屡次成为世界经济中的薄弱点和风险点，与自身经济结构调整滞后以及发达国家货币政策调整的溢出效应密切相关。由于支撑美元上行的因素增强，新兴经济体将迎来新一轮动荡期，但爆发大规模危机并冲击全球经济的可能性仍较为有限。新兴经济体可能出现的动荡虽不至于给我国经济带来严重冲击，但仍会对我国经济增长、汇率走势、资产价格、市场流动性等产生影响，对此我国须密切关注、认真对待。

关键词： 新兴经济体　资本外流　货币贬值　金融风险

经历了三年多的相对平静之后，2018年以来部分新兴市场国家再次遭遇金融动荡，股市、汇市出现大幅波动，资本流出压力陡增，特别是因阿根廷比索、土耳其里拉暴跌，引发了新兴市场国家货币汇率的集体下挫，关于部分国家可能由此引爆债务危机的忧虑也明显升温。

一、新兴经济体风险不断发酵

国际金融危机后，新兴经济体一度成为拉动世界经济走出衰退泥潭的主动力。然而随着美欧日经济逐步从危机中恢复，尤其是2017年开始增长明显加速，世界经济增长格局也由新兴经济体向发达国家倾斜，全球风险格局也随之逆转，新兴经济体成为世界经济中新的风险源。2018年以来，在新兴经济体本就增长乏力的情况下，特朗普频频挑起贸易争端，威胁世界经济增长前景，新兴经济体经济形势更趋复杂。

---

* 赵硕刚，经济学硕士，助理研究员，研究方向为世界经济。

（一）经济减速与通胀高企并存

2018 年以来，许多新兴经济体增长明显放缓，巴西、南非、阿根廷、土耳其等国前两个季度 GDP 同比增速均不同程度下降，如巴西一、二季度 GDP 同比仅增长 1.2% 和 1%，南非为 0.8% 和 0.4%，土耳其为 7.3% 和 5.2%，阿根廷更是从一季度的同比增长 3.9% 转为二季度的同比萎缩 4.2%。从经济先行指标看，发达国家制造业 PMI 普遍在 53 以上，而主要新兴市场国家仅略高于 50 的荣枯分界线。与此同时，随着石油价格上涨及货币汇率贬值，新兴经济体陷入"滞涨"的风险正在加大。目前巴西、南非、印度 CPI 同比涨幅已经重新回到 4% 以上，阿根廷 9 月份通胀率突破 40%，土耳其 10 月份通胀率也已经达到 25.2%，较 1 月份提高了 15 个百分点。

（二）资本外流和金融动荡相伴

自美联储启动退出非常规货币政策以来，新兴经济体已经遭受了数轮市场动荡，而且每次的表现都颇为相似：资本大规模外流，股市显著下跌，本币大幅度贬值。本轮也不例外。据 EPFR 统计，在动荡最为严重的 6—8 月份，全球新兴市场股票基金出现连续 8 周资金净流出，MSCI 新兴市场股票指数 2018 年以来到 11 月初的跌幅达 14.3%，而该指数 2017 年的涨幅为 34.4%。汇率方面，除了直线跳水的土耳其里拉、阿根廷比索外，巴西雷亚尔、印度卢比兑美元汇率均已接近历史低位，俄罗斯卢布、南非兰特、巴基斯坦卢比兑美元贬值的幅度也均超过 10%。

（三）经济因素与政治因素相互交织

部分新兴经济体经济低迷、通胀高企使得国内民众不满情绪上升，政局不稳定性增加，政府更倾向于采取民粹主义和对外强硬政策以巩固民意，而这又容易进一步恶化经济前景，加剧资本外逃和金融动荡。2018 年 7 月底南非总统宣布支持修宪推动土地强征后，由于投资者担心无偿征收白人土地会让南非变成下一个津巴布韦，国际资本纷纷选择撤离南非，一些做空机构也乘机做空南非兰特。土耳其爆发里拉危机的直接诱因是土耳其拘禁美国牧师导致美土关系交恶，但这背后是埃尔多安在当选总统后加大对土耳其经济的控制，清理异己分子，导致投资者对土经济看空情绪增加，进而在美土争端升级的催化下引起滚雪球式的市场恐慌。

二、新兴经济体风险发酵源自内外压力加大

新兴经济体屡次成为全球经济的薄弱点和风险点，这既归咎于自身经济结构调

整滞后,也与发达国家货币政策调整的溢出效应直接相关。

(一)结构调整滞后是新兴经济体陷入当前困境的深层次原因

国际金融危机爆发后,新兴经济体为刺激经济采取了扩张性的财政货币政策。这些政策尽管短期内促使经济实现了快速反弹,但也加剧了对原有发展路径的依赖,如巴西、俄罗斯依然对大宗商品出口高度依赖;印度、印尼等双赤字问题严重。近年来新兴经济体长期积累的结构性矛盾开始暴露并制约着经济增长:产业发展失衡导致结构性通胀突出,经济低迷又导致国内不同民族、阶层、党派间矛盾加剧,从而使部分国家经济政治风险不断上升。近期金融市场出现剧烈震荡的阿根廷、土耳其等新兴经济体,多是内部结构性问题较为突出的国家。如土耳其经济增长主要依靠外部资金驱动,国内储蓄率低,外资并未带来土耳其生产能力提高,经常项目长期保持赤字。而且其中很大一部分是短期外债,资本外流冲击很可能演变为债务危机。目前,外债总额已达土耳其 GDP 的 53%,外债规模高达外汇储备规模 4 倍,短期外债超过外汇储备 1.7 倍,偿债压力巨大。

(二)美联储加速加息是引发新兴经济体金融动荡的直接原因

在美联储实施三轮量化宽松政策期间,不少新兴经济体借助于宽松的外部环境吸引了大量资本流入,以推高资产价格和通胀为代价实现了总需求扩张。随着发达国家和新兴经济体增长势头逆转,尤其是美国经济自主复苏动力增强后,美联储货币政策开始转向。2013 年以来,新兴经济体金融市场经历的三轮动荡多与美联储货币政策收紧的行为和预期显著相关。根据 2018 年 6 月议息会议后公布的点阵图,市场预期美联储全年加息频次由 3 次逐渐向 4 次预期靠拢,这增强了资金向发达经济体回流的预期,直接促成了新兴经济体资本外流与本币贬值的局面。

三、加息难解新兴经济体当前的困境

2018 年以来,面对通胀高企、汇率大幅贬值的困境,印度、印尼、土耳其、阿根廷等国先后宣布提高利率水平。阿根廷央行更是多次上调 7 天期 LELIQ(流动性票据)利率,10 月 16 日已上调至 72.198%。然而,当前全球经济正处于增长格局和宏观政策取向转变、分化的特殊时期,造成新兴经济体困境的原因既有内部因素又有外部冲击,既有周期性因素又有结构性问题,加息或单纯依靠货币政策并非对症下药的明智之举。

(一)加息将进一步拖累新兴经济体经济增长

由于增长放缓的趋势短期内难有改变,新兴经济体在此情况下采取逆周期的紧缩货币政策,将抑制金融市场作用的发挥。同时,加息更将提升经济运行成本,削弱消费者消费和企业投资意愿,进而令本已疲弱的经济雪上加霜。2014年年初时阿根廷曾将基准利率提高到28.8%,当时该国主要商业银行的个人贷款年利率上涨到49%~52%不等,加上各类税费,个人贷款者一年期贷款的总成本高达贷款额的85%左右,这无疑会抑制消费,进而拖累经济增长,结果当年阿根廷经济仅增长0.5%,增速较上一年大幅下降2.4个百分点。

(二)加息将加大新兴经济体金融系统风险

国际金融危机爆发后,由于新兴经济体为刺激经济采取了扩张性的财政货币政策,经济出现了明显的"加杠杆"趋势,许多新兴国家借贷增速远远超过经济增速。据世界银行数据,土耳其的借贷增速从2008年的33%一路升至2012年54%,巴西从58%升至68%。而随着经济增速放缓、利率上行,企业和居民债务违约的比例也开始上升,而违约率上升将直接导致银行不良贷款增加。如果新兴经济体继续加息,无疑将恶化银行的资产状况,加大银行业系统性风险。届时,新兴市场可能步发达国家后尘,对濒临倒闭的银行业出手相救。在不少国家财政赤字不断上升的情况下,政府的拯救行为将致使国债累加,为避免银行业危机而陷入债务危机之中。

四、新兴经济体动荡可能进一步升级

从前几次新兴市场出现金融动荡的时间看,美元上升期往往是新兴经济体的风险高发期,甚至可能引发局部的金融危机,如1982—1985年拉美地区爆发债务危机,1994—2001年墨西哥、东南亚、韩国、俄罗斯、巴西、阿根廷先后爆发金融危机。当前美国主要经济指标都延续向好势头,IMF预计2018—2019年美国经济的增长预期分别为2.9%和2.5%,美国失业率已经降至4%以下,薪资和通胀压力加大,美联储很可能加快加息进程,美元年内仍有进一步上行的空间。如图1所示。

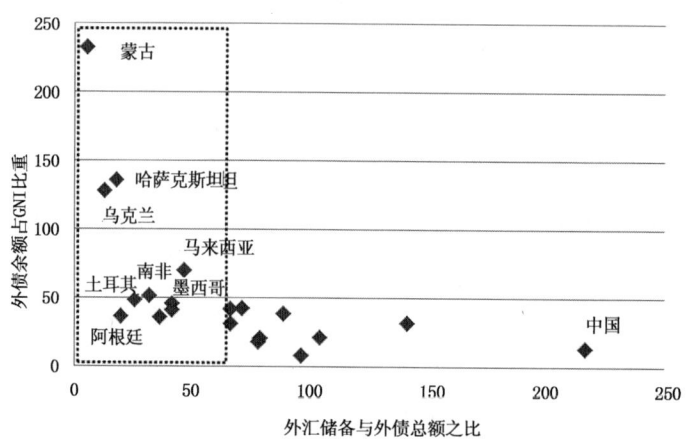

图 1　部分新兴经济体外债和外汇储备情况

资料来源：世界银行。

由于新兴经济体结构调整短期内难以到位，美联储货币政策加速加息又趋于明朗，因此新兴经济体金融市场可能会随着美国货币政策收紧节奏的变化而呈现阶段式震荡，特别是蒙古、哈萨克斯坦、土耳其、南非、阿根廷、乌克兰等外债较高而外汇储备较低的国家，在汇率持续大幅贬值的情况下，可能会引发局部的国际收支危机或债务危机，其他新兴经济体也将面临本币贬值和资本外流加剧的局面。

五、新兴经济体市场动荡尚不会严重冲击世界经济

尽管如此，新兴经济体爆发大规模危机并冲击全球经济的可能性仍较为有限。这是因为：

（一）新兴经济体相对减速不会引发全球经济增速大幅放缓

这主要是因为新兴大国和主要发达国家经济形势仍较为稳定。尽管当前新兴经济体对全球经济增长和世界贸易额的贡献已经占到一半左右，但这主要集中在"金砖国家"。这些国家经济增速虽然较过去相对放缓，但绝对增速仍然高于发达经济体，并且这些国家政治局势较为稳定，抗风险能力较强，支撑经济增长的有利因素也较多。另一方面，相对于大多数新兴经济体而言，能够对全球经济产生显著影响的仍然是主要发达经济体。而当前发达经济体经济形势普遍较好，复苏动力明显增强，从而可为全球经济复苏提供较为可靠的保障。

（二）新兴经济体市场动荡向外传导的风险依然可控

经历了1998年亚洲金融危机和21世纪初的拉美金融危机后，新兴经济体整体

抗风险能力已明显提高。根据 IMF 数据，尽管近年来新兴经济体外债占 GDP 比重有所上升，2017 年达到 29.7%，但仍远低于 1998 年的 36.4% 和 2002 年的 35.8%；外债期限结构以中长期居多，1 年内到期的外债占比为 25% 左右。更为重要的是，目前大多数新兴经济体选择了更为灵活的浮动汇率制，从而使汇率在应对资本外流时显现出较强的弹性。

（三）全球和区域层面的协调机制将有助于防止风险扩散

从全球层面看，IMF 等国际组织和各国央行已经积累了较丰富的危机应对经验：IMF 已经建立了较为成熟的危机援助机制，各国央行间还建立起了外汇互换机制。在这种情况下，一旦个别新兴经济体发生危机，可以通过寻求 IMF 资金援助、央行流动性互换等方式缓解流动性短缺局面。这将在很大程度上稳定市场信心，从而有助于将危机控制在局部范围内，避免进一步传导和扩散。目前 IMF 执行委员会已经批准为阿根廷提供 563 亿美元信贷额度，如果形势进一步恶化，未来也不排除土耳其向 IMF 寻求帮助的可能。

六、新兴经济体动荡将对我国经济造成一定负面影响

我国经济自身基本面依然稳健，新兴经济体可能出现的动荡虽不至于给我国经济带来严重冲击，但仍然会通过贸易渠道、资本渠道和信心渠道等方式传导至国内，对我国经济增长、汇率走势、资产价格、市场流动性等产生影响。对此，我国须密切关注、认真对待。

第一，新兴经济体需求下降将拖累我国出口增长。截至 2017 年年底，新兴经济体占我国出口的比重已近 60%。新兴经济体内需减退，必然会降低来自我国的进口。

第二，新兴经济体货币贬值将加剧人民币汇率波动。由于人民币兑美元波动幅度相对有限，在新兴经济体货币受外部冲击出现大幅贬值的情况下，人民币被动升值压力将明显增加。同时，这也将削弱我国出口产品在新兴市场和发达市场上的竞争力。

第三，新兴经济体动荡将加大我国资本外流压力。在美国启动加息之后，新兴经济体资本外流压力普遍加大。在当前我国货币政策稳健中性的取向下，资本流出导致的外汇占款下降可能进一步加剧我国资金紧张局面，加大国内资产价格下行压力和金融风险。

第四，部分新兴国家政局不稳将影响我国海外利益。由于新兴经济体是我国对

外投资的重要目的地，部分国家出现政局动荡和政权更迭不仅会影响到与我国既有协议的顺利执行，而且可能对正在执行的协议造成损失，危及我国海外资产的安全。如 2018 年上半年巴基斯坦货币出现大幅贬值，政府偿债能力下降，国际收支风险加大，这将对我国建设中巴经济走廊造成一定负面影响。

Annual Report on
China and the World Economic
Development(2019)

能源篇

ENERGY REPORTS

41 2018年能源行业形势分析及2019年展望

尹伟华[*]

摘要： 2018年以来，国民经济运行在合理区间，保持总体平稳、稳中有进的发展态势，叠加"冷冬+早夏"天气以及环保督查等因素综合影响，我国能源消费继续回暖，供给质量不断改善，能源转型持续推进，主要指标好于预期。分品种看，煤炭消费持续回暖，成品油消费保持中低速增长，天然气消费大幅增加，电力消费快速增长。展望2019年，随着供给侧结构性改革的深入推进，消费仍将平稳较快增长，但基建投资资金面仍然不足、房地产投资回落、贸易摩擦的影响逐步显现，我国经济增长或遭遇二次筑底，经济下行压力较大，能源消费增速同比有所回落。2019年全面落实《打赢蓝天保卫战三年行动计划》，能源体制改革亦将迎来"升级版"，能源结构将持续朝着绿色低碳清洁高效方向转型。

关键词： 能源行业　需求回暖　能源转型　结构优化　新动能集聚

一、2018年以来全国能源消费快速增长

1. 煤炭消费持续回暖，发电用煤增长较快

2018年以来，我国宏观经济运行在合理区间，保持总体平稳、稳中有进的发展态势，电力、钢铁、化工、建材等主要耗煤行业需求均增加，全国煤炭消费持续回暖。前三季度，全国煤炭消费量约28.75亿吨，同比增加8 400万吨，增长3.0%。分行业看，受全社会用电量快速增长，上半年水电出力不足，以及天气等因素影响，煤电发电量保持较快增长，带动了电力行业用煤大幅增长，1—9月电力行业煤炭消费量同比增长7.6%，是煤炭消费增长的主要拉动力量。传统煤化工需求虽然偏弱，但随着现代煤化工技术的突破以及一批示范项目的建设运行，化工行业用煤整体呈

---

[*] 尹伟华，统计学博士，国家信息中心经济预测部政策仿真实验室副研究员，主要研究方向为能源、经济增长、全球价值链、效率评价、数量经济模型等。

现增长态势，1—9月化工行业煤炭消费量同比增长5.1%。基建投资增速持续走低，房地产投资收紧，对钢材需求的提振效果减弱，钢铁行业用煤小幅增长，1—9月钢铁行业煤炭消费量同比增长0.8%。建材整体需求依旧乏力，但增幅高于上年同期，1—9月建材行业煤炭消费量同比增长0.3%。此外，随着产业结构和能源结构调整步伐加快，天然气及电力替代稳步推进，其他行业用煤呈下降趋势，尤其是居民用煤下降明显。

第四季度，虽然非化石能源替代、大气污染治理、散烧煤治理等对煤炭需求形成制约，但宏观经济稳中有进，加之取暖季煤炭迎来季节性消费高峰，预计煤炭需求同比增加。综合来看，2018年全年煤炭消费平稳增长。

2. 成品油消费中低速增长，汽柴煤分化明显

前三季度，在消费增长不及预期、投资增速持续放缓等因素的作用下，我国成品油市场需求呈现中低速增长，三大油品（汽油、柴油、煤油）需求分化明显。1—9月，成品油消费同比增长5.4%，较上年同期下降1.2个百分点。分品种看，1—9月，受购置税优惠政策退坡影响，乘用车市场表现低迷，加之新能源汽车、共享单车、台风暴雨频发等因素影响，汽油消费增速放缓，同比增长6.4%，较上年同期下降3.8个百分点；中共中央国务院发布《关于全面加强生态环境保护坚决打好污染防治攻坚战的意见》，提出"打好柴油货车污染治理攻坚战"，推进重点工业企业和工业园区货物由公路运输转向铁路运输。在此政策推动下，以及上年同期高基数的影响，柴油消费整体依旧低迷，同比增长3.7%；受居民消费升级、经济增长转型等因素推动，民航客运量、民航货邮运输量稳定增长，煤油消费继续保持较快增速，同比增长9.3%。

第四季度，汽油消费进入相对淡季，加之乘用车销量继续维持低位增长，预计汽油消费增速呈小幅上涨；受货车超载治理政策红利逐步消减，重型卡车的置换和更新基本结束，以及房地产政策继续从紧，相关材料运输需求回落等因素影响，预计柴油消费增速有所放缓；国庆假期对航空出行有一定提振作用，预计煤油消费维持较快增长。综合来看，预计2018年全年成品油消费保持中低速增长，较上年有所回落。

3. 天然气消费大幅增加，淡季不淡特征明显

2018年以来，在宏观经济稳中有进、环保政策持续发力、大量翘尾用户投产等因素共同推动下，天然气延续了2017年以来高速增长趋势，城市燃气、工业燃料、天然气发电等用气需求显著回升。1—9月份，全国天然气消费量2 017亿立方米，同比增长18.2%，增速比上年同期下降0.2个百分点。前三季度，全国天然气消费呈现出"旺季更旺"（一季度天然气消费690亿立方米，同比增长17.4%）、"淡季不淡"（二季度天然气消费658亿立方米，同比增长17.6%；三季度天然气消费669亿立方米，同比增长19.6%）的特点。一季度，全国天然气消费较为旺盛，主要是由于北方地区处于供暖期，大量采暖煤改气项目运行拉动城市燃气和天然气发电用气的快速增长。二季度和三季度，全国天然气消费依然保持高速增长，主要是受宏观经济总体平稳、大量翘尾用户投产、冬季"停工限产"后行业需求反弹、高温天气等因素共同影响的结果。

"迎峰度冬"期间，天然气将进入全年用气高峰，各地防治大气污染、采暖煤改气项目投运将进一步拉动用气需求，然而由于资源抑制，工业、化肥化工用气需求下降，预计第四季度全国天然气消费量同比增长10.0%左右。综合来看，预计2018年全年天然气消费量超过2 700亿立方米，同比增长15%左右。

4. 电力消费快速增长，工业用电增速同比提高

2018年以来，在国民经济尤其是工业经济运行平稳，以及大范围持续性高温天气、电能替代持续推广等因素的带动下，电力消费持续快速增长，全社会用电量5.1万亿千瓦时，同比增长8.9%，增速比上年同期提高2.0个百分点，创6年来新高。其中，一、二、三季度分别增长9.8%、9.0%、7.9%，增速连续9个季度保持在5.5%~10%的增长区间。分产业看，1—9月份，第一产业用电量555亿千瓦时，同比增长9.8%，增速比上年同期上升2.0个百分点；第二产业用电量34 714亿千瓦时，同比增长7.3%，增速比上年同期上升1.3个百分点。工业用电量34 143亿千瓦时，同比增长7.2%，增速比上年同期上升1.2个百分点；第三产业用电量8 259亿千瓦时，同比增长13.5%，增速比上年同期上升3.0个百分点，为2011年以来同期最高水平；城乡居民生活用电量7 534亿千瓦时，同比增长11.5%，增速同比提升4.0个百分点，为2011年以来同期最高值。

随着高温天气影响的逐渐消失，以及京津冀及周边地区"两高"（高污染、高耗能）行业企业生产将因秋冬季大气污染综合治理攻坚行动方案、环保安全监察等限产停产，加之上年同期高基数影响，预计第四季度全社会用电量增速将有所回落。综合来看，预计2018年全年全社会用电量约6.9万亿千瓦时，同比增长8.8%左右。

二、2018年以来能源行业运行特点

1. 能源生产和进口稳定增长，供需形势总体宽松

前三季度，规模以上工业原煤产量25.9亿吨，同比增长5.1%，增速比上半年

加快1.2个百分点；原油产量14 113万吨，同比下降1.9%，降幅比上年同期收窄2.5个百分点；原油加工量45 254万吨，同比增长8.1%，增速比上年同期加快3.4个百分点；天然气产量1 162亿立方米，同比增长6.2%，增速比上半年加快1.6个百分点；电力生产延续上半年较快增长态势，发电量增长7.4%。能源生产增速加快。1—9月份，煤炭开采和洗选业，石油和天然气开采业，电力、热力、燃气及水生产和供应业增加值同比增速比上年同期分别加快4.1、3.2、1.9个百分点。产能利用率多数提高，煤炭开采和洗选业，电力、热力、燃气及水生产和供应业产能利用率分别提高4.0、1.0个百分点。能源进口增长总体较快。前三季度，原煤进口快速增长，原油进口稳定增长，天然气进口高速增长。其中，原煤进口2.3亿吨，同比增长11.8%，增速比上半年加快1.9个百分点；原油进口3.4亿吨，同比增长5.9%，增速比上半年加快0.1个百分点；天然气进口6 478万吨，同比增长34.0%，增速比上年同期加快11.7个百分点。

2. 能源供给侧结构性改革成效明显，供给质量持续改善

煤炭煤电去产能进展顺利。年产30万吨以下煤矿有序退出，积极释放煤炭先进产能，调整优化煤炭产业布局和建设时序，煤炭产业集中度进一步提高，煤炭供求关系由总体宽松转向平衡。此外，对不达标的30万千瓦以下煤电机组进行全面摸排，严控新增规模，煤电新增装机同比减少近4成，煤电利用效率明显提高。1—9月煤电新增设备容量2 379万千瓦，比上年同期减少719万千瓦；煤电设备平均利用小时为3 276小时，比上年同期增加158小时。油品质量升级进程不断加速。国务院常务会议提出"2019年1月1日起全面供应符合国六标准的车用汽柴油"，这是我国汽柴油从2018年1月1日起全面实现"国五"标准后，再次全面提高能源品质供应。目前云南、河南、海南、上海、江苏等地已在国家规定的基础上，提前实施更高质量标准油品，逐步实现"国六"汽柴油的供应。清洁能源消纳成效明显。前三季度，风电和光伏发电弃电量和弃电率保持"双降"，弃风电量222亿千瓦时，同比减少74亿千瓦时，平均弃风率7.7%，比上年同期减低4.7个百分点；弃光电量40亿千瓦时，同比减少11.3亿千瓦时，平均弃光率2.9%，比上年同期降低2.7个百分点。可再生能源发电设备利用小时同比均提高，1—9月份，风电平均利用小时数1 565小时，同比增加178小时；光伏发电平均利用小时数857小时，同比增加57个小时；水电平均利用小时数2 716小时，同比增加42小时。

3. 能源结构持续优化，绿色低碳转型进程加快

清洁能源消费保持快速增长。前三季度，全国天然气消费增速远超预期，天然气消费量2 017亿立方米，同比增长高达18.2%；水电、核电、风电、太阳能发电等

非化石能源发电量13 444亿千瓦时，同比增长8.9%，高于全部发电增速1.5个百分点，占全部发电的比重为26.7%，比上年同期提高0.4个百分点。总体来看，天然气、水电、核电、风电等清洁能源消费占能源消费总量比重比上年同期提高1.3个百分点，煤炭消费所占比重下降1.5个百分点。非化石能源发电装机比重进一步提升。截至9月底，全国6 000千瓦及以上电厂非化石能源发电装机容量合计6.4亿千瓦，占全国总装机比重36.4%，比上年同期提高1.3个百分点。1—9月份，全国新增非化石能源发电装机容量合计5 735万千瓦，占全国新增总装机比重70.7%，远超过新增总装机规模的半数以上。节能降耗扎实推进。前三季度，全国单位GDP能耗同比下降3.1%，高于全年下降3%以上的目标任务。

4. 能源行业效益总体改善，电力行业仍不容乐观

前三季度，规模以上工业企业中，煤炭开采和洗选业实现利润2 327.5亿元，同比增长14.5%；石油和天然气开采业实现利润1 353.7亿元，同比增长4.0倍；石油、煤炭及其他燃料加工业实现利润2 019.0亿元，同比增长30.8%；电力、热力生产和供应业实现利润2 718.5亿元，同比增长9.2%。电力行业效益面上形势虽然好于上年，但实际经营情况仍不容乐观。国家统计局数据显示，电力行业资产利润率仅1.6%左右；火电行业经营形势持续严峻、企业亏损面仍接近一半，部分大型发电集团煤电和供热板块持续亏损；可再生能源补贴不及时、不到位，账面利润短期内难以转化为实际资金流等。

电力行业经营效益的主要影响因素有：一是电煤价格高位波动，发电成本同比继续上涨。反映电煤采购综合成本的CECI 5500大卡综合价显示，2018年以来综合价波动区间为571~635元/吨，各期价格均超过《关于平抑煤炭市场价格异常波动的备忘录》中规定的绿色区间上限，国内煤价持续高位也导致对标国内煤价的进口煤价格快速上涨，明显抬高了国内企业采购成本。二是可再生能源补贴支付明显滞后，补贴缺口持续扩大。近年来由于发展迅猛且过度依赖补贴，可再生能源发电补贴缺口不断增大，企业资金周转困难，补贴不及时、不到位现象严重。同时在国家降成本总体要求下，现行的固定补贴政策难以为继。三是煤电企业需持续投入巨额环保资金，财务负担加重。国家对环保的重视程度越来越高、对环保的要求也日益提高，针对环保标准和要求的不断提高，发电企业积极进行超低排放等环保改造，但改造资金多来自贷款，随着环保资金投入的不断增加，给企业来带繁重的财务负担。

三、2019年我国能源形势的主要影响因素分析

党的十九大明确指出，我国经济已由高速增长阶段转向高质量发展阶段。展望2019年，面对异常复杂严峻的国际形势和艰巨繁重的国内改革发展任务，我国经济增长或遭遇二次筑底，经济下行压力依然存在，能源消费总体上仍难有较大起色。2019年能源形势的影响因素仍然较为复杂，以下四个方面值得关注：

1. 能源消费动力转换加快，新的增长动能不断积聚

近年来，面对当前传统产业增长乏力，高技术产业和以移动互联网、大数据、云计算、人工智能等为代表的新兴产业蓬勃发展，成为支撑我国经济转型升级、提质增效的一股关键力量，并由此带动了电力消费的快速增长。2018年1—9月份，高技术制造比例大的汽车制造业（17.3%）、金属制品业（13.9%）、计算机通信设备制造业（13.4%）、通用设备制造业（10.4%）用电增速均超过10%，分别持续9～19个月高于制造业用电增速；医药制造业、电气机械和器材制造业用电量增速也均超过8%。互联网等信息技术联系密切的第三产业诸多行业用电量增速也持续高位运行，如数据中心、比特币挖矿年耗电量竟达到了成倍增长，远远高于服务业用电增速（13.5%）。未来，这些新兴产业在"中国制造2025"、"互联网+"行动、国家信息化发展纲要、促进大数据发展行动纲要、新一代人工智能发展规划等系列重大战略和政策措施的支持下，仍将继续保持快速发展，拉动电力消费较快增长。城乡居民生活用电亦成为拉动全社会用电量增长的重要动力。1—9月份，城乡居民生活用电量7 534亿千瓦时，同比增长11.5%，增速比上年同期提高4.0个百分点，占全社会用电量的比重为14.8%，对全社会用电量增长的贡献率高达18.7%。未来，随着国家城镇化率和居民生活电气化水平持续提高，城乡居民生活用电量将继续保持快速增长态势。

2. 工业服务业生产平稳，能源消费有望保持稳定增长

2018年以来，国民经济保持稳中有进的发展态势，工业服务业生产总体平稳。1—9月份，全国规模以上工业增加值同比增长6.4%，增速较1—8月份放缓0.1个百分点。在41个工业大类行业中有40个行业增加值同比增长，其中电子、专用设备、医药和电力等行业保持两位数增速，同比分别增长13.2%、10.8%、10.3%和10.0%。在统计的596种主要工业产品中，有376种实现同比增长，增长面达到63.1%。其中，环境污染防治专用设备、新能源汽车、服务器、移动通信基站设备、工程机械、光纤、电子元件和智能电视等产品保持较快增长，同比分别增长

59.1%、54.8%、45.1%、32.4%、28.2%、28.0%、20.9%和18.6%。前三季度，服务业增加值34.6万亿元，同比增长7.7%，分别高出国内生产总值和第二产业增加值增速1.0和1.9个百分点。服务业生产指数同比增长7.8%，月度服务业生产指数同比增速一直保持在7.3%~8.3%的较快增长区间。从主要行业看，信息传输、软件和信息技术服务业持续高速增长，月度增速连续10个月保持在30%以上；租赁和商务服务业继续较快增长，2018年以来月度增速始终保持在9%以上。在稳增长的政策主基调之下，工业服务业生产保持平稳增长势头，将继续推动能源消费保持稳定增长。

3. 人均能源消费偏低，能源需求潜力依然较大

相对于发达国家来说，我国人均能源消费量都还处于较低水平。我国汽车年销量已连续8年世界第一，但总体而言仍属于年轻的汽车消费市场。当前我国与美国、德国、日本、韩国人均GDP和千人汽车保有量仍有较大差距，2017年我国千人汽车保有量仅为140辆，仅相当于美国800辆、德国572辆、日本591辆和韩国376辆的17.5%、24.5%、23.7%和37.2%。随着我国经济的发展、居民收入的稳步提高以及道路等基础设施的投建，我国汽车的保有量会持续增长，汽油消费量有望保持稳定较快增长。近年来我国天然气发展保持快速发展的态势，2017年我国天然气占一次能源消费总量比重为7.0%，人均天然气消费量约为146立方米，而相应的全球平均水平分别为23.4%和452立方米，相对于全球平均水平仍有很大的差距。按照发达国家的经验规律，我国天然气市场尚处于早期阶段，未来仍有较大的发展潜力，如果按照当前的全球人均消费水平估算，14亿人口也能创造超过6 500亿立方米的市场空间。此外，我国当前人均生活用电量也相对较低，还不到日本的四分之一和美国的八分之一，随着人民生活水平的不断提高，城乡居民家用电器水平逐步提高，未来还有很大的增长空间。城镇化、农民工市民化的快速推进也有利于支撑城乡居民用电量快速增长。

4. 能源体制改革将迎"升级版"，加速释放改革红利

能源体制改革与能源价格改革是一个相互依赖和支持的过程。受资源禀赋、交易税费、定价机制、流通费用等因素影响，我国能源原材料成本既高于俄罗斯、巴西等主要能源资源国，也高于美国等发达国家。随着发达国家再工业化的发展，能源价格相对较高对我国制造业竞争力带来的抑制作用不容忽视。煤炭是我国当前的主力能源，国内煤炭价格依然高于国际煤炭价格，进口煤炭价格相对较低。2017年中国秦皇岛动力煤平均价格为每吨611.3元，而同年纽卡斯尔NEWC、欧洲ARA港和理查德RB动力煤现货平均价格分别为598.1元、569.9元和575.3元，我国煤炭

价格分别高出 2.2%、7.3% 和 6.3%。电力是我国最重要的二次能源，但受价格倒挂机制的影响，我国工业电价平均水平仍高于美国等发达国家。更不用说石油和天然气价格，我国的成本劣势更加明显。我国能源价格水平过高，有些是自身资源条件不足造成的，但也不能忽视体制机制不顺的影响。在国家"降成本"的供给侧改革要求下，能源行业迫切需要深化改革，打通症结，削弱垄断影响，降低终端用能成本。

2015 年以来，我国持续推进能源领域体制改革。从以新疆为试点的油气改革探索，到 2017 年 5 月出台的《关于深化石油天然气体制改革的若干意见》，我国油气体制改革取得关键性突破。《2018 年能源工作指导意见》要求，加快推进油气体制改革，推动油气管网运营机制改革，理顺省级管网体制，加快推动油气基础设施公平开放，完善油气储备设施投资和运营机制，推进四川、重庆、新疆、贵州、江苏、上海、河北等地方油气体制改革综合试点及专项试点。2015 年 3 月颁布《关于进一步深化电力体制改革的若干意见》，被誉为"啃硬骨头的改革"正式拉开帷幕，电力体制改革取得重要突破。截至目前，交易机构基本组建完成，全国所有省份均建立了电力交易机构，组建完成北京、广州 2 个区域性电力交易中心；输配电价改革持续扩大，实现省级电网输配电价改革全覆盖，陆续核定华北、东北、华东、华中、西北 5 大区域电网输电价格，以及 24 条跨省跨区专项输电工程输电价格；售电侧市场竞争机制初步建立，开展了三批增量配电业务改革试点；电力现货市场建设平稳推进，南方电力现货市场已启动试运行。2019 年，能源行业体制改革需要继续砥砺前行，逐步理顺存在的若干价格扭曲、行政干预、行业垄断，力争早日消除不合理的能源加价。

四、2019 年能源需求预测

根据上述我国宏观经济形势走势和能源需求的主要影响因素分析，综合判断，2019 年我国能源消费增速同比有所回落，仍将低位徘徊。主要预测如下：

1. 电力消费预计高位回落

2018 年因工业经济运行平稳以及大范围持续性高温天气的影响，全年全社会用电量增速将达到 8.5%，2019 年随着气温逐步回归正常，对电力需求的影响将明显减弱。另一方面，我国经济依然处于筑底的过程中，2019 年我国经济增长或遭遇二次筑底，经济下行压力依然较大，用电增速难以快速提高。此外，目前是中美贸易摩擦双方博弈的关键期，其发展走向存在很大不确定性，对经济发展和电力消费存在较大不确定性。综合来看，预计 2019 年全年全社会用电量增速将比 2018 年有所回落,增速在6%左右。若在中美贸易摩擦持续加剧形势下,我国将可能采取扩大内需、增加基建投资等对冲方式,对电力消费将起到拉动作用,全年全社会用电量增速将可能高于6%。

2. 煤炭消费增速大幅回落

在稳增长的政策主基调之下,我国宏观经济维持平稳增长态势,带动煤炭需求维持刚性消费。然而,由于电力需求增速有所放缓,加之核电及并网风电、太阳能发电等替代能源持续快速推进,煤电的市场空间将进一步被压缩,预计发电用煤增速将大幅回落。与此同时,随着供给侧结构性改革、控制煤炭消费总量以及《打赢蓝天保卫战三年行动计划》的深入推进,钢铁、建材及其他行业散煤消耗也将持续减少,而现代煤化工用煤有望继续保持稳定增长。综合来看,预计2019年全年煤炭消费增速将大幅回落。

3. 成品油消费中低速增长,汽柴煤走势依然分化

由于近两年燃油汽车销售仅维持中低速增长,加之国家进一步扩大燃料乙醇布局,将对汽油形成一定的替代,在一定程度上降低了汽油消费,预计2019年汽油消费量同比增长5.0%左右。2019年,面临房地产政策继续从紧投资下行,地方基建投资高速增长难以持续,以及"公转铁"政策落地等因素影响,柴油需求整体依旧低迷。随着我国航空基础设施的不断完善和居民收入的不断增长,航空物流业、旅游业等快速发展,我国航空运输业依然保持高速发展期,煤油消费将以8%~10%增速稳定持续增长。综合来看,2019年全年成品油消费将继续保持中低速平稳增长。

4. 天然气消费继续保持较快增长

伴随我国经济转向高质量发展阶段,环境约束日趋严格。2019年国家将持续推进环保政策,加强环保监管,各地仍面临较大环保压力,尤其是京津冀及周边"2+26"城市稳步推进居民以及采暖煤改气,主要增量仍然来自居民、供热用气,环保因素将推动天然气需求增长。然而,工业燃料用气依然受制于经济探底形势,而燃气发电受气温回归正常以及发电成本较高等因素影响,短期依旧难以大幅改观。预计2019年全年天然气消费量达到3 000亿立方米左右,同比增长11.5%左右。

42 2018年煤炭行业经济运行分析及2019年展望

王 硕*

摘要： 2018年煤炭行业维持了较高的行业景气，前三季度媒体行业工业增加值实现小幅正增长，结束了连续两年下降的局面。连续两年的去产能工作进展顺利，煤炭供需矛盾明显缓解，煤炭产量继续平稳增长，煤炭进口保持较大规模和较快增速，煤炭行业供给质量大幅度提升。国民经济保持稳定增长支撑了煤炭需求，2018年电能替代持续推进以及高温天气促进了电煤需求呈现较快增长，为煤炭消费平稳增长做出重要贡献。煤炭供需形势平稳，支撑了煤炭价格保持相对高位运行，波动幅度不大。煤炭价格平稳以及产量稳中有升，推动了煤炭行业经济效益继续稳定回升，煤炭行业收入增速稳定，行业利润增长快速。展望未来，煤炭行业去产能将继续向前推进，行业结构调整和转型升级将向深入发展，煤炭去产能将更加注重总量调控与结构优化并行，煤炭行业应通过多元化发展以及与新产业、新技术的协同融合来培育新动能，实现高质量发展。

关键字： 煤炭 去产能 转型升级

2018年煤炭需求稳定回升，带动了煤炭产量小幅增长，行业增加值恢复正增长格局。供给侧结构性改革深入推进，煤炭去产能进展顺利，行业产能利用率明显上升，煤炭市场供求格局进一步优化，煤炭价格保持稳定波动态势。煤价稳定及需求提升，使得煤炭行业实现良好经济效益，行业利润增速较快。煤炭进口继续呈现较快增长，进口规模较大。产能置换以及结构调整，支撑煤炭行业投资保持平稳。

一、2018年1—9月煤炭行业经济运行分析

1. 煤炭产量小幅增长

继2017年恢复正增长格局之后，2018年我国煤炭产量继续保持小幅增长，前三季度

---

* 王硕，经济学硕士，国家信息中心经济预测部高级经济师，主要从事产业经济分析与预测、行业景气研究。

增速平稳。2018年1—9月，全国规模以上煤炭企业煤炭产量完成25.95亿吨，同比增长5.1%，增速比上年同期下降0.6个百分点，但依然是2017年以来的较高增速。整体上我国煤炭产量已经进入低速增长阶段，煤炭需求虽然平稳上升，但煤炭需求总量进入峰值平台，没有大幅上升空间。2018年煤炭产量维持小幅增长，得益于电煤需求增长较快，同时国民经济保持稳定增长，使得冶金、化工及建材行业煤炭需求稳中有升。

煤炭产量持续维持小幅增长态势，促进了煤炭行业工业增加值增速平稳回升，1—9月煤炭开采和洗选业工业增加值同比增长2.1%，改变了上年同期及上年全年负增长的格局，增速同比上升了4.1个百分点。从趋势上看，2018年煤炭行业工业增加值增速除5、6月份有所反弹之外，整体上呈现逐渐回落态势，反映出行业增加值增长动力有所减弱，煤炭行业需要寻找新的增长动能实现转型升级发展。如图1所示。

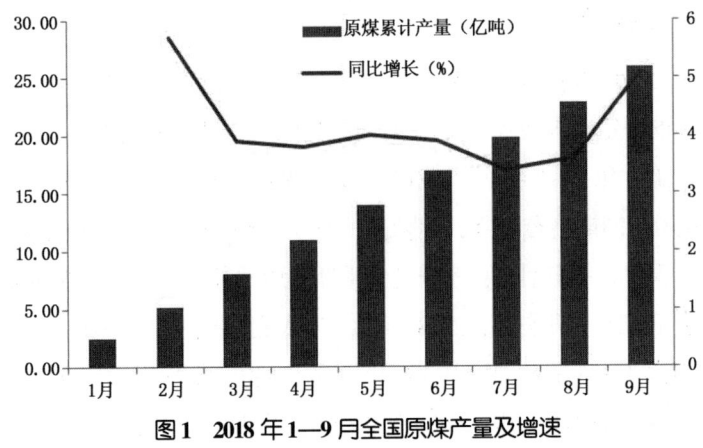

图1　2018年1—9月全国原煤产量及增速

2. 煤炭市场价格平稳

2018年以来煤炭市场价格整体波动平稳，比上年平均水平略有回落，但幅度不大，保持了相对较高水平。2018年10月底，环渤海5 500大卡动力煤综合平均价格指数为571元/吨，比上年平均水平下降14元/吨，比2018年年初的高点下降7元/吨，整体上煤炭市场价格波动幅度很小，煤炭价格平稳有力地促进了行业经济效益回升。随着去产能工作的持续推进，煤炭市场价格在2016、2017年一度出现较大波动，但随着国家对煤炭市场的调控逐渐发挥作用，煤炭行业去产能与优质产能释放、产能结构调整同步进行，煤炭市场供求总体实现了基本平衡，使得煤炭市场价格得到了较好的调控，既保持了能够支撑行业景气实现一定回升的价格水平，也有效抑制了煤炭市场价格持续上升的势头，使煤炭市场预期更加理性，煤炭市场运行更加平稳。如图2所示。

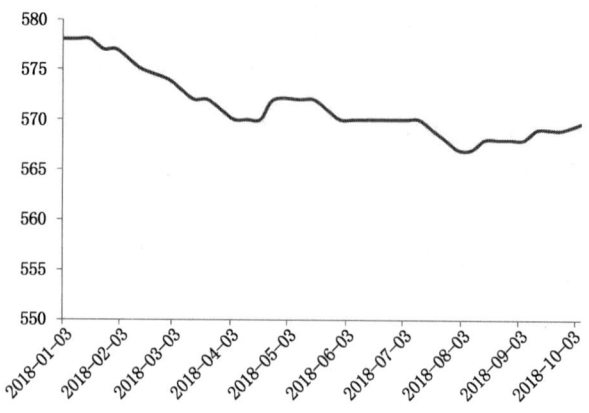

图2　2018年以来环渤海5 500大卡动力煤综合平均价格（单位：元/吨）

3. 煤炭进口保持较快增长

进口煤炭已经成为我国煤炭市场供给的重要补充，进口煤炭性价比的优势以及和沿海电厂已经形成的固定需求模式，使得2018年我国煤炭进口继续保持了较大规模，并维持了较快增速。2018年1—9月份，我国煤及褐煤进口总量完成2.29亿吨，同比增长11.8%，增速比上年同期略有下降，但依然实现了较快增长。分季度看，一季度煤炭进口增速较快，二季度有一定回落，三季度又重新有所回升。由于国内煤炭需求持续回暖，进口煤炭价格也出现了上升态势，2018年以来澳大利亚纽卡斯尔NEW动力煤现货价格有所上升，10月底为105美元/吨，1—10月份的价格波动区间为92~122美元/吨，比上年有所上升。由于我国限制低热、高硫等劣质煤炭的进口，以及沿海电厂进口优质国外煤炭以降低污染物排放的动机较强，进口煤炭在性价比上的优势将长期存在。如图3所示。

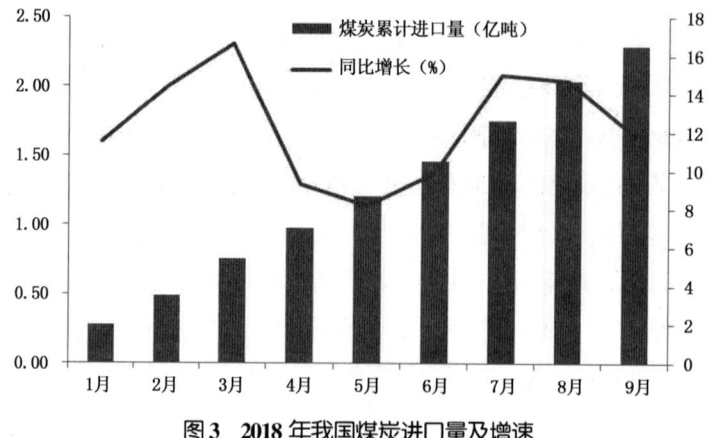

图3　2018年我国煤炭进口量及增速

4. 煤炭行业经济效益良好

2018年以来，煤炭行业经济效益继续呈现平稳增长态势，在2017年煤炭行业经济效益大幅改善、增长基数较高的基础上，2018年煤炭行业收入及利润水平继续有所上升，特别是利润保持了相对较高增速。1—9月份煤炭行业主营业务收入同比增长5.8%，累计实现利润同比增长14.5%，利润增速相对较高。煤炭行业经济效益保持了上升势头，一方面是由于煤炭市场需求持续回暖带动了煤炭产量的增长，并支撑了煤炭市场相对较高的价格水平；另一方面，也是煤炭行业自身控制成本、转型升级取得了明显成效。如图4所示。

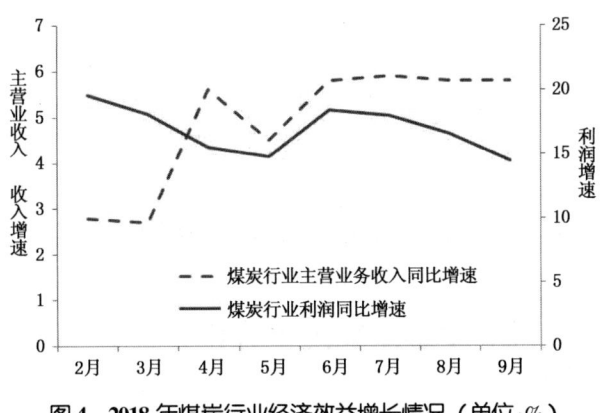

图4　2018年煤炭行业经济效益增长情况（单位:%）

5. 煤炭行业投资规模平稳

在去产能等宏观调控政策作用下，煤炭行业固定资产投资自2013年以来已经连续四年呈现下降趋势，产能无序扩张得到明显抑制。在煤炭市场供求格局已经从严重的供过于求转变为供求趋于平衡的态势下，2018年煤炭行业投资增速持续回落的态势也得到遏制，1—9月份煤炭开采和洗选业固定资产投资累计完成额同比增长2.1%，出现了一定回升迹象。虽然去产能仍然是煤炭行业的供给侧改革的重要方向，但煤炭去产能已经从总量去产能向结构优产能转变，淘汰小规模落后产能与释放优质先进产能并行使得煤炭行业投资仍然保持了一定规模。

6. 煤炭库存保持合理水平

2018年以来，电厂煤炭库存持续回升，延续了2017年的补库存态势，这也是带动煤炭产量小幅增长的重要原因。9月末，全国重点电厂煤炭库存量7 657万吨，可用22天，电厂煤炭库存保持合理水平。港口煤炭库存方面，由于大秦线检修秦皇岛港煤炭库存一度下降到440万吨左右，但大秦线检修结束后环渤海港口煤炭库存已经重新回升，截至11月5日秦皇岛港煤炭库存已经回升到565万吨左右，黄骅、曹妃甸、京唐港等港口煤炭库存相对充足。2018年我国煤炭运输方式出现新的态势，铁路煤炭运输量增长较快，1—9月全国铁路发运煤炭17.7亿吨，同比增长9.8%。铁路煤炭运输量较快增长，分流了一部分港口煤炭中转运量，使得港口煤炭库存对行业供求的影响下降，同时使煤炭库存从煤炭企业向下游港口、电厂转移的趋势明显,坑口存煤对环保的压力也促使煤炭企业降低了存煤量。9月底,国有重点煤矿库存合计为2 614.15万吨,同比减少151.44万吨。如图5所示。

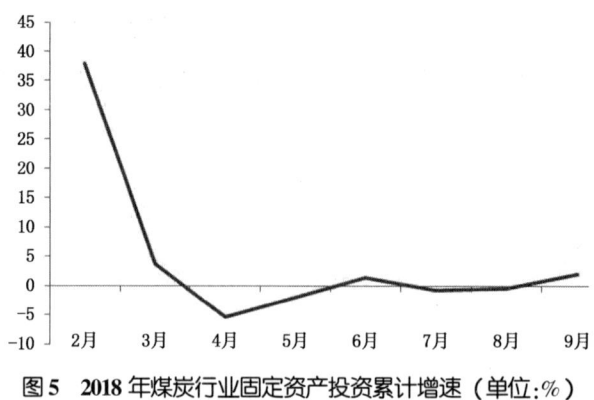

图5 2018年煤炭行业固定资产投资累计增速（单位:%）

二、当前煤炭行业发展影响因素分析

1. 电煤需求增长较快,其他主要耗煤行业煤炭需求平稳

宏观经济保持稳定增长,拉动煤炭需求持续回暖,2018年1—9月我国煤炭消费量约28.75亿吨,同比增长3%。根据煤炭工业协会的数据,主要煤炭下游行业中电力行业耗煤15.5亿吨,同比增长7.6%,增长相对较快;其他钢铁、建材、化工等行业耗煤分别同比增长0.8%、0.3%、5.1%,均保持了正增长。煤炭需求持续回暖主要是电煤增长带动,1—9月电煤占煤炭消费总量的比重约为53.9%,比上年同期提高约2.3个百分点,电煤对煤炭需求的带动作用明显增强。2018年以来电力消费增长快速,1—9月全社会用电量同比增长8.9%,增速比上年同期提高2个百分点,增速创6年来新高。全社会电能替代工作持续推进助推终端用能结构持续优化,上拉用电增速2.6个百分点,是电力需求增长快速的重要原因。同时,2018年水电发电不足,1—9月水力发电量累计仅同比增长4.4%,增速比上年同期大幅回落,而火力发电量同比增长6.9%,增速明显较快,从而带动电煤消耗显著增加。其他主要耗煤行业方面,受投资拉动,1—9月全国生铁、水泥产量分别同比增长1.2%和1.0%,保持小幅正增长格局,带动了煤炭需求保持增长;化工行业用煤增长较快,主要得益于原油价格上涨,进一步刺激了煤化工行业持续扩张,带动了化工用煤稳中有升。

2. 去产能顺利推进,煤炭行业产能利用率明显上升

自2016年以来,煤炭行业去产能进展顺利,2016年和2017年煤炭行业都超额完成了去产能的任务目标,累计退出落后产能5.4亿吨。根据2018年政府工作报告,2018年

煤炭行业去产能目标为1.5亿吨,前8个月已经累计化解煤炭过剩产能约1亿吨,完成全年任务的67%。整体上,"十三五"期间煤炭行业去产能的任务目标为8亿吨,目前已经完成了超过80%,同时2018年开始去产能的工作思路也从"总量性去产能"转变为"结构性去产能、系统性优产能",使得煤炭行业在淘汰落后产能的同时,也在不断释放优质新产能,推动了煤炭行业的健康可持续发展。国家统计局数据显示,2018年前三季度,煤炭开采和洗选业产能利用率为71.4%,比上年同期上升4.0个百分点。供给侧结构性改革深入推进,改善了煤炭行业的供需格局,稳定了煤炭价格,是煤炭行业景气平稳上升的坚实基础。

3. 煤炭产能结构持续优化,产业集中度进一步提升

去产能顺利推进的同时,煤炭行业的产能结构也在持续优化,由于淘汰落后产能主要集中在小煤矿领域,近两年通过资源整合、淘汰落后、并购重组,我国煤矿数量大幅减少,已经从2015年的1.08万处减少到2017年年底的7 000处左右,到2018年上半年已经进一步下降到4 000处左右,其中30万吨以下的煤矿比2015年底减少2 800多处,下降大约50%;全国120万吨及以上的大型现代化煤矿增加了200处左右,达到1 200处,占到产能的80%,比2016年上升了5个百分点,行业集中度进一步提升。我国煤炭产业结构改变了原来长期的大中小煤矿并举、中小煤矿为主的格局,大型现代化煤矿已经成为全国煤炭生产的主体,行业供给质量和效率大幅提升。同时,由于淘汰的落后产能主要集中在小煤矿,使得产能持续向大企业集中,也促进了规模以上煤炭企业产量的稳定增长。

4. 煤炭交易机制日益完善,为稳定煤炭价格发挥了积极作用

为稳定煤炭市场价格,充分发挥市场在资源配置中的决定性作用,从2017年开始政府推动建立了煤炭中长期合同制度和"基础价+浮动价"的定价机制,这一重大的举措为煤炭市场平稳运行发挥了重要作用。2017年11月,国家发展改革委印发《关于推进2018年煤炭中长期合同签订履行工作的通知》,积极推动煤炭供需双方签订一年及以上、数量相对固定以及有明确价格机制的中长期合同。其中,规模以上煤炭、发电企业集团签订的中长期合同数量,应达到自有资源量或采购量的75%以上,履约率不低于90%,铁路、港航企业对中长期合同在运力方面要予以优先安排和兑现保障,鼓励多签有运力方参与的三方中长期合同,并要求2018年煤炭市场继续实行"基准价+浮动价"的定价机制,年度长协基准价仍维持2017年的535元/吨。2018年国家发展改革委积极协调煤矿、铁路、电力三方,推动长协合同履约率保持高位、铁路保障总体完善,对稳定煤炭价格、保障煤炭供应发挥了积极的作用。

三、2018年煤炭行业预测与2019年展望

1. 2018年煤炭行业预测

2018年第四季度进入采暖季，煤炭需求会保持一定强度，虽然环保政策加压、天然气保障力度增大等因素对煤炭市场需求会形成一定抑制，但电能替代对煤炭需求的拉动作用会持续存在，尽管非化石能源的发电增速保持较高水平，但随着全国电力市场交易改革深入推进，火电企业在成本上的优势会使得火电发电量保持增长格局，煤炭市场需求不会明显减弱，长协煤的存在以及电厂较高的煤炭库存也使得煤炭需求也难有大幅度上升空间，总体上煤炭需求会保持平稳。供应方面，优质煤矿产能有望加速释放，1—9月份累计确认新建煤矿产能置换规模3.3亿吨；在建煤矿承担化解过剩产能规模4.1亿吨；核准具备条件的煤矿规模0.6亿吨，新增产能将逐步释放，有助于提升煤炭的供给水平、稳定煤炭价格。进口方面，2018年煤炭进口总规模处于政府的总量调控之下，原则上不高于2017年，但实际上执行留有一定的弹性，煤炭进口量整体上仍会有小幅增长。煤炭价格方面，在煤炭供需基本平衡的格局下，由于长期合同制度与"基准价+浮动价"的定价机制，煤炭价格波动的中枢基本稳定，另外2017年11月28日国家发展改革委、国家能源局联合印发《关于建立健全煤炭最低库存和最高库存制度的指导意见（试行）》并自2018年1月1日起施行，旨在通过库存调控将动力煤价格维持在500~570元/吨的绿色区间，因此煤炭市场价格难以出现大幅偏离绿色区域的情况，总体会保持平稳波动态势。预计2018年全年全国原煤产量35.5亿吨，同比增长3%；煤炭进口2.8亿吨左右。

2. 2019年煤炭行业展望

（1）去产能需继续攻坚克难。

2019年已是"十三五"的下半段，预计2016—2018年合计退出煤炭落后产能7亿吨左右，距离实现8亿吨的煤炭"十三五"去产能目标仅剩1亿吨的差距，总体上2019年开始煤炭去产能任务的紧迫性会有所下降，但要实现剩余1亿吨左右的去产能目标，工作难度却会明显增大。随着无效产能大量退出，去产能进程已经进入到在产产能领域，而煤炭企业在人员安置、资金安排方面的能力在逐渐减弱，特别是煤炭行业虽然经济效益持续回升，但行业整体仍面临资产负债率高、亏损面大、融资困难等经营障碍，企业在内部安置冗余人员的空间已经有限，人员安置的社会负担会明显增大，特别是煤矿集中地区往往产业结构单一，社会吸纳剩余劳动力的能力较弱。另外，尚未淘汰的落后产能往往具有债务链条复杂、利益主体多元等特征，资产处置难度大，都将进一步增大去

产能的阻力。

（2）电煤比重会继续提高。

2018年煤炭需求保持小幅增长，主要是电煤、化工用煤需求增长相对较快，冶金、建材行业耗煤基本平稳。从宏观经济来看，2018年1—9月份全国固定资产投资增速仅为5.4%，基础设施投资增速仅为3.3%，投资增速存在进一步放缓的压力，国民经济虽然仍能保持稳定增长，但主要是新动能在持续发力，对煤炭需求拉动作用有限，导致煤炭消费需求仍会受到一定抑制。在经济新常态下，生铁、水泥等产品产量将长期处于峰值平台期，对煤炭需求会趋于稳定或缓慢下降。2018年以来环保政策继续保持高压态势，政府先后发布了《关于京津冀大气污染传输通道城市执行大气污染物特别排放限值的公告》《打赢蓝天保卫战三年行动计划》等环保政策，对钢铁、炼焦等下游行业提出较高的环保要求，将对钢铁、建材行业的煤炭需求产生明显抑制作用。电力行业用煤受电能替代、集中利用替代分散利用等因素影响，电煤需求会保持增长，未来煤炭消费将进一步向电力行业集中；化工行业用煤将随着现代煤化工技术发展和产能释放，未来占煤炭消费比重会有所提高。

（3）煤炭替代效应会进一步增强。

2018年清洁能源生产和消费继续保持快速扩张，1—9月份全国水电、核电、风电、太阳能发电等清洁能源发电装机合计占总装机的36.4%，比上年同期提高1.4个百分点；清洁能源发电量同比增长8.9%，高于火电增速2.0个百分点。同时天然气消费增长快速，1—9月份全社会天然气表观消费量同比增长16.7%，城市燃气、工业燃料和发电用气均保持两位数增长。清洁能源的快速发展，会继续对煤炭需求形成一定替代。2017年清洁能源消费增长了9 000万吨标准煤，占一次能源消费增量的73%，预计清洁能源消费量会继续提升。目前火力发电装机容量增速已经明显放缓，2018年1—9月份全国新增煤电装机容量同比下降近40%。随着非化石能源对煤炭的替代作用不断增强，煤炭在一次能源中的比重将继续下降。

（4）煤炭铁路运输的压力会继续增大。

煤炭行业的兼并重组、结构调整持续进行，产能置换规模不断增大，导致南方不符合安全生产条件的小煤矿大量退出，原煤生产逐步向资源条件好、竞争能力强的晋陕蒙地区集中，煤炭产业布局不断优化。根据国家能源局2018年5月发布的公告，晋陕蒙宁四省（区）公告煤矿1782处、产能29.7亿吨，占公告煤矿产能总数的68.2%，这些地区的煤矿普遍资源禀赋好、达产率高，对保障煤炭稳定供应的作用日益突出。但随着煤炭区域供应格局持续发生变化，区域供需矛盾日益凸显，西煤东运、北煤南运的紧迫性显著提升，对煤炭运输提出了新的挑战，特别是铁路煤炭运输的压力会继续增大。

初步预计，2019年我国原煤产量为35.4亿吨，基本保持平稳；煤炭进口量保持在

2.7亿吨左右；煤炭价格将保持稳定。

四、政策建议

1. 完善煤炭价格形成机制，扩大煤炭长期合同的比重和覆盖面

构建全国统一开放、竞争有序的煤炭交易市场体系，推动煤炭供给侧与需求侧协同管理。坚持煤炭中长期合同制度，继续扩大煤炭中长期合同的比重，提高履约率，扩大中长期合同的覆盖范围，将钢铁、水泥、大规模煤炭经销商等更多的煤炭下游企业纳入煤炭中长期合同交易机制，构建煤炭上下游产业链长期稳定合作关系，提升中长期合同交易量和交易价格对煤炭市场的影响力，保障煤炭供应。完善"基础价+浮动价"的定价机制，构建科学合理的长期协议煤炭价格的定价机制，健全煤炭市场交易规则和诚信体系，加强煤炭市场的督查和监管，稳定煤炭价格。

2. 深入推进煤炭行业上下游一体化，促进多元融合化发展

当前煤炭企业参股、控股电厂装机容量3亿千瓦，占全国火电装机的27.1%左右，多数大型煤炭企业非煤产值超过60%，煤炭行业上下游一体化、与其他行业多元融合化发展已经成为煤炭行业转型升级、获取发展新动能的重要途径。要继续深入推进煤电、煤焦、煤化工、煤建材等煤炭上下游产业的一体化发展，鼓励煤炭企业与电力、钢铁、建材等企业的兼并重组，并鼓励煤炭企业创造条件开辟新的增长空间，大力发展现代物流、现代金融、电子商务等现代服务业，推动煤炭行业打造煤炭开采、加工利用、现代物流、金融服务、商务、旅游等多元协调发展的产业格局。

3. 促进新一代信息技术在煤炭行业应用，推动煤炭行业智能化转型

主动应对新一轮科技革命挑战，推动工业互联网、云计算、大数据、人工智能等技术与煤炭产业深度融合，加强新一代信息技术在煤炭企业生产经营全流程和全产业链的集成应用，推进煤炭产业与新经济、新业态、新技术融合发展，促进传统煤炭行业向数字化、网络化、智能化转型，培育新增长点，创造新动能。提高煤机装备数字化水平，提升精准控制与远程操作能力，提升我国煤炭开采智能化水平。

43 2018年电力形势分析及2019年展望

肖宏伟[*]

摘要： 2018年，全社会用电量呈现快速增长态势，电力行业呈现消费增速创新高、装备制造业和第三产业用电快速增长、城乡居民生活用电大幅提升、发电装机结构持续绿色化、"弃风弃光弃水"问题有效改善、供需总体平衡等特点。展望2019年，受经济增速稳中有降、占全社会用电量70%的第二产业增速下降、经济结构不断优化调整、2018年基数偏高等因素综合影响，预计2019年全社会用电量约72 924.6亿千瓦时，同比增长6.1%，增速较2018年回落2.9个百分点，电力供需总体平衡，局部地区在迎峰度夏、迎峰度冬等高峰时段会出现供需偏紧现象。2019年电力行业亟须以高质量发展为根本，从"打破电力交易省间壁垒、提振光伏企业信心、疏解煤电企业经营压力"三个方面着手，统筹解决好电力发展中的突出问题，为经济平稳健康发展提供电力安全保障。

关键词： 供需总体平衡 531光伏新政 省间壁垒 高质量发展

一、2018年电力形势及特征分析

2018年前三季度，我国坚定不移践行新发展理念，以深化供给侧结构性改革为主线，主动对标高质量发展新要求，经济运行呈现总体平稳、稳中有进的平稳态势，实现了6.7%的高质量增长。受宏观经济运行稳中有进态势持续、工业服务业生产总体平稳、夏季高温天气"持续时间长、覆盖范围广、局部强度大"、居民电气化水平提升等诸多因素综合影响，全社会用电量呈现快速增长态势。总体来看，电力行业呈现消费增速创新高、装备制造业和第三产业用电快速增长、城乡居民生活用电大幅提升、发电装机结构持续绿色化、"弃风弃光弃水"问题有效改善、供需总体平衡等特点。

---

[*] 肖宏伟，经济学博士，国家信息中心经济预测部副研究员，主要研究领域为能源经济、气候变化、经济增长、预测与决策、数量经济模型等。

1. 电力消费增速同比提高，第三产业和城乡居民用电快速增长

2018年前三季度，全国全社会用电量51 061.3亿千瓦时，同比增长8.9%，增速较上年同期提高2.0个百分点，创6年来同期新高。分产业来看，第一产业用电量554.6亿千瓦时，同比增长9.8%，增速较上年同期提高2.0个百分点；第二产业用电量34 713.9亿千瓦时，同比增长7.3%，增速较上年同期提高1.3个百分点；第三产业用电量8 259.1亿千瓦时，同比增长13.5%，增速较上年同期提高3.0个百分点，创8年来同期新高；城乡居民生活用电量7 533.7亿千瓦时，同比增长11.5%，增速较上年同期提高4.0个百分点，为2011年以来同期新高。分区域来看，所有省份的全社会用电量均为正增长，其中增速高于全国平均水平（8.9%）的省份有17个，较上年同期增加2个，增速较高的前5个省份为广西、内蒙古、西藏、重庆和四川，其增速分别为20.2%、14.5%、14.5%、13.7%和13.0%。全社会用电量增速高于本省上年同期水平的省份有22个，较上年同期减少1个，其中同比增速提升较快的前5个省份为广西、四川、重庆、湖南和湖北，其同比增速分别提高15.1、8.7、6.5、6.4和5.7个百分点，全社会用电量增速低于本省上年同期水平的省份有9个，其中同比增速回落较大的前5个省份为宁夏、贵州、新疆、西藏和山西，其同比增速分别回落4.3、4.1、3.8、3.5和2.5个百分点。

2. 电力消费结构持续优化，产业内部用电结构转型升级

2018年前三季度，第一产业用电量占全社会用电量的比重为1.09%，较上年同期微增0.01个百分点，第三产业和城乡居民生活用电量占全社会用电量的比重分别为16.17%和14.75%，较上年同期分别提高0.66和0.35个百分点，第二产业用电量占全社会用电量的比重为67.98%，较上年同期下降1.02个百分点，其中，化学原料及化学制品制造业、非金属矿物制品业、黑色金属冶炼及压延加工业、有色金属冶炼及压延加工业等四大高载能行业用电量占全社会用电量的比重为27.7%，较上年同期回落0.8个百分点，但高技术装备制造业与第三产业用电量保持较快增长态势，一定程度折射出我国经济结构不断优化，新旧动能持续转换。从制造业分行业用电来看，在传统行业用电低速增长的同时，高技术装备制造业用电量快速增长，其中，新能源车整车制造用电增速高达45.8%，光伏设备及元器件制造、航空航天器及设备制造用电增速超过20%，分别高达27.2%和20.7%，铁合金冶炼、生物药品制品制造、城市轨道交通设备制造用电增速超过10%，分别为18.1%、13.6%和12.6%，通信设备制造、玻璃制造、结构性金属制品制造、陶瓷制品制造、医疗仪器设备及器械制造用电增速超过8%，高于全国制造业7.5%的平均水平。从服务业分行业用电来看，新经济行业用电量保持快速增长势头，其中，软件和信息技术服

务业、互联网和相关服务用电增速超过60%，分别高达68.7%和62.0%，管道运输业、信息传输软件和信息技术服务业、教育文化体育和娱乐业、居民服务修理和其他服务业用电增速超过15%，高于全国第三产业13.5%的平均水平。

3. 发电装机容量增速同比回落，发电装机结构持续绿色化

2018年前三季度，电力行业进一步深化供给侧结构性改革，积极化解煤电产能过剩风险，煤电装机比重稳步下降，电源结构绿色化趋势明显。从全国发电量来看，核电、风电发电量同比增长13.9%和25.3%，远远高于7.4%的平均水平，占全国发电量的比重分别较上年同期提高0.24和0.76个百分点；从全国6 000千瓦及以上电厂发电装机容量来看，核电、风电发电装机容量同比增长9.7%和11.4%，远远高于5.3%的平均水平，占全国6 000千瓦及以上电厂发电装机容量的比重分别较上年同期提高0.09和0.54个百分点，煤电占全国6 000千瓦及以上电厂装机容量的比重为56.4%，较上年同期降低1.50个百分点；从全国新增发电装机容量来看，全国主要发电企业新增发电装机容量8 114.1万千瓦，较上年同期减少1 279.7万千瓦，其中新增火电发电装机容量2 379.4万千瓦，较上年同期减少718.9万千瓦，新增核电、风电发电装机容量346.2万和1 260.9万千瓦，分别较上年同期增加128.7万和236.4万千瓦，新增核电、风电发电装机容量占全国新增发电装机容量比重分别较上年同期提高1.95和4.63个百分点，新增非化石能源发电装机占新增总装机比重高达73.0%，创历史新高。

4. 发电设备利用小时数同比提高，"三弃"问题有效改善

2018年前三季度，在化解煤电过剩产能和电力消费快速增长的双重作用下，全国发电设备利用率结束了长达6年的下降局面，全国发电设备累计平均利用小时2 905.1小时，较上年同期增加93.8小时。分发电类型来看，全国水电设备累计平均利用小时2 716.3小时，较上年同期增加42.5小时；全国火电设备累计平均利用小时3 275.9小时，较上年同期增加158.4小时；太阳能发电、风电、核电设备利用小时分别为950.0、1 564.6、5 447.0小时，较上年同期分别增加27.0、178.2、67.9小时。2018年以来，国家能源局将"落实《政府工作报告》要求，尽快解决弃水弃风弃光问题"放在首位，通过完善新能源发电项目竞争配置机制、优化风电和光伏发电建设布局、推动可再生能源平价上网、支持风电光伏分散式发展、促进可再生能源跨省跨区消纳等多措并举，"弃风弃光弃水"问题得到有效改善。前三季度，全国弃风电量222亿千瓦时，同比减少74亿千瓦时，全国平均弃风率为7.7%，较上年同期下降4.7个百分点，弃风电量与弃风率双双下降；全国弃光电量40亿千瓦时，同比减少11.3亿千瓦时，全国平均弃光率为2.9%，较上年同期下降

2.7个百分点,"弃光"问题业已明显缓解;全国弃水电量533亿千瓦时,较上年同期减少88亿千瓦时,其中,四川和云南弃水电量同比明显减少。

5. 跨区跨省送电量快速增长,电力供需总体平衡

2018年前三季度,全国新增220千伏及以上变电设备容量18 691.0万千伏安,新增220千伏及以上输电线路长度30 559.2千米,新增直流换流容量500.0万千瓦,直流交流容量和输电线路长度持续新增为跨区跨省送电奠定了坚实基础。全国跨区输出电量3 567.1亿千瓦时,同比增长14.8%。其中,华北送华东283.9亿千瓦时,同比增长61.0%;东北送华北281.1亿千瓦时,同比增长79.4%;华中送华东303.1亿千瓦时,同比增长11.2%;西北送华北407.4亿千瓦时,同比增长7.6%;西北送华东273.5亿千瓦时,同比增长115.4%;西北送华中454.5亿千瓦时,同比增长17.1%。全国各省输出电量9 634.5亿千瓦时,同比增长16.4%。其中,河北输出电量328.6亿千瓦时,同比增长5.4%;山西输出电量810.3亿千瓦时,同比增长20.8%;内蒙古输出电量1 337.5亿千瓦时,同比增长18.3%;吉林输出电量208.2亿千瓦时,同比增长30.3%;黑龙江输出电量116.3亿千瓦时,同比增长16.5%;上海输出电量107.8亿千瓦时,同比增长45.9%;浙江输出电量142.0亿千瓦时,同比增长26.3%;安徽输出电量452.7亿千瓦时,同比增长12.4%;福建输出电量123.0亿千瓦时,同比增长255.9%;湖北输出电量673.4亿千瓦时,同比增长5.7%;广西输出电量102.2亿千瓦时,同比增长32.0%;云南输出电量1 191.2亿千瓦时,同比增长10.4%;陕西输出电量330.1亿千瓦时,同比增长14.6%;甘肃输出电量455.9亿千瓦时,同比增长79.3%;宁夏输出电量528.1亿千瓦时,同比增长44.9%。前三季度,全国供电量44 531.0亿千瓦时,同比增长9.9%,全国售电量41 933.3亿千瓦时,同比增10.5%,供电量高于售电量2 597.7亿千瓦时,供电量高于售电量幅度较上年同期增加20.6亿千瓦时,在电力消费增速同比大幅提升的背景下,全国电力供需形势从之前的"总体宽松"向"总体平衡"转换。分区域来看,华北、华东、华中、南方区域电力供需总体平衡,东北和西北区域电力供应能力富余较多,但华北、华东、华中、西南及南方区域部分省份局部性、阶段性电力供应偏紧,出现错峰限电现象。

二、当前电力行业需要关注的主要问题

当前,电力行业供给侧结构性改革持续深入推进,电力供需总体呈现平衡格局,但阶段性和局部性矛盾仍然存在。需要密切关注的主要问题有:电力交易省间壁垒依然严重,电力体制改革仍任重道远;"531新政"给光伏产业带来阵痛,导致企业

家信心不足；电力燃料供应局部性偏紧，煤电企业经营依然较为困难。

1. 电力交易省间壁垒依然严重，电力体制改革仍任重道远

长期以来，不少省份为了保障本省份的GDP、投资、税收、就业，往往不愿意接受外省输送电量，甚至对外省输送电量与电价进行多种限制，潜移默化地形成了省间壁垒。党的十八大以来，我国电力体制改革逐渐步入深水区。党中央、国务院高度重视电力市场化改革，习近平总书记在2018年中央经济工作会议上强调指出要加快电力市场建设，大幅提高市场化交易比重。李克强总理在2018年政府工作报告中提出要加快要素价格市场化改革。这都给电力市场化交易机制指明了方向。国家发展改革委、国家能源局就电力市场化交易从政策层面进行了有效供给，密集出台了《解决弃水弃风弃光问题实施方案》《可再生能源电力配额及考核办法》《关于积极推进电力市场化交易，进一步完善交易机制的通知》等举措，为继续有序放开发用电计划，加快推进电力市场化交易，完善直接交易机制，深化电力体制改革奠定了坚实基础。随着电力体制改革的逐步推进和电力交易市场机制的日益完善，2018年前三季度在扩大开展可再生能源消纳相关交易、促进可再生能源跨省跨区消纳、加强可再生能源并网外送等配套电网工程建设等方面取得了显著成效，风电和光伏发电消纳情况持续好转，弃电量和弃电率双双保持下降态势，弃风率和弃光率分别降至7.7%和2.9%。但在当前经济增速换挡的背景下，东部部分省份为了保障本省的税收与就业，避免外省水电、火电、煤电大量输入省内冲击本省电力企业市场份额，纷纷采取严格限制外购电量等不当举措对本省电力企业进行保护，电力交易省间壁垒依然是深化电力体制改革的重要阻碍。

2. "531新政"给光伏产业带来阵痛，导致企业家信心不足

2018年5月31日，国家发展改革委、财政部及国家能源局等多部门联手下发《关于2018年光伏发电有关事项的通知》，对光伏发电新增建设规模、光伏发电补贴退坡、加大市场化配置项目力度3个方面做出了新的规定。在光伏发电新增建设规模方面，要求暂不安排2018年普通光伏电站建设规模，明确各地5月31日（含）前并网的分布式光伏发电项目纳入国家认可的规模管理范围，未纳入国家认可规模管理范围的项目，由地方依法予以支持，鼓励各地根据接网消纳条件和相关要求自行安排各类不需要国家补贴的光伏发电项目。在光伏发电补贴退坡方面，要求自发文之日起，新投运的光伏电站标杆上网电价每千瓦时统一降低0.05元，I类、II类、III类资源区标杆上网电价分别调整为每千瓦时0.5元、0.6元、0.7元（含税）；新投运的、采用"自发自用、余电上网"模式的分布式光伏发电项目，全电量度电补贴标准降低0.05元，即补贴标准调整为每千瓦时0.32元（含税）；符合国家政策的村级光伏扶贫电站（0.5兆瓦及以下）标杆电价保持不变。在加大市场化配置项目力度方面，所有普通光伏电站均须通过竞争性招标方式确定项目业主，招标确定的价格不得高于降价后的标杆上网电价。"531新政"的出台，初衷是缓解光伏产业当前面临的补贴缺口和弃光限电等突出矛盾，推动光伏产业从规模增长向高质量发展转变，但由于政策制定过程中前期调研不充分，未给予企业预留一定的适应调整期，部分电网企业以上述通知为由停止了分布式光伏发电的并网、代备案和补贴垫付等相关工作，导致整个光伏行业的发展信心不足、预期不稳。2018年6月20日，国家能源局综合司发布《关于做好光伏发电相关工作的紧急通知》，要求各地、各电网企业应依法依规继续做好光伏发电项目并网、（代）备案和地方补贴垫付等工作，不得以项目未纳入国家补贴建设规模范围为由擅自停止，同时要求各派出能源监管机构要加强对电网企业的监管，发现问题及时纠正，但对市场急切关注的户用分布式光伏规模及电价问题仍未做出相应的回应，给整个光伏行业带来了一定的系统连锁反应，部分企业甚至出现了被迫停产现象。

3. 电力燃料供应局部性偏紧，煤电企业经营依然较为困难

2018年前三季度，电煤和天然气均存在局部性和时段性供应偏紧现象，华北、华东、华中部分地区在迎峰度夏期间供需偏紧甚至出现供应缺口。受电煤价格上涨影响，煤电企业经营依然较为困难。从全国电煤价格指数来看，前三季度电煤价格指数单月均在520元/吨之上，其中一季度在550元/吨左右，单月较上年同期高位指数依然有0.5%~8.5%不同幅度的增长；从分区域电煤价格指数来看，以2018年9月为例，全国电煤价格指数较上年同期增长0.5%，黑龙江、吉林、辽宁、福建、重庆、广东、广西、云南等地的电煤价格指数增幅均在3%以上，部分地区增幅超过10%；从充分反映发电侧电煤采购价格水平以及变动趋势的中国沿海电煤采购价格指数（CECI）来看，反映电煤采购综合成本的CECI 5 500大卡综合价在570~635元/吨的区间波动，每期价格指数均高于《关于平抑煤炭市场价格异常波动的备忘录》中规定的绿色区间上限；从国际煤炭价格指数来看，国内煤炭价格的持续高位运行一定程度影响到进口煤炭价格的上升，印尼煤炭到岸参考价从2018年5月份的89.5美元/吨一路提升至8月份的107.8美元/吨。在电煤供给偏紧、电力需求增多、煤炭价格上涨、电价降低等因素综合作用下，煤电企业亏损面依然接近50%，部分企业生产经营困难。

三、2019年电力供需形势预测

展望2019年，受经济增速稳中有降、占全社会用电量70%的第二产业增速下降、经济结构不断优化调整、2018 年基数偏高等因素影响，预计 2019 年用电需求增速较 2018 年有所回落，电力供需总体平衡，局部地区在迎峰度夏、迎峰度冬等高峰时段会出现供需偏紧现象。

1. 电力消费呈现"增速回落、结构优化、动力转换"发展态势

从消费增速看，预计 2019 年全社会用电量约 72 924.6 亿千瓦时，同比增长 6.1%，增速较 2018 年回落 2.9 个百分点。其中，第一产业用电量 754.4 亿千瓦时，同比增长 6.6%，增速较上年回落 2.1 个百分点；第二产业用电量 49 600.4 亿千瓦时，同比增长 4.9%，增速较上年回落 2.8 个百分点；第三产业用电量 11 986.8 亿千瓦时，同比增长 9.6%，增速较上年回落 3.2 个百分点；城乡居民生活用电量 10 582.9 亿千瓦时，同比增长 7.9%，增速较上年回落 3.8 个百分点。从消费结构看，第一产业用电量占全社会用电量的比重为 1.03%，与上年基本持平；第三产业和城乡居民生活用电量占全社会用电量的比重分别为 16.44% 和 14.51%，较上年分别提高 0.53 和 0.25 个百分点；第二产业用电量占全社会用电量的比重为 68.02%，较上年下降 0.78 个百分点。从增长动力看，第三产业和城乡居民生活用电对全社会用电量增长的贡献率分别为 25.13% 和 18.56%，较上年分别提高 43.24 和 0.55 个百分点，第三产业和城乡居民生活用电日益成为用电增长新的驱动力。如表 1 所示。

表 1 2017—2019 年电力需求预测

用电量 （亿千瓦时）	2017 年推算		2018 年预测		2019 年预测	
	绝对值	增速（%）	绝对值	增速（%）	绝对值	增速（%）
全社会用电量	63 076.58	6.57	68 755.39	9.00	72 924.57	6.06
第一产业	651.62	7.94	707.97	8.65	754.44	6.56
第二产业	43 942.55	5.54	47 299.16	7.64	49 600.39	4.87
第三产业	9 696.20	10.27	10 939.23	12.82	11 986.79	9.58
城乡居民生活用电	8 786.21	7.76	9 809.03	11.64	10 582.94	7.89

注：2018 年 3 月，国家统计局《关于修订〈三次产业划分规定（2012）〉的通知》明确将"农、林、牧、渔服务业"调整到第三产业后，再更名为"农、林、牧、渔专业及辅助性活动"，2018 年电力行业按照最新的标准开展行业统计工作，2018 年的分行业数据为新统计口径数据，但中电联尚未公布 2017 年全年新统计口径分行业数据。为保证数据可比，对 2017 年数据根据新标准重新进行了分类推算。

2. 电力供应呈现"总体充足、局部偏紧、供需平衡"发展态势

综合考虑现有发电装机规模、新增发电装机速度、煤电装机控制政策等因素，预计 2019 年全年新增发电装机容量超过 1.3 亿千瓦，其中水电、核电、风电、太阳

能发电等非化石能源发电装机容量超过8.4亿千瓦;年底全国发电装机达到20.4亿千瓦,非化石能源发电装机比重提升至42%左右。综合发电设备利用小时数、跨区域电力交易和各地区的电力供给情况,预计全年电力供应能力总体充足,除部分地区在迎峰度夏、迎峰度冬等用电高峰时段供应偏紧外,大部分地区供需总体平衡,其中,华东和华中地区供需总体平衡,华北和南方地区电力供需偏紧,东北和西北地区电力供应能力富余。

四、促进电力行业健康发展的政策建议

2019年是推进能源生产和消费革命,构建清洁低碳、安全高效的能源体系的关键期,也是推动电力行业高质量发展的攻坚期。电力行业作为国民经济的重要基础产业,2019年亟须以电力行业高质量发展为根本,从"打破电力交易省间壁垒、提振光伏企业信心、疏解煤电企业经营压力"三个方面着手,统筹解决好电力发展中的突出问题,为经济平稳健康发展提供电力安全保障。

1. 深入推进电力市场化改革,打破电力交易省间壁垒

推进跨省跨区电力市场交易,打破电力交易省间壁垒,促进电力资源从省内之间拓展到省与省之间进行优化配置,是深入推进电力市场化改革的关键。一是认真落实《中共中央、国务院关于进一步深化电力体制改革的若干意见》《解决弃水弃风弃光问题实施方案》《可再生能源电力配额及考核办法》《关于积极推进电力市场化交易,进一步完善交易机制的通知》等系列政策文件要求,2019年从提高跨省跨区市场化交易电量规模、试点跨省跨区电力现货交易、放开符合条件的用户进入省跨区电力交易市场、探索建立跨省跨区高峰用电市场化机制等方面继续加快推进电力市场化交易,完善直接交易机制。二是建立跨省跨区电力交易市场价格形成机制,鼓励跨省跨区电力交易双方基于发电能力、输送距离、成本收益、政府性基金及附加等信息科学合理测算市场化交易价格,在自主自愿、平等协商的基础上,约定建立相对固定价格与综合考虑市场因素调整相结合的市场价格形成机制,分散和降低市场风险。三是建立公开透明、功能完善、按市场化方式运行的全国跨省跨区电力交易平台,将各省的发电装机容量、水电发电量、火电发电量、风电发电量、太阳能发电量、核电发电量、售电量、线损率、发电标准煤耗、供电标准煤耗、发电消耗原煤、发电设备累计平均利用小时数、发电负荷、用电负荷、发电新增能力、电源投产重点项目、新增变电设备容量、新增输电线路长度、新增生产能力、跨省跨区输入电量、跨省跨区输出电量、发电成本、售电价格等实时数据纳入平台,发挥市场在能源资源优化配置中的决定性作用,打破省间电力信息壁垒,激励省区间

在平台上进行直接交易。

2. 多举措支持光伏行业有序发展，提振光伏企业信心

党的十九大报告强调推进能源生产和消费革命，构建清洁低碳、安全高效的能源体系，为我国能源电力事业发展指明了方向。近年来我国可再生能源取得了长足的发展，光伏发电更为引人注目，业已成为全球最大的清洁能源贡献者。2018年前三季度，我国光伏发电市场规模稳步增长，但受"531新政"影响，导致光伏行业发展信心不足、预期不稳，亟须多举措支持光伏行业有序发展。一是根据光伏产业发展步伐，大幅调高"十三五"光伏建设目标。《太阳能发展"十三五"规划》中的开发利用目标提出，到2020年年底，光伏发电装机达到1.05亿千瓦以上，在"十二五"基础上每年保持稳定的发展规模。截至2018年第三季度，我国光伏发电累积装机已达1.65亿千瓦，超出"十三五"规划目标0.6亿千瓦。为保障光伏产业健康可持续发展，推动能源绿色转型，在充分考虑光伏产业发展态势、可再生能源发展需求、能源消费结构优化等因素的基础上，建议将"十三五"光伏发电装机规划目标提高至2.5亿千瓦。二是延长光伏补贴期限，鼓励光伏发电合理新增建设规模。在中美贸易战和国内"531新政"双重影响下，部分光伏企业面临经营困难的风险，为帮助光伏企业度过寒冬，建议将光伏补贴期限延长至2022年，补贴强度逐年稳步降低。三是减免可再生能源税费，切实降低光伏企业税费负担。通过提高光伏发电产品增值税退税比例，对光伏阵列不占压土地、不改变地表形态的部分，免征征地占用税和城镇土地使用税，各类光伏发电项目的外部配套及输配电工程，全部由所在地电网企业投资建设等多种举措减税降费，切实降低光伏企业税费负担，以便企业有更大的自有资金开展研发创新、扩大再生产，增强光伏企业发展信心。

3. 合理控制电煤价格，有效疏解煤电企业经营压力

煤炭是我国电力安全的命脉，若电煤价格不断上涨，将加大煤电企业成本压力，既不利于保障电力安全稳定供应，也不利于煤电企业健康可持续发展，2019年合理控制电煤价格仍将是首要任务。一是加快煤电联营发展步伐。支持煤炭、电力企业通过实施兼并重组，采取投资、入股、控股、收购、并购等方式，积极发展煤电联营。结合电煤运输格局，以中东部地区为重点，推进电煤购销关系长期稳定且科学合理的相关煤炭、电力企业开展联营。支持大型发电企业对煤炭企业实施重组，提高电煤供应安全保障水平。二是引导煤炭市场价格向合理区间回归。开展煤炭中长期合同履约信用核查，加强政策引导和信用约束，进一步提高中长期合同比重和履约率；加强煤炭市场价格监管，对违法违规炒作煤价、囤积居奇的行为坚决依法依规严厉查处；进一步增加煤炭库存的调节弹性，在生产、消费和中转环节确定1亿

吨左右的煤炭可调节库存，对铁路直接供煤的发电企业，适度降低存煤可用天数，以平衡电煤市场供求。三是根据市场供需情况动态调整进口煤政策总量控制目标。在迎峰度夏、迎峰度冬等用电高峰时段，根据电煤市场供需预测预警情况，提前动态调整进口煤政策总量控制目标，保障电煤供应和稳定煤价，缓解用电高峰时段电力供应紧张压力。

44 2018年天然气行业运行分析及2019年展望

温志超*

摘要： 2018年天然气行业延续了上年"供销两旺、淡季不淡、旺季更旺"的运行态势。国务院以及发展改革委等部门又出台多项重大政策，天然气行业发展的长效机制正在逐步建立。然而当前我国天然气产供储销体系还不完备，国内天然气产量增速远不及消费增速，进口多元化体系有待加强，基础设施互联互通不够，储气能力存在不足，市场化的天然气价格机制未充分形成。建议加快增储上产、构建多元化供应体系、强化基础设施建设，进一步深化天然气领域体制改革，重点落实已出台的改革政策，加快出台配套政策，有序推进产供储销体系建设，促进天然气协调稳定发展。

关键词： 天然气行业 消费高速增长 协调发展

一、2018年天然气行业运行特征分析

随着打赢蓝天保卫战、"煤改气"持续推进，2018年前三季度，天然气消费仍然保持高速增长，国产天然气平稳增长，进口气大幅增加，受国际油价回升等因素影响，进口天然气价格较快上涨。天然气储运设施不断完善，天然气领域体制改革不断深化，天然气行业发展的长效机制正在逐步建立。

1. 天然气消费保持高速增长，延续上年"淡季不淡、旺季更旺"态势

2015、2016连续两年我国天然气消费增速仅为个位数，2017年天然气消费增速重回两位数高速增长轨道，2018年前三季度天然气消费仍然保持高速增长，月均增速为16.84%。2018年1—9月全国天然气消费量为1 992.6亿立方米，较2017年同期增加284.7亿立方米，同比增长16.67%，略低于2017年同期增速（18.1%）。随着第四季度进入冬季供暖用气高峰和北方地区清洁能源供暖的实施，加之各地煤改气加速落地、国际油价持续回升等因素影响，第四季度天然气消费将延续快速增

---

* 温志超，经济学博士，国家信息中心经济预测部助理研究员，主要研究方向为环境经济、能源经济、气候变化等。

长态势,全年消费量有望超过 2 700 亿立方米,同比增长 15%左右。如图 1 所示。

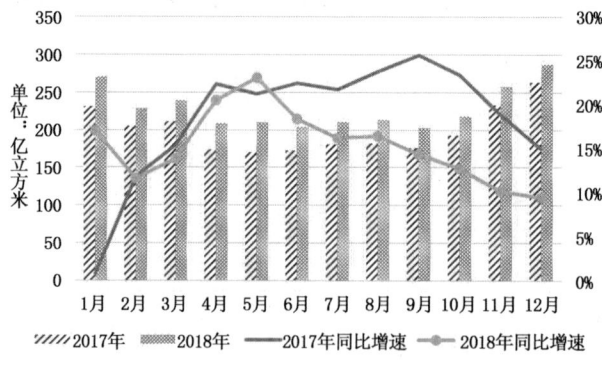

图 1 2017—2018 年我国天然气表观消费量及同比增速

数据来源:中国能源研究会天然气中心;2018 年 10—12 月预测值为作者估计。

从季度消费量来看,2018 年一季度,我国天然气消费量为 741.3 亿立方米,同比增长 14.3%;二季度天然气消费量为 624.4 亿立方米,同比增长 20.68%;三季度天然气消费量为 628.7 亿立方米,同比增长 17.01%。2018 年二季度和三季度同比增速均超过一季度,2018 年一季度同比增速超过 2017 年,"淡季不淡、旺季更旺"特征更加明显。自 2017 年以来,二季度和三季度天然气消费增速超过一季度增速,延续 2017 年"淡季不淡"的特征。二季度和三季度主要受"煤改气"和大气污染治理等行动,使工业燃料用气量大幅提升。如图 2 所示。

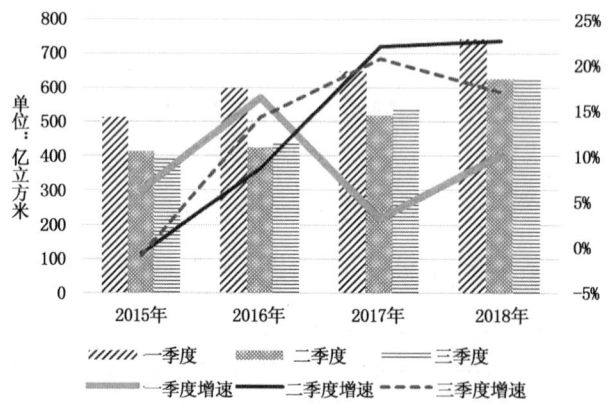

图 2 2015—2018 我国天然气季度消费量及增速

数据来源:中国能源研究会天然气中心。

分部门消费情况看,2018 年 1—9 月,城市燃气消费量为 656.5 亿立方米,同比增长 27.47%;工业消费量为 704.8 亿立方米,同比增长 33.04%;天然气发电消费量 368.9 亿立方米,同比增长 17.41%;化工消费量 217.8 亿立方米,同比增长 26.26%。如图 3 所示。

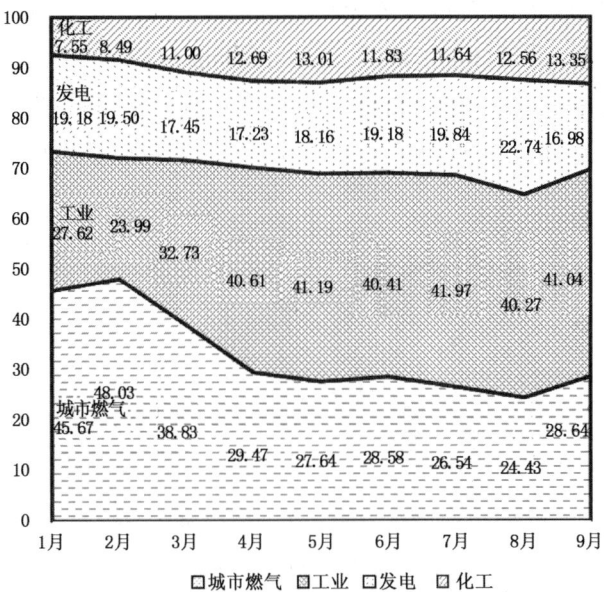

图 3　2018 年 1—9 月我国天然气消费结构（单位：%）

数据来源：中国能源研究会天然气中心。

2. 国产天然气平稳增长，进口气大幅增加，天然气供应能力持续增强

2018 年 1—9 月国内天然气产量 1 148 亿立方米，同比增加 58 亿立方米，增长 5.3%，同比增速低于 2017 年（9.7%），月均增速 6.05%。其中常规天然气产量为 1 014.6 亿立方米，同比增长 5.7%；煤层气产量 39.3 亿立方米，同比增长 0.25%；页岩气产量 77.6 亿立方米，同比增长 7.78%；煤制气产量 17.4 亿立方米，同比增长 6.09%。总体上看，常规天然气和煤制气实现平稳增长，页岩气延续了良好发展势头，而煤层气则略显低迷。如图 4 所示。

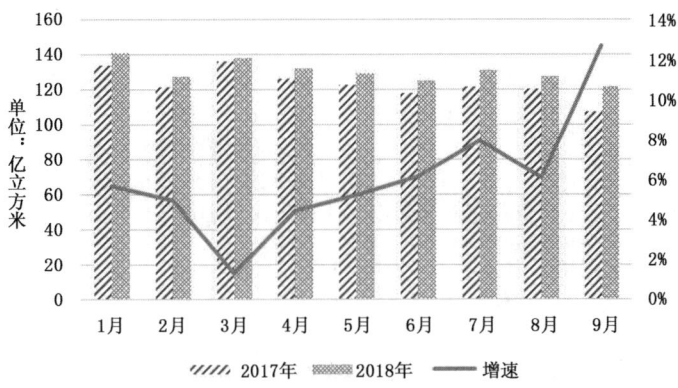

图 4　2017 年至 2018 年 1—9 月国产天然气产量及增速

数据来源：中国能源研究会天然气中心。

2018年1—9月天然气进口量为860亿立方米，同比增长31.6%，月均增速高达35.2%。其中进口管道气374.1亿立方米，同比增长17.1%；进口LNG 485.9亿立方米，同比增长45.5%，进口LNG同比增速远大于进口管道气。LNG由于"液来液走"和槽车运输的方式迅速扩大了国内市场份额。如图5所示。

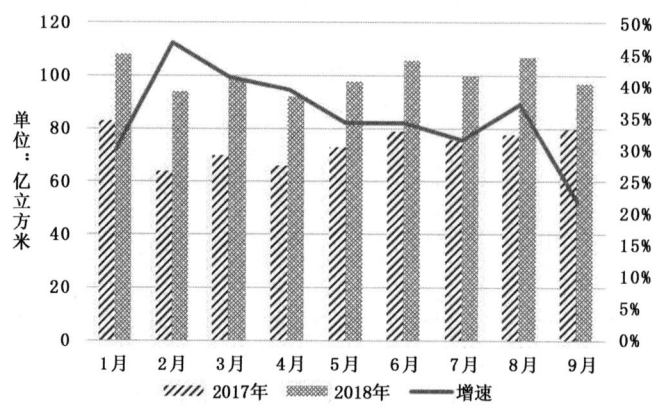

图5　2017年至2018年1—9月进口气量及增速

数据来源：中国能源研究会天然气中心。

3. 管道互联互通建设速度加快，采储气有所加强，天然气储运设施不断完善

国内管道互联互通建设速度加快，西二线广南支干线梧州压气站工程、中俄东线天然气管道工程长岭至长春支线、鄂尔多斯–安平–沧州输气管道一期工程、深圳LNG至大鹏LNG联通线工程等一批管道互联互通工程开工。

受上年冬天和2018年春天天然气供应紧张影响，国家进一步加强了对储气库进行储气调峰的要求。2018年1—3月总采气量为32.2亿立方米，同比增加9.2亿立方米，增长40%。采暖季结束后，我国储气库全面进入阶段，注气量较上年有所加强，2018年4—9月，总注气量达到91.5亿立方米，同比增加19.5亿立方米，增长28.87%。如图6所示。

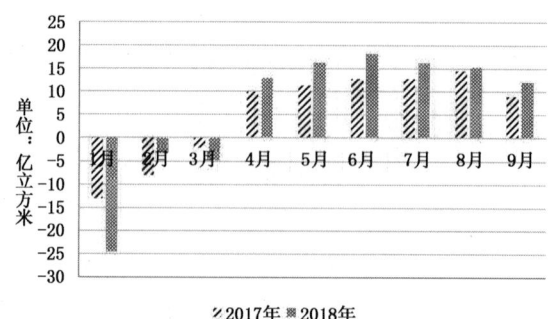

图6　2017年至2018年1—9月储气库工作情况

数据来源：中国能源研究会天然气中心。

4. 居民价格和非居民价格基准门站价并轨，天然气进口价格持续上涨

2018 年 5 月，国家发展改革委出台《关于理顺居民用气门站价格的通知》，居民价格和非居民价格基准门站价实现并轨，迈出了天然气价格改革的重要一步，对于解决交叉补贴、理顺天然气市场价格具有重要意义。此次基准门站价价格并轨，居民平均门站价格上升了 0.27 元/方，上升幅度约为 19%，对于价格承受力最高的居民来说，价格并轨并不会增加较重负担。但对于供应商加大居民用气供给起到积极的作用。

受国际油价回升等因素影响，进口天然气价格较快上涨。2018 年 1—9 月进口管道气平均价格 6.59 美元/百万英热单位，1—9 月进口 LNG 平均价格 9.95 美元/百万英热单位。如图 7、图 8 所示。

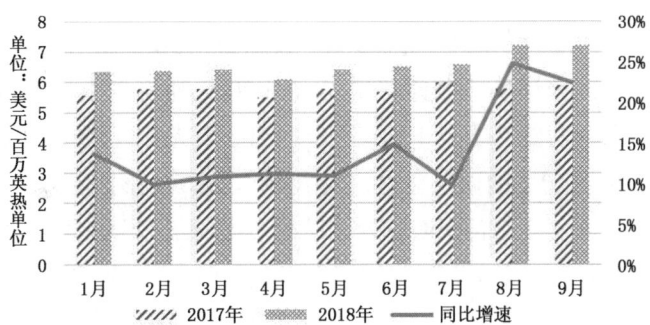

图 7 2017 年至 2018 年 1—9 月进口管道气价格

数据来源：海关信息网。

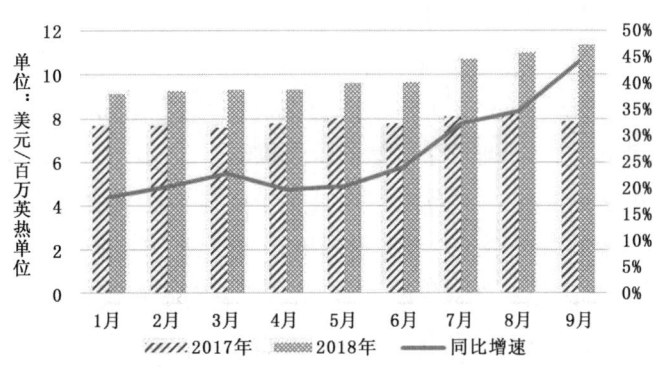

图 8 2017 年至 2018 年 1—9 月进口 LNG 价格

数据来源：海关信息网。

5. 加快储气设施建设和理顺居民用气价格等重大政策出台

继 2015 年"小步快跑"率先启动、2016 年和 2017 年"快马加鞭"频频出台多

项改革政策和配套措施之后,2018年对于天然气行业而言,又是一个值得铭记的政策年。这一年里,国务院以及国家发展改革委等部门出台多项重大政策,分别涉及天然气储气设施建设和储气调峰辅助服务市场、居民与非居民价格并轨、促进天然气协调稳定发展等各个方面,这些政策将对今后较长一段时间内天然气行业发展产生重要影响。

(1) 2018年2月8日,国家发展改革委下发《关于加快推进2018年天然气基础设施互联互通重点工程有关事项的通知》,通知要求对陕京四线增压工程、广西LNG接收站与中缅天然气管道联通项目、蒙西煤制气管道、鄂-安-沧天然气管道等10个天然气基础设施互联互通项目加快建设进度,确保各项目按期投产,强化国内天然气互联互通串换能力,提升冬季天然气应急调峰能力,对进一步加快管道互联互通具有重要作用。

(2) 2018年4月26日,国家发展改革委印发《关于加快储气设施建设和完善储气调峰辅助服务市场机制的意见》通知,提出县级以上地方人民政府指定的部门会同相关部门建立健全燃气应急储备制度,到2020年至少形成不低于保障本行政区域日均3天需求量的储气能力。供气企业应当建立天然气储备,到2020年形成不低于其年合同销售量10%的储气能力。城镇燃气2020年形成不低于其年用气量5%的储气能力。同一个文件中首次明确政府、供气企业、管道企业、城镇燃气企业和大用户的储气调峰责任与义务。特别是首次明确大用户的责任与义务,大用户对于天然气供需平衡有着关键的作用,是天然气消费中的中坚力量,因此,同样需要承担储气调峰的责任与义务。

(3) 2018年5月25日,国家发展改革委出台《关于理顺居民用气门站价格的通知》,决定将居民用气由最高门站价格管理改为基准门站价格管理,且价格水平与非居民用气基准门站价格水平相衔接。居民用气价格自2000年以来一直未作调整,长期低于非居民用气价格。此次基准门站价格调整,解决了居民和非居民价格双轨制产生的问题,进一步理顺了天然气价格机制。

(4) 2018年8月30日,国务院印发《关于促进天然气协调稳定发展的若干意见》,以问题为导向要求加快天然气产供储销体系建设,促进天然气协调稳定发展。此次意见出台从基础设施和机制建设等10个方面,对勘探开发、多层次储备体系、基础设施联通等涵盖产业上中下游各个环节都做出了系统部署,而且着重加强从天然气产供储销体系"硬件"和机制建设"软件"两方面进行建设。

二、当前天然气行业面临的主要问题

当前我国天然气产供储销体系还不完备,国内天然气产量增速远不及消费增速,进口多元化体系有待加强，基础设施互联互通不够，储气能力存在不足，市场化的天然气价格机制未充分形成。

1. 国内勘探开发力度不够，天然气产量增速远不及消费增速

我国常规天然气资源探明率为15%，低于世界平均水平的22.5%。非常规气中页岩气和煤层气探明率仅4.79%和2%。资源探明率较低的原因，一方面由于国内资源勘探开发难度较大，企业勘探开发意愿不强，投资不足。另一方面与上游勘探主体较少、竞争不足、支持政策不够有关。

2018年1—9月全国天然气消费增速为16.67%，而国内天然气产量增速仅为5.3%，国内天然气产量增速远不及消费增速。因此，进口气成为弥补国内供应缺口的重要组成部分，导致我国天然气对外依存度持续上升，2018年1—9月，我国天然气对外依存度约为43%。

2. 进口气来源国较为集中，多元化供应体系有待加强

2017年，我国LNG进口国有18个国家和地区，但进口LNG主要集中在澳大利亚和卡塔尔，两国占到LNG进口量的65%以上。管道进口气，进口气量主要集中在土库曼斯坦，从土库曼斯坦进口的天然气占比中国管道天然气进口总量的80%以上。

天然气进口保障存在较大的不确定性。LNG运输有三种方式：管道输送、车运和船运。长距离管道输送还存在技术上的困难，陆上主要是车运。我国LNG进口以船运为主，虽目前船运技术不断成熟，但还是容易受到气象、运输海况、运输航道等的影响。管道进口气的主要国家土库曼斯坦，位于北半球，冬季管道气运输容易受到寒潮的影响。

3. 基础设施互联互通程度不够，储气能力严重不足

目前，中国石油、中国石化、中国海油等企业所属管道相对独立，互联互通力度不够，各企业间难以形成合力，应急保供能力相对较差。根据《中国天然气发展报告（2018）》，截至2017年年底，三大石油管网之间仅实现三处互联互通，分别为西气东输二线和川气东送管道在湖北武穴压气站、西气东输二线与广东省管网在广州压气站、陕京线与安济线在安平压气站。

储气能力严重不足，与欧美、俄罗斯等相比还有较大差距。根据《2017年国内外油气行业发展报告》，目前已建成11座库（群），形成有效工作气量77亿立方米工作量，有效工作气量仅占全国消费量的3.2%。而据美国能源信息署（EIA）2016年统计数据，美国储气库工作气量占当年天然气消费量的17.4%；俄罗斯占天然气消费量的24.3%；德国、法国和意大利工作气量分别占天然气消费量的31.2%、

28.5%和29.1%。我国天然气储气能力不足难以发挥季节需求波动、平抑市场价格等作用。

4. 运销细化政策仍未出台，天然气价格机制尚未理顺

2017年中共中央、国务院印发《关于深化石油天然气体制改革的若干意见》，提出分步推进国有大型油气企业干线管道独立，实现管输和销售分开。虽目前中石油和中石化等供气企业在企业层面已开展了天然气运输和销售业务的分离等相关举措，但是由于当前管网运输和销售分离的改革细化政策仍未出台，导致管网分离还有较大的差距。

虽然我国天然气基础设施在近年来有了较快的发展，但仍然不能满足快速增长的市场需求，目前天然气的管网投资尚未完全放开，项目审批周期长，新建天然气管网基础设施仍较难。国家鼓励民间资本参与基础设施建设，但仅现定于参股，而不是作为单独的市场主体进入。

2016年和2017年，国家发展改革委先后出台了《关于加强地方天然气输配价格降低企业用气成本的通知》《天然气管道运输价格管理办法》《天然气管道运输定价成本监审办法》《关于明确储气设施相关价格政策的通知》《关于加强输配气价格监管的指导意见》《关于进一步加强垄断行业价格监管的意见》《关于全面深化价格机制改革的意见》，虽密集出台了众多价格政策，但天然气价格机制尚未理顺，相关政策推进缓慢，导致输气价格和终端用气价格仍然高企，价格形成的市场化机制仍待完善。

三、2019年天然气行业前景展望

展望2019年，在大气污染治理、宏观经济稳中趋好、城镇化率逐步提高、能源转型、天然气体制改革红利逐步释放等短中长期因素影响下，虽受中美贸易摩擦、工业生产有所影响，但天然气消费仍将保持快速增长。随着一些国内主要气田增储上产，天然气产量加速增长，进口气继续保持快速增长，预计2019年天然气市场供需总体仍处于紧平衡。

1. 近期大气污染治理，中长期天然气体制改革等，支撑天然气消费快速增长

在2020年全面建成小康社会、实现第一个百年目标的指引下，大气污染治理仍将是天然气扩大利用的最大、最直接驱动力。《中共中央 国务院关于全面加强生态环境保护坚决打好污染防治攻坚战的意见》《国务院 打赢蓝天保卫战三年行动计划》《北方地区冬季清洁取暖规划（2017—2021）》等一系列环保政策的出台，表明

2019年将继续保持高强度的大气治理力度。此外，环保督查将进一步强化，根据2018—2019年蓝天保卫战重点区域督察方案，2018年6月至2019年4月，动用1.8万人次、开展21个轮次，对京津冀及周边"2+26"城市安排200个督查组；汾渭平原11个城市安排90个督查组。

中长期看，宏观经济将保持稳定发展，"十三五"GDP增速6.5%以上，2035年平均增速在5%。城镇化率逐步提高，2020年达到60%，2030年达到70%。在能源转型目标下，我国将持续大力提高天然气的消费比重，扩大天然气的使用规模，力争2020年和2030年天然气消费占一次能源消费中的比重分别达到10%和15%左右。天然气体制改革红利将逐步释放，储运机制逐步完善，价格机制逐步理顺，行业仍处在发展的黄金期。预计全年天然气消费量3 000亿~3 100亿立方米。

2. 国内主要气田增储上产，天然气产量加速增长，进口气继续保持快速增长

近年，国内勘探开发投入减少，2017年全国油气勘查、开采投资还未恢复到2015年水平。为加大国内勘探开发力度，确保国内天然气产量快速增储上产，2018年8月，国务院印发《关于促进天然气协调稳定发展的若干意见》，提出一系列举措，解决勘探开发体制机制，强化国有油气企业能源安全保障考核，引导企业加大勘探投入。力争到2020年年底前国内天然气产量实现2 000亿立方米以上的目标。要达到这一目标，需每年增加天然气产量约173亿立方米，平均增速达到10%以上。在鼓励企业开发积极性方面，中央财政将对非常规天然气补贴政策延续到"十四五"时期，并将致密气纳入补贴范围，给予市场稳定预期。政策的出台将使天然气产量稳步增长。

中长期，随着我国矿业权流转机制、竞争性出让机制、储量及价值评估规则等逐步完善，非常规气页岩气矿业权重叠问题妥善解决，煤层气矿业权问题逐步理顺，天然气产量将加速增长。受国内天然气供应量不足影响，天然气进口量将继续保持快速增长。初步预计全年国产天然气供给量约在1 780亿立方米，天然气进口量约在1 320亿立方米。

四、加快天然气行业发展的政策建议

短期内加快增储上产、构建多元化供应体系、强化基础设施建设等面临严峻挑战，需稳步推进各项工作，并进一步深化天然气领域体制改革，重点落实已出台的改革政策，加快出台配套政策，有序推进产供储销体系建设，促进天然气协调稳定发展。

1. 加大勘探开发力度，完善多元化供应体系

第一，加强常规、非常规天然气基础地质调查和资源评价，深化老区挖潜，加强老气区的新领域深度挖潜。加大新区和重点地区勘探投入，常规气以四川、鄂尔多斯、塔里木盆地为勘探重点，页岩气以南方海相为勘探重点，煤层气重点开展沁水、鄂尔多斯盆地勘查工作，夯实国内资源基础。

第二，进一步完善矿业权流转机制，允许以市场化方式进行页岩气矿业权的转让和取得，完善矿业权转让规则。严格执行油气勘查区块退出机制，全面实行区块竞争性出让，完善储量及价值评估等规则。在增加储量增量的同时，多措并举，盘活储量存量。

第三，妥善解决非常规气矿业权重叠问题，理顺非常规气与其他矿业权重叠设置关系，尽快出台矿业权重叠管理办法，改变现有矿业权登记规则，将每种矿的矿业权登记限定在合理深度范围和空间范围，使其在空间上不重叠，同一区域可以有多个矿权业主体。

第四，加快推进天然气进口国别（地区）多元化、运输方式多元化、进口通道多元化、合同模式多元化、参与主体多元化。支持中国石化、中国石油和中国海油等国有企业和民营企业进行海外投资开发，海外投资风险较大，抓紧出台政策支持企业投资海外天然气上游勘探开发，增强天然气资源的掌控能力。

2. 加强储气设施建设，加快管网设施建设

第一，严格落实关于供气企业到 2020 年形成不低于其年合同销售量 10% 的储气能力。城镇燃气企业到 2020 年形成不低于其年用气量 5% 的储气能力。地方政府到 2020 年至少形成不低于保障行政区域 3 天日均消费量的储气能力。出台政策鼓励大用户自建储气能力和配套应急措施，构建规范的市场化调峰机制和储气调峰服务市场。近期储气库主要还是以调峰为主，当前储气库建设按照补偿成本和合理收益原则确定成本。中长期，随着天然气价格市场化，地下储气库采取公司化运行。

第二，积极推广政府和社会资本合作等方式，吸引社会资本参与储气设施的建设运营。现阶段已建成的储气库均为中国石油和中国石化投资和运营，市场化不充分，参与主体较为单一，主要原因在于储气库的经济性，以及建库资源主要集中在中西部地区，而东部主要天然气消费区地质条件复杂，储气库资源匮乏。尽快研究出台对垫底气采购支出给予财政补贴，提高企业参与积极性。

第三，加快管网基础设施建设进程。加大基础设施建设的投资力度，加快天然气管网的建设步伐，深化天然气管网投资项目审批制度改革，开辟快速审批通道，下放审批权限，简化审批流程。继续推动以中石油和中石化为投资主体建设基础设

施，同时鼓励社会资本通过资本投资与中石油、中石化合作或独立投资参与天然气管网建设及管理运营。抓紧落实细化天然气的运输与销售分离政策、天然气管道第三方公平准入的方法，尽快制定实施细则并向社会公布，接受社会的监督。加快管网升级改造，协调系统间压力等级，实现管道的双向输送。

3. 深化天然气领域改革，健全协调发展体制机制

第一，落实好居民和非居民门站价格并轨政策，加快推行季节性差价、可中断气价等产别化价格政策。尽快建立上下游天然气价格联动机制。加强输配气价格监管，切实降低过高的省内管道运输价格和配齐价格。鼓励有条件地区先行放开大型用户终端销售价格。

第二，加强地方管道燃气特许经营管理。进一步加强地方燃气特许经营管理。严格落实《竞争审查细则》，未经公平竞争不得未采取招投标、竞争性谈判等方式，授予经营者特许经营权。严格特许经营的准入条件，通过公开招投标的方式择优选择；建立特许经营退出机制，组织对管道燃气特许经营项目投资和建设计划实施情况进行评估。

第三，建立天然气综合协调机制。"煤改气"坚持"以气定改"循序渐进，加强对大气污染重点区域、京津冀周边和汾渭平原的用气需求保障。按照"宜气则气、宜电则电、宜煤则煤、宜油则油"原则，充分利用各种清洁能源推进大气污染防治和冬季清洁取暖。

45　中国能源发展：改革开放 40 年回顾与未来 30 年展望

李继峰　刘　明[*]

摘要： 改革开放 40 年来，我国的能源发展取得了举世瞩目的历史性成就，为经济持续快速发展、人民生活水平不断提高提供了坚实的基础保障。特别是随着我国经济发展进入新常态，面对国际能源发展新趋势、能源供需格局出现新变化，能源消费进入低速增长新阶段，节能降耗取得新成效；能源结构由传统能源加速向新能源转变，由煤炭为主加速向多元化转变；能源行业新动能不断涌现，为能源领域转向高质量发展打下了坚实的基础。展望未来，能源行业需要抓住以信息化为主要特征的新一轮科技革命潮流，以建设清洁绿色、安全高效的现代化能源系统为目标，从需求和供给双侧持续发力，早日实现能源高质量发展。

关键词： 改革开放 40 年　能源转型　高质量发展

一、改革开放 40 年我国能源发展实现了四个转变

（一）能源供需实现了从"弱"向"强"的转变

改革开放以来，随着经济持续快速发展、人民生活水平日益提高，我国能源需求不断增长，品种结构持续优化改善。2017 年，我国能源消费总量 44.9 亿吨标准煤，比 1978 年增长 6.9 倍，年均增长 5.4%。2017 年，煤炭消费量 38.6 亿吨，比 1980 年增长 5.3 倍，年均增长 5.1%；石油消费量 5.9 亿吨，增长 5.7 倍，年均增长 5.3%；天然气消费量 2387 亿立方米，增长 16.0 倍，年均增长 8.0%；一次电力及其他能源消费量 6.2 亿吨标准煤，增长 24.7 倍，年均增长 9.2%。

---

[*] 李继峰，管理科学与工程博士，国家信息中心经济预测部副研究员、政策仿真实验室副主任，主要研究方向为环境经济、能源经济、气候变化等；刘明，经济学博士，国家信息中心经济预测部助理研究员，主要研究方向为宏观经济、数量经济、财政税收等。

以满足经济发展所需的能源消费为目标，我国能源生产由弱到强，推动生产能力大幅提升，逐步形成了煤、油、气、可再生能源多元供应，电力等高品质能源比重不断提升的能源生产体系，成为世界能源生产第一大国。1978 年，我国能源生产总量仅为 6.3 亿吨标准煤，2017 年则达到 35.9 亿吨标准煤，比 1978 年增长 4.7 倍，年均增长 4.6%。其中，2017 年原煤产量 35.2 亿吨，比 1980 年增长 4.7 倍，年均增长 4.8%；原油产量 1.9 亿吨，增长 0.8 倍，年均增长 1.6%；天然气产量 1 480 亿立方米，增长 9.4 倍，年均增长 6.5%；一次电力产量 1.8 万亿千瓦小时，增长 30.5 倍，年均增长 9.8%。一次能源产量从 1978 年的 6.3 亿吨标准煤增加到 2017 年的 35.9 亿吨标准煤，增长 4.7 倍。能源自给率始终保持在 80% 以上，实现了长期稳定的供需平衡。

同时，在国内生产能力不断强化的基础上，积极开拓国际进口渠道，目前石油进口源地已经拓展到 17 个国家和地区，天然气进口源地拓展到 22 个国家和地区，初步实现国际多元化能源供应。

（二）能源品种实现了从"黑色"向"绿色"的转变

长期以来，受资源禀赋和技术落后的影响，"富煤、贫油、少气"概念深入人心，也逐步形成了以煤为主的能源结构，煤炭在一次能源中的占比长期较高。1978 年至今的 40 年时间里，煤炭比重最高接近 80%（1994 年），此后也长期维持在 70% 以上（2014 年之后才开始低于 70%），而且保持能源产品经济与推动绿色低碳转型两个目标之间始终难以调和。不过近年来，随着能源领域科技进步日新月异，风电、光伏等可再生能源技术不断发展，成本持续降低，加上电池、储能技术突飞猛进，使其从"绿色但低品位"资源逐步转变为"绿色且高品位"能源资源，"经济"和"绿色"呈现逐步统一的趋势。另一方面，随着页岩气、致密气勘探开发技术持续取得突破，以及天然气水合物试采成功，我国天然气资源家底和供应能力有望大幅提高，再加上国际天然气供需格局有望长期宽松，能够支持我国天然气消费量持续快速增长，实现对煤炭的快速替代。2017 年煤炭占能源消费总量比重下降到 2017 年最低的 60.4%；石油占比也呈现波动下降趋势，1978 年最高为 22.7%，2017 年为 18.8%，下降 3.9 个百分点；天然气、一次电力及其他能源等清洁能源占比则持续提高，天然气由 1978 年的 3.2% 提高到 2017 年最高的 7.0%，一次电力及其他能源由 1978 年最低的 3.4% 提高到 2017 年最高的 13.8%，分别提高 3.8 和 10.4 个百分点。

（三）能源利用实现了从"低效"向"高效"的转变

改革开放以来，我国始终重视节能降耗，尤其是 2005 年以来，国家综合运用经济、法律等手段，切实推进工业、建筑、交通等重点领域节能减排，通过加快产业调整、淘汰落后产能、优化能源结构和推进节能型社会建设等方式，促进了节能降耗不断取得新成效。其中"十一五"时期，单位GDP能耗累计降低19.3%；"十二五"时期累计降低18.4%。2017年比1978年累计降低77.2%，年均下降3.7%。如图1所示。

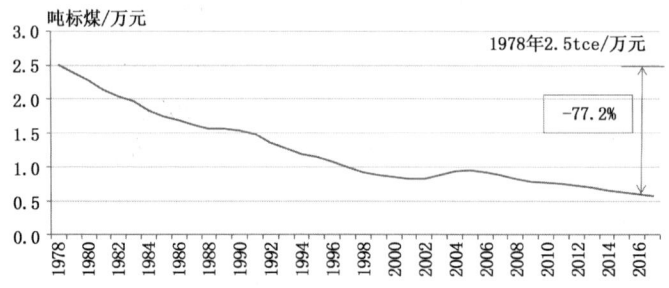

图1　1978—2016年我国万元GDP能耗（2015年固定价）

分行业来看，通过改进工艺技术、更新改造用能设备、淘汰落后产能和加快技术进步等，我国单位产品能耗明显降低。2017年与2012年相比，在统计的年耗能1万吨标准煤及以上的重点耗能工业企业中，吨钢综合能耗下降5.3%，机制纸及纸板综合能耗下降11.0%，烧碱综合能耗下降12.6%，电石综合能耗下降2.4%，合成氨综合能耗下降5.7%，水泥综合能耗下降4.5%，平板玻璃综合能耗下降9.1%，电厂火力发电标准煤耗下降3.9%，经过多年的改进，主要高耗能产品的能效已十分接近国际先进水平。此外，我国重点行业和重点领域能源回收利用水平进一步提高，余热、余压及放散气等能量回收利用成效显著。2017年，规模以上工业企业能源回收利用率为2.7%，比2012年提高0.4个百分点，5年累计回收利用能源7.6亿吨标准煤。如图2所示。

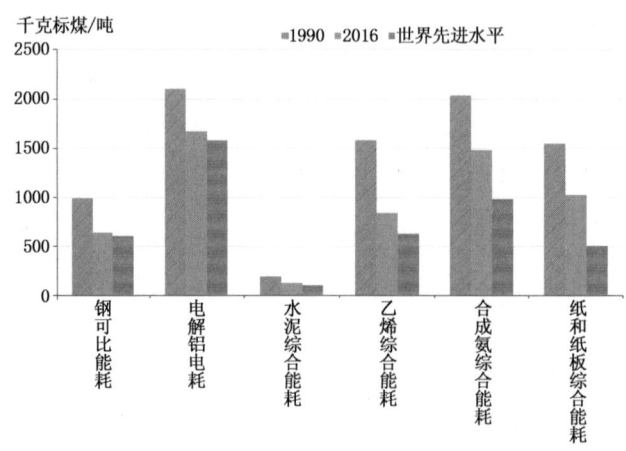

图2　主要耗能产品综合能耗的国际比较

分省来看，随着国家将单位GDP能耗下降指标作为约束性指标，各省（自治区、直辖市）均较好地完成了节能目标任务。"十二五"期间，各省（自治区、直辖市）均完成了国家"十二五"下达的节能目标任务，其中，超过1/3的省（自治区、直辖市）考核结果为超额完成等级。

(四) 高品质能源比重实现了从"低"到"高"的转变

1995年以来,我国平均电气化率从30%提高到2016年的41.4%。如表1所示,占GDP比重近70%的行业和居民生活的电气化率的增幅都比平均增幅还高,呈现全面开花的喜人态势。

表1 主要行业和居民生活的电气化率(单位:%)

	1995	2016	1995—2016
农业	41	38	-4
开采业	33	39	6
食品饮料烟草	29	43	14
纺织服装	40	66	26
木材家具	32	67	35
造纸印刷及文教	34	51	17
石化	11	11	0
化工原料	25	29	4
医药化纤橡胶及塑料	35	65	30
非金属	18	29	11
黑色	19	25	6
有色	59	80	21
机械电气与电子设备	39	77	38
其他制造业	35	79	44
电力燃气水	83	83	0
建筑业	47	27	-20
交通运输、仓储和邮政业	12	9	-3
批发、零售业和住宿、餐饮业	39	57	18
其他行业	20	56	35
生活消费	25	46	21
平均	30	41	11

二、以高质量发展为目标,能源领域仍有较大挑战

改革开放40年,我国能源领域取得巨大成就,但由于资源开放强度大、产业结构不合理、历史欠账多等原因,仍然面临着能源"贵"、能效改进路径"窄"、能源体制改革"慢"等难题。

(一)能源"贵"的问题始终没有很好解决

与资本、劳动力相比,2000年以来,能源投入增长明显快于GDP的增长,能源利用成本上升的问题长期存在。如图3所示。

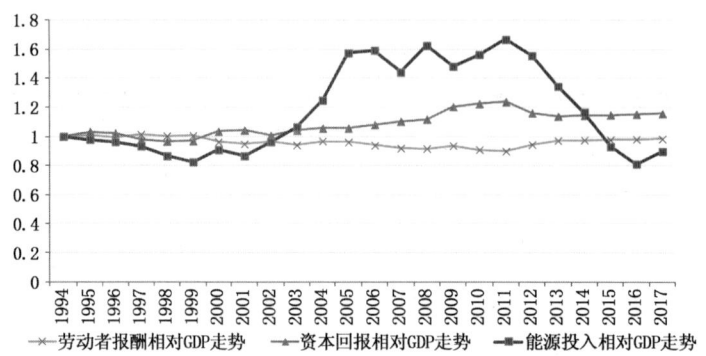

图3　1994—2017年我国能源投入走势

进一步分析能源成本高的原因,如图4所示,各一次能源的平均价格涨幅快于GDP平减指数的涨幅,尽管能效持续提高,但难以抵销能源价格上涨引起的用能成本上升。

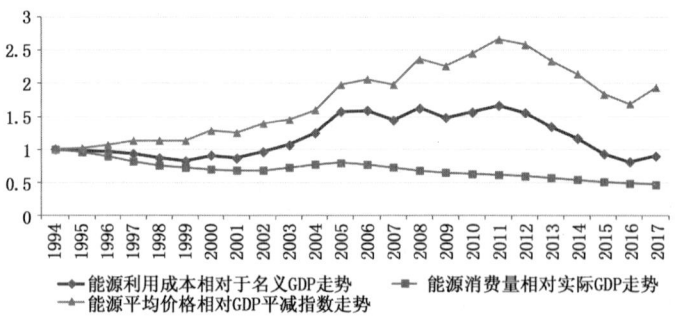

图4　1994—2017年我国能源平均成本走势

(二)能效改进路径"窄"的问题长期存在

自1990年以来的历次五年计划中,单位GDP能耗强度变化的80%~90%是来自细分行业的强度变化,结构调整的贡献相对较小。在细分行业的强度变化中,贡献最大的是重化工业的能效提高。这主要是因为国家长期依赖行政命令推进重点行业企业节能减排,目前由点到面地推动全行业节能减排方面尚缺乏有效政策。如图5所示。

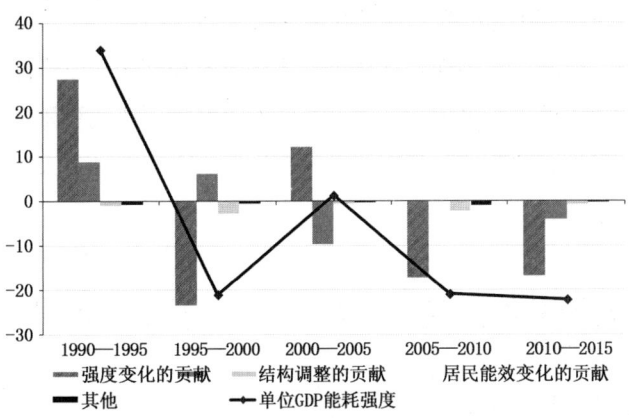

图 5　单位 GDP 能耗强度变化主要贡献

分行业来看，我国节能工作的重点在采矿业、重化工业、电力生产等公共事业和交通运输业等高耗能部门。但对历史分析表明，这些行业的单位能耗产生的增加值较其他行业始终较小，且难以提高；相比之下，轻工业、机械设备、电子制造以及服务业等行业的单位能耗消耗产生的增加值较多，且逐步提高。因此未来进一步提高综合能效的主要途径是经济结构优化调整，加大力度发展轻工业、机械电子制造业和服务业，并提高这些行业的能效水平。如图 6 所示。

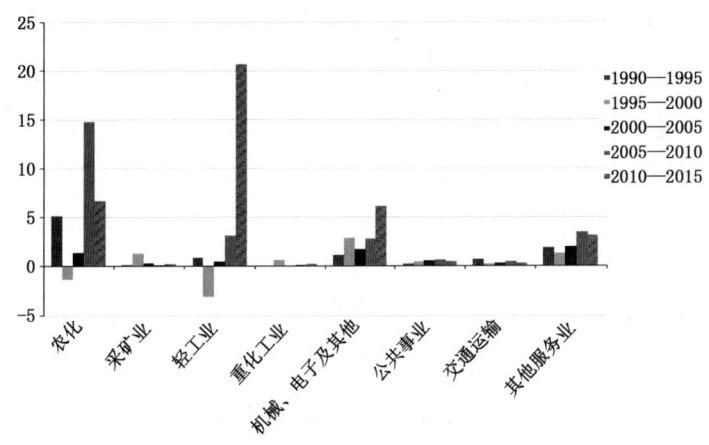

图 6　我国节能工作重点行业变化

（三）能源体制改革"慢"的问题亟待突破

当前现行的能源体制仍存在一些深层次矛盾和问题，明显滞后于能源系统转型的要求，主要体现在以下三个方面：一是能源法制不健全。能源基本法长期缺位，缺乏完整的法律体系结构，同时法律实操性差；法律法规和规章之间缺乏必要的衔接；执法上仍存在惩戒力度不足、执法不严等问题。二是政府职能不匹配。政府管理越位和缺位现象普遍存在，管理职能分散、多头管理局面依旧，电力、天然气等价格仍主要由政府行政决策制定，输配电价核算不尽科学；交叉补贴现象长期存在；能源总体规划难以衔接电力、天然气、可再生能源等专多规划，缺乏一体化统筹和部署。三是能源市场体系不完善。能源市场主体过于单一，多为国有大型企业，民营资本进入受限，竞争不充分、垄断经营等问题比较突出；缺乏统一的市场准入规则；电力、石油、天然气等现货和期货市场体系尚未建立起来。

三、以高质量发展为目标，持之以恒地推进能源转型

党的十九大报告指出中国正处于从高速增长阶段向高质量发展阶段转变的历史进程。作为经济基础产业，能源领域实现高质量发展无疑是保障经济高质量发展的必要条件。因此，未来能源领域需要按照国家"四个革命，一个合作"的能源安全战略要求，持续、稳步推进各项改革举措，到21世纪中叶实现高质量发展的战略目标。

（一）能源领域实现高质量发展的核心是要构建清洁绿色、安全高效的现代能源系统和与之配套的一整套政策体系

一是把构建清洁绿色能源供应体系作为首要任务。党的十九大报告明确提出了中国要建设美丽中国的发展目标，未来经济生产、生活各方面的活动都要控制向空气、水和土壤排放污染物。同时，随着国际上越来越确认温度上升将对全球生态环境造成难以估量的破坏性影响，以及中国政府就碳减排向国际社会做出的庄严承诺，清洁用能和实现低碳排放无疑是能源领域转型的明确方向。为此能源领域必须彻底扭转以煤为主的能源供应结构，构建以清洁绿色能源为主的新结构，同时实现化石能源在生产、转化、传输和消费的全生命周期内都是节约高效、低污染和低二氧化碳排放。

二是为了支持经济社会整体向高质量发展转变，能源领域还必须保障供应安全和经济性。一方面，要推动能源供应来源多样化，在可再生能源占比不断提高的情况下，能源系统仍具有足够高的适应和调节能力，为国民经济提供持续稳定的能源供应，并能有效应对各种自然灾害或地缘政治等内外部条件变化。另一方面，千方百计实现能源价格具有国际竞争力，特别是制造业部门的能源成本应能与全球制造强国相竞争。当前中国正处于建设制造强国的关键时期，能源成本是实体经济成本的重要组成部分，高质量能源体系应该能够提供具有价格可竞争性的能源供应。

三是为了推进清洁绿色、安全高效的现代能源系统的建设，还需要加快体制机制转变，既要在绝大部分能源供需活动中，充分发挥市场在资源配置中的决定性作用，又要在市场失灵的部分领域更好地发挥政府的资源调配作用。

(二)紧紧抓住以"互联网+"等为特征的新一轮科技革命的契机,顺势推动能源转型

当前,能源技术与信息技术、互联网技术融合,推动的新一代能源革命正在徐徐拉开大幕,"互联网+"智慧能源产业的快速发展,可望很快进入彻底改变人类能源生产和使用方式的新纪元。

"互联网+"智慧能源有望促使能源生产与供应模式更加多元化,并同时催生新的商业模式。任何品种能源的生产和供应将从原来的单一化供应模式向多元化转变,相应地倒逼传统煤炭和电力公司、石油和天然气公司纷纷向掌握多种能源资源、根据用户需求灵活提供多种能源服务的综合能源供应商转变。各种"互联网+"智慧能源技术可实现储能设备以及可控负荷之间的协调优化控制,通过建立分布式可再生能源与用户之间、各局部能源网络之间的信息互联,更好地利用广域网内分布式电源的时空互补性,以及储能设备与需求侧可控资源之间的系统调节能力,做到"横向源-网互补,纵向源-网-荷-储协调控制",从而平抑分布式可再生能源间歇特性对局部电网的冲击,为分布式可再生能源的大规模接入提供可行路径,真正实现清洁能源比重大幅增加。

展望未来发展,我国"互联网+"智慧能源大致将实行三步走战略:

2020年之前,实行分布式发电和储能的大规模普及利用,各种分布式电源可实行灵活接入;基于互联网技术的多能交易系统开始上线应用;多种能源网络互通互联、多能互补的能源试点示范将逐步建立,能源互联网技术实现多点开花。2021—2030年,多元化能源间的智能调度逐步实现,分布式发电和储能系统在用户侧得到普及性发展,形成多元化能源互补的非化石能源互联网络,支持非化石能源实现占一次能源20%的发展目标。形成开放共享的能源互联网生态环境,能源综合效率明显改善。2030年之后,依托能源互联网产业的自主发展,可再生能源利用全面覆盖农业、工业、交通、商业、居民等终端用能领域,支持可再生能源健康快速发展的产业生态环境不断完善,可再生能源进入发展快车道。

(三)持续推进全面节能降耗,尽早实现终端用能达峰

利用能源系统分析模型构建能源高质量情景的研究表明,以实现能源高质量发展为目标,未来我国未来能源需求走势应具备如下特征:第一,满足经济社会发展到2020年实现人均GDP超过1万美元、到2035年达到人均GDP 2万美元、到2050年实现人均GDP 4万美元的发展目标,我国终端能源需求应力争在2040年前后达到峰值,峰值水平应控制在38亿吨标煤以内,到2050年第二、三产业的单位增加值能耗均比当前水平下降77%以上。第二,农业终端用能应在2020年左右进入峰值,工业及建筑业终端用能在

2025—2030年达到峰值，交通运输终端用能的峰值在2030—2040年间，把未来能源需求的增量空间更多的留给服务业和居民生活用能，以满足经济结构的优化调整和人民美好生活水平的不断提高的用能需要。第三，加快终端能源结构的优化调整，未来到2050年煤炭和石油占比要从2015年的42%和24%分别下降到15%和20%，从数量上看，2050年终端用煤和油分别为5.8和7.4亿吨标煤，较2015年分别减少7.6亿吨标煤和0.2亿吨标煤。而电力和热力的直接消耗量显著上升，从2015年的8.1亿吨标煤持续增加到2050年的16.1亿吨标煤，增长近一倍，占比也从26%提高到43%。其中电力需求有望在2020年达到7.4万亿千瓦时，占终端用能的比重26%左右；2030年超过9万亿千瓦时，占比达到30%；2050年达到12万亿千瓦时，占比达到38%。

（四）到21世纪中叶实现一次能源总量进入峰值期，达成以清洁能源为主体的一次能源结构

在终端能源需求高质量发展情景及相应的发电结构分析下，未来我国一次能源总量会持续增加，2020年接近48亿吨标煤，2030年接近54亿吨标煤，2035年达到55亿吨标煤，2050年前接近58亿吨标煤，并进入峰值平台期。其中，煤炭和石油需求陆续达峰，煤炭在2020年之前处于平台期，此后有望持续下降，非煤比重有望从2015年的35.7%逐步升高到2030年的55%，2035年达到60%，2050年进一步提高到73%；石油在2030年之前处于平台期，此后也会随电动汽车替代规模迅速扩大而逐步下降；与此同时，清洁能源逐渐成为满足能源供应的主要力量。非化石能源比重有望从2015年的11.8%逐步扩大到2030年的22.5%，2035年达到28%，到2050年超过40%。此外，全社会电气化水平的提高使得发电能源占比持续上升，从2015年的40.9%逐步增加到2030年的48.5%，2035年超过50%，到2050年提高到54.8%。

46 能源发展"十三五"规划主要指标中期评估

肖宏伟[*]

摘要：能源发展"十三五"规划实施以来，在能源发展"四个革命、一个合作"战略思想的指引下，能源生产和消费革命全面推进，能源发展主要目标指标总体进展顺利。按照"时间过半、进展过半"的原则，对能源发展"十三五"规划主要指标是否达到中期预期进度进行监测评价，评估结果显示，5个约束性指标均达到或者超过预期进度要求，部分预期性指标已经或者有望提前完成规划目标，但部分指标（一次能源生产量、天然气消费比重、能源自给率）实现进度较慢，需要给予高度关注。"十三五"中后期亟须从"扩大能源高质量供给与拓展天然气消费市场并举，加快实现程度低的主要指标后期提升率"、"坚持能源消费总量强度双控制与结构优化不动摇，保障实现程度较好的主要指标如期实现"和"遵循绿色发展理念与持续提高能源效率水平并重，确保业已实现规划目标主要指标不反弹"三方面同时发力，为顺利实现能源发展"十三五"规划主要目标奠定坚实基础。

关键词：能源发展　主要指标　"十三五"规划　中期评估　实现程度预测

"十三五"时期是全面建成小康社会的决胜阶段，也是推动能源革命的蓄力加速期，能源发展"十三五"规划按照全面建成小康社会和能源革命新的目标要求，对2016—2020年能源发展主要目标提出了新的更高要求。综合考虑安全、资源、环境、技术、经济等因素，从能源总量控制、能源安全保障、能源结构优化、能源效率提升、能源环保低碳5个方面确定了16个指标作为"十三五"时期能源发展主要指标。其中能源总量类5个和能源安全类1个均为预期性指标；能源结构类6个指标，包括4个预期性指标和2个约束性指标；能源效率类3个指标，包括1个预期性指标和2个约束性指标；能源环保类1个为约束性指标。从能源发展"十三五"规划主要指标2016—2017年的统计数据来看，所有约束性指标和大部分预期性指标达到预期进度要求。

---

[*] 肖宏伟，经济学博士，国家信息中心经济预测部副研究员，主要研究领域为能源经济、气候变化、经济增长、预测与决策、数量经济模型等。

一、主要指标总体达到中期预期进度

能源发展"十三五"规划实施以来，在能源发展"四个革命、一个合作"战略思想的指引下，能源生产和消费革命全面推进，能源发展主要目标指标总体进展顺利，为全面建成小康社会和构建清洁低碳安全高效的现代化能源体系提供了坚实的能源安全保障。按照"时间过半、进展过半"的原则，对能源发展主要指标是否达到中期预期进度进行监测评价，评估结果显示，5个约束性指标均达到或者超过预期进度要求，部分预期性指标已经或者有望提前完成规划目标，但部分指标（一次能源生产量、天然气消费比重、能源自给率）实现进度较慢，需要给予高度关注。

1. 能源消费总量控制效果良好，但一次能源生产量低于规划预期增长

能源总量类指标中，一次能源生产量低于规划预期增长，电力装机总量和全社会用电量超规划预期增长，能源消费总量和煤炭消费总量控制效果良好。从统计数据来看，2017年一次能源生产量为35.9亿吨标准煤，较2015年下降0.3亿吨标准煤，2016—2017年年均下降0.4%，远远低于能源"十三五"规划提出的2.0%年均增速；2017年电力装机总量为17.8亿千瓦，较2015年增加2.5亿千瓦，2016—2017年年均增长7.9%，高出能源"十三五"规划提出的年均增长目标2.4个百分点；2017年全社会用电量6.3万亿千瓦时，较2015年增加0.6万亿千瓦时，2016—2017年年均增长5.2%，高出能源"十三五"规划提出的年均增长目标上限0.4个百分点；2017年能源消费总量为44.9亿吨标准煤，较2015年增加1.9亿吨标准煤，2016—2017年年均增长2.2%，能源消费总量增速控制在"十三五"规划提出的年均增长3%以内；2017年煤炭消费总量38亿吨原煤，较2015年下降1.6亿吨，2016—2017年年均下降1.6%，煤炭消费增速远远低于"十三五"规划提出的年均增长0.7%的目标，为实现煤炭消费比重下降奠定了坚实基础。

2. 能源结构优化调整稳步推进，但天然气消费比重进展严重滞后规划目标

能源结构类指标中，天然气消费比重进展严重滞后规划目标，其他指标超过规划预期目标。2017年非化石能源装机比重达到38.8%，距离2020年39.0%的规划目标较近，实现程度高达95%；2017年非化石能源发电量比重为30.4%，较2015年提升3.4个百分点，实现程度高达85%；2017年非化石能源消费比重为13.8%，较2015年提升1.8个百分点，实现程度为60%，超过40%的平均累计实现程度；煤炭消费比重为60.4%，较2015年下降3.6个百分点，完成"十三五"规划提出的累计下降6个百分点目标的60%；2017年电煤占煤炭消费比重为52.4%，较

2015年提升3.4个百分点，完成"十三五"规划提出的累计提升6个百分点目标的56.7%；2017年天然气消费比重为7.0%，较2015年仅提升1.1个百分点，距离"十三五"规划提出的累计提升4.1个百分点目标还有相当大的距离，实现程度仅为26.8%，远远低于40%的平均累计实现程度。

3. 能源效率和能源环保类指标进展喜人，但能源自给率下降幅度较大

能源安全、能源效率、能源环保类指标中，煤电机组供电煤耗、电网线损率业已实现"十三五"规划目标，单位国内生产总值能耗降低、单位国内生产总值二氧化碳排放降低指标进展喜人，但能源自给率下降幅度较大，需引起高度重视。2017年全国6 000千瓦及以上火电厂供电标准煤耗309克/千瓦时，提前3年实现"十三五"规划提出的310克标准煤/千瓦时目标；2016、2017年电网线损率分别为6.49%和6.48%，提前4年实现"十三五"规划提出的控制在6.5%以内目标；2016、2017年单位GDP能源消耗分别同比下降5.5%和3.7%，累计较2015年下降8.5%，目标实现程度高达47.3%；在能源消费总量得到有效控制和能源消费结构优化的双重作用下，2016、2017年单位GDP二氧化碳排放分别同比降低6.6%和5.1%，累计较2015年下降11.4%，目标实现程度高达63.1%；2016、2017年能源自给率分别为79.4%和80.0%，已经突破或者接近"十三五"规划提出的80%目标底线，在全球能源地缘政治日趋复杂的今天，亟须提升能源自给率，保障国家能源供给安全。

二、主要指标2020年实现程度预测

综合考虑"十三五"前半期实施情况及"十三五"后半期国内外环境，预计大部分指标均能如期或者提前实现"十三五"规划纲要提出的目标。

1. 能源消费总量有望如期实现预期目标，一次能源生产量实现目标难度较大

能源总量类指标中，能源消费总量和煤炭消费总量有望如期实现预期目标，电力装机总量和全社会用电量将提前突破预期目标，但一次能源生产量实现40亿吨标准煤的目标难度较大。综合考虑影响我国能源消费的经济发展、产业结构调整、技术进步等因素变化情况，预计2020年我国能源消费总量约49.3亿吨标准煤、煤炭消费总量约40.2亿吨原煤，顺利实现"十三五"规划纲要提出的控制在50亿吨标准煤和41吨原煤以内的目标。按照"十三五"前半期的速度保守估计，电力装机总量有望2019年突破"十三五"规划提出的20亿千瓦目标。综合考虑宏观经济、电能替代、国际贸易环境、蓝天保卫战和环保安全检查等因素，预计全社会用电量

将在2019年突破"十三五"规划提出的7.2万亿千瓦时目标上限。要实现"十三五"规划提出的2020年40亿吨标准煤的一次能源生产量目标,2018—2020年年均须增长1.4亿吨标准煤,从目前的生产速度来看,难度较大。

2. 能源结构大部分指标如期实现预期目标,天然气消费比重实现目标须加大政策力度

能源结构类指标中,非化石能源装机比重、非化石能源发电量比重、电煤占煤炭消费比重指标有望提前实现预期目标,非化石能源消费比重、煤炭消费比重指标如期实现预期目标,天然气消费比重指标实现预期目标还须加大政策力度。按照"十三五"前半期的速度保守估计,非化石能源装机比重、非化石能源发电量比重指标有望在2018年实现预期目标,电煤占煤炭消费比重指标有望在2019年实现预期目标,非化石能源消费比重、煤炭消费比重有望在2020年双双实现"十三五"规划提出的目标。要实现"十三五"规划提出的2020年天然气消费比重10%目标,2018—2020年年均须提高1个百分点,综合考虑煤炭、石油、天然气、一次电力及其他能源的发展趋势,预计2020年天然气消费比重达到8.5%~9%,要实现10%的目标还须努力。

3. 能源效率和能源环保指标如期实现预期目标,能源自给率保持在80%以上仍须努力

能源安全、能源效率、能源环保类指标中,煤电机组供电煤耗、电网线损率业已实现"十三五"规划目标,单位国内生产总值二氧化碳排放降低有望提前实现预期目标,单位国内生产总值能耗降低如期实现预期目标,能源自给率保持在80%以上仍须努力。煤电机组供电煤耗、电网线损率分别在2017年和2016年达到"十三五"规划提出的目标。按照"十三五"前半期单位GDP资源消耗及能源消费结构调整的速度保守估计,单位GDP二氧化碳排放降低指标有望在2019年提前实现"十三五"规划纲要提出的18%目标,单位GDP能源消耗降低有望在2020年实现"十三五"规划纲要提出的目标。2017年能源自给率已经接近"十三五"规划目标下限,按照目前一次能源生产量与能源消费总量的增长速度预测,能源自给率将跌入80%以下,能源自给率要保持在80%以上须进一步提高能源供给能力与效率。

三、推进主要指标完成的对策建议

我国能源产业已由高速增长阶段转向高质量发展阶段,正处在转变发展方式、优化能源结构、转换增长方式的攻关期,"十三五"中后期是推动我国能源高质量发展的关键期,为保障能源发展"十三五"规划主要指标如期实现,亟须从"扩大能源高质量供给与拓展天然气消费市场并举,加快实现程度低的主要指标后期提升率"、"坚持能源消费总量强度双控制与结构优化不动摇,保障实现程度较好的主要指标如期实现"和"遵循绿色发展理念与持续提高能源效率水平并重,确保业已实现规划目标主要指标不反弹"三方面同时发力,为顺利实现能源发展"十三五"规划主要目标奠定坚实基础。

1. 扩大高质量能源供给与拓展天然气消费市场并举,加快实现程度低的主要指标后期提升率

针对一次能源生产量、能源自给率、天然气消费比重等实现进度较慢指标,需要从提升供给质量、扩大国内供给、拓展清洁能源消费渠道等方面入手,在"十三五"中后期加快补齐进度短板。一是深化能源供给侧结构性改革,在推动煤炭、石油等化石能源清洁高效开发利用的基础上,积极发展非化石能源作为增量的主要来源。同时加强能源输配网络和油气储备应急设施建设,进一步提升能源供应体系的质量和效率。二是夯实油气资源供应基础,提高能源自给率。通过深化精细勘探开发、加强海上油气基地开发等方式,加强国内常规油气资源勘探开发力度,加大页岩气、页岩油、煤层气、天然气水合物(可燃冰)、超重原油、油砂油、致密油等非常规油气资源调查评价,充分保障我国油气战略资源国内供应安全。三是深入推进天然气价格改革,积极培育天然气消费市场。理顺居民用气门站价,将居民用气由最高门站价管理改为基准门站价管理,价格水平与非居民用气基准门站价水平相衔接,提升发电、交通、民用、工业等重点领域用气量。

2. 坚持能源消费总量强度双控制与结构优化不动摇,保障实现程度较好的主要指标如期实现

对于电力装机总量、全社会用电量、能源消费总量控制、煤炭消费总量控制、非化石能源装机比重、非化石能源发电量比重、电煤占煤炭消费比重、单位国内生产总值能耗降低、单位国内生产总值二氧化碳排放降低等实现程度较好的指标,需要坚持总量强度双控制与结构优化相结合,切实保障该类指标如期实现或者提前实现"十三五"规划目标。一是以能源发展"十三五"规划中的能源消费总量与强度目标为控制要求,将"十三五"中后期能源消费总量与能源消费强度目标任务分解落实到各个年度、地区、行业,对完成程度滞后的地区和行业,要加大产业结构调整力度,推进工业、建筑、交通等重点领域节能减排,提升能源效率。二是坚持煤炭消费减量行动不动摇。为保障煤炭消费总量、煤炭消费比重两个指标如期实现,亟须严格控制煤炭消费总量,将煤炭消费减量替代目标分解落实到京津冀鲁、长三角和珠三角等重点地区。三是从供给和需求双角度优化能源结构。大力发展风电、太阳能等非化石能源,因地制宜发展生物质能、海洋能、地热能等新能源,提高非化石能源发展质量和在全社会发电量中的比重,同时减少煤炭消费、拓宽天然气消费领域，稳步提升非化石能源消费比重。

3. 遵循绿色发展理念与持续提高能源效率水平并重，确保业已实现规划目标主要指标不反弹

煤电机组供电煤耗、电网线损率分别在 2017、2016 年达到能源发展"十三五"规划提出的能源效率目标，煤电机组供电煤耗和电网线损率均保持在世界先进水平。为引领能源行业高质量发展，确保煤电机组供电煤耗、电网线损率等业已实现规划目标的指标不反弹，继续保持下降趋势，亟须坚持绿色发展和创新发展双轮驱动，围绕燃煤发电机组清洁高效转换、先进高效节能等领域，应用推广投运百万千瓦超超临界二次再热机组，集中攻关技术经济合理的燃煤节能环保技术，加速其科技创新成果转化应用。